suhrkamp taschenbuch 1188

Die Sehnsucht nach dem anderen, von der vertrauten, alltäglichen Welt Verschiedenen ist vielleicht der Hauptbeweggrund der spekulativ-fakultativen Literatur. Ob im logisch konstruierten Gedankenexperiment, ob in den grauenerweckenden Träumen der »schwarzen« phantastischen Literatur, ob in atmosphärisch stimmungsvollen Bildern von Abseitigem und Jenseitigem, ob zukunftsorientiert oder den Irrgarten der menschlichen Psyche erforschend – phantastische Aussichten gibt es immer, die Sehnsucht nach einem Gegenbild zur Welt, wie sie ist, schwingt immer mit. Die Autoren dieses Bandes, der wiederum die vielfältigen Möglichkeiten phantastischer Literatur unter Beweis stellt, sind Meister im Aufzeigen solcher Möglichkeiten: von Stanisław Lem bis H. P. Lovecraft, von J. G. Ballard bis Paul Scheerbart, von Herbert W. Franke bis Peter Daniel Wolfkind, von Johanna Braun und Günter Braun bis Murilo Rubião.

Phantastische Aussichten

*Ein Querschnitt durch die
Phantastische Bibliothek*

Herausgegeben
von Franz Rottensteiner

Phantastische Bibliothek
Band 160

Suhrkamp

Redaktion und Beratung: Franz Rottensteiner
Umschlagzeichnung von Tom Breuer

suhrkamp taschenbuch 1188
Erste Auflage 1985
© dieser Zusammenstellung
Suhrkamp Verlag Frankfurt am Main 1985
Quellen- und Übersetzungshinweise am Schluß des Bandes
Suhrkamp Taschenbuch Verlag
Alle Rechte vorbehalten, insbesondere das
des öffentlichen Vortrags, der Übertragung
durch Rundfunk und Fernsehen
sowie der Übersetzung auch einzelner Teile.
Satz: Thiele & Schwarz, Kassel
Druck: Ebner Ulm · Printed in Germany
Umschlag nach Entwürfen von
Willy Fleckhaus und Rolf Staudt

1 2 3 4 5 6 – 90 89 88 87 86 85

Inhalt

Vorwort 7

Mihály Babits, Der Schatten des Turmes 8

J. G. Ballard, Das Angriffsziel 20

Elfriede Maria Bonet, Die Abschaffung des Menschen zugunsten der Einführung der Person 37

Johanna Braun, Günter Braun, Doktor EU 48

Julio Cortázar, Südliche Autobahn 60

Herbert W. Franke, In den Höhlen von Glenn 84

Marianne Gruber, Fangt das Tier 111

Stanisław Lem, Schwarz und Weiß 162

H. P. Lovecraft, Der Außenseiter 169

Gerd Maximovič, Das gestrandete Schiff 177

Barbara Neuwirth, Columbina 207

Bernard Richter, Wieviel Sterne stehen 213

Murilo Rubião, Das Gebäude 279

Peter Schattschneider, Verschwörung der Zwiedenker 286

Paul Scheerbart, Das kosmische Theater 321

Peter Daniel Wolfkind, Solokadenz 332

Quellen- und Übersetzungshinweise 338

Über die Autoren 340

Vorwort

Zum Unterschied von den beiden vorhergehenden Bänden *Phantastische Träume* und *Phantastische Welten* enthält dieser fast ausschließlich Erzählungen, die zuvor noch nicht in der »Phantastischen Bibliothek« erschienen sind; zum Teil solche, die überhaupt noch nirgends veröffentlicht wurden, wie die von Marianne Gruber, Elfriede Maria Bonet, Bernard Richter, Gerd Maximovič und H. W. Franke. Andere wurden nur in Publikationen vorgelegt, die kaum eine sehr weite Verbreitung hatten – die von Stanisław Lem, Peter Daniel Wolfkind, J. G. Ballard, Julio Cortázar, Murilo Rubião, Paul Scheerbart, Mihály Babits, Johanna Braun und Günter Braun und Peter Schattschneider. Es sind überraschend viele Autoren deutscher Zunge dabei, zum Teil solche, die in der »Phantastischen Bibliothek« schon einige Bände vorgelegt haben, zum Teil aber auch weniger bekannte. Ich glaube und hoffe, daß deren Veröffentlichung keine qualitative Einbuße bedeutet, auch wenn es natürlich risikoloser wäre, auf die vielfach von der Zeit getesteten klassischen Erzählungen der phantastischen Literatur zurückzugreifen. Auch in Zukunft ist beabsichtigt, den Bogen möglichst weit zu spannen, viele Facetten der phantastischen Literatur zu erfassen, sowohl unheimlich-grauenvolle Geschichten wie auch moderne Science-fiction, und dabei vermehrt neuen Autoren eine Chance zu geben, ohne daß natürlich auf jene Autoren verzichtet würde, die fast ausschließlich oder sogar exklusiv in der »Phantastischen Bibliothek« veröffentlichen, und die hoffentlich noch so manche interessante Geschichte vorlegen werden. Ich kann nur hoffen, daß die Leser derselben Ansicht sind und mit dem Herausgeber lieber das Risiko des Neuen eingehen, als gutbekannte, schon oftmals ausgewählte Geschichten nochmals zu lesen. Denn schließlich ist der Fundus der »Phantastischen Bibliothek« auch nicht unerschöpflich.

Franz Rottensteiner

Mihály Babits
Der Schatten des Turmes
Brief an einen Schriftsteller

Ich habe lange nachgedacht, wem ich diese Aufzeichnungen und Beobachtungen zukommen lassen soll. In meiner ersten Naivität wollte ich mich an Wissenschaftler wenden: doch bald gab ich diesen Gedanken auf. Bin ich doch selbst ein wenig Wissenschaftler; ich kenne diese mißtrauische Zunft. Sie lehnen es schroff ab, meine Geschichte ernst zu nehmen. Vielleicht wenn ich Freunde als Zeugen brächte, die mit mir die Erscheinung beobachteten; wir müßten darauf warten, daß sie sich vielleicht nach Monaten wiederholt – doch wer kann mir zuliebe so lange auf so etwas Unmögliches warten? Übrigens habe auch ich keine Zeit mehr dazu: Der HERR hat über mich geurteilt, meine Stunden gezählt. Gelobt sei sein Name in Ewigkeit.

Ich habe auch daran gedacht, den Fall meinem übergeordneten Kirchenamt zu melden. Doch auch hier hätte ich keine Aussicht auf mehr Sympathie oder Glaubwürdigkeit. Unsere modernen Pfarrer fürchten sich vor dem Wunder, und sie haben – was durchaus verständlich ist – keine Lust, das Ansehen der Kirche leichtfertig zu kompromittieren. Würde ich sie dennoch irgendwie von dem Geschehen überzeugen, sähen sie es ganz gewiß als ein Werk des Teufels an, wie den Spiritismus; sie würden die sonderbaren Geheimnisse mit kalten und feindlichen Augen betrachten. Ich jedoch fühle, auch sie gehören zu den Geheimnissen Gottes, dessen Wege unberechenbar sind für die Menschen, zu den geheimnisvollen Symbolen Gottes, mit denen er uns manchmal im voraus das Schicksal ahnen läßt, das gemeinsam mit dem Sünder auch den Unschuldigen straft. Glücklich, wer sich in Seinen Willen ergeben kann!

Solche Gedanken veranlaßten mich dazu, mein Herr, mich an Sie zu wenden, dessen Beruf es ist, Märchen zu erzählen und Symbole zu enthüllen. Das, was mit mir geschehen ist, wird nicht den Wissensschatz der Menschheit vermehren: Der Wissenschaftler schöpft eine solche Geschichte aus sich, und er erschrickt vor derartigen Geheimnissen, gleichsam spürend, daß er sich in Unerlaubtes verirrt hat. Soll sich der Schatz der

Märchen mehren: denn auch das Märchen kommt ebenso wie die Offenbarung von Gott; und Gott hat dem Menschen wahrlich sehr wenige Märchen gegeben!

Im schönen Spätsommer traf ich in dem Ordenshaus von Szentmárton ein. Das Gespann des Ordens wartete am Bahnhof, von wo ich noch eine weite Fahrt mit dem Wagen machen mußte, da das alte Kloster fern von jeder ordentlichen Verkehrslinie liegt. Hierher schickt man meistens die kranken und ausgedienten Ordensmitglieder, die nicht mehr für den Lehrdienst oder für die Leitung einer Pfarre geeignet sind; hinter dem Rücken der Welt, aber nahe bei Gott sind sie hier; auch wenn man suchte, fände man keinen besseren Platz zum Nachdenken. Die gute Luft erleichtert den Körper, die Einsamkeit die Seele; das ganze Ordenshaus ist mit seinem ruhigen und heiteren Leben inmitten der schönen Berge wie ein kleines Sanatorium. So kam ich her, als Kranker, auch ich; obwohl ich in der Tiefe meiner Tasche Bücher mitbrachte und auch wissenschaftliche Aufzeichnungen, die ich in dieser Einsamkeit vervollständigen wollte.

Die fast metaphysische Ruhe der Abenddämmerung legte sich auf die Hügel, als aus der Ferne das alte Kloster auftauchte, ein Gebäude aus der Zeit Béla III., mit einem eigenartigen Turm, als hätten die Erbauer an einer Stelle plötzlich aufgehört. Der Himmel war merkwürdig tief und blaugrau; große Vogel kreisten in langsamen Bogen um den Turm. In die betäubende Melancholie des Grillenkonzerts mischte sich harmonisch das monotone Geräusch der Räder. Vor mir der Rücken des Kutschers – wie der des Kutschers eines Leichenwagens – schwarz, mit einem düster schwingenden bebänderten Hut. Wir fuhren langsam, wie eine dunkle Barke bei stiller Brandung.

»Mein Gott«, betete ich, »wenn es dein Wille ist, daß dies mein letzter Weg sein soll: Ich ergebe mich.«

Doch eine Stunde später befand ich mich inmitten fröhlicher, alter Priestergesichter im freundlichen Refektorium. Alte Freunde waren unter ihnen, mit denen ich lange Jahre in anderen Ordenshäusern zusammen gelebt hatte; sie fragten nach Kameraden, nach jüngeren, und frischten ihre Erinnerungen auf. Dann gingen wir in den Garten, den schönen Abend genießen, der Mond stieg gerade auf; in einer eigentümlichen weißen Reinheit zogen sich die Wege zwischen den dunklen Sträuchern hin. Die Umrisse des Klosters zeichneten sich phantastisch am Himmel ab. Erst jetzt sah ich, daß der Turm völlig abgesondert stand, man konnte um ihn herumgehen; und dieser unvollendete Turm hatte eine so ungewohnte Form, daß er meine Neugier erweckte.

»Heute benutzen wir ihn für nichts mehr«, sagte der Prior auf meine Frage. »Die Rumpelkammer und die Gerätekammer des Gärtners sind darin.« Ein anderer Ordensbruder jedoch – der sich mit ungarischer Philologie beschäftigte – erklärte, daß sich an den alten Turm eine Sage knüpft.

»Eine Sage wie die von der Frau Kelemen Kömüves. Man habe ein junges Mädchen lebend in die Wand eingemauert...«

Mein Gott, wahrlich, wie wenige Sagen hast du den Menschen gegeben! Auch hier die Frau Kelemen Kömüves... Aber auch das gehört zu der Stimmung. Ich bin an einem wirklich primitiven Ort, wo selbst die Sagen noch lebendig sind... Am nächsten Morgen trat ich mit doppelter Neugier aus meiner gewölbten Zelle, um mir das sonderbare Kloster, in dem ich von nun an leben sollte, bei Tage zu betrachten. Ich ging durch dunkle Flure und wurde fast betäubt, als ich plötzlich in die Freiheit trat. Als tummelten sich tausend Bienenschwärme in der Sonne; und der blaue Himmel blendete, der ebenfalls in den Garten einfiel, gleichsam einbrach. Weit reichte der Garten, wie ein tönendes Blumenmeer – wie offen und frei! –, als wäre seine Fortsetzung wahrhaftig im Himmel. Ein dichter honigsüßer Geruch machte die Strahlen schwer; und die Sonne breitete goldene Tischtücher auf den blumengeschmückten Tisch der reichen Erde. Der Schatten des phantastischen Turmes lag frisch, mit morgendlicher Schärfe bis ans Ende auf dieser Tischdecke. Und welche Farbenpracht! Eine rote Blüte, auf der sich meine Augen für einen Moment verloren hatten, flog plötzlich fort: Sie war ein Schmetterling! Und alles tönte, es tönten die Sträucher wie Orgeln in den Kirchen...

Ich setzte mich mit meinem Brevier in die Sonne, und ich dankte Gott, daß er mich hergeführt hatte. Ein guter Platz ist das für mich. Ich dankte für die Blumen und die Schmetterlinge, für die schöne, altertümliche Zeichnung der Mauern des Klosters, das gleichsam ältlich in der Sonne lächelte, für die Sonne selbst, für den eigenartigen Turm, die mit der Gießkanne sich beugende Frauengestalt, die Frau des Gärtners, die zu betrachten meinen alten Augen wohltat. Um den Turm herum war ein großer, heller Platz, sanfte Beete, immer verlassen; niemand ging dort entlang,

weil meine Brüder in ihren Zimmern saßen oder in die Stadt durch das Tor zur Straße gegangen waren; nur abends kamen sie in den Hof. Ich jedoch nahm diesen Platz für mich in Beschlag, hier blieb ich den ganzen Vormittag mit meinen Büchern sitzen, bis die Klosterglocke das Mittagessen meldete. Wenn ich des Lesens müde wurde, ergötzte ich mich an der Pracht des Gartens oder plauderte mit der jungen Frau des Gärtners, deren Naivität erquickte.
Ein endloser, gleichmäßig strahlender Herbst war es.
Ein Tag leuchtete wie der andere.
Mit der Zeit bemerkte ich, daß ich stundenlang kaum las, nur töricht über dem Buch saß. Dieser Garten übte eine fast hypnotische Wirkung auf mich aus. Ich versuchte, mich von ihm zu befreien, mir einen anderen Platz zu suchen; doch am Ende kehrte ich immer auf den Vorplatz des Turms zurück, und dort saß ich inmitten der lautlos lachenden, wild pomphaften Blumen, im gespenstischen Strom des summenden Glanzes. Große Sonnenblumen schwangen hinter mir ihre närrischen gelben Teller, und auf dem Glanz der farbigen Glaskugeln oberhalb der blauen Stangen glitt der Blick aus und wurde vom Schwindel ergriffen. Oh, ich vermochte mich nicht von der Stelle zu rühren, bis nicht die Glocke, wie eine befreiende Macht, erklang. Der sonderbare Turm streckte sich vor mir und über ihm der große strahlende, weißgelockte Sonnenkopf, und auch der Turm war vor Glanz nicht zu sehen, doch sein Schatten spazierte wie eine riesige Sonnenuhr mit reiner und gnadenloser Schwärze über die zitternden Blumen.
Wie sich der Mittag näherte, wurde die Wirkung immer gespenstischer.
Ja: gespenstischer. Haben Sie schon einmal bemerkt, mein Herr, daß die Mittagsstunden ebenso etwas Gespenstisches haben wie die mitternächtlichen? Alles verstummt um diese Zeit, alles wird still; eine große Erwartung lastet auf der ganzen Welt. Es herrscht eine ebensolche Lautlosigkeit wie um Mitternacht. Furcht: Die Natur hält den Atem an. Und die entsetzliche Helle der Sonne verringert nicht die gespenstische Wirkung; im Gegenteil! Alles, alles ist beleuchtet; nirgendwo ein Versteck, kein Unterschlupf, kein Schatten. Die Welt ist dem SCHRECKEN nackt ausgeliefert, den sie näher kommen spürt. Und das ist kein natürliches Licht: Eine kranke, betäubende Weiße ist in ihm wie in dem Schein des

Vollmondes. Erschreckend sind dann die Windstille und die Einsamkeit. Oft saß ich dort auf der Gartenbank wie ein Tier, das einen Schlag auf den Kopf erhalten hat: gedankenlos und dennoch angstvoll. Nur daß ich mir keine Rechenschaft darüber ablegte; ich sagte, ich genieße die Sonne. Die Sonne feierte stumm ihre leidenschaftslose Orgie; ihre entsetzlichen Lichtstricke schmiegten sich an alles fest an; nur der Schatten des Turmes spaltete einen Platz schwarz auf, der einzige Schatten, wie ein dunkles Memento.

Törichte, lahme Stunden! Ich ging wie taumelnd zum Essen in das kühle Kloster, mir schwindelte wie einem Betrunkenen und ich brachte den Nachmittag in erinnerungslosem dumpfem Erstarrtsein zu.

Oh, ach, die Mittagsstunden! In einer solchen Mittagsstunde geschah auch das, was ich erzählen werde.

Der Tag begann wie üblich. Ich unterhielt mich mit der Frau des Gärtners, die ihr kleines Mädchen in die Sonne herausbrachte; weich knisterte der Schotter auf dem Weg unter den Rädern der leichten Wiege; ein liebes, blasses Gesichtchen lag in den Kissen.

»Die Ärmste ist krank«, sagte die zarte Frau, die selbst so fein und zerbrechlich war, als flösse kein Bauernblut in ihren Adern.

»Die schöne Sonne wird ihr guttun«, antwortete ich. Und in diesem Augenblick zeigte sich die alte Sonne wirklich schön und wohlwollend; es war eine sanfte Morgenstimmung; stille Schatten ruhten auf den goldenen Feldern. Freudig griff ich zum Buch, um diese Zeit vergaß ich immer die mittägliche Benommenheit; ich las ein Weilchen, dann glitt mir das Buch in den Schoß, ich blickte umher, die frische Buntheit zu genießen, wie immer – zu Anfang...

Die Frau riefen die Hausarbeiten in die Küche, und sie schien nachzudenken, ob sie sich getrauen konnte, das kranke Kind draußen zu lassen.

»Ich werde die Kleine im Auge behalten«, ermunterte ich sie, und ich gestehe, auch wenn Sie es lächerlich finden: Meinen alternden Pfarreraugen tat es wohl, daß sie, wenn auch nur für eine Stunde, solch einen väterlichen Auftrag bekamen.

Die kleine Kranke lag still in ihrer Wiege, die Sonne erhob sich immer höher und höher, die Benommenheit begann mich immer mehr zu überwältigen. Die farbigen Glaskugeln funkelten schwindelerregend, ein verzerrter Widerschein fiel auf sie, vor meinen Augen schwammen rote und blaue Flecke in der Luft. Der Blick verlor sich in sich selbst, er ertrank gleichsam in seiner eigenen Fülle, der ganze Garten schwankte, er erhob sich in den großen, lautlosen Karneval der Farben und Lichter, die Bilder der Gegenstände flossen ineinander, alles schmolz und bebte, der Turm schien in dem blauen Ozean zu wanken. Eine Wespe tanzte, schwirrte und summte – genau vor mir – nach rechts und nach links, hinauf und hinunter, in der vibrierenden Hitze. Ich schloß die Augen.

Ich schloß die Augen. Eine große, warme, samtene Dunkelheit sank wie ein weicher Helm auf meinen Schädel, die blauen und roten Flecke schwammen mit regenbogenfarbenen Rändern, sie flogen und huschten vor mir, manchmal stieg einer auf, lautlos, hoch und höher, daß ich nicht folgen konnte; das Summen verstummte. Die Mittagsstunde kam näher.

Auf einmal weinte eine klägliche, erschrockene, stöhnende Stimme aus der Wiege auf.

Erschrocken öffnete ich die Augen. Oh! Mich umgab das gespenstische mittägliche Bild.

Als wäre ich plötzlich auf einem fremden Stern. Überall das gnadenlose, blendende Weiß, eine unheilverkündende Ruhe und als einziger der Schatten des Turmes, wie er schwarz in den Garten einschneidet ...

Und im Schatten des Turmes die Wiege, und in ihr – weint erschrocken das kranke Mädchen ...

In diesem Augenblick wurde auch ich plötzlich so aufgeregt, daß mein Herz laut zu schlagen begann. Das Werk einer Minute war diese Entdeckung. Die Wiege stand vorher nicht im Schatten des Turmes. Sogar sehr weit von ihm entfernt. Ich blickte in die Sonne, auf die anderen Schatten, die auf dem Gras abzunehmen und gleichsam zu verschwinden schienen – dann wieder zum Schatten des Turmes. Es war ganz sicher: *Der Schatten des Turmes fiel nicht in die Richtung, in die er den Gesetzen der Optik nach* fallen müßte.

Verstehen Sie gut, mein Herr. Die Sonne stand ein wenig höher, *links* vom Turm: Der Schatten des Turmes hätte also nach *rechts* fallen müssen, wohin auch die anderen Schatten fielen. Er dagegen streckte sich von seinem normalen Platz quasi mit einer Abbiegung im rechten Winkel nach *links*, dorthin, wo die Wiege des kleinen Mädchens stand.

Mein Herr, ich weiß nicht, ob Sie sich einen Begriff von der Bestürzung eines an wissenschaftliche Beobachtungen gewohnten Mannes machen können. Die Angelegenheit läßt keine natürliche Erklärung zu. Es gab außer der Sonne keine andere Lichtquelle, die den Schatten des Turmes nach vorn hätte werfen können. Doch offengestanden, ich habe auch nicht an eine natürliche Erklärung gedacht. Betäubt saß ich dort, vor mir das nicht in Zweifel zu ziehende Wunder – das mittags wahrlich gespenstischer war als um Mitternacht.

Ringsum feierte die große Sonne; ein blendender weißer Schein – kleine Schatten neigten sich folgsam nach rechts. Hier gab es kein Dunkel, kein Versteck für Rätsel, keine Möglichkeit für das Geheimnis. Alles war scharf, sicher, bestimmt. Und in dieser Bestimmtheit sah ich dieses Unerklärliche nur um so verblüffender, um so abergläubischer, um so unleugbarer: den sonderbaren Schatten, der sich einfach, klar und schwarz auf dem Kies und dem Rasen abzeichnete. Unbeweglich.

Und er bedeckte die Wiege wie ein schwarzes Leinentuch.

Und in der großen, mittäglichen Stille weinte das kranke Kind, unruhig und bang, als würde es ebenfalls die Unnatürlichkeit des auf ihn fallenden Schattens spüren. Dieser einzige, blaugraue Farbfleck in der großen Weiße, dieser einzige falsch plazierte Schatten gab allem eine besondere Bedeutung, dem mittäglichen Schmetterling, dem Schweigen der ruhenden Vögel und dem Weinen des Kindes ...

Die Macht der Stimmung überwältigte so sehr, daß ich mich so lange weder zu bewegen noch zu reden vermochte, bis endlich die Mutter des Mädchens selbst das Weinen ihres Kindes gehört hatte und in den Garten herausgelaufen kam. Zu mir blickte sie gar nicht hin, sie lief direkt zur Wiege, als würde auch sie ein sonderbarer Schrecken jagen; in ihren Bewegungen vermeinte ich die wilde Triebhaftigkeit einer besorgten Liebe wahrzunehmen, die man nur bei Tieren und Frauen beobachten kann, hauptsächlich wenn sie Mutter sind. Mit eifersüchtiger, erschrockener Sorge nahm sie ihr Kind aus der Wiege auf den Arm und lief mit ihm zum Haus.

Nachdenklich blickte ich ihr nach. Unwillkürlich spürte auch ich einen Zusammenhang zwischen dem Wunder des Schattens, dem Weinen des Kindes und dem Schrecken der Frau. Ich hätte mir gewünscht, das Ganze sei Einbildung; aber der Schatten war noch dort, er streckte sich genau, unabstreitbar, in die unmögliche Richtung...

Der scharfe Klang der Glocke, die zum Mittagessen rief, schreckte mich auf. Als ich unter die dunklen Mauerbögen trat, tanzten vor mir noch die roten und grünen Lichter und in meinem Schädel die eigenartigen Gedanken. Aber in dem heiteren, kühlen, geweißten Refektorium verging diese Stimmung, und ich schämte mich eher. Wie konnte ich diesen fröhlichen und alten Pfarrern von der eigenartigen Erscheinung erzählen? Und ich begann, mir selbst schon nicht mehr zu vertrauen: Wenn das Ganze doch nur ein Traum gewesen war? Ich beschloß, am Nachmittag jemand unter einem Vorwand vor den Turm hinauszurufen, um ihn an Ort und Stelle auf die Erscheinung aufmerksam zu machen (wenn ich sie nicht nur geträumt hatte).

Am Nachmittag jedoch zogen Wolken auf, eine leichte, drückende Bewölkung; und als der weiße Schein für einige Minuten durch eine dünnere Schicht wie durch ein Milchglas hindurchsikkerte und die Schatten sich blaß abzeichneten, sah ich, daß der Schatten des Turmes an der richtigen Stelle war, völlig den Gesetzen der Optik entsprechend...

Habe ich wirklich geträumt? Oder waren meine Augen in der Betäubung der Mittagssonne geblendet? Ich konnte keins von beiden wirklich glauben, und doch wollte ich gern eines glauben; ich konnte mich jedoch nicht beruhigen. Meine Gedanken kreisten immer um den Turm; schloß ich die Augen, sah ich genau vor mir die mittägliche Erscheinung; sie war, als zeichne jemand einen einzigen falschen Strich auf ein hervorragendes Gemälde, und wer einmal den Fehler bemerkt hat, betrachtet durch ihn bereits das ganze Bild... Sogar neue Details entdeckte ich in meiner Erinnerung; mir kam zum Bewußtsein, daß der Schatten nicht nur in eine merkwürdige Richtung fiel, sondern auch *länger* war, als er bei der Stellung der Mittagssonne und gemessen an der Länge der anderen Schatten hätte sein müssen; er wuchs und streckte sich in der Stunde des Wunders... Sonst hätte er nicht bis zu der Wiege gereicht...

Ich konnte an die Angelegenheit nur wie an eine Wirklichkeit denken, die mich insgeheim erschreckte und zugleich anzog, sie wieder sehen zu können.

Doch tagelang bedeckten Wolken den Himmel; es schien, als komme der Herbst. Ich saß in meinem Zimmer, untätig inmitten meiner Bücher; meine alte Krankheit machte sich erneut bemerkbar und drückte meine gute Laune nieder; in mir brannte eine fieberhafte Sehnsucht nach der schönen Zeit und dem Sonnenschein. Doch als ich eines Morgens einen freundlichen, blauen Himmel hinter dem Eisenkorb des Zellenfensters erblickte und auf dem Fußboden die goldenen Vierecke der Morgensonne, war mein erstes Gefühl ein geheimer Schrecken: Ich wußte, in ein paar Stunden werde ich wieder dort in dem merkwürdigen Garten, vor dem Turm mit dem mystischen Schatten sitzen.

Der erste Vormittag brachte eine Enttäuschung: eine mit einer gewissen Erleichterung vermischte Enttäuschung. Der Schatten des Turmes folgte gehorsam dem Gang der Sonne, auch nicht für einen Augenblick wich er von seinem gesetzmäßig festgelegten Weg ab; alles war ganz natürlich. Und am nächsten Tag ebenso. Die Sonne schien wieder andauernd und warm, der Altweibersommer begann, ich saß dort auf meinem alten Platz, und alles war so wie an den ersten Tagen, die ich im Ordenshaus von Szentmárton zugebracht habe; ausgenommen, daß auf den Wegen, obwohl die Frau des Gärtners ständig fegte, immer mehr trockene Blätter lagen; neben dem Rot der Blumen prangte die güldene Farbe der Blätter, und die Wiege mit dem kleinen Mädchen erschien nicht mehr; das arme kranke Kind hatte das Wunder des Schattens nur um einen Tag überlebt! Der HERRGOTT soll sie zu seinen Engeln nehmen! Ich bemühte mich, bei dem Gedanken an den Tod frei von Aberglauben zu sein; das Wunder hielt ich wirklich schon für Einbildung, für eine große Blendung der Mittagssonne, eine Art Fata Morgana. Oder diesen Schatten hatte meine bange Vorahnung gemalt – die uns der HERR manchmal in unsere Seele schickt. Ich dachte bereits ruhig daran (was eine Art des Vergessens ist), bis plötzlich ...

Ich saß am gewohnten Platz und las; ein ruhiges herbstliches Glänzen hatte die ermattende Sommerhitze abgelöst; Windstille, keine Seele war in der Nähe. Nur Lord, der alte Spürhund, sonnte sich unter den großen Sonnenblumen, und eine Taube ging durch das Gras, stolz, mit dem Kopf nickend. An einem niedrigen Apfelbaum in der Ferne leuchteten rote frühreife Äpfel: die Tamariske bewegte auch nicht ihre lang herunterhängenden, mildfarbigen Blütentrauben. Den Kopf hebend, betrachtete ich, mich lange ergötzend, das friedliche Bild. Mein Blick fiel auf den Schatten des Turmes.

›Jetzt betrügst du mich nicht mehr‹, sagte ich für mich zu dem Schatten. – ›Zu Ende sind die närrischen Hundstage, die die Augen des Menschen blenden und die Bilder der Gegenstände zum Wanken bringen. Die Schatten müssen jetzt schön auf ihren Plätzen bleiben . . .‹

Kaum hatte ich das gedacht, als der Schatten des Turmes auf einmal zu wanken begann . . .

Ja, mein Herr, so war das, Wort für Wort, wie ich es sage. Der Schatten wankte, in großem Bogen schwang er nach rechts, dann wieder zurück, über seinen vorherigen Platz hinweg, und dieses Spiel wiederholte er noch mehrere Male. Verstehen Sie richtig, es herrschte völlige Windstille, die anderen Schatten standen unbeweglich, die Bäume bewegten sich nicht, die Sonne stand unbeweglich über dem Turm, und der Turm reckte sich unbeweglich in das Blau. Der Schatten des Turmes jedoch wankte, als schwenkte jemand hinter ihm eine riesige Lampe, als würde jemand die Sonne hin und her bewegen. Ich blickte nach rechts und nach links, doch die Erscheinung blieb einzig in ihrer Art und geheimnisvoll; der große Schatten ging dort schwarz über das Gras und den Weg, nach rechts und links, und dehnte und verkürzte sich wie der riesige Arm eines großen tastenden Polypen . . .

Wie soll ich Ihnen die Beklemmung dieser Minuten erklären? Die Taube flog, erschrocken mit den Flügeln schlagend, auf den Apfelbaum, der Hund winselte sich aufbäumend, die Blumen zitterten. Der Schatten bewegte sich, als hätte er ein ziemliches Gewicht, knirschend auf den Kieselsteinen; das Gras neigte sich unter ihm und erschauerte. Noch ein paarmal schwang er, dehnte sich und zog sich zusammen, die Tamariske bog sich ängstlich unter dem Gewicht – dann entfloh der Schatten plötzlich in kühnen Windungen in die Richtung, wo der Hund lag . . . Lord sprang auf, keuchend, mit offener Schnauze, in angstvoller Erwartung . . . Der Schatten dehnte sich ihm entgegen, fiel auf ihn wie eine große, schwarze flache Hand . . . und blieb unbeweglich stehen.

Ich versuche nicht zu beschreiben, wie diese Szene auf mich wirkte. Ich verbrachte den ganzen Nachmittag im Gebet; im Geiste erschien mir die Sage, die ich über den Turm gehört hatte: das lebendig eingemauerte Mädchen.

»Herr«, flehte ich, »wenn das wahr ist, dann mach, daß die

Seele der Ärmsten Ruhe finde!«

Doch meine Seele fand keine Ruhe. Als gläubiger Mensch habe ich immer an Wunder geglaubt, und ich teilte nicht jeden Aberglauben einiger Wissenschaftler, die meinen, sie könnten mit ihrer menschlichen Mathematik die Welt beschreiben. Doch an Wunder glauben und ein Wunder sehen, das ist ein großer Unterschied. Ich gestehe, meine Gedanken waren völlig aufgewühlt. Gottes Wege sind unerforschlich, und der Fluch der Sünden ist gräßlich . . . Auf Hunderte erstreckt sich dieser Fluch, und er wirft seinen verhängnisvollen Schatten auf unschuldige Lebewesen . . . Ich dachte an das kranke Kind, das ich im Schatten weinen sah . . . einen Tag vor seinem Tod.

Aufgeregt suchte ich am nächsten Tag den Hund im Garten.

»Das arme Tier hat seine Seele ausgehaucht«, sagte der Gärtner. »Ach, er war schon ein alter Köter!«

Mein Herz krampfte sich zusammen, ich warf einen ängstlichen Blick auf den Turm. Seit einigen Tagen hatte sich meine alte Krankheit verschlimmert; plötzlich erinnerte ich mich an einzelne Worte unseres Ordensarztes, und es schien mir, daß hinter den jovialen Ausdrücken ein bedrohlicher Sinn stand. Etwas flüsterte, ich solle von hier fliehen und einen weiten Bogen um das Gebiet des Turmes machen. Und dennoch, von jetzt an zog mich, sobald die Morgensonne schien, eine unwiderstehliche Kraft an den gewohnten Platz, und dann vermochte ich mich bis zum Mittag nicht mehr von dort fortzubewegen: Der Garten in seinem herbstlichen Pomp übte auf mich eine ebensolche hypnotische Wirkung aus wie in der Hitze des Sommers. Meine Gesundheit ließ immer mehr nach, und ich betrog mich damit, der teure Sonnenschein sei die beste Medizin. Es war ein herrlicher Herbst; grüngoldene Fäden schwammen in der warmen Luft; jedes Lebewesen genoß gierig die letzten schönen Tage. Doch o weh! Für mich waren das keine ruhigen Tage; ich fühlte an den verschiedensten Stellen meines Körpers dumpfe Schmerzen; ich dachte an den nahenden Tod und richtete meine Aufmerksamkeit mit hartnäckigem Eifer auf meine Schriften, um wenigstens einen wichtigen Teil meiner Arbeit abschließen zu können, bevor der dunkle Engel kommt.

Ich elender kleiner Wurm! Wie könnte das Geschöpf seinem SCHÖPFER zuvorkommen? Der HERR braucht keine äußeren Mittel, um zu verhindern, was ER nicht will: Er erhebt unsere

Seele gegen uns. Glücklich ist, wer ihm zu Willen ist. Gott sprach zu seinem Diener: »Ich brauche deine Arbeit nicht mehr!« – und er verursachte Unruhe in meiner Seele, ich sollte nicht mehr arbeiten dürfen. Und er stellte den phantastischen Turm vor mich – als hielte er selbst seinen Zeigefinger auf mich, als sonderbares Warnzeichen, und er wollte, daß ich ihn sehe, bebend, stundenlang.

Oh, alle Augenblicke hatte ich darauf gewartet, daß sich der Schatten in Schwung setzte und auf mich fiel . . .

Was heute endlich auch geschehen ist . . . Der Schatten kam in Schwung und pendelte vor mir in großen Schwingungen . . . ich wartete unbeweglich, betend, und bemühte mich nicht, zu fliehen . . . nur mein Herz klopfte laut . . . Dreimal, viermal pendelte er, dehnte sich aus und zog sich zusammen, wobei er sich lang über die Wege streckte und an den hügeligen Rändern der Beete Falten bildete . . . Schließlich fiel er auf mich und verdeckte vor mir die SONNE . . .

Ich gestehe, mein Herz pocht noch jetzt, wo ich schreibe . . . Ich mache mich auf einen langen, langen Weg . . . von dem noch nie jemand zurückgekommen ist. Gott sei mir gnädig und führe mich unter die Seligen.

J. G. Ballard
Das Angriffsziel

Aus den gerichtsmedizinischen Aufzeichnungen von Dr. Richard Greville, Oberster Psychiatrischer Ratgeber, Home Office

7. Juni 1987. Eine aufreibende Woche – zwei Auswahlkomitees; der Prozeß gegen Biggs mit dem rachsüchtigen Urteil (Ipanema und seine Oben-ohne-Strände waren eindeutig eine entsetzlichere Hölle als es einem Parkhurst je vorkommen wird); Mutters Palmer, dessen Echtheit zweifelhaft ist, erreichte bei Sothebys nicht das Mindestgebot (ich schlug ihnen vor, sie sollten ihn wieder Keating zuschreiben, was sie gleich zweifach beleidigte); und es gab ermüdende Auseinandersetzungen mit Sarah wegen unserer endlos aufgeschobenen Scheidung und weil sie sich allzu sehr auf die Elektrokardiotherapie (EKT) verläßt – sie ist so sehr gegen jene, wie ich gegen diese bin ... Ich nehme an, ihre Patienten müssen es für mich ausbaden ...

Aber, wichtiger als all das war mein Besuch bei dem JUNGEN. Verwirrend, häßlich – der Gestank von Purin in den an seinen Zellenwänden verschmierten Exkrementen deutet auf beachtliche Überdosen Largaktil hin – und dennoch seltsam inspirierend. Als er mich nach Daventry einlud, sprach Direktor Henson, wie alle anderen im Home Office, von ihm als dem »Jungen«, aber ich glaube, mittlerweile hat er sich die Großbuchstaben verdient. Jahre der Verlegungen, von Rampton nach Broadmoor bis zum Sicherheitstrakt des Home Office in Daventry, konnten ihn nicht bändigen.

Er stand in der Duschkabine des Strafvollzugsflügels, trug eine Zwangsjacke aus festem Segeltuch und wurde offensichtlich von dem grellen Licht verrückt gemacht, welches sich in den weißen Kacheln widerspiegelte, die mit dem Blut aus einer klaffenden Platzwunde an seiner Stirn verschmiert waren. Er ist viel umhergestoßen worden, und er wich vor mir zurück, als ich mich ihm näherte, aber ich fühlte, daß er einen körperlichen Angriff beinahe herausforderte, um sich selbst zu reizen. Er ist viel kleiner, als ich erwartete, und er sieht wie siebzehn oder achtzehn aus (in Wirklichkeit ist er inzwischen neunundzwanzig), aber er ist immer noch kräftig und gefährlich – Präsident Reagan und

Ihre Majestät hatten wahrscheinlich großes Glück, daß sie ihm entkamen.

Anmerkungen: fehlende Kronen an beiden Eckzähnen, Kontaktdermatitis der Kopfhaut, linkshändiger Intentionstremor und Anzeichen einer hysterischen Photophobie. Er schien vor Angst zu keuchen, und Direktor Henson versuchte, ihn zu beruhigen, ich jedoch vermute, daß er weit davon entfernt war, Angst zu haben, und lediglich Verachtung für uns empfand und vorsätzlich zuviel Sauerstoff einsog. Er sang etwas, das sich wie »*Allahu akbar*« anhörte, den austreibenden Gott-ist-groß-Ruf der tanzenden Derwische, mit dem sie ihre Halluzinationen hervorriefen, dieselbe Sauerstoffüberflutung des Gehirns, wie sie, in schwächerer Form, durch Kirchenlieder und Schlachtgesänge bei Cup-Finalen erreicht wird.

Der JUNGE erinnert eindeutig an einen religiösen Fanatiker – vielleicht ist er ein konvertierter Shiite? Er hielt nur einmal inne, um die fernen Hochantennen von Daventry zu betrachten, welche durch ein Oberlicht sichtbar waren. Als ein Wärter die Tür schloß, fing er wieder an zu wimmern und die Lungen vollzupumpen. Ich bat den Aufseher, die Stirnwunde zu säubern, aber während ich dabei half, schnellte er vorwärts und warf meinen Aktenkoffer zu Boden. Einige Sekunden lang versuchte er, einen Angriff zu provozieren, aber dann erblickte er den Katalog von Sothebys unter meinen verstreuten Papieren, und die Reproduktion von Mutters Samuel Palmer. Dieses klare Licht über den visionären Wiesen, die Zweige der Eichen gleich Buntglasfenstern der Kathedrale des Himmels, schienen ihn zu beruhigen. Er sah mich mich mit einem unheimlichen Ausdruck an und verbeugte sich, als glaubte er, ich sei der Maler.

Später, im Büro des Direktors, kamen wir zum wahren Grund meines Besuchs. Die Monate zersetzenden Verhaltens haben jeden erschöpft, vor allem aber fürchten sie einen Ausbruch und einen zweiten Angriff auf die Räumlichkeiten Ihrer Majestät. Noch würde es dem atlantischen Bündnis förderlich sein, wenn der US-Präsident vom ehemaligen Insassen eines britischen Irrenhauses ermordet werden würde. Henson und der hiesige medizinische Stab brennen, mit Unterstützung des Home Office, darauf, von Chlorpromazin auf die neue NX-Reihe von Beruhigungsmitteln des zentralen Nervensystems umzusteigen – einem Nebenprodukt von Porton Downs Arbeit mit Nervengasen.

Längerfristige Anwendung würde verminderte Sehschärfe und Bewegungsstörungen bewirken, gleichzeitig aber alle kortikalen Funktionen unterdrücken und ihn buchstäblich lobotomisieren. Ich dachte an meine Dispute mit Sarah wegen EKT – die Psychiatrie kann es gar nicht abwarten, in ihre dunklen Zeitalter zurückzukehren – und stimmte taktvoll gegen die Anwendung von NX, bis ich die Krankengeschichte im Geheimdienstdossier studiert hatte. Aber ich dachte an die Augen des JUNGEN, als er den zwielichtigen Palmer betrachtete.

Der Mordversuch

Im Jahre 1982 wurde während eines Staatsbesuchs von Präsident Reagan im Königreich Großbritannien ein erfolgloser Luftangriff auf die königliche Familie und ihren Gast in Windsor Castle ausgeführt. Kurz nachdem der Präsident und Mrs. Reagan mit dem Helikopter angekommen waren, wurde ein kleines Segelflugzeug beobachtet, das in nordwestlicher Richtung über den Home Park flog. Das Flugzeug, ein primitiver Segelflieger, bewegte sich in einer Höhe von etwa vierzig Metern auf einem Kurs, der es über die Schloßmauer getragen hätte. Bevor jedoch die Wachen der Spezialabteilung und des Geheimdienstes feuern konnten, verfing sich das Flugzeug in den Antennen über dem königlichen Mausoleum am Frogmore House und stürzte auf den Fußweg.

An der Brust des bewußtlosen Piloten befestigt war ein explosiver Panzer, der vierundzwanzig Stäbe handelsüblichen Sprengstoffs enthielt, welche mit NCB-Detonatoren gekoppelt waren, sowie eine modifizierte Fallschirmreißleine, die als handbedienbare Auslösevorrichtung diente. Der Pilot wurde in Gewahrsam genommen, weder der Öffentlichkeit noch der Abordnung des Präsidenten wurde etwas über den mutmaßlichen Mordversuch mitgeteilt. Lediglich Ihre Majestät wurde unterrichtet, was ihre Ungeduld gegenüber dem Präsidenten erklären mag, als dieser auf dem Rücken eines Pferdes anhielt, um mit anwesenden Journalisten zu plaudern.

Der Pilot wurde nie angeklagt oder vor Gericht gestellt, sondern gemäß der gesetzlichen Regelungen für Geisteskranke in der Beobachtungsstation des Home Office im Springfield Hospital festgehalten. Es handelte sich um einen vierundzwanzigjährigen ehemaligen Videospielprogrammierer und gescheiterten Jesuiten-Novizen namens Matthew Young. In den vergangenen Monaten hatte er in einer leerstehenden Garage hinter einer verlassenen Baptistenkirche in Highbury, im nördlichen London, gewohnt, wo er seine Flugmaschine gebaut hatte. Staffelführer D. H. Walsh vom R.A.F.-Museum, Hendon, identifizierte das Flugzeug als exakte Nachbildung der Maschine, die Otto Lilienthal, ein Luftfahrtpionier des neunzehnten Jahrhunderts, konstruiert hatte. Spätere Forschungen ergaben, daß es sich dabei um das Flugzeug handelte, in welchem Lilienthal 1896 zu Tode kam. Mitbewohner der Garagen, frühere Freundinnen des Beinahe-Attentäters sowie ein Bewährungshelfer wurden Zeugen, wie er das Segelflugzeug im Frühling des Jahres 1982 erbaute. Wie er jedoch die veraltete Maschine startete – die nächste Erhebung ist der Kontrollturm von Heathrow, fünf Meilen östlich – und wie er sich für den Flug über den Home Park in der Luft halten konnte, ist bis heute ungeklärt.

Später saß der JUNGE in Handschellen zwischen zweien seiner Wärter in der Besucherzelle. Die nach Luft schnappende Person mit den Blutergüssen war einem fügsamen Jugendlichen gewichen, der an einen geläuterten Skinhead erinnerte, welchem auf wundersame Weise die Erleuchtung zuteil geworden war. Nur das unheimliche Lächeln, mit dem er mir so pflichtschuldig begegnete, erinnerte mich an das Segelflugzeug und den mit Sprengstoff gespickten Brustpanzer. Wie immer weigerte er sich, die ihm gestellten Fragen zu beantworten, und wir saßen einander schweigend gegenüber, die Stille wurde lediglich durch seinen geflüsterten Refrain unterbrochen.
 Ohne auf sein geheimnisvolles Murmeln zu achten, studierte ich eine Liste der in Windsor Castle Anwesenden.
 Präsident Reagan, Ihre Majestät die Königin, Mrs. Reagan, Prinz Philip, Prinz Charles, Prinzessin Diana ...
 Der US-Botschafter, Mr. Billy Graham, Apollo-Astronaut Colonel Tom Stamford, Mr. Henry Ford III., Mr. James Stewart, die Direktoren von Hein, IBM und Lockheed sowie verschiedene Kongreßabgeordnete, Militär- und Marine-Attachés, Angestellte des Innenministeriums und Angehörige des CIA ...
 Lord Delfont, Mr. Eric Morecamble, Mr. Andrew Lloyd-Webber, Miß Joanna Lumley ...

Vor Young, auf den Tisch zwischen uns, legte ich Fotografien von Präsident Reagan, der Königin, Prinz Philip, Charles und Diana aus. Er zeigte nicht die Spur einer Reaktion, sondern beugte sich nach vorn und schubste mit seinem vernarbten Kinn den Sotheby-Katalog aus meiner offenen Aktentasche. Er hielt sich die Palmer-Reproduktion an die linke Schulter und lächelte mir indirekt seinen Dank zu. Verschlagen und unredlich – er schien damit beinahe ausdrücken zu wollen, ich wäre sein Komplize. Ich erinnerte mich daran, wie sehr einen solche Psychopathen beeinflußen konnten – Myra Hindley, Brady und Mary Bell hatten verschiedene naive und wohlmeinende Seelen von ihrer »religiösen Verwandlung« überzeugen können.

Ohne nachzudenken, nahm ich die letzte Fotografie aus dem Umschlag: Colonel Stamford in seinem weißen Raumanzug, wie er während eines Orbitalflugs frei über dem Raumfahrzeug schwebte.

Das Singen hörte auf. Ich hörte, wie Youngs Absätze die Metallbeine seines Stuhls berührten, als er unwillkürlich zurückwich. Ein Zittern der rechten Hand ließ die Handschellen rasseln. Er sah die Fotografie an, aber der Blick seiner Augen reichte weiter als die Wände der Zelle um uns herum, und ich vermute, er befand sich im Vorstadium eines epileptischen Anfalls. Mit einem deutlich hörbaren Aufschrei verkrampfte er sich in seinem Stuhl und stürzte von einem Anfall geschüttelt zu Boden.

Während er den Kopf gegen die Stiefel seines Wärters hämmerte, wurde mir klar, daß er nicht »Allahu akbar« gesungen hatte, sondern »Astro-naut« ...

Astro-null ...?

Matthew Young: Die Geschichte eines Psychopathen

Was also weiß ich von dem JUNGEN? Der Geheimdienst hat ein umfangreiches Dossier über diesen verwirrten jungen Mann zusammengestellt.

1958 in Abu Dhabi geboren, Vater Manager der Entsalzungsfabrik Amoco. Kindheit in der Golf-Region, Alaska und Aberdeen. Schlechter Schüler mit vermuteter Veranlagung zur Epilepsie, dennoch Besuch der Strathclyde University für zwei Semester im Jahre 1975, Vorlesungen über Computerwissenschaft. Trat 1976 der Revolutionären Arbeiterpartei bei, wurde während einer

Anti-Kernwaffendemonstration vor der US-Botschaft in London festgenommen. Arbeitete als Gerüstbauer und Zeichner im Jodrell Bank Radio-Observatorium, 1977; verurteilt wegen böswilliger Beschädigung des Reflektors. Jesuiten-Novize, St. Francis Xavier-Seminar, Dundalk, 1978; ausgeschlossen nach drei Wochen wegen sexueller Beziehungen zur Mutter eines befreundeten Novizen. Verhaftet wegen Trunkenheit und ungebührlichen Verhaltens während der Ausstellung »Plastik im Raumfahrtzeitalter« in der Serpentine Gallery, London. Videospielprogrammierer bei Virgin Records, 1980. Gründete einen Piratensender mit dem Ziel, Funkübertragungen des Space Shuttle zu stören, angeklagt von British Telecom. Eintragung von Privatpatenten für die Videospiele »Target Apollo« und »Shuttle Attack«, 1981. Zahlreiche Verurteilungen wegen Körperverletzung, Besitz von Rauschgift, fahrlässigen Fahrens, betrügerischen Bezuges von Arbeitslosenhilfe und Erregung öffentlichen Ärgernisses. Veröffentlichte 1982 als Privatdruck sein »Kosmologisches Testament«, ein Blakesches Gemisch aus Naturmystizismus, apokalyptischer Phantastik und pseudomathematischer Beweise für die Nichtexistenz der Raum-Zeit...

Alles in allem ein klassischer Krimineller, mit der üblichen Geschichte von messianischen Halluzinationen und mangelnder gesellschaftlicher Anpassung, wie man sie überall in der Geschichte bei Königsmördern findet. Die Wahl von Mr. Reagan beweist die andauernde Faszination des Themas Präsidentenmord, um das die verwirrten Träume so vieler einsamer Psychopathen kreisen. In dem Präsidenten der Vereinigten Staaten, dem mächtigsten Führer der Welt, sind nicht nur die geballte Autorität und Würde der derzeitigen Welt verkörpert, sondern die Vorstellung von der Existenz selbst, vom Kontinuum von Raum und Zeit, welches den Attentäter ebenso wie sein Opfer umgibt. Wie das gestörte Kind, das alles in seinem Kinderzimmer zerstören möchte, versucht der Attentäter, diejenigen Ebenbilder seiner selbst auszulöschen, die er mit seiner Wahrnehmung des externen Universums identifiziert. Selbstmord ließe den Rest der Existenz intakt, und es ist der Begriff der Existenz, inkarniert in die Person des Präsidenten, die das wahre Ziel des Attentäters bildet.

Der Traum vom Tod durch Luft

»... beim Zweiten Sündenfall, ihrem Versuch, dem Heimatplaneten zu entkommen, fordern die Menschen der Erde ihren planetaren Tod heraus, indem sie die Null-Schwerkraft eines falschen Raums und einer falschen Zeit wählen und in ihrer Gewichtslosigkeit die Agonie des Ersten Sündenfalls der Menschheit rekapitulieren...«

Kosmologisches Testament, Buch I

Der Traum vom Tod durch Wasser

»... das Meer ist eine offenliegende Großhirnrinde, die Epidermis eines schlafenden Riesen, den die Apollo- und Skylab-Astronauten bei ihren Landungen wecken werden. Alle Menschen des Planeten werden gehen, fliegen, zum nächstgelegenen Strand aufbrechen, sie werden die Transportmittel überfluten, Härten erdulden und Kontinente verlassen, bis sie schließlich gemeinsam am letzten Ufer der Welt stehen und den letzten Schritt tun...«

Kosmologisches Testament, Buch III

Der Traum vom Tod durch Erde

»... die bedrohlichsten und gefährlichsten Gebiete sind jene, die der Mensch während seiner einwärts gerichteten Kolonisierung des Planeten erschuf, indem er die Träume eines degenerierten äußeren Raumes auf seine innere Welt übertrug – Straßenlabyrinthe, Kerker, Festungen, Bunker, Burgverliese, Tiefgaragen und Tunnel jeder Art, welche seinen Geist durchziehen wie Maden das Gehirn einer Leiche...«

Kosmologisches Testament, Buch VII

Gewiß, ein merkwürdiges Buch, aber kein Hinweis auf den Tod durch Feuer – und keine Erwähnung von Reagan, noch von Ihrer Majestät, Prinzessin Diana, Mrs. Thatcher...?

Die Flucht-Maschine: Der Ames-Raum

14. Oktober 1987. Der JUNGE ist entkommen! Heute morgen kam ein dringender Anruf von Direktor Henson. Ich flog sofort mit dem vollbesetzten Helikopter des Home Office nach Daventry. Matthew Young ist entkommen, und es war einer der genialsten Fluchtversuche, die jemals unternommen worden sind. Der Direktor und sein Stab befanden sich bei meiner Ankunft in einem Zustand der Verwirrung. Henson ging in seinem Büro umher, preßte die Hände gegen die Bücherregale und rückte beständig die Möbel zurecht, als vertraute er ihrer Existenz nicht. Überall waren Leute vom Home Office und dem Geheimdienst, aber es gelang mir, Henson zu beruhigen und die Geschichte zusammenzusetzen.

Seit meinem letzten Besuch hatten sie Youngs Haftbedingungen erleichtert. Seltsamerweise hatte ihn das Bild von Samuel Palmer in Sothebys-Katalog irgendwie beruhigt. Er beschmutzte nicht mehr seine Zellenwände und meldete sich dann freiwillig, sie mit dem Dampfstrahl sauberzumachen, und er hatte den Palmer über seiner Pritsche aufgehängt und betrachtete ihn, als wäre er eine religiöse Ikone. (Wäre es doch nur ein Keating *gewesen* – der alte Gauner hätte seine Freude gehabt. Wie es kommt, hatte Keatings Ruf als Fälscher Young den Fluchtplan geliefert.)

Young weigerte sich, den Innenhof zu betreten – die hohen Antennen der British Telecom beunruhigten ihn eindeutig –, daher sorgte Henson dafür, daß er die Gefängniskapelle als Erholungsraum benutzen durfte. Hier begannen die Schwierigkeiten, wie ersichtlich wurde, als mir der Direktor die Kapelle zeigte, ein ehemaliges Kino, das mit Kirchenstühlen, Altar und Kanzel möbliert worden war. Aus Sicherheitsgründen wurden die Türen verschlossen, und die diensthabenden Wärter behielten Young im Auge, indem sie durch den Kameraschlitz im Vorführraum sahen. Als Folge davon sahen die Wärter das Innere der Kapelle lediglich aus einer Perspektive. Young hatte daraus gerissen seinen Vorteil gezogen und Stühle, Altar und Kanzel so umgruppiert, daß sie einen Ames-Raum bildeten – Adelbert Ames jr., der amerikanische Psychologe, erfand eine Reihe von Trick-Zimmern, die völlig normal aussahen, wenn man sie durch ein Guckloch betrachtete, tatsächlich aber mit unzusammenhängenden Teilen von Möbeln und Schmuckgegenständen angefüllt waren.

Youngs Version des Ames-Raums war weitaus komplexer. Kreuz und Messingkandelaber schienen auf dem Altartisch zu stehen, hingen aber tatsächlich zehn Schritte entfernt an Baumwollbändern in der Luft, welche er aus seinem Overall herausgerissen hatte. Die Bänke waren auf Stapel von Gesangbüchern und Bibeln gestellt worden, um den Eindruck eines ordentlichen Kirchenschiffs zu erwecken. Aber als wir den Vorführraum verließen und die Kapelle betraten, sahen wir, daß die Bänke eine treppenähnliche Rampe bildeten, welche zum Belüftungsgitter hinter dem Altar führte. Die Wärter, die durch den Kameraschlitz im Vorführraum blickten, sahen Young scheinbar auf den Knien vor dem Kreuz, dabei hatte er tatsächlich auf der obersten Bank der Rampe gekauert und die Schrauben des Gitters gelöst.

Henson war erschüttert über die Youngs Flucht, mich hingegen beeindruckte die Schlauheit seiner optischen Täuschung. Wie Henson waren auch die Aufsichtsbeamten des Home Office sicher, daß ein weiterer Anschlag auf Ihre Majestät zu erwarten war. Während wir jedoch die bizarre Kapelle betrachteten, überzeugte mich etwas davon, daß die Königin und der Präsident nicht in Gefahr waren. An die schäbige Wand hinter dem Altar hatte Young ein Dutzend Illustrationen der amerikanischen und russischen Raumfahrtprogramme geklebt, die er aus Zeitungen und Nachrichtenmagazinen ausgeschnitten hatte. Alle Fotografien der Astronauten waren verunstaltet worden, Skylab und die Shuttles mit obszönen Sprüchen bemalt. Der JUNGE hatte zu den Astronauten gebetet, und ich konnte den Inhalt dieser Gebete erraten. Er hatte eine Schwarze Kapelle konstruiert, die gleichzeitig ein komplizierter Fluchtmechanismus war, der ihn nicht nur aus Daventry befreite, sondern auch von der Bedrohung, welche die Astronauten für ihn darstellten, und schließlich auch von dem weit größeren Gefängnis, dessen Mauern die des Raumes selbst waren.

Der Astro-Messias

Colonel Thomas Jefferson Stamford, USAF (i. R.). Geboren 1931, Brigham City, Utah. Eagle Scout, 1945. B. S. (Physik), Caltech, 1953. Graduierung US Airforce Akademie, 1957. Diente in Vietnam, 1964-69. NASA-Eintritt 1970; Bodenkontrollstation Skylab III. 1974 gerüchteweise Kommandant einer geheimen Apollo-20-Mission zum Mond, die eine ferngelenkte Atomraketenbasis im Mare Imbrium errichtete. Versetzung in den Ruhestand 1975, Ernennung zum Vizepräsidenten der Coca Cola Corporation. 1976 wissenschaftlicher Berater der 20th Century Fox für das projektierte *Men with Fins*.

1977 Aktionen mit der Bewegung »The Precious Light«, einer in Kalifornien ansässigen Bewegung zur Bewußtseinserweiterung, die für die Legalisierung von LSD eintrat. Wiedereintritt in die Armee 1978, Aufenthalt im Veterans Administration Hospital, Fresno. Nach der Entlassung beginnt neunmonatige Klausur in Truth Mountain, Idaho, einem interkonfessionellen Orden von Laienmönchen. 1979 Gründung von Spaceways, einem Drogenrehabilitationszentrum in Santa Monica. 1980-81 gemeinsame Auftritte mit Billy Graham, nimmt an Veranstaltungen der Erweckungsprediger in Europa und Australien teil. 1982 Besuch in Windsor Castle mit Präsident Reagan. Gründet 1983 die evangelische Stiftung COME Incorporated, bereist Alabama und Mississippi als selbsternannter dreizehnter Apostel. Besucht 1984 Afrika, Südeuropa und Asien, schaltet sich in den Konflikt Iran-Irak ein, spricht vor dem NATO-Ministerrat, drängt auf die Weiterentwicklung von Laserwaffen und Neutronenbomben. 1986 Gast der königlichen Familie im Windsor Castle, Auftritt in der Weihnachtssendung der Königin, behandelt Prinz William erfolgreich, wird Vertrauter und geistlicher Ratgeber von Prinzessin Diana. Wird vom *Time Magazine* zum »Mann des Jahres« gewählt, von *Newsweek* als »Messias des Raumfahrtzeitalters« und »Gründer der ersten weltraumorientierten Religion« bezeichnet.

Konnte dieser vielbewunderte ehemalige Astronaut, ein Volksheld, der eindeutig die Funktion eines Lindbergh der achtziger Jahre erfüllte, das wahre Ziel des Attentatsversuchs im Windsor Castle gewesen sein? Lindbergh hatte einst freundschaftlich mit Königen und Kanzlern verkehrt, aber seine verschrobenen politischen Ansichten waren durch seine nazifreundliche Einstellung befleckt worden. Im Gegensatz dazu schien Col. Stamfords populäre Mixtur aus christlicher Erweckungslehre und antikommunistischer Rhetorik wenig mehr zu sein als langfristige Versuche eines Außenseiters, ins Weiße Haus zu gelangen. Hin und wieder, wenn ich Stamfords Veranstaltungen im Fernsehen verfolgte, konnte ich dieselben hypertonischen Gesichtsmuskeln erkennen, wie man sie bei Hitler, Gaddafi und den fanatischsten Mullahs Khomeinis fand, aber nichts, was einen so komplizierten Attentatsversuch gerechtfertigt hätte, ein Psychodrama in sich, wie es Matthew Young in seinem Lilienthal-Segelflugzeug unternommen hatte.

Und doch ... wer wäre besser geeignet, einen Pionier der Astronautik zu töten als eben ein Pionier der Astronautik, um die Uhr der Eroberung des Weltraums wieder auf Null zurückzudrehen?

10. Februar 1988. In den vergangenen drei Monaten konnten auch gründlichste Suchaktionen keine Spur von Matthew Young finden. Das Wachpersonal der Königin, der Premierministerin und der bedeutendsten Kabinettsmitglieder wurde verstärkt, verschiedene Mitglieder der königlichen Familie wurden mit kleinen Handfeuerwaffen ausgerüstet. Man hofft, daß sie es vermeiden, sich selbst oder andere zu verletzen. Das getarnte, geschmückte Pistolenhalfter, welches Prinzessin Diana trägt, hat bereits eine ganze Industrie von Nachahmern auf den Plan gerufen, und London ist voll von jungen Frauen, die stilisierte Latzhosen tragen (ohne zu wissen weshalb), wie Schauspieler der Musicalversion von *The Gunfight at the O.K. Corral*.

Die ehemaligen Freundinnen des JUNGEN sowie noch lebende Verwandte, sein Bewährungshelfer und die Programmierer von Virgin Records wurden überwacht und/oder verhört. Einige mutmaßliche Begegnungen wurden gemeldet: Im November schrieb sich ein exzentrischer junger Mann mit Ledergamaschen und dem antiquierten Kostüm eines Fliegers aus dem Ersten Weltkrieg für Flugunterricht an der Elstee Flying School ein, erlitt aber nach der ersten Flugstunde einen epileptischen Anfall. Hunderte Plakate, die in Untergrundbahnhöfen für Col. Stamfords Osterversammlung in Earls Court warben, wurden systematisch übermalt. In den Pinewood Studios hat ein Brandstifter die Kulissen für die 100-Millionen-Dollar-Budget-Science-fiction-Filme *The Revenge of R2D2* und *C3PO Meets E.T.* teilweise zerstört. Ein nächtlicher Eindringling besuchte die Büros von COME Inc. und überspielte Col. Stamfords Kontaktadresse auf Tausenden von Werbevideos insgeheim mit einer obszönen Botschaft. In verschiedenen Spielhallen am Picadilly Circus wurden die Space Invaders-Spiele so umprogrammiert, daß sie Col. Stamfords Gesicht als Ziel zeigten.

Noch eindeutiger vielleicht ist die Tatsache, daß ein Anrufer mit dem exakten Stimm-Muster von Matthew Young andauernd versucht hat, den Erzbischof von Canterbury anzurufen. Zwei Tage zuvor nahmen die Küster von Westminster Abbey kurze Zeit einen jungen Mann in Gewahrsam, der vor einem bizarren Altar betete, welcher aus Col. Stamfords blutverschmiertem Raumanzug und Helm bestand, die aus ihrem Schaukasten im Naturwissenschaftlichen Museum gestohlen und in einer Nische hinter dem Hauptaltar aufgestellt worden waren. Die seltene Blutgruppe B Rhesus positiv ist nicht die Col. Stamfords, sondern die des JUNGEN.

Die Berichte von Matthew Youngs Gebet erinnerten mich an Direktor Hensons Beschreibung des Gefangenen, der in der illusionistischen Kapelle kniete, die er in Daventry konstruiert hatte. Es besteht ein unheimlicher Kontrast zwischen der großen Erweckungsversammlung, die in diesem Augenblick im Fernsehen aus dem Parc des Princes in Paris übertragen wird, wo die im Rampenlicht stehende Gestalt des früheren Astronauten die Szene beherrscht, und dem verdunkelten Kirchenschiff der Kathedrale, wo ein geflohener Geisteskranker über einem mit seinem eigenen Blut beschmierten Raumanzug betete. Das Bildnis des Weltalls, aus dem Col. Stamford soviel seiner religiösen Inspirationen bezieht, scheint für Matthew Young die Verkörperung eines nicht näher spezifizierten Bösen zu sein, gleichgesetzt mit der Anbetung eines falschen Messias. Seine Gebete in der Kapelle von Daventry, als er vor der Illusion eines Altars kniete, waren eine Serie von verschlüsselten Körperhaltungen, die Versuche eines Schlangenmenschen, sich aus Col. Stamfords böser Umklammerung zu befreien.

Noch einmal las ich die Zeugenaussagen, die der Geheimdienst gesammelt hatte:

Margaret Dows, Systemanalytikerin, Wang Computer: »Er betete ständig, immerzu, auf seinen verwünschten Knien. Er ließ mich sogar ein Video davon aufnehmen, das er stundenlang studierte. Es war einfach zuviel...«

Doreen Jessel, Krankengymnastin: »Anfangs dachte ich, er würde sich eifrig mit Anaerobic befassen. Eine Art dynamische Meditation, wie er es nannte, nur akrobatische Verdrehungen.

Ich wollte ihn dazu bringen, einen Physiotherapeuten aufzusuchen...«

John Hatton, Bewährungshelfer: »Es gab einen therapeutischen Effekt, von dem er mich wider besseres Wissen überzeugte. Die Verrenkungen schienen seine Epilepsie nachzuspielen...«

Reverend Morgan Evans, Samariter: »Er akzeptierte Robert Graves' Vorstellung vom klumpfüßigen Messias – jene eigentümliche Gangart, die verschiedenen Formen religiösen Tanzens eigen ist, sowie allen Mythen, die um die Achillessehne kreisen. Er sagte mir, sie würde auf den krabbenartigen Mondgang zurückgehen, den sich die Astronauten angewöhnten, um sich der Nullschwerkraft anzupassen...«

Sergeant J. Mellors, R.A.F.-Regiment: »Die Haltung war die eines knienden Scharfschützen, der eine Serie von Schüssen mit einem Repetiergewehr, wie etwa der Lee-Enfield oder der Mannlicher-Carcano, abgeben muß. Ich verwies ihn vom Schießplatz...«

Zerlegte Matthew Young die Elemente seines eigenen Verstandes und baute sie wieder neu zusammen, als wären sie die Bestandteile eines Ames-Raums? Der Helikopter-Pilot des Home Office sprach bildhaft von den Gleichgewichtsstörungen, die einige der besonderen Gefangenen erlebten, wenn sie mit dem Shuttle nach Daventry gebracht wurden. Besonders erwähnte er die Schreie und Verrenkungen eines palästinensischen Flugzeugentführers, der sich einbildete, er wäre ein sterbender Astronaut. Defekte des Gleichgewichtssinns findet man im allgemeinen bei Flugzeugentführern (wie auch bei Schamanen), es handelt sich hierbei um dasselbe Gefühl räumlicher Desorientierung, wie man es bei Astronauten durch die Hochgeschwindigkeitszentrifuge oder die Nullschwerkraft bei Orbitalflügen erreichen kann.

Daher könnte es sein, daß die Defekte des Gleichgewichtsapparates die daran Leidenden zu Hochgeschwindigkeitsflugzeugen hinziehen und die Entführung ein unterbewußter Versuch ist, dieses organische Übel zu heilen. Gebete, Gleichgewichtsstörungen, Entführungen – während ich Col. Stamford im Parc des Princes beobachte, fällt mir auf, daß er manchmal stolpert, wenn er sich über sein Pult beugt, daß seine Hände mit jenem charakteristischen Spasmus zum Gebet gefaltet sind, den man aus so vielen Wochenschauen kennt und der inzwischen sogar von Fernsehkomikern imitiert wird.

Versucht Col. Stamford, die Welt zu entführen?

28. März 1988. Die Ereignisse entwickeln sich weiter. Colonel Thomas Jefferson Stamford ist in London eingetroffen, nachdem er seine triumphale Tournee durch die nicht-kommunistische Welt abgeschlossen hat. Er hat mit Generalen und rechtsgerichteten Kirchenfürsten konferiert und Kampfgebiete von den Golan-Höhen bis zur westlichen Sahara beruhigt. Wie immer drängte er dabei die Kontrahenten, sich gegen den wahren Feind zu vereinigen, wobei er eine antisowjetische, militante kirchliche Propaganda anschlug, gegen die sich die des CIA wie ein Werbetext des Roten Kreuzes ausnimmt. Das Fernsehen und die Presse zeigen ihn, wie er mit Staatschefs und Premierministern im Ruhestand einhergeht, mit Kohl, Thatcher und Mitterrand, mit skandinavischen Würdenträgern und Mitgliedern der britischen Monarchie.

Währenddessen wird Col. Stamfords frühere Laufbahn als Astronaut nicht vergessen. Bei seinen Versammlungen im Parc des Princes und im Münchner Olympiastadion wurde diesen riesigen Anlagen das Aussehen der Innenräume gigantischer Raumkapseln verliehen. Durch den raffinierten Einsatz einer kreisförmig aufgestellten Projektionsleinwand wird Col. Stamfords Erscheinen auf dem Podium als Landung aus dem Weltall dargestellt, dazu ertönt ohrenbetäubend die Musik von *Also sprach Zarathustra* und Holsts *Planeten*. Mit den illusionistischen Rückprojektionen und Lichteffekten werden die Versammlungen zu riesigen Ames-Räumen, einer überzeugenden Mixtur aus evangelischem Christentum, Astronautik und kybernetischem Filmemachen. Wir haben einen Intelsat-Messias vor uns, eine Manna-Persönlichkeit für das Zeitalter des Kabelfernsehens.

Seine Tausende Anhänger schwanken in ihren Stühlen und umklammern COME Inc.'s Werbevideos wie Maos Rote Garden ihr kleines rotes Buch. Sehen wir die erste Videoreligion, eine extravagante Light-Show mit Lasergraphiken von Lucasfilm? Die Botschaft der Versammlung, wie auch der Videos, ist die, daß Col. Stamford zur Erde zurückgekehrt ist, um einen moralischen Kreuzzug gegen den atheistischen Marxismus zu führen, eine Wiederkunft, welche den dreizehnten Apostel vom Mare Imbrium durch den Korridor des Weltenraums herabbefördert hat.

Zwei ehemalige Apollo-Astronauten haben sich bereits seinem Kreuzzug angeschlossen und ihre Direktorenämter bei Avis und der Disney Corporation niedergelegt, und Mitglieder der Skylab- und Shuttle-Besatzungen haben ihm ihre Unterstützung zugesichert. Wird sich die NASA eines Tages zu einer religiösen Organisation entwickeln? Führende Angehörige der Parteiausschüsse der Republikanischen und der Demokratischen Partei haben Col. Stamford bereits gedrängt, sich um das Amt des Präsidenten zu bewerben. Ich vermute jedoch, daß der Große Mission Controller im Himmel das Präsidentenamt umgehen und sich der amerikanischen Bevölkerung direkt als Astro-Messias präsentieren wird, als Weltraum-Ayatollah, der zur Erde gekommen ist, um seine religiöse Republik zu errichten.

Die Erste Kirche des Göttlichen Astronauten

Diese messianischen Züge erinnerten mich an den JUNGEN, den eingeschworenen Feind aller Astronauten. Am Tag nach der Ankunft des Colonels in London zur Osterversammlung, zu der Prinz Charles, Prinzessin Diana und der auf wundersame Weise geheilte Prinz William ihr Erscheinen zugesichert hatten, fuhr ich zu der Garage in Highbury. Ich hatte das Home Office wiederholt vor einem möglichen Attentatsversuch gewarnt, aber sie schienen von dem Stamford-Fieber mesmerisiert zu sein, das ganz London ergriffen hatte, und glaubten nicht, jemand könnte ihn angreifen.

Während Constable Willings im Regen wartete, sah ich das ölbefleckte Feldbett und das Waschbecken mit den leeren Dosen Schnellkaffee an. Die Fahnder der Spezialabteilung hatten die Garage ausgeräumt, dennoch befand sich an der Betonwand über dem Bett, mit einer Nadel an der Wand befestigt, eine Postkarte, die ihnen unerklärlicherweise entgangen war. Als ich nähertrat, erkannte ich, daß es sich um eine kleine Samuel Palmer-Reproduktion handelte, »Ein Traum vom Tod durch Feuer«, eine visionäre Szene von der Vernichtung einer falschen Kirche durch das Licht der wahren Natur. Das Gemälde war von Keating als eine seiner ehrgeizigsten Fälschungen bezeichnet worden.

Ein falscher Keating, um den Tod eines falschen Messias zu beschreiben? Innerhalb der letzten paar Tage an die feuchte Wand gesteckt, war diese Karte eindeutig Matthew Youngs Einladung an mich. Aber wo konnte ich ihn finden? Dann sah ich durch die offene Tür die leerstehende Baptistenkirche hinter der Reihe der

Garagen.

Kaum hatte ich das dämmrige Kirchenschiff betreten, war ich ganz sicher, daß weder Präsident Reagan noch die Königin Matthew Youngs Angriffsziel gewesen waren. Die von Constable Willings geliehene Kneifzange durchtrennte die Glieder der rostigen Kette. Als er weggefahren war, stieß ich die wurmstichigen Torflügel zurück. Irgendwann einmal hatte eine Fernsehgesellschaft die säkularisierte Kirche als Lager für ausrangierte Kulissen benützt. Bühnenbilder und Hintergrundgemälde einer abgesetzten Science-fiction-Serie lehnten in einem unordentlichen Stapel an den Wänden.

Ich betrat den Mittelgang und stand zwischen den Bänken. Als ich dann weiterging, sah ich plötzlich das Diorama der Mondoberfläche. Direkt vor mir befand sich eine verkleinerte Filmkulisse, die aus alten *Star-Wars*-Postern und dem Inventar von *Dr. Who* zusammengesetzt war. Über der Mondlandschaft hing die Gestalt eines mit ausgestreckten Armen schwebenden Astronauten.

Wie ich erwartet hatte, bildete dieses Diorama nur den Bestandteil eines anderen Ames-Raums. Die Gestalt des Astronauten erzeugte die Illusion nur, wenn man sie von der Kirchentür sah. Während ich mich ihr näherte, bewegten sich ihre Elemente auseinander. Eine behandschuhte Hand hing alleine da, abgetrennt von dem Arm, der sie zu stützen schien. Der abgetrennte Torso sowie Teile der Beine drifteten auseinander, da sie einzeln an Balken im Kirchenschiff aufgehängt waren. Kopf und Helm waren von den Schultern abgetrennt worden und schwebten für sich. Während ich am Altar stand, flog der zerstückelte Astronaut wie ein Chrom-Leichnam über mir, der von einem Sprengsatz in seinem Lebenshaltungssystem verstümmelt worden war.

Matthew Young lag auf dem Steinboden unter diesem unheimlichen Schauspiel. Er lag auf dem Rücken in einer Kuhle aus Staub und zerbrochenen Fliesen, der vernarbte Mund war zu einer blutleeren Grimasse verzerrt, die die abgebrochenen Zähne entblößte, deren Kronen zerschmettert waren. Er war während seines Angriffs auf den Astronauten zu Boden gestürzt, die ausgestreckten Finger hatten ein Stück aus einem *Star-Wars*-Plakat abgerissen, das nun wie ein Leichentuch über ihm lag. Unterhalb seines Wangenknochens staute das Blut sich zu einem bösen Bluterguß, als hätte er während des Zielens versucht, sich mit dem Zielfernrohr des Scharfschützengewehrs, das er in der Faust umklammert hielt, das Auge auszustoßen.

Ich befreite seine Zunge und Luftröhre und massierte sein Zwerchfell, bis sein Atem regelmäßig ging, dann legte ich ihm ein Kissen unter den Rücken. Auf dem Boden neben ihm lagen Kolben, Lauf, Schloß und Magazin eines Gewehres, dessen Teile er in den Augenblicken vor seinem Angriff geölt hatte, und das er, wie ich wußte, im Augenblick nach seinem Erwachen weiter zusammenbauen würde.

Ostern 1988. Heute abend wird Col. Stamfords Versammlung in Earls Court abgehalten werden. Seit seiner Ankunft in London war der ehemalige Astronaut und Gast des Buckingham-Palastes eifrig damit beschäftigt, das Sprungbrett vorzubereiten, das ihn über den Atlantik katapultieren soll. Vor drei Tagen sprach er vor Ober- und Unterhaus in der Westminster Hall. In einer Fernsehansprache forderte er einen Kreuzzug gegen die Reiche des Bösen der nicht-christlichen Welt, die Konstruktion von orbitalen Atombombenplattformen, den Abschuß geosynchroner Laserwaffen, die auf Teheran, Moskau und Peking gerichtet sein sollten. Er scheint nicht nur die Vernichtung der Sowjetunion zu fordern, sondern der ganzen nicht-christlichen Welt, die Rückeroberung Jerusalems und die Konvertierung des Islam.

Es ist eindeutig, daß Col. Stamford ebenso wahnsinnig ist wie Hitler, aber glücklicherweise ist sein Ende in Sicht. Ich vermute, daß Matthew Young heute abend die Versammlung in Earls Court besuchen wird. Ich hatte ihn nicht bei der Polizei angezeigt, da ich darauf vertraute, daß er sich rechtzeitig erholen, sein Gewehr zusammenbauen und in eine der leerstehenden Vorführkabinen unter dem Dach der Arena vordringen würde. Wenn Col. Stamford aus dem »Weltraum« herniedersteigt, wird der JUNGE ihn durch das Kamerafenster beobachten und zuhören, wie er seinen atomaren Dschihad gegen die Kräfte des Antichrist fordert. Aus seiner engen, aber niemals lebenswichtigeren Perspektive, dem Visier seiner Waffe, wird Matthew Young sich anschicken, wieder einmal einen illusionistischen Raum zu zerstören und die anhaltenden Mysterien des Ames-Raums zu zelebrieren.

Elfriede Maria Bonet
Die Abschaffung des Menschen zugunsten der Einführung der Person

»Wir kommen heute«, begann der Informator mit monotoner Stimme, den Blick, wie immer, über die Köpfe der vor ihm Sitzenden in eine unbestimmte Ferne gerichtet, »zum letzten Teil der Gesundheitslehre«. Umständlich schaltete er den Holographen ein, der die ganze Stirnwand des Raumes einnahm, und legte eine Diskette in die Abnahmezelle.

HOANGHU, der in der zweiten Reihe saß, warf dem schräg hinter ihm sitzenden LESOFZ einen Blick zu; dieser grinste ihn an und gab ihm so zu verstehen, daß er sich ebenfalls langweilte.

Auf Gesundheit wurde enormer Wert gelegt und die Gesundheitslehre, die sich ausschließlich mit Krankheiten beschäftigte, machte einen wesentlichen Teil der Informationseinheiten aus. HOANGHU fand das übertrieben, ebenso wie die ständigen Gesundheitstests, denen man sich zu unterziehen hatte. Seit er hier war, und das war, seit er denken konnte, war er immer gesund gewesen.

Das einzige, worauf er sich freute, waren die Simulationen, denn er mußte zugeben, daß die Simulation von Krankheiten, die den theoretischen Teil der Gesundheitslehre ausmachte, ihn faszinierte, ihm geradezu wohlige Schauer über den Rücken jagte, so daß er sich, angesichts seines makellosen Körpers, schon manchmal gewünscht hatte, wenigstens eine ganz kleine Krankheit zu bekommen. Aber es war unmöglich, sich auch nur die kleinste Krankheit zuzuziehen; denn im Anschluß an den theoretischen Teil folgte, als praktische Übung, immer die Einnahme einer Vorbeugungspille, die vom Informator genauestens überwacht wurde.

»In diesem letzten Teil der Gesundheitslehre«, fuhr der Informator fort, »beschäftigen wir uns mit den Erkrankungen des Gehirns. – Wir werden genauso vorgehen wie bisher, daß ich Ihnen eine theoretische Einführung gebe und wir dann eine praktische Übung anschließen.« – Er drückte auf einen Knopf und der Holograph begann mit einer dreidimensionalen Darstellung des Gehirns.

»Anders als unsere Vorfahren im VORINFORMAT; jener düsteren Zeit, die allen Leistungen, aber auch Erkrankungen dieses Organs besondere Bedeutung zumaßen – sie nannten sie ›geistige‹ – sehen wir sowohl Leistungen als auch Erkrankungen des Gehirns als organische an. Als ›geistige‹ wurden Leistungen, aber auch Krankheiten bezeichnet, die an unvorhersehbar einzelnen zu unvorhersehbaren Zeitpunkten in unvorhersehbarer Weise auftraten. Wir sind auch darüber informiert, daß es ihnen nicht einmal möglich war, zwischen den krankhaften, gewöhnlichen und außergewöhnlichen Zuständen dieses Organs exakt zu unterscheiden. Deshalb nahmen sie, wie immer, wenn sie vor einer unklaren Sachlage standen, zum Vagen und Willkürlichen des Begriffes, hier des ›Geistigen‹, Zuflucht. Wie Sie aber sehen können, ist es ein Organ«; er drückte auf einen weiteren Knopf der vor ihm angebrachten Schalttafel und das Gehirn begann, sich zu drehen und zu wenden, schwenkte hin und her; »und nichts als ein Organ«. Er ließ den Knopf wieder los, und das Gehirn stand still.

»Wie nicht anders zu erwarten, ist es uns nicht nur gelungen,« – sein Ton war salbungsvoll, wie immer, wenn vom Fortschritt gegenüber dem VORINFORMAT, jener düsteren Zeit, die Rede war, »die verschiedenen Zustände exakt zu definieren, die dieses Organ einnehmen kann, sondern auch, seine Leistungen exakt zu messen. Die Lösung – wenn man sie kennt – ist, wie immer, wenn man sich an die Tatsachen hält«, betonte er, »ganz einfach: es handelt sich um ein Organ; und da es sich um ein Organ handelt, handelt es sich um einen Teil eines organischen Systems. Ein System aber ist definiert durch ...« er hielt inne und drückte wieder auf einen Knopf. HOANGHU verspürte einen heftigen Impuls an seiner Sitzfläche und sprang auf, um den Satz mit den Worten »durch Anordnung und Funktion« zu vollenden und fügte voll Eifer hinzu: »Das gilt in selber Weise für organische, anorganische, ökonomische und ökologische Systeme. – Ein System besitzt Fähigkeiten und erbringt Leistung. Es ist, mit einem Wort« – er streckte sich ein wenig – »leistungsfähig.« »Und wer ein System kennt«, setzte der Informator fort und nickte ihm, wie es schien, anerkennend zu. »... kennt alle«, fiel die Einheit im Chor ein, wie immer, wenn es um die Wiederholung der Grundprinzipien ging, was oft der Fall war.

HOANGHU nahm auf seinem wieder entladenen Stuhl Platz.

»Systeme können grundsätzlich zwei Zustände einnehmen: den der Ausgeglichenheit und den der Unausgeglichenheit. Der Zustand der Ausgeglichenheit oder Gesundheit bedeutet Leistungsfähigkeit, der Zustand der Unausgeglichenheit Krankheit oder Störung. – Worin nun besteht die Leistungsfähigkeit eines Systems?« Ein weiterer Druck auf einen weiteren Knopf brachte KDKLRS in die Höhe »darin, mit anderen Systemen in Konkurrenz treten zu können.« »Und warum müssen Systeme miteinander konkurrieren?« – »Damit sie miteinander vergleichbar sind«, echote die Einheit. »Denn –« und seine Stimme hob sich, »nur an den Grenzen ihrer Leistungsfähigkeit sind Systeme miteinander vergleichbar.« – und erreichte mit den nächsten Worten jene Schwingungszahl, die für Mitteilungen von besonderer Wichtigkeit vorgesehen war: »Und auf dieser Vergleichbarkeit beruht die Stabilität unseres einzigartigen, alle Systeme umfaßenden Weltsystems, in das wir so sicher eingebettet sind. Das ist Gerechtigkeit! – Und warum sind wir so sicher darin eingebettet? – Weil«, beantwortete er sich diese Frage selbst, »der einzelne keinerlei Risiko zu tragen hat – wozu er, wie die Geschichte zeigt, auch gar nicht in der Lage ist. Und in dem der einzelne auch keinerlei Risiko mehr darstellt, wozu, wie die Geschichte zeigt, er sehr wohl in der Lage ist.«

Wie von einem starken Impuls getrieben sprang LOMUH auf, obwohl der Informator auf keinen Knopf gedrückt hatte und rief: »Und in dem er auch keinerlei Entscheidung mehr treffen kann!« Er hatte eine unangenehme Neigung zu eigenen Impulsen; seine Bemerkungen wurden aber meistens von den anderen nicht verstanden und vom Informator ignoriert, der sich nicht beirren ließ: »Dieses einzigartige System operiert ausschließlich mit Tatsachen: mit allen Tatsachen aller Systeme. Und weil alle Systeme miteinander vergleichbar sind, sind auch ihre Tatsachen miteinander vergleichbar, so daß die Tatsachen eines jeden Systems jederzeit auf jedes andere System übertragbar sind. – Das ist Gleichheit! – Wenn aber die Tatsachen eines Systems auf ein anderes übertragbar sind, so sind es auch die Probleme dieses Systems; und wenn die Probleme eines Systems auf ein anderes übertragen werden können, können auch die Lösungen übertragen werden. So daß wir heute in der Lage sind«, seine Stimme überschlug sich fast, »Probleme zu lösen, bevor sie sich überhaupt stellen! – Das ist Fortschritt!« Ein wenig atemlos brach er ab. Sein Blick glitt über die Reihen, und obwohl er jeden einzelnen aufmerksam betrachtete, begegnete sein Blick, wie immer, keinem anderen.

Obwohl HOANGHU all das schon kannte, war er immer wieder hingerissen von der Klarheit und Eleganz dieser Formulierungen, von der Logik und Überzeugungskraft der Argumente, die einfach unwiderlegbar waren. Sie wurden, wie er informiert war, von der ZENTRALSTELLE erarbeitet, deren Sprache sie widerspiegelten. Dort saßen die EINGEWEIHTEN, und von dort aus wurden überallhin die Elektronenstrahlen gelenkt und die von ihnen gesammelten Informationen ausgewertet. Es hatte ihn sehr erstaunt, zu hören, welche Schwierigkeiten es zu Beginn des INFORMAT gegeben hatte, diese so segensreiche Einrichtung durchzusetzen. Vor allem gegen die Abschaffung der sogenannten Namen waren die Widerstände groß gewesen — aber das waren die letzten Widerstände gewesen, die das System zu überwinden gehabt hatte. Seit es nunmehr Buchstabenfolgen gab, funktionierte alles reibungslos. Und heute, da man INFORMAT 1000 schrieb, was bedeutete, daß 1000 Informationseinheiten, bezogen auf die Variable ›Fixstern Sonne‹ seit jener düsteren Zeit vergangen waren, war alles bestens geregelt. Man wurde einer Reihe von Eignungstests unterzogen, aufgrund derer genau die Fähigkeiten registriert wurden, die man besaß. Aufgrund der Fähigkeiten wurde die Leistung errechnet, die man zu erbringen hatte, und aufgrund der Leistung die Bedürfnisse, die man hatte und aufgrund der Bedürfnisse erfolgten von der ZENTRALSTELLE die Zuteilungen. Niemand nahm Einfluß auf die Beurteilung der Fähigkeiten, niemand nahm auf irgendetwas Einfluß, da er mit niemanden in Verbindung treten konnte. Aber jede Leistung, und das erfüllte ihn mit Stolz, wurde vom ganzen System registriert und die Leistungen aller Personen wurden ständig miteinander in Beziehung gesetzt und verglichen. So war es möglich, jeweils die Besten für jede Funktion auszuwählen. Das kam allen zugute. Es stand auch jedem frei, keine Leistung zu erbringen; dann wurden aufgrund der nicht erbrachten Leistung die Daten für die Zuteilung gelöscht, und aufgrund der nicht ergangenen Zuteilung die Daten der Fähigkeiten. Alles, ohne daß irgend jemand darauf irgendeinen Einfluß nahm. Er fand das sehr gerecht.

Liebevoll betrachtete HOANGHU den Magnetstreifen an der

Innenseite seines rechten Handgelenkes, auf dem, zusammengesetzt aus kleinen, mit dem freien Auge gerade noch erkennbaren Punkten, HOANGHU stand und der mit einer dünnen, aber haltbaren Kette knapp anlag. In dieser Buchstabenfolge waren alle seine Fähigkeiten, alle seine Daten enthalten. Es war ein erhebender, feierlicher Augenblick, wenn nach Beendigung der Eignungstests der Oberinformator persönlich die Schließung der Kette vornahm. Man durfte sich dann als vollwertige Person betrachten, da man ab diesem Zeitpunkt über das dichte Netz der Elektronenstrahlen unauflöslich mit der ZENTRALSTELLE verbunden war, von wo aus man dann zum richtigen Zeitpunkt für die richtige Funktion herangezogen wurde. Er bewegte leicht die Lippen, als er die Definition »PERSON« memorierte: die Summe aller Tatsachen, die für Produktion und Konsum relevant sind.

Diese Einrichtung brachte überhaupt nur Vorteile. Sie machte es möglich, daß man sich bei Begegnungen nicht unnötig aufhielt: man hob den rechten Arm, wodurch die Buchstabenfolge an der Innenseite sichtbar wurde; viele der Buchstabenfolgen waren auch unaussprechbar. Das ersparte sowohl jenes unhygienische Schütteln der Hände, dessen sich die Vorfahren riskanterweise befleißigt hatten, als auch die undeutlich dazu gemurmelten Worte, die weder zu verstehen waren noch verstanden werden sollten. Er schüttelte den Kopf über soviel Unvernunft. Jetzt erübrigte sich in den meisten Fällen sogar jedes Wort: denn was hätte man einander sagen, was einander fragen sollen? Man wußte ja, mit wem man es zu tun hatte.

Mit der Abschaffung der Namen aber, so hatte er erfahren, war auch die Protektion verschwunden — und allein diese Tatsache rechtfertigte schon das neue System, jene Bevorzugung einzelner Personen allein aufgrund ihres Namens, die sie in Positionen gebracht hatte, für die ihre Fähigkeiten und daher auch Leistungen nicht im geringsten ausreichten. Was für eine Ungerechtigkeit! Jedes Mal, wenn er daran dachte, war er so empört, daß sein Atem zu einem Schnauben wurde.

Er bemerkte, daß HELGA ihn mit hochgezogenen Brauen ansah und lächelte ihr entschuldigend zu. Mit HELGA war das so eine Sache: lange Zeit war sie ihm nicht besonders aufgefallen, doch seit kurzem merkte er, daß er immer wieder ihre Nähe suchte und daß jede zufällige oder absichtliche Berührung ihn auf das Seltsamste bewegte. Auch jetzt fühlte er, wie ihm das Blut ins

Gesicht schoß. Er wendete sich ab und war froh, als der Informator fortfuhr:

»Um die Vergleichbarkeit der Systeme aufrechtzuerhalten, die allein der Garant für Gleichheit, für Gerechtigkeit, für Freiheit und für Fortschritt ist, ist es notwendig, sie in gleichen Zuständen zu erhalten. Denn die Gleichheit ist der Garant für die Gerechtigkeit, die Gerechtigkeit für die Freiheit, und diese Freiheit ist der gewaltigste Fortschritt, den es je gegeben hat. – Die Zustände sind aber dann als gleich zu betrachten, wenn sich jedes einzelne System im Zustand der Ausgeglichenheit befindet. – Da diesem Zustand ein solch hohes Maß an Wichtigkeit zukommt, war es unerläßlich, den einzelnen vom Risiko seiner Aufrechterhaltung zu befreien. Zu befreien!« wiederholte er. »Worin besteht nun das Risiko des einzelnen? – In seiner Geschichte!« Angesichts der ratlosen Gesichter hob er eine Hand und erbat so Geduld. »Wir lassen uns zunächst von der Definition ›Krankheit‹ leiten, die mit der Definition ›Störung‹ vergleichbar ist und lautet: Krankheiten sind Veränderungen in einem Teil eines Systems, die die in ihm vorgegebene Toleranzgrenze überschreiten. Sie führen zu Symptomen, die eine Veränderung des ganzen Systems bewirken. Im Falle von Krankheit kommt es zunächst zum Verlust von Leistung, unter Umständen zum Verlust von Fähigkeiten – zum Verlust von Leistungsfähigkeit. Der Verlust von Leistungsfähigkeit aber führt zum Verlust von Vergleichbarkeit und damit zum Verlust von Gleichheit, Gerechtigkeit, Freiheit und Fortschritt!« Schien es nur so, oder standen ihm tatsächlich Tränen in den Augen? »Die Möglichkeit zu einer solchen Veränderung, Disposition genannt, aber ist, ebenso wie die Anordnung, die Geschichte des Systems und daher ein Teil von ihm. – Da heute aber alle Systeme miteinander vergleichbar sind, sind auch ihre Krankheiten und Störungen miteinander vergleichbar. Daher ist es möglich, jede Krankheit und jede Störung zu beheben, bevor sie auftritt – ihr vorzubeugen!« Er drückte wieder einmal auf einen Knopf und auf dem Holographen erschienen in irisierender Leuchtschrift die beiden wohlbekannten Zeilen

VORBEUGEN IST ANPASSEN
BEKÄMPFEN IST AUSBEUTEN

»Und woran passen wir uns an, wenn wir vorbeugen?« »An die

Tatsachen« rief die Einheit, beglückt ob der Einfachheit des von ihr Geforderten. »Denn die Geschichte eines Systems und die Leistungsfähigkeit eines Systems sind seine Tatsachen. So daß wir, wenn wir die Geschichte und Leistungsfähigkeit eines Systems erfaßt haben, alle seine Tatsachen erfaßt haben. – Um den Vergleich abzuschließen, komme ich noch zum zweiten Teil unseres obersten Grundprinzips. – Warum handelt es sich bei der Bekämpfung von Krankheiten und Störungen um Ausbeutung? – Weil –« akzentuierte er, »die Bekämpfung erst in dem Augenblick einsetzt, in dem es bereits zur Ausbildung von Symptomen, das heißt zum Verlust von Leistung, unter Umständen zum Verlust von Fähigkeiten gekommen ist. Das aber bedeutet einen Verlust an Leistungsfähigkeit. Und wenn ein System seine Leistungsfähigkeit verliert, verliert es seine Vergleichbarkeit. Das bedeutet: Ungleichheit; und Ungleichheit bedeutet Ungerechtigkeit, Unfreiheit, Rückschritt! Und all das – bedeutet Ausbeutung!« Er machte eine kleine Pause, um seine Worte wirken zu lassen, und fuhr dann fort: »Und nun, nach dieser kleinen, aber notwendigen Wiederholung, wollen wir uns wieder dem Gehirn zuwenden. Die Krankheiten und Störungen dieses Organs sind äußerst vielfältig. Wir wollen uns daher auf die wichtigsten beschränken und mit den allerwichtigsten beginnen.« Die Schrift erlosch. »Die wichtigste Fähigkeit des Gehirns ist seine Lernfähigkeit, das heißt, seine Fähigkeit, Tatsachen zu registrieren und miteinander zu vergleichen, sie zueinander in Beziehung zu setzen. – Wir wollen uns zunächst ansehen, wie das, in sehr vereinfachter Form, vor sich geht.« Er drückte wieder auf einen Knopf und auf dem Holographen erschien ein seltsames Gebilde: Ein Stiel mit einer Art Glocke daran, in der rote, grüne und blaue Punkte kreisten. »Was Sie hier sehen, ist eine sogenannte Synapse, das Ende einer Nervenzelle. Diese Nervenenden sind die Schlüsselstellen für alle Vorgänge, die sich im Gehirn abspielen. – Was geschieht nun an einer solchen Synapse, wenn ein Reiz einlangt? – Denn alle Tatsachen erreichen uns als Reize, sei es optischer, akustischer oder taktiler Natur. – Sie wird erregt und schüttet ein sogenanntes Aktionspotential aus.« Er wies mit der Hand auf das seltsame Gebilde, in dem nun einige Punkte begannen, sich an einer Stelle an der Unterseite zu drängen, worauf es sich öffnete und sie entließ. »Auf diese Weise wird der Reiz weitergeleitet. – Der Vorgang des Lernens, der auf der Wiederholung von

Tatsachen basiert, ist dementsprechend als ein Vorgang der Gewöhnung anzusehen, in dessen Verlauf sich das Aktionspotential verringert, was den ökonomischen Aufbau dieses Systems beweist und die Grundlage des Gedächtnisses darstellt.« Nun strömten weniger Punkte zu der sich öffnenden Stelle. »Wenn die genannten Vorgänge in der genannten Weise ablaufen, ist das Gehirn leistungsfähig und wir nennen diese seine Funktion ›Denken‹.« HOANGHU hatte Mühe, zu folgen, da sein Blick immer wieder zu HELGA abschweifte. Manchmal begegneten sich ihre Blicke, was seine Aufmerksamkeit noch weiter reduzierte. Trotzdem war es ein ungeheuer positives Erlebnis, das ihn erfüllte, das ihm neu und unbekannt war, das er nicht benennen konnte und er nahm die folgenden Ausführungen des Informators nur verschwommen und undeutlich wahr.

»Nun kommen wir zu den möglichen Störungen und Krankheiten des Gehirns, die, wie bei jedem System, in seiner Geschichte begründet liegen. Das Gehirn neigt in bestimmten Bereichen der Großhirnrinde dazu, die sogenannten Begriffe zu bilden. – Wenn wir uns ansehen, welche Vorgänge im Gehirn der Bildung von Begriffen zugrunde liegen, wird es uns nicht schwerfallen, diese als Krankheiten und Störungen zu diagnostizieren. Und obwohl es sich um einen äußerst komplexen Vorgang handelt, ist es uns heute möglich, ihn auf einfache Grundprinzipien zurückzuführen. Die Bildung von Begriffen beruht auf dem Vorgang der sogenannten Sensibilisierung und tritt auf, wenn zu dem bereits erwähnten sinnlichen Primärreiz ein sekundärer Reiz aus dem emotionalen Bereich tritt; diese beiden Reize werden gekoppelt. Dadurch kommt es zu einer Umkehr, zu einer Erhöhung des Aktionspotentials der Synapse.« Viele Punkte drängten zu der Öffnung, die sie, weil sie einander behinderten, kaum noch schnell genug passieren konnten.

»Was aber ist die Folge einer solchen Erhöhung, die bei Wiederholung ebenfalls zu Gewöhnung führt, also erlernt wird?« Wieder beantwortete er diese Frage, eindringlicher werdend, selbst. »Die blockierten Synapsen werden wieder funktionstüchtig! Und das bedeutet, daß das vorher Gelernte – daß die Tatsachen vergessen werden, wenn ein Begriff über sie die Herrschaft übernimmt«, rief er, und das Entsetzliche dieser Tatsache stand allen klar vor Augen. Auch HOANGHU war wieder voll konzentriert. »Welches aber sind die emotionalen

Reize, die zur Bildung von Begriffen führen? – Wünsche, Forderungen, Möglichkeiten – kurz: Soll-Zustände, die obendrein zu sogenannten Werten entarten können. – Und was ist das Ziel? Die Ist-Zustände, die Tatsachen zu verändern!« Er brach ab, um seine Worte wirken zu lassen. Einige waren blaß geworden.

»Wenn wir uns die Geschichte ansehen – und wir sehen uns immer die Geschichte an – sehen wir, bis zum Beginn unseres Zeitalters, eine ununterbrochene Kette von Bemühungen, die Zustände zu verändern. Die Mittel waren primitiv: Kriege, Revolutionen, Aufstände. Die Folgen ebenfalls: Krankheit, Elend; jedes Leben war voll von Risiko. – Und warum das alles? – Weil unsere Vorfahren nicht davon lassen konnten, anstelle von Tatsachen mit Begriffen zu operieren. Ihre Sprache, ihr Denken war durchsetzt, zersetzt davon. – Wie glücklich können wir uns heute preisen, in unserer PRAGMATISCHEN DIALEKTIK eine so wirksame Methode der Vorbeugung zu besitzen. Sie hat unser Denken, unsere Sprache gereinigt; auf die Tatsachen zurückgeführt!« Wieder schwieg er einen Moment, um mit erhobener Stimme fortzufahren: »Ganze Systeme von Begriffen überschatten die Welt: die sogenannten philosophischen. Und alle ihre Anstrengungen waren auf eines gerichtet: den sogenannten MENSCHEN. Nebenbei sei bemerkt, daß alle ihre Bemühungen keinerlei Ergebnis zeitigten, zeitigen konnten außer zunehmender Verwirrung. Deshalb war es unsere erste und höchste Aufgabe, diesen Begriff zu entfernen und alle Maßnahmen zu ergreifen, daß er nie mehr Schaden anrichten kann. Das ist uns gelungen durch Einführung der Definition PERSON.« Seufzer der Erleichterung gingen durch die Reihen. »Von derselben Bedeutung war es auch, den Begriff WISSEN zu reduzieren und uns damit von jener Mixtur zu befreien, die in willkürlicher Weise die Tatsachen mit irgendwelchen Begriffen bis zur Undurchschaubarkeit vermischte. An seine Stelle haben wir die klare und eindeutige Definition INFORMATION gesetzt, die diesem hellen Zeitalter auch seinen Namen gibt. – Zum Schluß aber komme ich zu einer besonders gefährlichen Sorte von Begriffen, zu deren Vorbeugung die PRAGMATISCHE DIALEKTIK nicht ausreicht.« Er drückte wieder auf einen Knopf, und am Ende der Armlehnen sprang für jeden eine kleine weiße Pille heraus. »Wir haben daher anders vorzubeugen. Nehmen Sie jetzt die Pille ein.« Gehorsam nahm

HOANGHU die Pille ein. Der Informator überwachte, wie immer, aufmerksam die Einnahme. »Diese Sorte von Begriffen beruht auf einer besonderen Art der Gewöhnung an Personen. Diese Gewöhnung löste eine Vielzahl von emotional bedingten Verhaltensweisen aus: Zuneigung, Abneigung, und trat in ihrer extremsten Form als sogenannte Liebe auf.« Er schüttelte sich angeekelt. »Die Symptome waren eindeutig und erschreckend: das davon betroffene System geriet in einen Zustand äußerster Unausgeglichenheit, sowohl in organischer als auch in denkökonomischer Hinsicht, büßte dadurch seine Leistungsfähigkeit ein und es konnte – wenn dieser Zustand von einer bestimmten Person nicht hinlänglich geteilt wurde – über diese Störungen hinaus bis zur Selbstzerstörung führen. Hervorgerufen wurden alle diese Symptome durch eine Summe von sinnlichen Reizen, die bewirken, eine Person wiederzuerkennen. – Diesem unnötigen Vorgang dienen zwei große Areale an der Unterseite des Gehirns«, das wieder auf dem Holographen auftauchte. Es drehte sich, und an seiner Unterseite leuchteten die betreffenden Areale, rot wie klaffende Wunden, auf. »Und wieder ist die Disposition zu dieser Störung aus der Geschichte des Systems zu verstehen. Denn unsere Vorfahren im VORINFORMAT, jener düsteren Zeit, lebten in sogenannten Horden, Sippen, ja Familien zusammen. – Sie verstanden es nicht besser und diese Form des Zusammenlebens beruhte einzig darauf, daß sie einander wiedererkannten. Diese Form des Zusammenlebens aber und die bereits erwähnten Symptome waren die Hauptursache für die Unzufriedenheit und ihr Bestreben, die Zustände zu ändern und beschworen alle die bereits erwähnten katastrophalen Folgen herauf. – Es gibt nur eine einzige Methode, einem Rückfall in diesen archaischen, demütigenden Zustand, einer Schädigung des ganzen Systems vorzubeugen: diese Areale zu zerstören. Der günstigste Zeitpunkt für diesen Eingriff ist gegeben, wenn das Gehirn voll entwickelt ist – wie bei Ihnen jetzt. Denn die Erfahrung hat gezeigt, daß früher angesetzte Maßnahmen zu tiefgreifenden Persönlichkeitsstörungen führen – wir beugen also vor – und passen uns damit, wie immer, an die Tatsachen an: in diesem Fall an die Tatsache, daß es keine Familien, keine Sippen, keine Horden mehr gibt. – Damit bin ich für heute am Ende.«

Er schaltete den Holographen aus und nahm die Diskette wieder an sich. Dann verließ er den Raum. Im Gegensatz zu sonst waren alle ungewöhnlich still und saßen unschlüssig herum. Auch HOANGHU spürte die Veränderung. Aber es war eine Veränderung in ihm, die langsam von ihm Besitz ergriff; die etwas in ihm erzeugte, ein Gefühl das er nicht kannte, das ihn aber erschreckte. Und je mehr es ihn ergriff, desto mehr erschrak er. Er fühlte sich wie von einer gewaltigen Macht umfangen, aus der es kein Entrinnen gab. Sein Herz klopfte, wie er feststellte, viel zu schnell. Nach und nach geriet er in Panik. Er sah um sich und begegnete so manchem ängstlichen Blick. Es war ganz still; so still wie nie. Nur Atmen, schnelles angespanntes Atmen, war hörbar. Plötzlich fühlte er einen Schmerz in seiner linken Seite, der seine Brust zu sprengen drohte. Er wollte zu einem Schrei ansetzen; doch bevor noch ein Laut seine Kehle verließ, war es vorbei. War alles vorbei.

Er begann sich zu fühlen wie immer und hatte für seine Reaktion nur noch Verwunderung über. Dann sah er sich nach den anderen um, wollte sehen, wie es LESOFZ ging. Aber seltsam: er konnte ihn nicht finden, und auch HELGA war verschwunden. Das störte ihn allerdings nicht weiter. Er stellte fest, daß er sich in einer Einheit ihm fremder Personen befand, die angelegentlich um sich blickten. – Und sein Blick begegnete keinem anderen.

Johanna Braun, Günter Braun
Doktor EU

I

Als ich ihn an der grüngestrichenen Pforte abgesetzt hatte, schlug eine Klappe auf und eine dumpfe Stimme sagte *Einzelabfertigung*. Mein Bruder warf einen traurigen Blick auf mich, er schien sich in das Notgedrungene zu ergeben, und als ich jene Pforte, die in den Angeln knarrte, hinter ihm geschlossen sah, bekam auch ich den traurigen Blick. Die dunkelgrüne Ölfarbe, mehrfach in Tränenbahnen starr geworden, die schiefgesägte Klappe, die abgebrochene Klinke, eine krumme, unsachgemäß verputzte Mauer, in der die Pforte sich befand, vermittelten mir das Gefühl, daß ich soeben meinen Bruder Nils einer unheilvollen Institution ausgeliefert hatte.

Ich schlug die Autoschlüssel an die Pforte, benutzte meine Faust, die Klappe öffnete sich nicht noch einmal, erst recht die grüne Pforte nicht. Ich fuhr halb um die Ecke, um sofort bei der Hand zu sein, wenn Nils herauskäme. Ich warf mir vor, daß ich ihn durch die grüne Pforte hatte gehen lassen. In bester Absicht zwar und auf Empfehlung unseres Hausarztes: Ja, wenn bei Ihrem Bruder nichts mehr hilft, bringen Sie ihn zu *Dr. EU*, er wohnt im Kalen Busch, wo früher das Villenviertel war, Sie werden es schon finden.

Mir fiel jetzt auf, daß weder an der Pforte noch an der Mauer ein Namensschild gehangen hatte. Wohnte da gar kein *Dr. EU*? Auf der Landkarte war dies der Kale Busch, andere Bauwerke, die es dort geben sollte, lagen in Bruchsteinform und überkrautet im Gelände. Die dunklen Blätter des Kalen Busches waren staubig, sein Gezweig war mit grauen Spinnweben verhängt, die Luft im Busch kühl modrig. Es hatte seit 10 Wochen nicht geregnet, und trotzdem standen auf den Wegen schwarze Pfützen.

Hier konnte *Doktor EU* nicht wohnen.

Ich hatte vorher angerufen, und eine Stimme hatte dumpf *Bei Doktor EU* gesagt, sie gäbe keine Auskunft, man müßte selber kommen, und als ich fragte, wann: *Vor Sonnenaufgang*. Das hätte mich befremden sollen! Ich warf mir vor, daß ich mein Mißtrauen verdrängt und Nils vor Morgengrauen, noch schlafbenommen, durch jene dunkelgrüne Pforte in eine Villa hatte gehen lassen, von der ich überhaupt nicht wußte, wie sie aussehen mochte, weil hohe Pappeln sie zu umstellen schienen. War sie gar nicht vorhanden? Und hatte unser Hausarzt nicht merkwürdig den Mund verzogen, als er den Namen *Doktor EU* aussprach?

Wo aber hätte ich mit Nils noch hingehen können? Hätte ich ihn sich selber überlassen sollen? Als Schwester war ich Nils gesetzlich nicht verpflichtet, unsere Eltern lebten ja und hatten reichlich Geld und Grips, wenn auch sehr wenig Zeit. Sie urteilten, Nils ginge es zu gut, das sei sein Leiden. Und äußerlich gesehen hatten sie schon recht: Er konnte essen, was und soviel er wollte, aß aber nicht, er konnte schlafen, soviel er wollte, schlief aber kaum, er konnte fahren, wohin er wollte, fuhr aber nicht, um nur drei Grundbedürfnisse zu nennen. Dazu kam, daß die Frauen, besonders ältere, ihn hoch verehrten, weil er so traurig blicken konnte. Doch es erheiterte ihn nicht. Auch was die individuelle Aufmachung betraf, verhielten sich die Eltern großzügig: Nils durfte seine Haare abrasieren, sie aber auch lang zotteln lassen, er durfte sich dämonisch schminken, sich knalleng oder schlotterig behosen. Nie überwachten sie seine Post. Er hatte einen Studienplatz nach seiner Wahl. Ein dickes elterliches Taschengeld. Und er studierte *Futuristik*. Ein Fach, für das keine unerschütterlichen Fakten zu pauken sind. Alles schwebt ja im Ungewissen. Und zwölf Semester lang! Davon elf bereits abgerissen. Ich konnte schon verstehen, daß unsere Eltern sich nicht mit Nils abgeben wollten: Wenn wir schon für dich zahlen, dann bitte, schone unsere Nerven, sonst sind wir eines Tages nicht mehr fähig, nur eine einzige Mark für dich heranzuarbeiten.

So blieb das Nilsproblem an mir als Schwester hängen, bei mir sprach er sich aus, und dabei war ich die dafür Ungeeignetste.

2

Ich male und plastiziere nämlich, aber nicht diese elitären nebligen Gespenster, ich wende klare Konturen und reine Farben an. Zum Beispiel forme und bemale ich Glücksfabeltiere, in die man Wunschzettel hineinsteckt. Wenn Nils mich in meinem Atelier besuchte, geriet er angesichts des bunten Spielzeugs in Verzweiflung. Was sollen das für Wünsche sein, die man da reinsteckt? Mehr Kies machen. Durch die Prüfung kommen. Fünf Kilo abnehmen. Im Urlaub Sonne haben. Einen Beleidigungsprozeß gewinnen. Oder sind es die edleren und darum verschwommeneren Wünsche: ein Stückchen Freiheit, Freude, Frieden und die berühmte lichte Zukunft?

Er lachte überlaut, und dabei zog er ein Gesicht, als ob er schmerzhaft hustete. Die lichte Zukunft auf einem Zettel im Bauch von einem Kunstgewerbe-Monster für fünfundsiebzig Mark. Kommst du dir nicht ein bißchen scharlatanisch vor?

Ich sagte, das ist ein Spiel und eine psychische Erleichterung. Dein Wunsch, den du auf einen Zettel schreibst, kann ja ein Wunsch sein, den du vor niemand auszusprechen wagst. Den siehst du dann geschrieben vor dir, und das erleichtert dich. Du steckst ihn in das Fabeltier, in einen Fisch, den du im Fluß aussetzt, der ihn ins Meer trägt. Oder du steckst den Wunsch in einen Vogel, der so weit fliegt, in einen kleinen Affenhund, der so weit läuft, wie die Batterie ausreicht. Dein Wunsch ist unterwegs.

Nils sagte höhnisch, zur Polizei, und dann zum Sicherheitsbüro, zwecks Auswertung.

Die Wünsche sind ja anonym. Wer so ein Tier aufliest, es öffnet, erfährt nur, was ein anderer Mensch sich wünscht.

Mit welchem Nutzen?

Mit dem, daß eine Verbundenheit entsteht, und das erleichtert ganz gewaltig. Ein Mensch kann jetzt mit einem anderen fühlen.

Den er nicht kennt.

Das macht nichts, ein Menschenwunsch ist einem Menschen mitgeteilt. Der kann ihn nicht erfüllen, selbst wenn er wollte, er bleibt ja anonym.

Das ist gerade das Erleichternde. Man fühlt sich anonym viel mehr verbunden. Jemand hat einen Wunsch hinausgeschickt, nicht nur gedanklich, in einem bunten Fabeltier, das vielleicht in ein anderes Land gelangt. Oder schon an der nächsten Flußbuhne aufs Trockene geworfen wird. Das macht nichts.

In einer Starkstromleitung hängenbleibt, in einen Schornstein fällt.

Das ist eben das Schicksal unserer Wünsche, sinnlich in Form von Kunst gezeigt, erklärte ich.

Was heißt gezeigt? Du siehst nicht, wo dein Wunsch geblieben ist. Du hast ihn blindlings losgeschickt. Was wird aus ihm? Du wirst es nie erfahren.

Es ist ein Spiel, wie mit den Sternschnuppen, den Zwillingsnüssen, dem vierblättrigen Klee. Ob sich der Wunsch erfüllt, erfährt man ja im Lauf der Zeit.

Und diese bunten Monster verstopfen Flüsse, behindern den Verkehr, verdunkeln, anstatt das echten Vögeln zu überlassen, das Sonnenlicht.

Ich sagte, es sei die Eigenschaft von Wünschen, in unserem Leben herumzuschwirren, sich einzunisten, den üblichen Verkehr zu hemmen, und dieses drücke sich in meinen Kunstprodukten aus. Die Welt wird bunter durch unsere Wünsche!

Nils sagte, soweit er sehe, profitiere allein der Sekretär für Sicherheit davon. Er läßt die Tiere aufgreifen, entnimmt ihnen die Zettel und fügt den Inhalt den persönlichen Karteien der Absender hinzu.

Sie sind doch anonym

Er kann leicht feststellen, woher die Tiere kommen: anhand der Batterie, anhand des Außenschmutzes und selbstverständlich, was er bestimmt schon tut, durch Fernbeobachtung der jeweiligen Wunschaufgeber. Schließlich durch deine Steuerunterlagen, du mußt ja jedes Fabeltier abrechnen, Belege bringen, wer hat wann und wofür gezahlt.

Ich nenne nicht die Art des Tieres, ich schreibe, mobile Tier-Skulptur, phantastisch-sagenhaft.

Meinst du nicht, daß dein Atelier schon fernbeschattet wird? Jeden, der mit einer Skulptur bei dir herauskommt, haben die gleich im Kasten, sie kann noch so verpackt sein, die leuchten durch Papier, Karton, Dickplaste. Und denke an die Handschriften auf diesen Zetteln, die lassen sich sehr leicht auf die Person zurückführen, allein die Handschrift reicht heute aus, um jemand aufzuspüren, gar nicht zu reden von der Schreibmaschinenschrift, jede Maschine ist ja registriert.

Ich sagte unruhig, Wünschen ist keine Straftat.

Man kann von Wünschen auf Einstellungen schließen.

Dann weiß ich auch nicht, sagte ich entnervt, ich mache diese Dinger, weil sich die Leute danach reißen, sie freuen sich darüber.

Und du hast dich noch nie gefragt, warum die geistige Kommission dir das so ohne weiteres gestattet?

Nein, sagte ich.

Weil du damit die geistige Überwachung der Bürger unterstützt, gleichzeitig erledigst du die Arbeit von Umfragebüros.

Ich kenne keine geistige Kommission, habe noch nie mit ihr zu tun gehabt. Sie arbeitet unmerklich, und das sind nur die Anfänge. Er schmiß sich krachend auf mein Sofa und lag dort eine Weile wie frisch gestorben.

Nimm einen Kognak, sagte ich, wenn er so dalag. Er glotzte stumm zur Decke. Dann fragte ich, wie geht es mit dem Studium? Er pflegte nicht zu antworten, stand unerwartet auf und ging, meist fing es gerade zu dämmern an. Er flüsterte, im Dunkeln sehen sie mich nicht. Um ihn zu necken, sagte ich, die haben Infra-Rot. Er nahm es ernst, zum Glück hab ich kein Fabeltier bei mir.

3

Wenn Nils auftauchte, fiel ein langer schräger Schatten ins Atelier. Nils, bleichgesichtig, ließ sich einen Bart wachsen, er sah mich, wenn er eintrat, stechend an, als sei etwas Entsetzliches geschehen, und eines Tages eröffnete er mir, er wolle sein Studium abbrechen, er habe leider das falsche Fach ergriffen, die *Futuristik* sei heute total sinnlos. Anders als unsere Gegenwart wird unsere Zukunft auch nicht sein, erklärte er, die Gegenwart ist schon der Endpunkt. Auch andere Fächer seien indes sinnlos, nichts lohne noch.

Seit dieser Offenbarung belegte er als Dauergast mein Sofa mit seinem dürr gewordenen Körper und äußerte nichts mehr.

Du kannst mir vielleicht helfen, den Brei für meine Formen anzurühren, sagte ich, um ihn durch Arbeit zu behandeln. Er antwortete nicht.

Ich holte ihm vom Hausarzt verschriebenes Ermunterungskonfekt, das ich heimlich im Tee auflöste, es stimmte ihn nur finsterer.

Ich führte ihm Heil-Video-Filme vor, die ihm die Welt von morgen in angenehmen, ästhetisch wertvollen und psychologisch aufheiternden Farben zeigten, er hockte stumpf davor.

Ich feierte ein Fest im Atelier mit optimaloptimistischer Musik, er brütete in einer Sofaecke. Von seinem Kinn hing ihm nun ein schwärzlicher Prophetenbart bis auf die Knie, und stechend sah er meine Gäste an, und nur ein einziges Mal sprach er mit hohler Stimme *Ihr wißt ja nichts, Ihr habt ja keine Ahnung, der Tag ist näher als ihr denkt.*

Ich schrie ihn an, nun sag auch noch *tut Buße*, reiß dir den Bart aus, zerfetze deine Hosen, und er erstarrte wieder.

Rauswerfen mochte ich ihn nicht, denn er trug einen Strick bei sich, nach meinem Ausbruch bei der Feier ließ er ihn mich des öfteren sehen. Ob der wohl stark genug ist, was meinst du, Lisa?

Als ich ihm vorschlug, mit mir zu *Doktor EU* zu fahren, war er sofort bereit, ja, bringe mich dahin, er wird es schmerzlos machen. Gebt nicht zuviel für die Funeralien aus, ich habe euch genug gekostet, und vielleicht zahlt für einen *Doktor EU* die Kasse nicht.

Davon war ich schon überzeugt. Ich redete mir aber ein, daß *Doktor EU* ihm helfen könnte, das Schöne, Freundliche zu sehen, das es ja auch noch gibt. *EU*, das bedeutet, wenn ich nicht irre, schön, und *Doktor EU* ist eben ein Spezialist des Euphorismus, des Euphemismus, der Wissenschaft des psychisch Schönen, des Positiven, der Euvitalität. Im Angesicht der krummen Mauer, um deren Ecke ich gefahren war, der hohen Pappeln, die ein vielleicht gar nicht vorhandenes Haus verbargen, des spinnennetzverhängten Busches rundherum, befiel mich Zittern.

Diesmal schlug ich mit beiden Fäusten an die Pforte: Tat ich nicht alles Menschenmögliche für Nils? Ich überprüfte auch die Mauer, ob sie für einen Überstieg geeignet sei, es steckten keine Flaschenscherben oben, doch schien das Mauerwerk einsturzgefährdet, Putz fing zu rieseln an, als ich an einem Stein, der vorstand, kratzte. Dann legte ich das Ohr an eine Ritze der grünen Pforte, ich hörte nicht, ob sich dahinter etwas rührte. So stellte ich mir vor, daß Nils gerade von *Doktor EU* behandelt würde, daß er vielleicht in einem lila Heilbad schwamm und obenauf sein Bart, und *Doktor EU* beschwörend auf ihn einmurmelte, und daß vielleicht die Stille, die mir als Draußenstehender unheimlich vorkam, ein wesentliches Mittel der Therapie sein könnte, und ich versuchte mich zu beruhigen, indem ich durch den Kalen Busch spazierte.

4

War ich zuvor an den mit schmutzgefüllten Spinnennetzen verhängten Sträuchern nur vorbeigestolpert, so sah ich jetzt genauer hin. Die von den Sträuchern überwachsenen Steinhaufen der alten Villa, plumpe schadhafte Quader aus Granit und

Marmor, von welcher Katastrophe mochten sie dorthin geschleudert worden sein? Hatte hier eine Schlacht getobt, die letzte Schlacht vom letzten, endgültig allerletzten Krieg? War dort ein Kosmos-Jäger neuesten Typus abgestürzt? Ich konnte keine Trümmerteile finden, die darauf hinwiesen, auch keine Brandflecken, kein menschliches Accessoir, die Erde war dort schwarz von Moder.

Mit einem Mal bemerkte ich eine Tiergestalt, die ich als kleinen Affenhund klassifizierte, dick eingestaubt in einer Pfütze sitzend, das sanfte Rosa seiner aufgespannten Ohren durchschimmerte die Staubschicht, echt Tier-Skulptur, mobil, phantastisch-sagenhaft, Stück fünfundsiebzig Mark. Das fuhr mir durch und durch: Hier endet ein Wunsch, an einer Katastrophenstelle, am Orte des Verfalls.

Sie fliegen und sie laufen in jede Richtung, und hier war eben die Batterie zu Ende, versuchte ich mir sachlich klarzumachen. Doch immer wieder stellte ich mir vor, wie dieser kleine braunrosa Affenhund mit letzter Energie, mit immer langsameren Schritten der dünnen Beine hierhergetappt sein mochte, bevor er in der Pfütze steckenblieb. Wer hatte ihn auf diesen Weg gebracht, war er aus einem Auto geworfen worden, von selbst herausgefallen? Ich hätte ihn leicht öffnen und seinem Bauch den Wunsch entnehmen können. Zu Hause hätte ich ihn säubern und frisch bemalen und noch einmal verkaufen können. Ich scheute mich davor, ihn anzufassen. Ich wollte auch nicht wissen, was für ein Wunsch im Pfützenschlamm geendet war.

Plötzlich sah ich in einer krüppelhaften Pappel eine von meinen Flug-Skulpturen, schon grau besponnen, und einige Schritte weiter, zwischen Steinbrocken geklemmt, ein currygelbes Straßenreh, ein Ohr lag abgebrochen unterhalb des Steins.

Obwohl ich für die drei Skulpturen je fünfundsiebzig Mark empfangen und mindestens für eine sogar versteuert hatte und mich die Dinger nichts mehr angehen konnten, fing ich, so unverhofft in dieser unwirtlichen Gegend mit ihnen konfrontiert, zu weinen an. Und als ich wieder an der grünen Pforte vorüberging, hörte ich, wie die Klappe aufschlug. *Der Nächste bitte.*

Die Pforte sperrte sich ächzend auf, ich zögerte noch einzutreten. Würde nicht Nils herauskommen, würden wir aufeinanderstoßen? Geriete das System des Einlasses nicht durcheinander, wenn ich als Nichtkranke hier eintrat? War es nicht schon verwirrt? Fing es für *Doktor EU* die Opfer wahllos ein?

5

Die Pforte schluckte mich, ich taumelte, lief ferngezogen, wie mir schien, durch einen von zwei rohen Bretterwänden begrenzten Korridor und stand in einem Garten, der dicht verkrautet war. Wieder entdeckte ich mobile Tier-Skulpturen, es war ein Müllberg, auf dem sie der Verrottung entgegenlagerten, die Bäuche aufgebrochen, die Wünsche rausgerissen. Einen der Zettel fand ich aufgespießt an einem dürren Zweig, die Schrift verschmiert, verwaschen, so daß ich sie nicht lesen konnte, er hing wohl seit dem letzten Regen dort.

Ich schritt rasch durch die Pappelgrenze, und an der Tür des grauen Steinklotzes, der Villa, empfing mich niemand, die Fenster waren zugemauert, ans faule Holz der Tür stand schief geschrieben *Dr. med. EU – Sprechstunde auf eigene Gefahr*. Innen führte gleich eine Treppe in den Keller, wo sich der Warteraum befand, an dessen Tür ich las *warten – worauf?*

Stühle mit hohen schwarzen Lehnen umzäunten einen ovalen Sitzungstisch, in dessen schwarzer Platte ich mein Spiegelbild erblickte, wie es erst fünfzig Jahre später aussehen dürfte: Sämtliche Linien zeigten abwärts, die Augen hingen schlapp.

Ich wandte mich den Lesestoffen zu, die *Doktor EU* für seine Kranken auf einem Nebentisch auslegte, ich hoffte auf ein Witzblatt, eine Modenzeitung, ein Liebesmagazin. Es waren Statistiken darüber, an welchen Krankheiten die Weltbevölkerung im letzten Jahr prozentual gestorben war, wieviele Leute verhungern mußten, wieviele eingesperrt, gefoltert, hingerichtet, bei Bombenanschlägen zerrissen und bei Verkehrsunfällen getötet worden waren, und daß die Zahlen angestiegen seien. Die einzige Illustrierte zeigte ausschließlich Massaker. Ein wissenschaftliches Organ bewies anhand von Röntgen-Fotos, daß die Entwicklung des Menschen zum Insekt bereits begonnen hatte.

Der Raum war trüb beleuchtet, von seiner schwarzen Decke baumelte eine nackte Birne, die hin und wieder knisterte, erlosch und wieder knisterte und schwächer weiterbrannte. Trotzdem erkannte ich, daß die Tapeten, weinrot und dunkelviolett, in Fetzen hingen und alte Zeitungen zum Vorschein brachten. Da konnte ich mich nicht beherrschen und riß an der Tapete wie an verbrannter Haut. Doch als ich feststellte, daß jene Zeitungen nur Schreckensnachrichten enthielten, gab ich es auf.

Die Birne knisterte erneut, ein Rauchfaden zog aus dem Kabel, es roch nach Schmorgummi, und plötzlich rannte eine Ratte unterm Tisch hervor, sie klappte ihren Bauch auf, ließ einen Zettel fallen *Ich wünsche, daß die Welt so bald wie möglich untergeht, aber ästhetisch wertvoll.*

Die Tür vorm Sprechzimmer *Eintreten bei Sirenenton* schien nicht gepolstert, ich konnte die Stimme meines Bruders hören, die sich entfernte. Als die Sirene heulte, trat ich ein.

Der *Doktor EU*, ein kahles Männchen mit grauen Kinnfäden, trug einen schwarzen Seidenbrummer am nackten Hals, ansonsten hielt er sich verpackt in einen schwarzen Anzug, aus dem die bleiche Brust und bloße Füße sahen.

EU fragte hinterhältig, und welches Leiden führt Sie zu mir? Er saß dabei auf einem Gartenklappstuhl mit rostigem Gestell und bot mir einen anderen an, der auf dem löcherigen Boden wackelte.

Ich sagte ohne Umschweife, hier müßte es nach meiner Ansicht nach heiter sein, nett, menschlich, lieb, und die mobilen Tier-Skulpturen, was sollen die auf Ihrem Müllberg? Haben Sie die gesammelt?

Er sagte, ich bitte Sie! Die sind beim letzten Unwetter hierhergetrieben, ich hab nicht einmal reingeschaut. Aber Sie stimmen mir doch zu, daß dieser Anblick der schmutzigen, kaputten Spielzeuge erfreulich deprimierend wirkt. Die Wünsche der Menscheit auf dem Müll. Er blinzelte mich an wie eine Ratte, wobei er seinen Kopf schräg legte. Ich fürchtete, er könnte seinen Bauch aufklappen und einen widerlichen Wunsch rauslassen. Was haben Sie mit meinem Bruder Nils gemacht?

Wir haben uns ausführlich über Gegenwart und Zukunft unterhalten.

Aus einer Papptür im Hintergrund kam ein schwarzbärtiger Mann, Nils ähnlich, der eine Leiter und eine Werkzeugtasche trug, und *Doktor EU* sagte zu ihm, hat keinen Zweck, ist sinnlos, Roderich, wozu sich noch dagegen stemmen, es ist nicht aufzuhalten.

Der Mann sah ihn unsicher an, dann stellte er die Leiter ab. Meinen Sie, *Doktor EU*?

Natürlich, alles bricht zusammen.

Ein Weilchen schien der Mann zu überlegen, ja, dann, er griff die Leiter auf, ging in den Warteraum, aus dem es heftiger nach verschmortem Gummi stank.

Nicht nötig, bei der Reparatur die Sicherungen auszuschrauben, rief *Doktor EU* ihm nach, ist sowieso alles verloren! Er schien zu lauschen, zu mir sagte er, jetzt hat er sie doch rausgenommen, er macht sich. Im gleichen Augenblick erlosch im Sprechzimmer die Birne, *EU* knipste eine Taschenlampe an. Ihr Bruder ist so weit noch nicht. Er würde die Sicherungen wahrscheinlich nicht rausschrauben. Ich habe mit ihm erst einmal die Menschheitsaussichten erörtert, ihm freundlich klargemacht, wie gräßlich unsere Zukunft sein wird. Er akzeptiert noch, daß alles sinnlos ist.

Gerade das ist ja sein Leiden, und Sie bestärken ihn darin!

Er schläft jetzt, wie ich hoffe, sagte *Doktor EU*, wenn Sie sich bitte meine Kontonummer notieren wollen? Ich bin zwar zuversichtlich, daß sich sein Zustand bessert, aber ich möchte Ihnen ernsthaft raten, auf seine düsteren Prognosen niemals mit Optimismus zu reagieren, sonst fällt das bißchen Fortschritt erneut zurück, und ich müßte die weitere Behandlung ablehnen. Es wäre gut, wenn er einige Zeit hierbleiben würde, dann könnte ich für einen Erfolg, der anhält, eher garantieren. Ich habe einen kleinen Kreis von pessimistischen Pensionsgästen, die sich tagtäglich ihre Befürchtungen mitteilen. Heute wird ein Befürchtungswettbewerb veranstaltet, und die Befürchtung, die am schwächsten ist, gewinnt. Vielleicht kann er schon daran teilnehmen.

Das ist unmenschlich, sagte ich. Lassen Sie mich jetzt meinen Bruder sehen.

Dagegen bin ich, sagte er.

Ich wiederholte, daß ich Nils sehen wolle.

Kopfschüttelnd erhob sich *Doktor EU,* und ich bemerkte, daß sein Anzug Schwalbenschwänze hatte, die den Boden fegten. Er führte mich in einen Korridor mit offenen Zimmereingängen, und hinter einem Sackvorhang lag Nils auf einer Pritsche, er sah nicht ganz so tot aus, wie sonst bei mir zu Hause, sein Mund bewegte sich.

Hast du die vielen zerstörten Fabeltiere auf dem Müll gesehen, fragte ich. Weine nicht, sagte Nils, die Welle ist gelaufen, hast abgesahnt, und wenn du willst, kannst du ja neue Tiere machen, diesmal mit Fernsteuereinrichtung.

Nein, sagte ich, dann sollen sie lieber steckenbleiben. Er kam mir ausgeglichener vor, beinahe froh. Schrecklich! War das noch Nils? Ich weinte.

Doktor EU fragte, soll Ihr Bruder bleiben? Ich weinte lauter. Ja, weinen Sie, und sagen Sie ihm, daß Sie keinen Ausweg sehen. Ich brachte Glucksen und Geschnief hervor.

Doktor EU führte mich ins Sprechzimmer zurück. Hielt er nicht seinen schwarzen Anzug mit einem Militärgürtel zusammen?

Bei jedem würde ich die Kur nicht vorschlagen, sie wirkt sehr unterschiedlich, sagte er. Ihr Bruder braucht jemand, mit dem er eingehend die Hoffnungslosigkeit der Zukunft erörtern kann. Sie haben leider die Ungeschicklichkeit begangen, seine Symptome mit dem Gegenteil zu behandeln. Die laienhafte Masche: immer fröhlich, immer lustig, lichte Zukunft und so weiter. Wird schon werden! Kopf hoch!

Aber was Sie ihm vorerzählen, ist übertrieben. Verzerrt. Unrealistisch. Gibt es nur schlechte Aussichten?

Eins will ich Ihnen sagen, ich belüge meine Patienten grundsätzlich nicht, ich bin selbst davon überzeugt, daß unsere Aussichten bedrohlich sind. Indem ich es dem Kranken bestätige, wird er heiterer, er fängt an aufzuleben, er will die schlimme Wahrheit hören, sie aktiviert ihn. Ich wende die Methode *Gleiches mit Gleichem heilen* an. Vielleicht ist es kein Zufall, daß die wahre Heiterkeit oft in Gesellschaften zu finden ist, wo kein Grund für sie zu bestehen scheint, die Kunstwerke von dort sind heiterer. In sogenannten schönen, harmonischen Gesellschaften sind sie oft trauriger, mir liegt eine Statistik vor, falls es Sie interessiert.

Ich wollte es nicht wissen. Wozu die häßliche, unmenschliche Umgebung hier!

Sagte ich nicht, bei jedem gehe ich nicht so vor? Ich schicke viele Leidende zurück. Zum Beispiel Sie sollten nie wieder zu mir kommen. Hier werden Sie erst krank, und ich kann Ihnen dann nicht helfen.

Das glaubte ich ihm; eilig unterschrieb ich, daß ich als Angehörige meines Bruders mit der Kur einverstanden sei, und daß die Eltern sie bezahlen würden, vorausgesetzt, Nils könnte sein Studium zu Ende führen.

Nach ärztlichem Ermessen wird das möglich sein, sagte *Doktor EU*, aber Sie dürfen ihn nicht treiben. Wenn er nach Hause kommt, kein fröhliches Empfangsfest, keine Blumen, sondern vielleicht erwähnen, es ist, seitdem du weg warst, noch schrecklicher geworden, die letzte Hoffnung ist geschwunden. Wenn er dann skeptisch lacht, nun übertreibe nicht, schrecklicher geht es nicht mehr, sollten Sie bitte sagen: *Du hast ja keine Ahnung, der Tag ist näher als du denkst.*

Julio Cortázar
Südliche Autobahn

> *Gli automobilisti accaldati sembrano*
> *nom avere storia ... Come realtá un*
> *ingorgo automobilistico impressiona*
> *ma nom ci dice gran che.*
> Arrigo Benedetti, »L'Espresso«,
> Roma, 21/6/1964

Am Anfang hatte das Mädchen in dem Dauphine auf einer Zeitrechnung bestanden, obschon es für den Ingenieur in dem Peugeot 404 nicht mehr darauf ankam. Wer wollte, konnte auf die Uhr schauen, aber diese ans rechte Handgelenk gebundene Zeit oder das Piep-piep aus dem Radio schien etwas anderes zu messen, die Zeit derer zu sein, die nicht die Idiotie begangen hatten, an einem Sonntagnachmittag auf der südlichen Autobahn nach Paris zurückkehren zu wollen, und die, kaum daß sie Fontainebleau hinter sich haben, Schritt fahren oder anhalten müssen, sechs Reihen zu jeder Seite (bekanntlich ist die Autobahn sonntags ausschließlich denen vorbehalten, die in die Hauptstadt zurück wollen). Starten, drei Meter Fahrt, anhalten, mit den beiden Nonnen in dem 2 CV rechts ein Wort wechseln, mit dem Mädchen in dem Dauphine links, im Rückspiegel einen Blick auf einen blassen Mann werfen, der einen Caravelle fährt, ironisch das Turteltaubenglück des Ehepaars im Peugeot 203 (hinter dem Dauphine des Mädchens) beneiden, das mit seiner kleinen Tochter spielt, Spaß macht und Käse ißt, oder sich über die verzweifelten Ausbrüche der beiden jungen Männer in dem Simca ärgern, der vor dem Peugeot 404 fährt, in den Haltepausen aussteigen und, ohne weit zu gehen, die Gegend erkunden (weiß man denn, in welchem Augenblick die Wagen weiter vorn anfahren, und dann muß man im Dauerlauf zurück, damit die hinter einem nicht den Krieg beginnen mit Hupen und Fluchen). So gelangt man schließlich auf gleiche Höhe mit einem Taunus vor dem Dauphine des Mädchens, das jeden Augenblick auf die Uhr schaut, und kann ein paar verzagte oder witzige Sätze mit den beiden Männern wechseln, die ein blondes Kind im Wagen haben, das einen Riesenspaß an seinem kleinen Spielzeugauto hat, wenn es ungehindert über die Sitze und die Rücklehne jagt.

Oder man traut sich und geht noch ein paar Schritte, da die Wagen vorn offenbar nicht so bald weiterfahren werden, und betrachtet mit einem gewissen Bedauern das alte Ehepaar in dem ID Citroën, der aussieht wie eine riesige violette Badewanne, in der die beiden alten Leutchen schwimmen; er die Unterarme bequem auf dem Lenkrad und mit einer Miene geduldiger Erschöpfung, sie mit mehr Eifer als Appetit an einem Apfel knabbernd.

Nachdem der Ingenieur sich das alles zum vierten Mal angesehen hatte, entschloß er sich, nicht wieder auszusteigen, in der festen Hoffnung, die Polizei würde schon irgendwie mit dem Stau fertig werden. Die Augusthitze nahm um diese Zeit in der Höhe der Reifen noch zu, so daß das Festgehaltenwerden immer mehr an die Nerven ging. Das Ganze war Benzingeruch, unbeherrschtes Geschrei der jungen Männer in dem Simca, Sonnenstrahlen, die auf den Scheiben und Chromteilen lagen, und schier unerträglich wurde es bei dem Gedanken, in einem Dschungel von Maschinen eingeschlossen zu sein, die für schnelles Fahren bestimmt waren. Der 404 des Ingenieurs nahm, vom Trennstreifen der beiden Fahrbahnen gerechnet, den zweiten Platz auf der rechten Bahn ein, so daß er etliche andere Wagen zur Rechten und sieben zur Linken hatte, obschon er in Wahrheit nur acht genau unterscheiden konnte, mitsamt ihren Insassen, die er sich alle bis zum Überdruß bereits angesehen hatte. Mit jedem von ihnen hatte er gesprochen, außer mit den Burschen in dem Simca, die ihm unsympathisch waren; nach jeder zurückgelegten Strecke war die Lage ausführlich diskutiert worden, und allgemein hatte man den Eindruck, bis Corbeil-Essonnes komme man schrittweise oder doch beinah voran, aber zwischen Corbeil und Juvisy würde man beschleunigen können, sobald es den Hubschraubern und den Motorrädern gelungen war, den dichtesten Stau auseinanderzuziehen. Niemand zweifelte, daß sich auf dieser Strecke ein schwerer Unfall ereignet hatte, denn wie sonst sollte man sich eine so unglaubliche Einschränkung der Fahrt erklären. Dann kam die Rede auf die Regierung, die Hitze, die Steuern, die Straßenverhältnisse, ein Thema folgte dem anderen, drei Meter, und wieder ein allgemein interessierendes Gespräch, fünf Meter, und ein belehrender Satz oder eine gemäßigte Verwünschung.

Für die beiden kleinen Nonnen in dem 2 CV wäre es so wichtig gewesen, noch vor acht Uhr in Milly-la-Fôret zu sein, denn sie hatten einen Korb voll Gemüse für die Köchin im Wagen. Das Ehepaar in dem Peugeot 203 wollte auf keinen Fall das Fernsehspiel um neun Uhr dreißig verpassen. Das Mädchen in dem Dauphine hatte zu dem Ingenieur gesagt, ihr sei es egal, wann sie in Paris eintreffe, aber sie schimpfe aus Prinzip, denn für sie sei es ein Gewaltakt, Tausende Menschen zur Lebensweise einer Kamelkarawane zu verurteilen. In den letzten Stunden (es mußte fast fünf Uhr sein, aber noch immer war die Hitze unerträglich) war man nach Meinung des Ingenieurs an die fünfzig Meter weitergefahren, aber einer der Männer aus dem Taunus, der mit dem Kind und dem kleinen Auto an der Hand zu ihnen herüberkam, um zu plaudern, wies spöttisch auf die Krone einer einsamen Platane, und das Mädchen in dem Dauphine erinnerte sich jetzt, daß die Platane (falls es keine Kastanie war) auf einer Höhe mit ihrem Auto gewesen war, und zwar so lange, daß es die Mühe nicht mehr gelohnt hatte, auf die Armbanduhr zu blicken und Berechnungen anzustellen.

Der Abend schien nie zu kommen. Das Sonnenflimmern auf der Fahrbahn und den Karosserien steigerte das Schwindelgefühl bis zum Erbrechen. Sonnenbrillen, in Kölnischwasser getränkte Tücher auf der Stirn, all die improvisierten Hilfsmittel, sich zu schützen, die sirrende Blendung zu vermeiden, und die Abgaswolke aus dem Auspuffrohr bei jedem Schritt vorwärts, waren Themen der Verständigung und des Miteinanderredens, wurden organisiert und vervollkommnet. Der Ingenieur stieg noch einmal aus, um sich die Beine zu vertreten, wechselte ein paar Worte mit dem Ehepaar in dem Ariane vor dem 2 CV der Nonnen, das aussah wie vom Lande. Hinter dem 2 CV hielt ein Volkswagen mit einem Soldaten und einem Mädchen; beide machten den Eindruck, frisch verheiratet zu sein. Die dritte Reihe von außen war für ihn nicht mehr interessant, denn es wäre zu riskant gewesen, sich so weit von seinem 404 zu entfernen. Sein Auge sah Farben und Formen, Mercedes Benz, ID, 4R, Lancia, Skoda, Morris Minor, den kompletten Katalog. Links, auf der anderen Fahrbahn, erstreckte sich ein weiteres Feld von Renault, Anglia, Peugeot, Porsche, Volvo; es war so einförmig, daß schließlich nichts anderes übrig blieb, als nach einem Gespräch mit den beiden Männern in dem Taunus und einem erfolglosen Versuch, mit dem einsamen Fahrer des Caravelle einen Meinungsaustausch zu beginnen, in den 404 zurückzukehren und mit dem

Mädchen in dem Dauphine nochmals über Uhrzeit, Entfernungen und Kino zu sprechen.

Manchmal tauchte ein Ausländer auf, der sich von der anderen Seite der Fahrbahn oder von den rechten äußeren Reihen her zwischen den Autos durchschlängelte und eine vermutlich falsche Nachricht brachte, die längs der heißen Kilometer von Wagen zu Wagen weitergegeben wurde. Der Ausländer genoß den Erfolg seiner Kunde, das Schlagen der Autotüren, wenn die Insassen sich beeilten, das Ereignis zu kommentieren. Wenig später ließ sich ein Hupen oder das Starten eines Motors vernehmen, und der Ausländer mußte sehen, wie er davonkam; im Zickzack lief er zwischen den Autos zu seinem Wagen, um sich nicht den gerechten Zorn der anderen zuzuziehen. Im Lauf des Nachmittags erfuhr man auf diese Weise vom Zusammenstoß eines Floride mit einem 2 CV in der Nähe von Corbeil – drei Tote und ein verletztes Kind; vom Frontalaufprall eines Fiat 1500 mit einem Renault-Kombi, wodurch ein mit englischen Touristen besetzter Austin zerdrückt worden war; vom Umstürzen eines Autocars aus Orly, der mit Passagieren der Maschine von Kopenhagen voll besetzt war. Der Ingenieur war überzeugt, daß alles oder fast alles falsch war, obschon sich in der Nähe von Corbeil sicherlich etwas Schwerwiegendes ereignet hatte, oder vielleicht in der Nähe von Paris, da der Verkehr in einem solchen Ausmaß zum Erliegen gekommen war. Die Landleute aus dem Ariane, die ein Bauernhaus bei Montereau hatten und die Strecke gut kannten, erzählten von einem Sonntag, an dem der Verkehr fünf Stunden lang aufgehalten worden war, aber diese Zeit schien jetzt beinahe lächerlich, da schon die Sonne links der Fahrbahn unterging und auf jedes Auto eine Lawine orangenfarbenes Gelee kippte, die das Metall zum Kochen brachte und den Blick trübte, und noch immer war keine der Baumkronen vollends hinter ihnen verschwunden und hatte sich ein in der Ferne kaum wahrnehmbarer Schatten genähert, wodurch man zweifelsfrei hätte feststellen können, daß die Kolonne sich bewegte. Ein wenig hätte genügt, auch wenn man dann wieder anhalten mußte und wieder starten und jäh auf die Bremse treten und nie aus dem ersten Gang herauskam, sich von neuem mit der beleidigenden Enttäuschung abfinden mußte, aus dem ersten Gang in den Leerlauf zu schalten, und dann Fußbremse, Handbremse, Stop, und so immer wieder, immer wieder und immer wieder.

In einem gewissen Augenblick hatte der Ingenieur, von Untätigkeit getrieben, sich entschlossen, ein besonders langes Halten zu benutzen und die Reihen zur Linken entlangzugehen. Hinter dem Dauphine stieß er auf einen DKW, auf einen anderen 2 CV und auf einen Fiat 600. Er blieb neben einem De Soto stehen, um Eindrücke mit einem verstörten Touristen aus Washington auszutauschen, der kaum Französisch verstand, aber um acht auf der Place de l'Opéra sein mußte, unbedingt – You understand, my wife will be awfully anxious, damn it, und man sprach ein wenig über alles, als ein Mann mit dem Aussehen eines Geschäftsreisenden aus dem DKW stieg, um ihnen zu erzählen, eben sei jemand mit der Nachricht hiergewesen, daß ein Piper Cub auf der Autobahn zerschellt sei, zahlreiche Tote. Den Amerikaner ließ der Piper Cub völlig gleichgültig, und nicht anders reagierte der Ingenieur, der ein Hupkonzert vernahm und sich beeilte, zu seinem 404 zurückzukehren, wobei er den beiden Männern in dem Taunus und dem Ehepaar in dem 203 die Neuigkeit mitteilte. Eine ausführliche Schilderung behielt er sich für das Mädchen in dem Dauphine vor, indes die Wagen langsam wenige Meter weiterrollten (der Dauphine war jetzt hinter dem 404 ein wenig zurückgefallen, und bald darauf würde es umgekehrt sein, aber im ganzen bewegten sich die zwölf Reihen wie ein Block, als leite ein unsichtbarer Polizist im Hintergrund der Autobahn das simultane Vorrücken, ohne daß jemand dadurch im Vorteil gewesen wäre). Piper Cub, mein Fräulein, ist ein kleines Sportflugzeug. Aha. Und ausgerechnet an einem Sonntagnachmittag auf der Autobahn zu zerschellen. Sachen gibt es. Wenn es wenigstens nicht so heiß wäre in den verdammten Autos. Wenn man doch die Bäume da rechts endlich hinter sich hätte. Wenn die letzte Ziffer des Kilometerzählers doch endlich in das kleine schwarze Loch fiele, statt in Ewigkeit in der Schwebe zu bleiben.

In einem gewissen Augenblick (leise begann es zu dunkeln, der Horizont aus Autodächern färbte sich lila) setzte sich ein großer weißer Falter auf die Windschutzscheibe des Dauphines, und das Mädchen und der Ingenieur bewunderten seine Flügel, solange er für kurze Zeit regungslos saß, bis sie ihn mit verzweifelter Wehmut fortfliegen sahen, über den Taunus und den violetten ID der alten Leute hinweg, dann zu dem Fiat 600, unsichtbar werden für den 404 und zurückkehren zu dem Simca, wo eine jagende Hand vergebens versuchte, ihn zu fangen. Freundlich flatterte er über den Ariane der Leute vom Lande, die gerade etwas zu essen schienen, und verschwand rechts. Als es dunkel wurde, rückte die Kolonne beträchtlich vor, an die vierzig Meter! Als der Ingenieur zerstreut den Kilometerzähler betrachtete, war die Hälfte der 6 verschwunden und die Ahnung einer 7 zeigte sich, die sich von oben herablassen wollte. Fast jeder hörte Radio. Die in dem Simca hatten es dröhnend laut eingestellt und begleiteten einen Twist mit ihrem Gezappel, so daß die ganze Karosserie vibrierte. Die Nonnen rechneten ihre Rosenkränze durch; das Kind in dem Taunus war eingeschlafen, das Gesicht ans Fenster gedrückt, ohne das Spielzeugauto loszulassen.

In einem gewissen Augenblick (es war bereits tiefe Nacht) tauchten Ausländer mit neuen Nachrichten auf, die so widersprüchlich waren wie die anderen, schon vergessenen. Es war kein Piper Cub gewesen, sondern ein von der Tochter eines Generals gesteuertes Segelflugzeug. Es stimmte, daß ein Kombiwagen einen Austin zerdrückt hatte, aber nicht in Juvisy, sondern vor den Toren von Paris. Einer der Ausländer erklärte dem Ehepaar in dem 203, bei Igny sei der Belag der Autobahn weggerutscht und fünf Autos hätten sich überschlagen, als sie mit den Vorderrädern in den Riß geraten seien. Die Meinung, es habe eine Naturkatastrophe gegeben, bahnte sich ihren Weg bis zu dem Ingenieur, der kommentarlos die Achseln zuckte. Wenn er später an die ersten Stunden in der Dunkelheit dachte, da man freier atmen konnte, erinnerte er sich, daß er in einem gewissen Augenblick einen Arm aus dem Fenster gesteckt und auf die Karosserie des Dauphine getrommelt hatte, um das Mädchen zu wecken, das überm Lenkrad eingeschlafen war, ohne sich um ein neues Vorrücken zu kümmern. Es war vielleicht Mitternacht, als ihm eine der Nonnen schüchtern ein Schinkenbrötchen anbot, da sie glaubte, er habe Hunger. Der Ingenieur nahm aus Höflichkeit an (in Wahrheit fühlte er sich elend) und bat um Erlaubnis, es mit dem Mädchen in dem Dauphine zu teilen. Sie dankte dafür und aß mit Genuß das Brötchen und auch die Tafel Schokolade, die ihr der Reisende in dem DKW, ihr Nachbar zur Linken, angeboten hatte. Viele waren aus ihren angewärmten Autos gestiegen, denn wieder waren Stunden ohne Vorrücken vergangen. Allmählich bekamen sie Durst, als die Limonade- und Coca-Cola-Flaschen leer waren und auch der mitgebrachte Wein getrunken war. Als erste beklagte sich das kleine Mädchen aus dem 203, und der Soldat und der Ingenieur verließen zusammen mit dem Vater des Mädchens ihre Autos um Wasser ausfindig zu machen. Unmittelbar vor dem Simca, wo das Radio anscheinend als Nahrung genügte, stieß der Ingenieur auf einen Beaulieu mit einer Dame in den besten Jahren und unruhigen Augen. Nein, Wasser habe sie nicht. Aber sie könne ihm ein paar Bonbons für die Kleine mitgeben. Das Ehepaar in dem ID beriet sich einen Augenblick, ehe die alte Frau die Hand in eine Tasche versenkte und eine kleine Büchse Obstsaft hervorzog. Der Ingenieur bedankte sich und fragte, ob sie Hunger hätten und er ihnen sonst irgendwie nützlich sein könne. Der Alte schüttelte den Kopf, die Frau aber schien wortlos zu bejahen. Etwas später erkundeten das Mädchen aus dem Dauphine und der Ingenieur die Reihen zur Linken, ohne sich weit zu entfernen, sie kehrten mit ein paar Keksen zurück, die sie der alten Frau in den ID brachten, und hatten gerade noch Zeit, unter einem Platzregen von Hupen zu ihren Wagen zu eilen.

Von diesen kleinen Ausflügen abgesehen, ließ sich so wenig unternehmen, daß die Stunden sich allmählich eine über die andere legten, da sie in der Erinnerung wie ein und dieselbe waren. In einem gewissen Augenblick hatte der Ingenieur daran gedacht, diesen Tag aus dem Kalender zu streichen; er hatte Mühe, nicht zu lachen. Später aber, als dann die widersprüchlichen Berechnungen der Nonnen, der Männer in dem Taunus und des Mädchens in dem Dauphine begannen, erkannte man, daß es wohl besser gewesen wäre, die Tage zu zählen. Die örtlichen Rundfunkstationen hatten ihre Sendungen beendet, und nur der Reisende in dem DKW verfügte über einen Kurzwellenbereich, in dem hartnäckig Börsennachrichten durchgegeben wurden. Gegen drei Uhr morgens schien man sich stillschweigend geeinigt zu haben, nicht weiterzurücken, und bis zum Morgengrauen rührte sich die Kolonne nicht. Die Kerle in dem Simca holten Luftmatratzen heraus und legten sich neben ihr Auto. Der Ingenieur kippte die Lehnen der Vordersitze seines 404 nach hinten und bot den Nonnen die Polster an; sie lehnten ab. Bevor der Ingenieur sich hinlegte, dachte er an das Mädchen in dem Dauphine, das ganz still überm Lenkrad gebeugt dasaß, und wie beiläufig schlug er ihr vor, bis zum Morgen die Autos zu tauschen. Sie weigerte sich und behauptete, in jeder Lage schlafen zu können.

Eine Weile hörte man noch in dem Taunus das Kind weinen, das auf dem Rücksitz lag, wo es ihm gewiß zu warm war. Als sich der Ingenieur auf die Polster fallen ließ und allmählich einschlief, beteten die Nonnen noch immer. Sein Schlaf war aber dem Wachen zu nahe, so daß er schließlich verschwitzt und unruhig erwachte, ohne im ersten Augenblick zu begreifen, wo er sich befand. Als er sich aufrichtete, nahm er die undeutlichen Bewegungen draußen wahr, ein Gleiten von Schatten zwischen den Autos, und er sah eine Gestalt, die sich zum Rand der Autobahn hin entfernte; er erriet die Gründe, und wenig später stieg auch er aus dem Wagen, ohne Lärm zu machen, trat an den Rand der Fahrbahn und erleichterte sich. Es gab weder Strauch noch Baum, nur das sternlose schwarze Feld, etwas wie eine abstrakte Mauer, die den weißen Streifen der Fahrbahn und den regungslosen Fluß der Fahrzeuge einfaßte. Er stolperte beinahe über den Landmann aus dem Ariane, der ein paar unverständliche Worte stammelte. Zu dem Benzingeruch, der sich auf der erwärmten Autobahn noch immer hielt, gesellte sich nun die säuerliche und ätzende Anwesenheit des Menschen, und der Ingenieur kehrte, so schnell er konnte, in sein Auto zurück. Das Mädchen in dem Dauphine schlief, übers Lenkrad gebeugt, eine Haarsträhne auf den Augen. Bevor er in den 404 stieg, genoß er das Studium ihres Profils, die Kurve der Lippen erratend, die in einem leichten Hauch bebten. Auch der Mann in dem DKW beobachtete von der anderen Seite her den Schlaf des Mädchens und rauchte schweigend vor sich hin.

Am Morgen ging es nur wenig voran, doch genug, um die Hoffnung zu wecken, daß sich am Nachmittag die Straße nach Paris öffnen werde. Um neun brachte ein Ausländer die gute Nachricht, man habe die Risse aufgefüllt, und sie würden bald normal fahren können. Die Burschen in dem Simca schalteten das Radio an, und einer von ihnen sprang bis an das Autodach und schrie und sang. Der Ingenieur sagte sich, die Nachricht sei so zweifelhaft wie die vom Vortag, und der Ausländer habe nur die Freude in der Gruppe nutzen wollen, um eine Apfelsine zu verlangen und zu erhalten, die ihm das Ehepaar in dem Ariane gab. Gleich darauf erschien wieder ein Ausländer mit der gleichen Finte, aber niemand wollte ihm etwas geben. Die Hitze wurde schlimmer, und alle zogen vor, in ihren Wagen zu bleiben in der Hoffnung, daß sich die guten Nachrichten verdichteten. Am Mittag fing die Kleine in dem 203 wieder an zu weinen, und das Mädchen aus dem Dauphine ging zu ihr und freundete sich mit dem Ehepaar an. Die in dem 203 hatten kein Glück; rechts hatten sie den schweigsamen Mann in dem Caravelle, der an allem, was um ihn geschah, keinen Anteil nahm; links mußten sie die wortreichen Schimpfereien des Fahrers eines Floride über sich ergehen lassen, für den der Stau ausschließlich eine persönliche Beleidigung darstellte. Als die Kleine wieder über Durst klagte, hatte der Ingenieur die Idee, mit den Landleuten in dem Ariane zu reden, da er überzeugt war, daß es in ihrem Auto eine Menge Vorräte gebe. Zu seiner Überraschung zeigten sich die Landleute sehr freundlich. Sie begriffen, daß man einander in einer solchen Lage beistehen mußte, und meinten, wenn jemand die Gruppe (die Frau ließ die Hand kreisen und umschloß so das halbe Dutzend Autos ringsum) führte, brauchte man nicht Not zu leiden, bis man wieder in Paris war. Dem Ingenieur war der Gedanke lästig, sich als Organisator aufzuspielen. Er zog es vor, sich mit den Männern in dem Taunus zu beraten und mit dem Ehepaar in dem Ariane. Wenig später wurden alle in der Gruppe der Reihe nach befragt. Der junge Soldat aus dem Volkswagen war sofort einverstanden, und das Ehepaar aus dem 203 bot die wenigen Vorräte an, die es noch hatte. (Das Mädchen in dem Dauphine hatte inzwischen ein Glas Apfelsinensaft mit Wasser für die Kleine auftreiben können, die nun wieder lachte und spielte.) Einer der Männer aus dem Taunus, der sich mit den Burschen in dem Simca beraten hatte, erreichte deren spöttische Zustimmung. Der blasse Mann in dem Caravelle zuckte die Achseln und sagte, es sei ihm gleich, sie sollten nur machen, was sie für richtig hielten. Die beiden Alten in dem ID und die Dame in dem Beaulieu waren sichtlich froh, als glaubten sie, so besser geschützt zu sein. Die Fahrer des Floride und des DKW hatten nichts dagegen einzuwenden, und der Amerikaner in dem De Soto sah sie erstaunt an und sagte etwas über den Willen Gottes. Der Ingenieur stieß nicht auf Widerspruch, als er einen der Männer in dem Taunus, dem er instinktiv vertraute, vorschlug, sich um die Koordinierung ihrer Bemühungen zu kümmern. Im Augenblick würde niemand hungern müssen, aber sie mußten unbedingt Wasser beschaffen. Der Anführer, den die Burschen in dem Simca der Einfachheit halber und aus Jux Taunus nannten, bat den Ingenieur, den Soldaten und einen der Burschen, die Umgebung zu erkunden und Nahrungsmittel gegen Getränke anzubieten. Taunus, der augenscheinlich zu befehlen wußte, hatte ausgerechnet, daß man den Bedarf für maximal anderthalb Tage decken könnte, schlimmstenfalls.

In dem 2 CV der Nonnen und dem Ariane der Landleute gab es Proviant genug für diese Zeit, und falls die Kundschafter mit Wasser zurückkehrten, wäre das Problem gelöst. Doch nur der Soldat kam mit einer vollen Feldflasche wieder, deren Inhaber im Tausch Nahrungsmittel für zwei Personen verlangte. Der Ingenieur hatte keinen gefunden, der Wasser anbot. Die Wanderung hatte ihm lediglich zu der Erkenntnis verholfen, daß weiter vorn ebenfalls Gruppen gebildet wurden, die ähnliche Probleme hatten. Einmal hatte sich der Insasse eines Alfa Romeo geweigert, mit ihm zu verhandeln, und zu ihm gesagt, er solle sich an den Vertreter seiner Gruppe wenden, fünf Autos weiter in derselben Reihe. Später kam der Bursche aus dem Simca zurück, der kein Wasser hatte beschaffen können, aber Taunus rechnete aus, daß er nun genug für die beiden Kinder, die alte Frau in dem ID und die anderen Frauen hatte. Der Ingenieur war eben dabei, dem Mädchen in dem Dauphine von seiner Erkundung der Peripherie zu erzählen (es war ein Uhr mittags, und die Sonne trieb sie in die Autos), als sie ihn mit einer Bewegung unterbrach und auf den Simca zeigte. Mit zwei Sätzen war der Ingenieur bei dem Auto und packte einen der Burschen am Ellenbogen, der sich auf dem Sitz rekelte und in großen Schlucken aus einer Feldflasche trank, die er unter dem Jackett gehabt hatte. Seine wütende Bewegung erwiderte der Ingenieur mit verstärktem Druck, und der andere Kerl stieg aus dem Auto und stürzte sich auf den Ingenieur, der zurückwich und ihn fast bedauernd betrachtete. Schon war der Soldat zur Stelle, und die Schreie der Nonnen machten Taunus und seine Gefährten aufmerksam. Taunus hörte sich an, was vorgefallen war, trat dann auf den Burschen mit der Flasche zu und verabreichte ihm ein paar Ohrfeigen. Der Bursche schrie und protestierte mit weinerlicher Stimme, der andere murrte und getraute sich nicht einzugreifen. Da wurde überall gehupt, und jeder kehrte in sein Auto zurück, obwohl es kaum einen Sinn hatte, denn die Kolonne rückte wenig mehr als fünf Meter vor.

Kurz nach Mittag, als die Sonne erbarmungsloser brannte als am Vortag, nahm eine der Nonnen ihre Haube ab, und ihre Gefährtin kühlte ihr die Schläfen mit Kölnischwasser. Die Frauen fanden sich langsam in ihre Samariterrolle, gingen von Wagen zu

Wagen und kümmerten sich um die Kinder, damit die Männer ungebunden waren. Keiner klagte, aber die gute Laune war erzwungen, sie gründete sich auf die immer gleichen Wortspiele, auf eine im guten Ton vorgebrachte Skepsis. Am unangenehmsten war dem Ingenieur und dem Mädchen in dem Dauphine das Gefühl, verschwitzt und schmutzig zu sein; fast waren sie gerührt von der Gleichgültigkeit des Ehepaares vom Lande gegenüber dem Geruch, der ihren Achseln entströmte, wenn sie zum Plaudern herüberkamen oder eine Nachricht vom letzten Stand der Dinge wiederholten. Am Nachmittag blickte der Ingenieur zufällig in den Rückspiegel und sah das blasse gespannte Gesicht des Mannes in dem Caravelle, der nicht anders als der dicke Fahrer des Floride ihrem Tun mit Teilnahmslosigkeit begegnete. Ihm schien, daß sein Ausdruck noch schärfer geworden war, und er fragte sich, ob er krank sei. Als er später zu einem Schwatz zu dem Soldaten und seiner Frau ging und dabei Gelegenheit hatte, den Mann von nahem zu sehen, sagte er sich, er sei nicht krank, es müsse etwas anderes sein, ein Sich-Absondern, um es irgendwie zu benennen. Der Soldat in dem Volkswagen erzählte ihm, seiner Frau mache dieser schweigende Mann Angst, der sich nie von seinem Lenkrad trennte und im Wachen zu schlafen schien. Hypothesen kamen auf, eine Folklore wurde geboren, die gegen das Nichtstun half. Die Kinder aus dem Taunus und dem 203 hatten sich angefreundet, gestritten und sich wieder versöhnt. Ihre Eltern besuchten einander. Das Mädchen aus dem Dauphine kümmerte sich unablässig um die alte Frau in dem ID und die Dame in dem Beaulieu. Als am Mittag unerwartet gewittrige Windböen wehten und die Sonne hinter den Wolken verschwand, die im Westen heraufzogen, da freuten sich alle, weil sie glaubten, es werde nun kühler. Ein paar Tropfen fielen, und zur gleichen Zeit rückten die Kolonnen außergewöhnlich weit vor, fast hundert Meter. In der Ferne zuckte ein Blitz, und die Hitze wurde noch schlimmer. Die Atmosphäre war mit Elektrizität geladen, so daß Taunus mit einem Instinkt, den der Ingenieur wortlos bewunderte, die Gruppe bis in die Nacht in Ruhe ließ, als fürchtete er die Auswirkungen von Müdigkeit und Hitze. Um acht kümmerten sich die Frauen darum, die Vorräte auszuteilen; man hatte beschlossen, den Ariane der Landleute als Vorratslager und den 2 CV der Nonnen als Ersatzlager zu benutzen. Taunus hatte sich selbst aufgemacht, um mit den Anführern der benachbarten vier oder fünf Gruppen zu sprechen. Mit Hilfe des Soldaten und des Mannes aus dem 203 brachte er eine größere Menge Proviant zu den anderen Gruppen und kehrte mit mehr Wasser und etwas Wein zurück. Es wurde vereinbart, daß die Burschen in dem Simca der alten Frau in dem ID und der Dame in dem Beaulieu ihre Luftmatratzen abtreten sollten. Das Mädchen in dem Dauphine erhielt zwei Schottenplaids, und der Ingenieur stellte seinen Wagen, den er spaßeshalber Schlafwagen nannte, denen zur Verfügung, die ihn brauchten. Zu seiner Überraschung nahm das Mädchen aus dem Dauphine sein Angebot an; in dieser Nacht teilte sie die Polster des 404 mit einer der Nonnen; die andere ging in den 203, wo sie mit dem kleinen Mädchen und seiner Mutter schlafen würde, während der Mann, in eine Decke gehüllt, die Nacht auf der Fahrbahn verbrachte. Der Ingenieur war nicht müde und würfelte mit Taunus und seinem Freund. Einmal gesellte sich der Landmann aus dem Ariane zu ihnen, und sie sprachen über Politik und tranken etwas von dem Branntwein, den der Landmann am Morgen Taunus gegeben hatte. Die Nacht ließ sich ertragen, es war kühl geworden, und ein paar Sterne glänzten zwischen Wolken.

Gegen Morgen übermannte sie der Schlaf, diese Notwendigkeit, unter Dach zu sein, die im Morgengrauen entsteht. Während Taunus neben dem Jungen auf dem Rücksitz schlief, ruhten sein Freund und der Ingenieur eine Weile auf den Vordersitzen. Zwischen zwei Traumbildern glaubte der Ingenieur Schreie in der Ferne zu hören, er gewahrte einen ungewissen Schein, und dann kam der Anführer der einen anderen Gruppe zu ihnen und teilte mit, dreißig Autos weiter sei ein Feuer ausgebrochen, von jemand verursacht, der heimlich Gemüse abkochen wollte. Taunus machte seine Witze über den Vorfall, während er von Wagen zu Wagen ging, um zu sehen, wie alle die Nacht verbrachten. Aber keiner sagte eigentlich das, was er eigentlich sagen wollte. Am Morgen kam sehr zeitig Bewegung in die Kolonne, und alle mußten sich beeilen und sogar abhetzen, um die Matratzen und Decken zusammenzuraffen, aber da es allen so ging, verlor keiner die Geduld oder drückte auf die Hupe. Zu Mittag war sie mehr als fünfzig Meter vorangekommen, und der Schatten eines Waldes wurde rechts der Fahrbahn sichtbar. Man beneidete alle jene um ihr Glück, die in diesem Augenblick an den Waldrand gehen konnten und Kühle und Frische des Schattens für sich hatten; vielleicht gab es dort eine Quelle oder eine Leitung mit Trinkwasser. Das Mädchen in dem Dauphine schloß die Augen und dachte an eine Dusche, die ihr über Nacken und Schultern rann, die Beine entlang, und der Ingenieur, der sie von der Seite beobachtete, sah zwei Tränen über ihre Wangen gleiten.

Taunus, der bis zu dem ID vorgedrungen war, kam zurück und forderte die jüngeren Frauen auf, sich um die alte Frau zu kümmern, die sich nicht wohl fühlte. Der Anführer der dritten Gruppe, der Nachhut, hatte einen Arzt unter seinen Männern, und der Soldat machte sich eilig auf den Weg, ihn zu holen. Der Ingenieur, der mit ironischer Nachsicht die Bemühungen der Burschen aus dem Simca beobachtet hatte, die ihre Streiche gutmachen wollten, glaubte, das sei der richtige Augenblick, ihnen eine Chance zu bieten. Mit ihren Zeltplanen mußten sie die Fenster des 404 zuhängen, und der Schlafwagen verwandelte sich in eine Ambulanz, so daß die alte Frau einigermaßen in Dunkelheit ruhen konnte. Ihr Mann legte sich zu ihr, hielt ihre Hand, und man ließ sie allein mit dem Arzt. Später kümmerten sich die Nonnen um die alte Frau, die sich besser fühlte. Der Ingenieur verbrachte den Nachmittag so gut wie möglich, besuchte andere Wagen und ruhte sich in Taunus' Auto aus, als die Sonne zu heftig brannte; nur dreimal mußte er zu seinem Auto rennen, wo die alten Leutchen zu schlafen schienen, um mit der Kolonne ein Stück vorzurücken bis zum nächsten Stop. Die Nacht brach über sie herein, ohne daß sie in die Nähe des Waldes gelangt waren. Gegen zwei Uhr morgens sank die Temperatur, und wer eine Decke hatte, freute sich, daß er sich einwickeln konnte. Da die Kolonne bis zum Tagesanbruch nicht vorrücken würde (das lag in der Luft, wehte herüber vom Horizont unbewegter Autos in der Nacht), hockten der Ingenieur und Taunus sich hin, um zu rauchen und mit dem Landmann aus dem Ariane und dem Soldaten zu reden. Taunus' Berechnungen deckten sich nicht mehr ganz mit der Wirklichkeit, er sagte es offen, sie würden am Morgen etwas tun müssen, um mehr Proviant und Getränke zu beschaffen. Der Soldat machte sich auf die Suche nach den Anführern der benachbarten Gruppen, die auch nicht schlafen konnten, und sie diskutierten leise über das Problem, damit die Frauen nicht wach wurden. Die Anführer hatten mit den Verantwortlichen anderer, achtzig oder hundert Wagen weit entfernter Gruppen gesprochen, und sie konnten sicher sein, daß die Lage überall die gleiche war. Der Landmann, der das Gebiet gut kannte, schlug vor, zwei oder drei Männer aus jeder Gruppe bei Tagesbeginn auszuschicken, die Nahrungsmittel in den nahegelegenen Bauernhöfen kaufen sollten, indes Taunus sich darum kümmern würde, für die Wagen, die während der Expedition herrenlos waren, Fahrer zu bestimmen. Der Gedanke war gut, und es bereitete keine Mühe, Geld zu sammeln. Man einigte sich, daß der Landmann, der Soldat und Taunus' Freund zusammen gehen und alle Taschen, Netze und verfügbaren Feldflaschen mitnehmen sollten. Die Anführer der anderen Gruppen kehrten zu ihren Einheiten zurück, um ähnliche Expeditionen zu organisieren und Vorsorge zu treffen, daß die Kolonne fahrtüchtig blieb. Das Mädchen in dem Dauphine teilte dem Ingenieur mit, daß es der alten Frau besser gehe und daß sie unbedingt in ihren ID wolle. Um acht Uhr erschien der Arzt, der keine Bedenken hatte, daß das Ehepaar in seinen Wagen zurückkehrte. Auf alle Fälle, so bestimmte Taunus, sollte der 404 ständig als Ambulanz eingerichtet bleiben, und die Burschen fabrizierten aus Jux ein Fähnchen mit einem roten Kreuz und brachten es an der Autoantenne an. Seit einiger Zeit blieben alle lieber in ihren Autos, denn die Temperaturen sanken noch immer, gegen Mittag begann es heftig zu regnen, und in der Ferne waren Blitze zu beobachten. Die Frau des Landmanns beeilte sich, Wasser mit einem Trichter und in einem Plastikgefäß einzufangen, was die Burschen aus dem Simca besonders erheiterte. Der Ingenieur, der all das vor Augen hatte, ein aufgeschlagenes Buch auf dem Lenkrad, das ihn nicht sehr fesselte, fragte sich, warum die Expeditionsteilnehmer so lange wegblieben. Wenig später rief Taunus ihn zu sich in seinen Wagen und erklärte ihm, alles sei gescheitert. Taunus' Freund berichtete Einzelheiten; demnach waren die Bauernhöfe entweder verlassen, oder die Leute hatten sich geweigert, ihnen etwas zu verkaufen, und beriefen sich auf die Verfügungen über den Verkauf an Privatpersonen, oder sie hatten einfach den Verdacht, es handele sich um Inspektoren, die sich der gegebenen Umstände bedienten, um sie auf die Probe zu stellen. Trotzdem war es ihnen gelungen, eine kleine Menge Wasser und ein paar Vorräte mitzubringen, die der Soldat vielleicht gestohlen hatte. Denn er lächelte, ohne weitere Angaben zu machen. Freilich konnte es nun nicht mehr lange dauern, und der Stau würde ein Ende haben. Nur waren die Nahrungsmittel, über die man verfügte, nicht eben geeignet für die beiden Kinder und die alte Frau. Der Arzt, der gegen vier Uhr dreißig zu einem Krankenbesuch kam, konnte seine Verzweiflung und seine Müdigkeit nicht verbergen und sagte zu Taunus, in seiner und in den benachbarten Gruppen sehe es nicht anders aus. Im Radio war die Rede von dringenden Maßnahmen, die Autobahn frei zu machen, aber abgesehen von einem Hubschrauber, der gegen Abend kurz auftauchte, deutete nichts auf ein Eingreifen hin. Immerhin, die Hitze nahm ab, und alles schien darauf zu warten, daß es Nacht wurde, daß man sich in die Decken hüllen und im Schlaf die Wartestunden überbrücken konnte. Der Ingenieur saß in seinem Wagen und hörte den Gesprächen des Mädchens in dem Dauphine mit dem Reisenden in dem DKW zu, der ihr Geschichten erzählte, über die sie lustlos lachte. Es überraschte ihn, die Dame aus dem Beaulieu kommen zu sehen, die ihr Auto sonst nie verließ, aber sie wollte die letzten Nachrichten erfahren und fing dann mit den Nonnen ein Gespräch an. Namenloser Überdruß bedrückte sie, sobald es Abend wurde. Man erwartete vom Schlaf mehr als von den Nachrichten, die stets widersprüchlich und lügenhaft waren. Taunus' Freund kam verstohlen herüber, um den Ingenieur, den Soldaten und den Mann aus dem 203 zu holen. Taunus teilte ihnen mit, der Insasse des Floride sei desertiert; einem der Burschen aus dem Simca war der leere Wagen aufgefallen, und er hatte sich wenig später auf die Suche nach dem Eigentümer gemacht, um sich die Langeweile zu vertreiben. Niemand kannte den dicken Mann aus dem Floride genauer, der am ersten Tag zu heftig protestiert hatte und am Ende so schweigsam geworden war wie der Fahrer des Caravelle. Als um fünf Uhr morgens kein Zweifel mehr bestand, daß Floride, wie die Burschen ihn zum Spaß nannten, desertiert war, einen Handkoffer mitgenommen und einen Koffer voller Hemden und Unterwäsche zurückgelassen hatte, ordnete Taunus an, daß sich einer der Burschen um das verlassene Auto kümmerte, damit die Kolonne nicht in ihrer Beweglichkeit behindert wurde. Sie waren alle leicht verärgert über diese Fahnenflucht in finsterer Nacht und fragten sich, wie weit Floride denn gelangt sein mochte auf seiner Flucht über die Felder. Im übrigen schien dies die Nacht der großen Entscheidungen zu sein. Auf den Polstern seines 404 ausgestreckt, glaubte der Ingenieur ein Stöhnen zu hören, meinte aber, der Soldat und seine Frau seien die Urheber für etwas, was nach alldem nur verständlich schien mitten in der Nacht und unter diesen Umständen. Dann dachte er noch einmal und genauer darüber nach, hob das Segeltuch hoch, das die Heckscheibe bedeckte, und sah im Licht der wenigen Sterne in etwa anderthalb Meter Entfernung wie immer die Windschutzscheibe des Caravelle und dahinter, wie an die Scheibe geklebt und ein wenig zur Seite geneigt, das verzerrte Gesicht des Mannes. Lautlos stieg der Ingenieur auf der linken Seite aus, um die Nonnen nicht zu wecken, und trat an den Caravelle heran. Dann machte er sich auf die Suche nach Taunus, und der Soldat beeilte sich, den Arzt zu benachrichtigen. Es war klar, der Mann hatte Selbstmord begangen, Gift geschluckt; die Bleistiftstriche im Notizbuch genügten und der Brief an eine gewisse Yvette, die ihn in Vierzon verlassen hatte.

Zum Glück war die Angewohnheit, in den Autos zu schlafen, gut eingebürgert. Die Nächte waren nun schon so kalt, daß es keinem eingefallen wäre, im Freien zu kampieren. Es machte auch keinem etwas aus, daß andere zwischen den Wagen hin und her liefen und bis an die Ränder der Autobahn glitten, um sich zu erleichtern. Taunus berief einen Kriegsrat ein, und der Arzt erklärte sich einverstanden. Den Leichnam am Rand der Fahrbahn zu lassen, wäre zumindest für alle, die nach ihnen kamen, eine böse Überraschung gewesen; und ihn weiter entfernt aufs offene Feld zu bringen, konnte eine heftige Erwiderung der Dorfleute provozieren, die in der Nacht zuvor einen jungen Mann aus einer anderen Gruppe, der etwas zu essen suchte, bedroht und geschlagen hatten. Der Landmann aus dem Ariane und der Reisende aus dem DKW besaßen alles Nötige, um den Kofferraum des Caravelle hermetisch zu verschließen. Als sie ihre Arbeit begannen, trat das Mädchen aus dem Dauphine zu ihnen und hängte sich zitternd an den Arm des Ingenieurs. Er erklärte ihr leise, was geschehen war, und brachte sie zu ihrem Auto, sobald sie sich beruhigt hatte. Taunus und seine Männer hatten den Körper im Kofferraum verstaut, und der Geschäftsreisende machte sich mit Scotch Tape und flüssigem Klebstoff im Licht der Laterne, die dem Soldaten gehörte, zu schaffen. Da die Frau in dem 203 fahren konnte, ordnete Taunus an, daß ihr Mann sich um den Caravelle kümmerte, der rechts von dem 203 stand. So entdeckte am Morgen das kleine Mädchen aus dem 203, daß ihr Papa ein anderes Auto hatte, und sie spielte stundenlang, indem sie zwischen den beiden Autos hin- und herlief und einen Teil ihrer Spielsachen in dem Caravelle unterbrachte.

Zum erstenmal war die Kälte am Tage zu spüren, und niemand dachte mehr daran, seine Jacke auszuziehen. Das Mädchen in dem Dauphine und die Nonnen machten Inventur über die in der Gruppe verfügbaren Mäntel. Einige wenige Pullover fanden sich, die in den Autos oder in einer Reisetasche zufällig zum Vorschein kamen, auch ein Regenmantel und ein Übergangsmantel. Eine Liste dringlicher Notfälle wurde aufgestellt, und die Mäntel wurden verteilt. Wieder wurde das Wasser knapp, und Taunus schickte drei seiner Männer aus, unter ihnen den Ingenieur, die versuchen sollten, Kontakt mit den Dörflern aufzunehmen. Der Widerstand von außen aber war lückenlos, ohne daß die Gründe dafür festzustellen waren. Es genügte, die Autobahn zu verlassen, und schon hagelte es Steine. Mitten in der Nacht warf jemand eine Sense nach ihnen, die auf dem Dach des DKW aufschlug und neben dem Dauphine zu Boden fiel. Der Reisende wurde blaß und rührte sich nicht in seinem Auto. Der Amerikaner in dem De Soto aber (der nicht zu der Gruppe von Taunus gehörte, den aber alle seiner guten Laune und seines Lachens wegen schätzten) lief herbei, schwang die Sense über seinen Kopf und schickte sie mit aller Kraft, laute Flüche ausstoßend, zurück ins offene Land. Trotzdem war Taunus nicht der Meinung, daß man die Feindschaft vertiefen sollte; vielleicht war es doch noch möglich, auf Wassersuche zu gehen.

Niemand bemühte sich, noch auszurechnen, wieviel sie an diesem Tag oder an diesen Tagen vorangekommen waren. Das Mädchen in dem Dauphine meinte, achtzig bis zweihundert Meter; der Ingenieur war weniger optimistisch, aber er machte sich den Spaß, mit seiner Nachbarin Berechnungen anzustellen und zu komplizieren, da ihm nach wie vor daran lag, das Mädchen von der Gesellschaft des Reisenden in dem DKW fernzuhalten, der ihr auf seine professionelle Art den Hof machte. Am Nachmittag desselben Tages kam einer der Burschen aus dem Simca, der beauftragt war, sich um den Floride zu kümmern, eilig zu Taunus mit der Nachricht, daß ein Ford Mercury Wasser zu einem guten Preis anbot. Taunus weigerte sich, aber gegen Abend bat eine der Nonnen den Ingenieur um einen Schluck Wasser für die alte Frau in dem ID, die litt, ohne zu klagen, von der Hand ihres Mannes gehalten und abwechselnd betreut von den Nonnen und dem Mädchen aus dem Dauphine. Sie hatten noch einen halben Liter Wasser, den die Frauen für die alte Frau und die Dame in dem Beaulieu bestimmten. Am Abend zahlte Taunus aus eigener Tasche den Preis für zwei Liter Wasser. Ford Mercury versprach mehr für den nächsten Tag, zum doppelten Preis.

Es war schwierig, sich zu einem Gespräch zusammenzufinden, denn niemand verließ gern sein Auto, es sei denn aus einem zwingenden Grund. Die Batterien entluden sich allmählich, und man konnte nicht fortwährend die Heizung laufen lassen. Taunus reservierte die beiden am besten ausgerüsteten Wagen für mögliche Kranke. In Decken gehüllt (die Burschen in dem Simca hatten die Innenverkleidung ihres Autos abgerissen und sich Pullover und Mützen angefertigt, andere machten es ihnen nach), versuchte jeder, die Türen so wenig wie möglich zu öffnen, um die Wärme zu konservieren. In einer solchen eisigen Nacht vernahm der Ingenieur das erstickte Weinen des Mädchens in dem Dauphine. Lautlos öffnete er langsam die Tür und tastete sich im Dunkeln weiter, bis er eine feuchte Wange streifte. Fast widerstandslos ließ sich das Mädchen in den 404 ziehen. Der Ingenieur half ihr, sich auf den Polstern auszustrecken, hüllte sie in die einzige vorhandene Decke und legte seinen Regenmantel darüber. Die Dunkelheit in dem Ambulanzwagen mit den von Zeltplanen verhängten Fenstern war dichter als anderswo. Schließlich klappte der Ingenieur die beiden Sonnenblenden herunter und hängte sein Hemd und einen Pullover so auf, daß sein Auto völlig abgeschirmt war. Gegen Morgen flüsterte sie ihm zu, sie habe, bevor sie zu weinen anfing, geglaubt, rechts in der Ferne die Lichter einer Stadt zu sehen.

Vielleicht war es eine Stadt, aber der Morgennebel gestattete nur zwanzig Meter Sicht. Seltsamerweise rückte die Kolonne an diesem Tag ein gutes Stück vor, vielleicht zweihundert oder dreihundert Meter. Das geschah gleichzeitig mit neuen Meldungen aus dem Radio (das kaum jemand hörte mit Ausnahme von Taunus, der sich verpflichtet fühlte, auf dem laufenden zu bleiben). Die Sprecher kündigten emphatisch neue Maßnahmen an, die die Autobahn frei machen würden, und informierten über die aufreibende Tätigkeit der Arbeitsgruppe und der Polizeikräfte. Mit einem Mal fing eine der Nonnen an zu phantasieren; ihre Gefährtin starrte sie entsetzt an, und das Mädchen aus dem Dauphine rieb ihr die Schläfen mit einem Rest Parfüm ein. Die

Nonne sprach von Armagedon, vom Neunten Tag und von der Kette aus Zinnober. Der Arzt kam erst sehr viel später und mußte sich einen Weg durch den Schnee bahnen, der seit Mittag fiel und die Autos allmählich einmauerte. Er bedauerte, keine Beruhigungsspritze zu haben, und riet, die Nonne in ein gutgeheiztes Auto zu bringen. Taunus trug sie in seinen Wagen, und das Kind zog in den Caravelle um, wo auch seine kleine Freundin aus dem 203 war. Beide spielten mit ihren Autos und waren sehr vergnügt, denn sie waren die einzigen, die nicht Hunger litten. An diesem und an den folgenden Tagen schneite es ununterbrochen, und wenn die Kolonne ein paar Meter vorrückte, dann mußten mit improvisierten Mitteln die zwischen den Autos angehäuften Schneemassen beseitigt werden.

Niemand war befremdet von der Methode, Proviant und Wasser zu beschaffen. Taunus mußte nur noch den gemeinschaftlichen Fonds verwalten und versuchen, den bestmöglichen Gewinn bei den Tauschgeschäften herauszuholen. Ford Mercury und ein Porsche kamen jede Nacht, um mit Lebensmitteln zu handeln. Taunus und der Ingenieur kümmerten sich um die Verteilung je nach dem körperlichen Zustand jedes einzelnen. Es war unglaublich, daß die alte Frau in dem ID noch am Leben war, von Schlafsucht benommen, die die anderen Frauen zu vertreiben suchten. Die Dame aus dem Beaulieu, die Tage zuvor an Übelkeit und Schwindelanfällen gelitten hatte, war mit der Kälte wieder zu sich gekommen und gehörte zu denen, die der Nonne am meisten halfen, ihre Gefährtin zu pflegen, die schwach und ein wenig zerstreut war. Die Frau des Soldaten und die in dem 203 kümmerten sich um die beiden Kinder. Der Reisende in dem DKW wollte sich vielleicht trösten, daß das Mädchen in dem Dauphine offenbar den Ingenieur vorzog, und brachte Stunden damit zu, den Kindern Märchen zu erzählen. In den Nächten überließen sich die Gruppen ihrem geheimen und privaten Leben; die Autotüren wurden leise geöffnet, um einen vor Kälte erstarrten Schatten einzulassen, doch keiner kümmerte sich um den anderen, die Augen waren so blind wie der Schatten selbst. Unter schmutzigen Decken, mit Händen, an denen die Nägel gewachsen waren, im Geruch des Eingeschlossenseins und der nicht gewechselten Wäsche glomm hier und da etwas Glückseligkeit. Das Mädchen aus dem Dauphine hatte sich nicht geirrt: In der Ferne leuchtete eine Stadt, und allmählich würden sie ihr näher kommen. Nachmittags reckte sich der Bursche in dem Simca bis zum Autodach; eingehüllt in Fetzen der Innenverkleidung und grünes Werg, spähte er unverdrossen aus. Müde, den Horizont vergeblich abzusuchen, wanderte sein Blick zum tausendsten Mal über die Autos ringsum. Mit einem gewissen Neid entdeckte er Dauphine im Auto von 404, eine Hand, die einen Nacken streichelte, das Ende eines Kusses. Rein zum Spaß und weil er nun die Freundschaft von 404 gewonnen hatte, rief er ihnen zu, die Kolonne setze sich in Bewegung, nur damit Dauphine den 404 verlassen und in ihr Auto zurückkehren mußte.

Aber bald darauf kam sie wieder auf der Suche nach Wärme. Dem Jungen in dem Simca hätte es gefallen, wenn er ein Mädchen aus einer anderen Gruppe in sein Auto hätte holen können, aber man durfte nicht einmal daran denken bei dieser Kälte und diesem Hunger, abgesehen davon, daß zwischen der Gruppe vor ihnen und Taunus offene Feindschaft ausgebrochen war, einer Geschichte wegen, in der eine Tube Kondensmilch eine Rolle spielte. Außer den offiziellen Transaktionen mit Ford Mercury und Porsche gab es keine Verbindung zu anderen Gruppen. Da seufzte der Junge in dem Simca unzufrieden und nahm seinen Posten als Wächter wieder ein, bis Schnee und Kälte ihn zwangen, sich zitternd ins Autoinnere zurückzuziehen.

Doch die Kälte ließ nach, und einer Übergangszeit mit Wind und Regen, die an den Kräften zehrte und die Versorgungsschwierigkeiten vergrößerte, folgten kühle und sonnige Tage, an denen es schon möglich war, das Auto zu verlassen, einander zu besuchen, Verbindungen mit benachbarten Gruppen neu zu knüpfen. Die Anführer hatten die Lage besprochen, und am Ende gelang es, mit der Gruppe vor ihnen Frieden zu schließen. Lange wurde über das plötzliche Verschwinden des Ford Mercury gesprochen; keiner konnte sich erklären, was geschehen war. Aber Porsche kam wie früher und kontrollierte den schwarzen Markt. Nie fehlte es völlig an Wasser und Konserven, auch wenn die finanziellen Mittel der Gruppe schmaler wurden und Taunus und der Ingenieur sich fragten, was an dem Tag werden sollte, an dem man für Porsche kein Geld mehr hatte. Man sprach von einem Handstreich, wollte ihn gefangennehmen und zwingen, die Quelle seiner Vorräte preiszugeben; aber gerade an diesen Tagen war die Kolonne ein gutes Stück vorangekommen, und die

Anführer zogen es vor, zu warten, das Risiko zu vermeiden und nicht alles wegen eines überstürzten Entschlusses zu verderben. Der Ingenieur, der sich einer angenehmen Gleichgültigkeit hingegeben hatte, wurde im ersten Augenblick von der fast schüchternen Ankündigung des Mädchens überrascht, aber dann begriff er, daß es sich nicht mehr vermeiden ließe, und der Gedanke, ein Kind von ihr zu haben, schien ihm schließlich so natürlich wie die nächtliche Verteilung von Proviant oder die heimlichen Ausflüge an die Ränder der Autobahn. Auch der Tod der alten Frau in dem ID konnte keinen überraschen. Wieder mußte man sich in tiefer Nacht an die Arbeit machen, den Ehemann begleiten und trösten, der es nicht fassen konnte. Unter zwei Gruppen, die zur Vorhut gehörten, brach ein Streit aus, und Taunus mußte als Schiedsrichter fungieren und behutsam die Meinungsverschiedenheiten klären. Alles geschah irgendwann, ohne voraussehbaren Plan; das wichtigste aber geschah, als es keiner erwartete. Die Rolle, es als erster zu bemerken, fiel dem zu, der am wenigsten verantwortlich war. Durch das Dach des Simca ausschauend, hatte der fröhliche Wächter den Eindruck, daß der Horizont sich verändert habe (es war Nachmittag, eine gelbliche Sonne sandte ihr flaches, schwaches Licht aus), und daß sich etwas Unbegreifliches fünfhundert Meter vor ihnen ereigne, dreihundert Meter, zweihundertfünfzig! Er rief es 404 zu, und 404 sagte es Dauphine, die rasch herüberkam in sein Auto, als auch schon Taunus, der Soldat und der Landmann herbeieilten, und vom Dach des Simca aus wies der Bursche nach vorn und wiederholte ununterbrochen die Ankündigung, als müßte er sich von dem überzeugen, was seine Augen sahen. Da vernahmen auch sie die Erschütterung, es hörte sich an wie eine schwere, aber unaufhaltsame Wanderbewegung, die mit einer endlosen Benommenheit erwachte und ihre Kräfte erprobt. Taunus befahl schreiend, alle sollten in ihre Wagen zurück. Der Beaulieu, der ID, der Fiat 600 und der De Soto starteten wie unter demselben Impuls. Jetzt bewegten sich auch der 2 CV, der Taunus, der Simca und der Ariane. Und der Bursche in dem Simca war stolz, als hätte er einen Sieg errungen; er drehte sich nach dem 404 um und ruderte mit dem Arm, während der 404, der Dauphine, der 2 CV der Nonnen und der DKW in Fahrt kamen. Freilich hing alles davon ab, wie lange es so bleiben würde, der 404 stellte sich gewohnheitsmäßig diese Frage, während er sich auf gleicher Höhe mit dem Dauphine hielt

und dem Mädchen zulächelte, um ihm Mut zu machen. Der
Volkswagen hinter ihm, der Caravelle, der 203 und der Floride
starteten ihrerseits, zögernd noch, ein Stück im ersten Gang,
dann im zweiten, unaufhörlich im zweiten, aber ohne auskuppeln
zu müssen, wie so oft, den Fuß auf dem Gaspedal, und warteten
darauf, den dritten Gang schalten zu können. 404 streckte den
linken Arm aus und suchte die Hand Dauphines, kaum streifte er
ihre Fingerspitzen, in ihrem Gesicht sah er ein Lächeln ungläubi-
ger Hoffnung, und er dachte, sie würden Paris erreichen und ein
Bad nehmen, zusammen irgendwohin gehen, zu ihm nach Hause
oder zu ihr, essen, endlos lange duschen und essen und trinken,
und es würde Möbel geben, ein Schlafzimmer mit Möbeln und
ein Badezimmer mit Seifenschaum, um sich richtig zu rasieren,
und ein Klo, und essen, und ein Klo und Bettlaken, Paris war ein
Klo und zwei Bettlaken und heißes Wasser auf der Brust, auf den
Beinen, und eine Nagelschere und Weißwein, sie würden Weißwein trinken, ehe sie sich küßten, und sie würden nach Lavendel
und Kölnischwasser riechen, ehe sie sich richtig und bei vollem
Licht erkannten, zwischen sauberen Bettlaken, und dann würden
sie wieder baden, aus Freude, und zum Friseur gehen, ins Bad
gehen, die Bettlaken streicheln, einander auf den Bettlaken
streicheln und sich lieben unter Seifenschaum und Lavendel und
den Bürsten, bevor sie anfingen, darüber nachzudenken, was sie
tun würden, an das Kind denken, an künftige Fragen und all das,
falls sie nicht aufgehalten wurden, falls die Kolonne weiterfuhr,
auch wenn man nicht in den dritten Gang schalten konnte,
weiterfahren im zweiten, aber weiterfahren. Seine Stoßstangen
berührten den Simca, er lehnte sich in seinen Sitz zurück, er
spürte, daß die Geschwindigkeit zunahm, er spürte, daß er
beschleunigen konnte, ohne gegen den Beaulieu zu stoßen, und
daß hinter ihm der Caravelle war und alle mehr und mehr
beschleunigten, und schon konnte man den dritten Gang einle-
gen, ohne daß sich der Motor beschwerte, und das Getriebe griff
tatsächlich in den dritten Gang ein, und die Fahrt wurde sanft
und schneller, und gerührt erstaunt blickte 404 nach links und
suchte die Augen Dauphines. Es war nur natürlich, daß bei so viel
Beschleunigung die Reihen nicht mehr parallel blieben, Dauphine
hatte fast einen Meter Vorsprung, 404 sah ihren Nacken, kaum
noch ihr Profil, als sie sich umwandte und ihn mit einem
überraschten Ausdruck ansah, weil er noch weiter zurückblieb.

Er beruhigte sie mit einem Lächeln und gab mehr Gas, aber schon mußte er bremsen, da er beinahe den Simca angefahren hätte. Er hupte ihn kurz an, und der Junge in dem Simca sah nach ihm im Rückspiegel und bedeutete ihm, es sei unmöglich, indem er mit der Linken auf den Beaulieu wies, der an seinem Auto klebte. Dauphine war drei Meter voraus, neben dem Simca, und das kleine Mädchen aus dem 203, der neben dem 404 war, bewegte die Arme und zeigte ihm ihre Puppe. Ein roter Fleck zur Rechten brachte den 404 aus der Fassung; denn an der Stelle des 2 CV der Nonnen oder des Volkswagens des Soldaten erblickte er einen unbekannten Chevrolet, der fast augenblicklich einen Vorsprung gewann, und ihm folgte ein Lancia und ein R 8. Links gesellte sich ihm ein ID zu, der ihn Meter für Meter einholte, und ehe er noch von einem 403 abgelöst wurde, konnte 404 den 203 ausfindig machen, der den Dauphine verdeckte. Die Gruppe löste sich auf, existierte nicht mehr, Taunus war wohl mehr als zwanzig Meter vor ihm, und hinter Taunus war Dauphine; zur gleichen Zeit fiel die dritte Reihe links ab, denn statt des DKW des Reisenden konnte 404 das Heck eines alten schwarzen Kombiwagens sehen, vielleicht eines Citroën oder Peugeot. Die Autos fuhren jetzt im dritten Gang, überholten oder verloren an Boden, je nach Rhythmus in ihrer Reihe. Längs der Autobahn flüchteten die Bäume, und einzelne Häuser tauchten aus den Nebelschwaden des Abends auf. Dann sah man die roten Lichter, die alle einschalteten, dem Beispiel derer folgend, die voranfuhren, und dann war es mit einem Mal Nacht. Immer wieder hörte man Hupen, der Zeiger des Tachometers stieg und stieg, manche Reihen fuhren mit sechzig, andere mit fünfundsechzig, einige mit siebzig. 404 hatte die Hoffnung nicht aufgegeben, der Vorsprung und das Abfallen der Reihen würden ihm erlauben, Dauphine noch einmal einzuholen, aber jede Minute überzeugte ihn, daß es vergebens war, daß die Gruppen sich unwiederbringlich aufgelöst hatten, ihre gewohnten Zusammenkünfte sich nicht wiederholen würden, die minimalen Rituale, der Kriegsrat im Auto von Taunus, die Zärtlichkeiten von Dauphine im Frieden des neuen Tages, das Lachen der Kinder, die mit ihren Autos spielten, der Anblick der Nonnen, die ihren Rosenkranz durchrechneten. Als die Bremsleuchten des Simca aufblinkten, verzögerte 404 die Fahrt in einem absurden Gefühl von Hoffnung, und kaum daß er die Handbremse gezogen hatte, war er auch schon draußen und lief nach vorn. Abgesehen von dem Simca und dem Beaulieu (weiter hinter würde der Caravelle sein, aber das kümmerte ihn wenig), erkannte er kein Auto. Gesichter, die er nie zuvor gesehen hatte, blickten ihn durch die Scheiben erstaunt und vielleicht verärgert an. Da wurde gehupt, und 404 mußte zu seinem Auto zurück. Der Junge in dem Simca winkte ihm freundlich zu, als verstände er, und wies ermutigend in Richtung Paris. Die Kolonne setzte sich abermals in Bewegung, zögernd einige Minuten lang, und dann so, als wäre die Autobahn endgültig frei. Links von 404 fuhr ein Taunus, und sekundenlang glaubte er, die Gruppe finde sich von neuem, alles habe seine alte Ordnung wieder und man könne weiterfahren, ohne etwas zu zerstören. Aber es war ein grüner Taunus, am Steuer eine Frau mit einer dunklen Brille, die unentwegt geradeaus sah. Nichts anderes konnte man tun, als sich der Fahrt überlassen, mechanisch der Geschwindigkeit der Wagen ringsum anpassen, nicht denken. In dem Volkswagen des Soldaten war wohl seine Lederjacke geblieben, Taunus hatte den Roman, den er in den ersten Tagen gelesen hatte. Eine fast leere Flasche Lavendel blieb im 2 CV der Nonnen. Er hatte – mit der rechten Hand berührte er ihn zuweilen – den kleinen Plüschbären, den Dauphine ihm als Maskottchen geschenkt hatte. Absurderweise hielt er sich an die Vorstellung, daß um halb zehn die Nahrungsmittel verteilt würden, daß man die Kranken besuchen, die Lage mit Taunus und dem Landmann aus dem Ariane besprechen müße. Dann würde es Nacht, Dauphine käme schweigend in sein Auto, gäbe es Sterne oder Wolken, das Leben. Ja, so mußte es sein, es konnte nicht anders, nicht für immer zu Ende sein. Vielleicht gelang es dem Soldaten, Wasser zu beschaffen, das in den letzten Stunden knapp geworden war; auf alle Fälle konnte man sich auf Porsche verlassen, sofern er den Preis erhielt, den er forderte. An der Radioantenne flatterte wie irrsinnig die Fahne mit dem roten Kreuz, und mit achtzig Stundenkilometer fuhr man den Lichtern zu, die allmählich größer wurden, ohne daß man genau wußte, wozu diese Eile, warum dieses Rennen in der Nacht zwischen fremden Autos, in denen keiner etwas vom anderen wußte und jeder nur geradeaus starrte, nur geradeaus.

Herbert W. Franke
In den Höhlen von Glenn

»Dort unten, in den Niederungen, herrscht das Gesetz des Dschungels.« McMowgly, genannt McMack, wies in Richtung Süden. Dort waren die Berge ein wenig auseinander gerückt, man konnte in die Ferne sehen – in einen grünlich schimmernden Nebel, von dem da und dort korkenzieherartig gewundene Schwaden aufstiegen. »Sumpf, Urwald, Schlingpflanzen, alles voll von Tieren, die sich gegenseitig jagen und fressen. Einmal sind wir mit einem Geländewagen ein Stück hineingefahren ... fast wären wir steckengeblieben. Nein, dort hatten wir keine Chance. Es war schon richtig, die Station *hier* zu errichten.«

Er sagte es so, als müsse er mich von der Richtigkeit dieser Entscheidung überzeugen. Wenn man die Umgebung näher betrachtete, konnte man daran zweifeln: eine öde Wildnis aus nacktem Fels, kaum eine ebene Stelle, die Schichten von Klüften zerrissen, ausgelaugt, da und dort Trichter und Rinnen – Kennzeichen einer Karstlandschaft.

»Die Folgen des sauren Regens«, erklärte McMack. »Gib acht, daß nichts davon auf die Haut kommt!«

»Regnet es oft?« erkundigte ich mich. Ich beobachtete rauchschwarze Wolken, die von der Gipfelregion heruntersanken. Sie schienen ruhig und schwer, doch wenn man sie näher ins Auge faßte, dann merkte man wirbelnde Bewegung darin.

Auch McMack blickte empor. »Fast täglich«, antwortete er. »In einer Stunde ist hier der Teufel los.«

Mit einer Handbewegung wies er mich an, mit ihm zu kommen – Richtung Unterkunft. Wir gingen über das Sims einer Betonmauer, die als Stütze für die geplanten Gebäude dienen sollte. Ein wackeliges Geländer sollte vor dem Abgrund schützen, 30 bis 40 Meter mochte es hier in die Tiefe gehen. Unten sah ich Betontrümmer, aus denen rostige Eisenstangen ragten.

»Wir mußten uns erst an die Umstände gewöhnen«, meinte McMack, und wieder kam es mir wie eine Entschuldigung vor. »Zuerst versuchten wir, den Boden einzuebnen ... Vergeblich – denn der Fels ist brüchig, vom Wasser unterspült, und jedesmal, wenn sich die Sturzbäche eines Regens verlaufen haben, haben sich die Formen verändert. Nun versuchen wir es auf andere Weise: Wir verankern Stützen, verbinden sie durch Mauern ... darauf sollen dann die Anlagen aufgebaut werden. Aber so weit sind wir noch nicht –« Er unterbrach sich, wieder blickte er besorgt zum Himmel. »Das kommt heute schneller als erwartet – wir sollten uns beeilen! Zieh die Kapuze über!«

Das blauweiße Licht war langsam fahl geworden, in der Luft lag ein kaum wahrnehmbares, aber bedrohliches Rauschen, und die Wolkendecke schloß nun auch die letzten Lücken, durch die das Licht der weißblau scheinenden Sonne gedrungen war.

Nur noch ein paar Schritte, dann erreichten wir die Unterkunft. Es war eine Art Betonbunker, die wenigen Fenster ähnelten Schießscharten. Zum Schutz vor Felsstürzen war es unter einem Überhang gebaut, doch gegen das Wasser schien es keinen Schutz zu geben. Denn nun erreichten uns die ersten Schauer, der Wind schien sie uns nachzuschleudern ... wir liefen die letzten Meter über einen primitiven Steg, an unseren Kleidern gab es keine trockene Stelle mehr, als wir durch die Schleusentür eintraten, doch durch den Spezialstoff war nichts von der ätzenden Flüssigkeit gedrungen.

McMack stellte mich den übrigen Mitgliedern des Teams vor. Da waren die beiden Frauen: Teresa Cikowsky, vielleicht 30, deren Akzent wie auch ihr Name auf eine slawische Abstammung deutete und Sunshine May, mit den ebenmäßigen Gesichtszügen, wie sie für junge Eurasierinnen typisch sind. Der zweite männliche Angehörige des Teams war Owen Pitou, der ein wenig älter zu sein schien als der Durchschnitt, denn auch der Gruppenleiter McMack konnte kaum noch über 30 sein. Ihnen gegenüber kam ich mir mit meinen 42 Jahren geradezu alt vor.

Sie alle begrüßten mich offensichtlich erfreut, und ich glaubte es ihnen auch, denn seit vier Jahren befanden sie sich hier und hatten in dieser Zeit keinen anderen Menschen gesehen. Wie mochten sie diese Isolation überstanden haben? Ich musterte kurz ihre Gesichter – es war offensichtlich, daß sie sich unter starkem Streß befanden. Damit würde ich mich noch genauer zu befassen haben. Es stimmte zwar, daß ich mich als Architekt mit den Plänen für die Station zu beschäftigen hatte, zusätzlich aber hatte man mir – gewissermaßen inoffiziell – noch einen weiteren Auftrag gegeben: Ich sollte beurteilen, ob die Gruppe den vorgesehenen Aufenthalt von insgesamt sechs Jahren überstehen konnte oder ob eine vorzeitige Ablösung nötig war.

Die Unterkunft war – den Umständen angemessen – recht komfortabel ausgerüstet, wenn man bei der Enge der Verhältnisse von Komfort sprechen wollte. Immerhin hatte jeder seine eigene Kammer, seine eigene Schlafstelle, und für mich war sogar eine Ecke im Abstellraum einigermaßen bequem eingerichtet worden. Ich verstaute die paar persönlichen Dinge, die ich in meinen Seesack gestopft hatte, das einzige mir zugestandene Gepäckstück. Dann ging ich in die Zentrale, den Arbeitsraum mit allen Kontroll- und Steueranlagen, der auch als Aufenthalts- und Freizeitraum diente. Wir saßen vor einem Ausklapptisch und aßen unsere am Mikrowellenherd zubereiteten Rationen. Draußen tobte das Wetter, selbst durch die Betonwände hindurch konnte man den Ansturm von Wasser und Luft spüren. Doch hier drinnen war es hell und warm, und ich begann mich geradezu wohlzufühlen.

Am nächsten Morgen erwachte ich gut ausgeschlafen, offenbar hatte mir die anstrengende Reise mit der Kurierrakete nichts ausgemacht, und so war ich guter Dinge, als ich mich zum gemeinsamen Frühstück einfand. Auch meine neuen Kollegen fanden sich pünktlich ein, doch wie schon gestern fiel mir eine gewisse Müdigkeit in ihren Zügen auf, ihren Bewegungen fehlte jener gewisse Schwung, den man bei jungen Menschen nach acht Stunden gesunden Schlaf erwarten darf. Gehörte das zu den unvermeidlichen Folgen der Abgeschiedenheit, der Trennung von den anderen Menschen? Wie war es doch in zahlreichen Berichten und Abhandlungen beschrieben ... zunehmende Nervosität, Überempfindlichkeit, Spannung, die über jedem Wort, jeder Handlung liegt ...? Genau das traf nicht zu – sie behandelten einander freundlich und zuvorkommend, ließen weder besondere Sympathien noch Antipathien erkennen. Ruhige Charaktere, Gemütslage stabil – das gehörte zu den Gesichtspunkten, nach denen sie ausgewählt worden waren. Anpassungsfähig, kommunikativ ... Ja, wenn ich sie mir der Reihe nach anschaute, dann mußte ich gestehen, daß sie mir alle sympathisch waren – der Wunsch, ihnen, wenn nötig, zu helfen, entsprang nicht nur meinem Auftrag, ich würde ihn ganz persönlich nehmen.

Während McMack über den Sender die übliche Einsatzmeldung gab, informierte mich Teresa über die Arbeit. Vier Menschen, mit der Aufgabe betraut, die Vorbereitungen für eine Forschungsstation, für einen Hafen, für eine Siedlung auf einem Planeten zu treffen. Ein ganzes Tal, das sie umgestalten sollten, Arbeit, die normalerweise von einigen Dutzend Arbeitstrupps bewältigt wurde.

»Überfordert?« fragte Teresa erstaunt, als ich sie auf dieses Mißverhältnis aufmerksam machte. »Keineswegs! Wir sind bestens ausgerüstet. Bohrmaschinen, Kräne, Robotfahrzeuge ... an Maschinen fehlt es uns nicht. Eine riesige Baustelle – dazu braucht man nicht mehr Menschen als in einer automatischen Fabrik. Hier«, sie trat mit mir an die Schaltwand, »ist alles, was wir brauchen. Doppelte Kontrolle ... einmal über Meßgeräte, das andere Mal über Monitore. Wir wissen stets, was jedes Fahrzeug macht, wo es sich befindet. In schwierigen Fällen greifen wir ein – Telemanipulation, kein Problem. Wir haben unseren Zeitplan eingehalten. Oder bestehen daran Zweifel?« Plötzlich blickte sie mich mißtrauisch an.

»Davon weiß ich nichts«, antwortete ich eilig. Ich wollte noch etwas hinzufügen, doch ein dumpfes Donnern, das überraschend laut durch die Mauern drang, ließ mich erschreckt aufhorchen.

Teresa lächelte. »Daran wirst du dich gewöhnen, das gehört hier zum Alltag. Das Wasser lockert das Gestein, oben, in der Bergregion friert es, immer wieder regnet es Schutt und Felstrümmer, und zwischendurch kommen hausgroße Blöcke herab. Doch hier, unter dem Überhang, sind wir sicher.«

Inzwischen hatten die andern an den Steuerpulten Platz genommen, sie widmeten sich – wie ich annahm – ihrer üblichen Tagesarbeit. Über die Monitore beobachtete ich, wie sich mit Greifarmen ausgestattete Fahrzeuge in Bewegung setzen, wie ein riesiges, hin- und herschwenkendes Saugrohr Schutt von den planierten Flächen entfernte, wie sich ein hochragendes Bohrgerät drehte, wie zähflüssige Zementmasse in Stützgerüste aus Kunststoff floß, und wie sich da und dort riesige Felsplatten unter dem Druck von Sprengungen hochwölbten und zerbarsten.

Teresa ließ einen gelangweilten Blick über die Bildschirme wandern, dann ging sie mit mir zur Schleuse, wir traten hinaus. Es war unangenehm kalt geworden, der Wind wehte in Böen – davon hatte man im Inneren der Behausung nichts bemerkt, und so kam es für mich überraschend, und ich mußte mich an die Wand stützen, um nicht zu fallen.

»Scheußlich«, sagte ich und schüttelte die Nässe ab, die mir der Windstoß auf die Kleider geweht hatte. Auch auf dem Gesicht spürte ich ein paar Tropfen. Ich wischte sie sorgfältig weg. »Ich bin naß geworden – muß ich etwas dagegen tun?«

Teresa sah mich ein wenig überlegen an. »Vergiß es! Nur gerade baden solltest du nicht.«

»Woher kommt der hohe Säuregehalt?« fragte ich.

»So hoch auch wieder nicht: Die Kohlensäurekonzentration ist etwas höher als auf der Erde, dazu Stickoxid ... Woher das kommt? Wir wissen es nicht. Vielleicht Ausscheidungsprodukte der Vegetation? Sie unterscheidet sich doch wesentlich von allem, was wir kennen.« Mir war unbehaglich zumute, und ich sagte es ihr.

Die schwarzhaarige Frau mit dem mageren und dennoch hübschen Gesicht schüttelte den Kopf. »Was willst du eigentlich; es ist ein Planet mit atembarer Luft, ein Planet, dessen Schwerkraft und Druckverhältnisse für uns durchaus erträglich sind. Weißt du nicht, wie wenige es von dieser Sorte gibt? – Wie die andern aussehen? Unbeschreibliche Hitze, Glut, gegen die keine Abschirmung schützt, radioaktive Strahlung ... oder auch die Meere aus zu Flüssigkeiten verdichteten Gasen, die leblosen Regionen der Erstarrung ... Und hier: ein Planet, auf dem Leben gedeiht! Und da beschwerst du dich über ein wenig Wasser und Wind?«

Wir standen noch eine Weile an der Schwelle des Eingangs, ich nun ein wenig nachdenklich geworden. Gewiß hatte Teresa recht. Was mich wunderte, war aber ein für mich unerwartetes Maß an Einsicht, an Abgeklärtheit, das aus ihren Worten sprach. Eine junge Frau, in eine Karstwüste verbannt, die besten Jahre ihres Lebens durch eintönige Arbeit vertan – und sie schwärmte mir von den zweifelhaften Vorzügen eines angeblich lebensfreundlichen Planeten vor.

Als wir die Zentrale wieder betraten, ließ sich Teresa an ihrem Arbeitsplatz nieder, sie nickte mir noch einmal kurz zu und schien mich dann auch schon vergessen zu haben. Dafür erhob sich McMack und setzte sich zu mir an den Tisch, von dem die Reste des Frühstücks nun weggeräumt, der Recyclinganlage einverleibt waren.

»Wie willst du deine Arbeit angehen? Wenn du etwas brauchst

– ich helfe dir gern.«

»Ich hab es mir noch nicht richtig überlegt«, sagte ich. »Manches ist anders, als ich erwartet habe . . .«

»Ich halte es für richtig, daß man dich hergeschickt hat.« McMack sagte es in gewohnter Freundlichkeit, doch sein Blick hing an der Schaltwand mit den vielen Monitoren, auf denen sich technische Maschinerien bewegten. Dann schien irgend etwas ordentlich zum Abschluß gekommen zu sein, denn er drehte sich wieder zu mir um und fuhr fort: »Solche Anlagen kann man nicht am grünen Tisch errichten. Was nützen alle Maße und Pläne, alle physikalischen und chemischen Daten, wenn man die Situation nur von der Beschreibung kennt. Ich glaube, du solltest die Dinge ruhig erst einmal auf dich wirken lassen. Und dann wirst du etwas entwerfen, das genau hierher paßt, unseren Zweck erfüllt.«

»Ich bin ein wenig darüber erstaunt«, sagte ich zögernd, »daß sich euer Leben offenbar hier in diesem kleinen Raum abspielt. Ich dachte mir . . .«

McMack nickte verständnisvoll. »In den ersten Wochen haben wir auch einige Ausflüge unternommen, mit geländegängigen Fahrzeugen sind wir die Hänge entlanggefahren, manchmal bis zur Grenze der Wälder. Und einige Male sind wir die Steilwände hinaufgestiegen, mit primitiven Kletterwerkzeugen, bis in die Gipfelregion. Doch dann . . .« Er schwieg.

»Und dann?« wiederholte ich.

McMack blickte wieder zu den Monitoren, schien an etwas anderes zu denken.

»Dann . . . dann haben wir uns auf unsere Arbeit konzentriert.« Irgend etwas schien ihn zu fesseln, die Vorgänge auf einem Monitor oder der Zeiger auf einer Meßskala . . . er stand auf, setzte sich auf den leerstehenden Stuhl vor einem Gewirr von Hebeln. Ich sah zu, wie er damit hantierte, gewissermaßen blind, denn sein Blick hing an einem großen Monitor, und erst nach einiger Zeit stellte ich fest, daß sich die Bewegungen, die er mit den Hebelgriffen durchführte, im vergrößerten Maßstab draußen wiederholten – an einem Manipulator, der über eine Schutthalde abzugleiten drohte und sich nun – von McMack ferngesteuert – fast wie ein lebendiges Wesen an Felsvorsprünge anklammerte und hochzog.

Den Rest des Vormittags hatte ich damit verbracht, mir die Pläne noch einmal anzusehen – mir die Örtlichkeit einzuprägen, mich über den Stand der Arbeit zu informieren. Nachmittags wollte ich mich draußen etwas umsehen. Owen hatte versprochen, mich zu begleiten.

Nach dem Mittagessen, das wir wieder gemeinsam eingenommen hatten, bat mich Owen um ein wenig Geduld – er hätte noch einiges zu tun. Inzwischen setzte ich mich zu Sunshine. Wie sie mir erzählte, war das ein Spitzname, ihr richtiger Vorname war May, ihren Familiennamen – er lautete Ho – hatte sie, wie sie meinte, fast schon selbst vergessen. Ich blickte ihr über die Schulter auf den Bildschirm, wie die anderen hatte sie einen ganzen Pulk von Anlagen zu überwachen, und sie tat es mit derselben Selbstverständlichkeit wie ihre Kollegen. Ich verstand nicht allzuviel von dem, was ich sah, dafür aber wurde mir plötzlich ihre Nähe bewußt und die Tatsache, daß sie ein ungewöhnlich anziehendes Mädchen war. Unter anderen Umständen hätte ich mich vielleicht um sie bemüht, doch hier hätte das einen Eingriff in die Verhältnisse bedeutet, den ich nicht riskieren durfte. Freilich hatte ich bisher noch nichts von privaten Beziehungen innerhalb des Teams bemerkt – was um so verwunderlicher war, denn immerhin hatte man zwei durchaus ansehnliche Männer mit ebenso gut aussehenden Frauen kombiniert. Somit wäre eher zu erwarten gewesen, daß sich zwei Paare gebildet hätten, und das war ja wohl auch der Grund für die Zusammensetzung des Teams gewesen. Und trotz der sorgfältig vorgenommenen psychologischen Selektion hätte es mich auch nicht gewundert, hätte es irgendwelche Verfallserscheinungen in den Beziehungen gegeben, Eifersucht, Streitigkeiten ... Aber auch in diesem Fall verhielten sich die Vier ungewöhnlich – viel zu ruhig und gefestigt, als es ihrem Alter zustand, vielleicht sogar im gewissen Sinn gleichgültig.

Während ich noch grübelte, hatte Sunshine ihr Problem, zumindest für den Moment, gelöst und sich mir zugewandt. Vielleicht war es ihr Blick, der Ausdruck ihrer Augen, der mich einen Moment verlegen machte, so daß ich nach einem Anhaltspunkt suchte, um das Gespräch zu beginnen. Ich griff nach einem faustgroßen Stück Glas oder Kristall, das sie als Briefbeschwerer auf einen Stoß Computerausdrucke gelegt hatte. »Ein schönes Stück«, sagte ich, »geschliffenes Glas oder Kristall?« Das Gebilde war schwerer als erwartet, obwohl der Raum nur mäßig erleuchtet war, blinkten darin bunte Reflexe.

»Ein Andenken«, sagte Sunshine. Lag eine Spur von Mißbilligung in ihrer Stimme? Glatte Seitenflächen, die Kanten abgeflacht ... die Form erinnerte mich an irgend etwas, was ich kannte ... Sunshine nahm mir das blinkende Ding aus der Hand und legte es wieder auf ihre Arbeitsplatte.

»Ich freue mich über alles, was schön ist«, sagte sie. »Farben, eine Pinselzeichnung, ein Gedicht ...«

»Ist es dann nicht doppelt schwer – ich meine, der Aufenthalt auf einem entlegenen Planeten?«

Fast schroff wehrte sie ab. »Schöne Dinge sind nicht auf die Erde beschränkt. Schönheit gibt es überall – man muß sie nur finden.«

Unser Gespräch hatte eine unerwartete Wendung genommen, und so wurde es mir schwer, mich nach dem zu erkundigen, was mich am meisten interessierte: die Beziehungen zwischen diesen Menschen. So war ich ganz froh, als mich Owen fragte, ob ich jetzt zu einem kleinen Spaziergang bereit wäre.

Ich bedankte mich bei Sunshine, dann zog ich – wie mir Owen riet – eine warme Kombination an.

Noch immer war es kalt und windig. Als wir den Schutz der Felswand verließen, waren wir den Böen so ausgesetzt, daß wir uns manchmal sekundenlang ans wackelige Geländer klammern mußten. In den Lüften rauschte es, zwischendurch kam hin und wieder ein heulender Ton auf, der sich unstet in den Höhen zu bewegen schien. Dann wieder herrschte zwei oder drei Minuten lang absolute Windstille, das Heulen und Rauschen erstarb, und plötzlich hörte ich ein Rieseln, Knirschen und Knistern, dessen Ursprung mir zunächst verborgen war ...

»Es ist das saure Wasser, das den Felsen löst«, erklärte Owen. Richtig – es kam aus Spalten und Klüften, aber selbst unter unseren Füßen schien sich etwas knisternd zu regen. »Gestern hat es mir hier besser gefallen«, sagte ich, und Owen lachte.

»Es war einer der seltenen Tage mit Sonnenschein – sonst hätte es für deine Fähre gar keine Landeerlaubnis gegeben. Aber auf den ersten Eindruck kommt es doch bekanntlich an!«

Vom Wind immer wieder zu Pausen gezwungen, gingen wir kreuz und quer über das Arbeitsfeld der Maschinen – wobei wir uns hüteten, ihnen zu nahe zu kommen. Nur ein kleiner Teil der

Region war eingeebnet, bereit, die großen Bodenplatten aufzunehmen, die in einer Mulde aufgereiht lagen. Sie sollten den Boden bilden, den Untergrund für alles das, was hier einst stehen würde. Der Zweck der Einrichtungen war vorgegeben – das Kraftwerk, das Versorgungssystem, die Wohn- und Aufenthaltsräume, der Startplatz für die Fähren, die eine ständige Verbindung mit der geplanten Relaisstation im Orbit herstellen sollten. Wie sich aber alles das in die Kulisse der Landschaft einordnen würde, ein Fremdkörper in diesem Tal, oder ein Zeugnis menschlicher Aktivität, das sich sehen lassen könnte ... das alles würde von mir abhängen, von meiner Fähigkeit, menschliche Technik ungewohnten Umständen anzupassen. In Gedanken sah ich die Anlagen schon wachsen, widerstandsfähig und schwer, wie es das rauhe Klima verlangte, und doch wieder leicht und elegant gegenüber dem Massiv der Berge. Ich stellte mir eine Reihe von halbkugelförmigen Einheiten vor, durch transparente Röhren verbunden, in denen sich Laufbänder bewegten. Ich dachte an weißen Schaumstoff, der jede beliebige Form annimmt und sich auch dem unregelmäßigsten Bodenformen anpaßt, darauf ein System von Wegen, das auch in entferntere Teile des langgezogenen Tals führt, Gelegenheit gibt, bis an den Rand der unberührten Natur zu kommen ...

Die nächste Sturmbö riß mich aus meinen Träumen, Owen hielt mich am Arm, um mich am Ausgleiten zu hindern. Denn da und dort hatten sich Eisschichten gebildet, und ein paar Minuten später regneten Schauer von Hagelkörnern auf uns herab. So rasch als es das Eis am Boden zuließ, gingen wir zur Unterkunft zurück und waren froh, als wir die nasse Schutzkleidung ausziehen konnten.

Die andern drei saßen noch immer an ihren Arbeitsplätzen, ließen sich durch das schlechte Wetter nicht behindern. »Glücklicherweise sind die Maschinen nicht wetterempfindlich«, sagte McMack. »Doch auf einige spezielle Arbeitsgänge, beispielsweise das Einfüllen des Zements, müssen wir verzichten.«

Das Hagelwetter wirkte sich auch auf die Monitore aus – weiße Schauer wirbelten über die Bilder, die Maschinen erschienen als schemenhafte Schatten über einer abstrakten grauen Landschaft. Es kostete Konzentration, unter diesen ungünstigen Bedingungen konsequent weiterzuarbeiten, und wieder wunderte ich mich über die Unbeirrbarkeit dieser Menschen, die keine Sekunde lang am Sinn ihrer Arbeit zweifelten.

Später saß ich mit Owen zusammen, wir tranken Tee, aus dem Lautsprecher klang leise Musik. Vom Unwetter war wenig zu merken; nur der große Bildschirm, der auch nachts über eingeschaltet blieb, zeigte ein trübes Bild der Arbeitsstelle, ich nehme an in Infrarot, denn eine Beleuchtung gab es nicht. Von Zeit zu Zeit, lediglich ein Nebengeräusch, an das man sich rasch gewöhnte, ein Prasseln der Hagelkörner auf das Metall der Schleuse.

»Ein Planet im Urzustand«, sagte ich. »Vielleicht ein Abbild der Erde vor Millionen Jahren.«

Owen kritzelte mit einem Schreibstift auf einem Stück Elektrostat-Papier. Er setzte Reihen von Linien nebeneinander, wischte sie dann mit den Fingern wieder weg. Es schien, als habe er mich nicht gehört oder mich nicht verstanden, und als er schließlich doch antwortete, war mir, als müsse er sich dazu überwinden. »Das glaube ich nicht... Ganz im Gegenteil...« Er blickte auf, der Ausdruck in seinem Gesicht war ein wenig abwesend, doch er lächelte. Mit seinem Bart, der vom Haaransatz bis zum Kinn herunter ging, die Wangenpartie jedoch frei ließ, erinnerte er mich an eine jener Heiligenfiguren in den Kirchen, die man alten Schnitzwerken nachgebildet hatte. Er sprach mit ruhiger Stimme, fast ein wenig feierlich. »Jung oder alt, die Zahl von Jahren oder Jahrmillionen... alles das ist relativ. Ein Planet im Urzustand? Diese Gebirgslandschaft erweckt vielleicht den Eindruck, in Wirklichkeit aber besteht das Gestein aus Kalk, und das bedeutet, daß es einst Meeresboden war, in langen Zyklen von Hebungen und Senkungen hinaufgedrückt und aufgefaltet. Auf diesem Planet gibt es kaum noch Urgestein. Und biologisch gesehen? Hier oben, an der Oberfläche, keine Pflanzen, keine Tiere. Unten dagegen wucherndes Leben. Gewiß, es könnte der Beginn einer Entwicklung sein, doch das trifft nicht zu.«

Verständlich, daß ich mich mit dieser Andeutung nicht zufrieden gab und mich danach erkundigte, was ihn zu dieser Meinung brachte.

»Am besten, ich zeig' es dir«, antwortete er und wandte sich wieder seinen Kritzeleien zu. Jetzt setzte er die Striche kreuz und quer, wischte da etwas weg, fügte dort etwas ein... und nach und nach entstand daraus ein fremdartig erscheinendes Muster, eine ornamentale Figur, etwas, das ein Tier sein mochte, oder eine Pflanze, vielleicht aber auch etwas ganz anderes, dessen Sinn ich nicht zu erfassen vermochte.

»Am nächsten schönen Tag«, murmelte er, ohne den Kopf zu heben, ».. . am nächsten schönen Tag – dann gehen wir ein Stück hinauf, zur höheren Stufe des Tals . . . du wirst sehen . . .«

In der folgenden Nacht schlief ich unruhig, wälzte mich hin und her . . . vielleicht war es die ungewohnte Untätigkeit, das Fehlen zielgerichteter Arbeit, vielleicht lag es aber auch an der Atmosphäre, an dieser Situation, die auf den ersten Blick so normal wirkte, nach und nach aber immer ungewöhnlichere Facetten offenbarte. Ich träumte von unbeschreiblichen, bedrohlichen Dingen, und diese Träume verwischten sich mit einer bizarr verzerrten Wirklichkeit, in der die mir inzwischen gut bekannten Personen und Dinge dieser Station vorkamen, jedoch völlig andere Bedeutung hatten . . .

War es ein Geräusch, das mich geweckt hatte? Ich lauschte in das Dunkel hinein . . . Noch immer schlugen die Schauer von Hagelkörnern an die Wand, das Geräusch, das sie an der metallenen Schleusentür verursachten, wirkte in der Stille laut und unheimlich . . .

Meine Kehle war trocken, ich stand auf, um mir aus der Kochnische etwas Wasser zu holen. Das Notlicht schien trüb, eine Art lebloser Erstarrung lag fast greifbar in den engen Gängen und Räumen.

Als ich an der Tür von McMacks Kammer vorbeikam, stutzte ich unwillkürlich . . . Sie stand eine Handbreit offen, und obwohl ich im Dunkel dahinter nichts erkennen konnte, hatte ich das entschiedene Gefühl, daß der Raum leer war. Leise drückte ich die Schiebetür noch ein wenig weiter zur Seite . . . Das Licht, das nun vom Gang hineinfiel, zeigte ein leeres Bett.

Sollte auch McMack nicht schlafen können?

Im Aufenthaltsraum befand er sich nicht, auch die Toilette war leer, und nun erst war mein Interesse richtig erwacht. Ich blickte in den Generatorraum, in die Vorratskammern, in die Werkstatt . . . alles leer.

Dann kam mir ein Gedanke, und ich lachte auf . . . das mußte die Lösung sein: Wahrscheinlich waren die Beziehungen doch nicht so distanziert geblieben, wie ich angenommen hatte, und er befand sich bei einer der Frauen. Was ging es mich eigentlich an?

Doch als ich an den Kammern vorbeiging, hatte ich wieder dieses Gefühl der Leere ... plötzlich war ich überzeugt, daß auch hinter den anderen Türen niemand war. Kurz entschlossen zog ich die erste Tür auf ... leer, die zweite ... leer, und auch die dritte ... leer! Das ganze Team hatte sich aus der Unterkunft entfernt – eigentlich unglaublich, angesichts dieses Wetters! Was mochte es sein, was Menschen, die tagsüber hart gearbeitet hatten, dazu bewog, die Nacht irgendwo im Freien zu verbringen?

Ich wollte den Dingen auf die Spur kommen, setzte mich gegenüber der Schleuse an den Tisch und wartete ...

Der große Monitor zeigte niedrighängende Wolken, schmutziggelb und braungrün. So mußte es auf der Erde ausgesehen haben, als man Energie noch durch chemische Verbrennung gewann.

Offenbar war ich eingeschlafen ... Es war die Stimme von McMack, die mich aufschreckte. Er stand lächelnd vor mir, schüttelte den Kopf. »Was ist los mit dir? Ist es in deiner Kabine nicht bequem genug?« Es klang teilnahmsvoll, freundlich interessiert, und doch war ich mir nicht klar darüber, ob nicht ein wenig Spott dahinter steckte.

Jetzt kamen Teresa und Sunshine herein, wünschten »Guten Morgen« und begnügten sich im übrigen damit, mich mit einem etwas erstaunten Blick zu streifen – denn immerhin hatte ich noch den Schlafanzug an.

Verlegen stand ich auf und lief in meine Kabine, um mich anzukleiden.

Am späten Vormittag riß die Wolkendecke auf, der große Bildschirm zeigte das Areal aus Fels und Beton, das wie eine Festung wirkte.

Owen brachte mir ein Paar Stiefel, musterte meine Füße und sagte: »Die könnten passen! Wenn es dir recht ist, dann machen wir unsere Exkursion.«

Ich war dazu bereit, die Stiefel paßten mir – sie hatten hohe, bis an die Knie reichende Schäfte, die Sohlen waren mit Kletterprofilen versehen.

Wir traten vor die Tür. Der fahlblaue Himmel war von blendender Helle, ich mußte meine Sonnenbrille aufsetzen. Es war überraschend warm, nur im Schatten hatten sich noch Reste stehender kalter Luft erhalten.

Owen schlug die Richtung nach Norden ein, bald befanden wir uns in unwegsamen Gelände, stiegen über Felsstufen auf. An den sonnenbeschienenen Partien war der Boden trocken, doch im Schatten mußte man aufpassen – dort gab es noch Eis.

Wir befanden uns rund 200 Meter über der Station, während der kurzen Verschnaufpausen, die Owen einlegte, hatte ich Gelegenheit, die Aussicht zu bewundern, die von hier oben noch eindrucksvoller war. Die Gipfel der Berge weiß, darüber hingen wie Rauchringe die letzten Reste der Wolkendecke. Ein vollständiger Überblick über das Tal, in dem die Eingriffe des Menschen kaum noch auffielen. Und tief unten das geheimnisvolle Nebelmeer des Dschungels.

Etwa eine Stunde waren wir nun unterwegs, das Gelände wurde wieder flacher, noch immer nackter Fels, in schrägliegende Schichten gegliedert. Owen ging zielsicher vorwärts, strebte der Felswand zu, die den Taleinschnitt begrenzte. Nun konnte ich einige übereinandergebaute Steinplatten erkennen, offenbar ein Wegweiser, denn Owen ging geradewegs darauf zu. Vor uns öffnete sich eine Mulde, über eine Schutthalde rutschten wir abwärts – auf dem Hosenboden sitzend kam ich unten an.

Wir waren am Ziel. Was ich von oben noch für ein Spiel der Natur gehalten hatte, Felsfiguren, Säulen, Erker, Kapitäle, entpuppte sich als Zeugnis einer uralten Kultur. Manches war zerstört, die Oberfläche durch den sauren Regen angefressen, die ursprüngliche Form nur noch mit Mühe erkennbar ... Aber an geschützten Stellen, unter Felsdächern geborgen, waren die Reste von Bauten, Skulpturen, Weganlagen und dergleichen deutlich zu erkennen.

Owen trat an die Wand heran, schob einen abgebrochenen Gesteinsbrocken zur Seite. Er brauchte nichts zu erklären, ich verstand, was er damit sagen wollte: Diese Anlagen waren nicht an Ort und Stelle entstanden, sondern mit den Kalkschichten hierher transportiert worden. Eine Kultur, untergegangen in den Anschwemmungen eines Flusses oder eines Meeres, unter dicken Lagen aus abgesetztem Kalk begraben, und dann, vielleicht erst Jahrmillionen später, von den Kräften aus dem Inneren des Planeten emporgehoben, zu Gebirgen getürmt.

Es erschien mir wunderbar genug, daß Owen diese Kulturreste gefunden hatte, doch er erklärte mir, daß das keineswegs die einzige Stelle sei, an der man sie finden könne. Würde man einmal darauf achten, dann gäbe es an vom Taleinschnitt offengelegten Schichten fast überall ähnliche Entdeckungen zu machen – wenn auch nicht in solch hervorragendem Erhaltungszustand. Und er bat mich mitzukommen – er wolle mir noch etwas zeigen.

Wir gingen unter einigen Bogen hindurch in den Hintergrund der Mulde, wo es schon etwas dämmrig war. Wir kamen zu einer Nische, die von einer nur noch als Fragment erhaltenen kunstvoll zugehauenen Felsplatte verschlossen war. Owen hob den kleinen Taschenstrahler, den er eingesteckt hatte, leuchtete hinein. Ich stellte mich auf die Zehenspitzen, der engausgeblendete Lichtschein bewegte sich unstet, doch konnte ich es trotzdem erkennen: Es war ein Skelett. Nach dem Knochenbau zu schließen sicher kein menschliches; zwar erkannte ich eine Wirbelsäule, Rippen, die Röhrenknochen von Gliedmaßen, doch die Gestalt des Kopfes ließ auf eine völlig andersartige Lebensform schließen. Ich erkannte das runde Schädeldach, typisch für ein hochentwickeltes Gehirn, doch vorn gab es einen Fortsatz, der eher an einen Schnabel erinnerte.

Ich starrte lange in die dunkle Höhlung, und Owen leuchtete mir geduldig.

»Die Kultur, von der du gesprochen hast . . .« sagte ich und bemühte mich erst gar nicht, eine gewisse Ergriffenheit zu verbergen. »Es gab intelligentes Leben hier, Kunst, Kultur. Kaum zu glauben, daß eine Zivilisation wie diese wieder untergeht, daß nichts mehr übrig bleibt als eine Felswildnis, ein Dschungel – und diese im Kalk erstarrten Lebensspuren. Schade! Es hätte interessant sein können . . . wir sind zu spät gekommen. Ein paar Millionen Jahre zu spät.«

Owen knipste seine Lampe aus, steckte sie ein. »Sind wir zu spät gekommen?« fragte er. Doch er ließ nicht erkennen, was er meinte, als hätte er es plötzlich eilig, ging er hinüber zur Halde, kletterte hinauf. Mir blieb nichts übrig, als ihm zu folgen.

Ich hatte nichts von meiner Beobachtung der letzten Nacht gesagt. Kein Zweifel, daß sie ein Geheimnis vor mir hatten – und offenbar nicht die Absicht, mich einzuweihen.

Ich ließ mir nichts anmerken, zeigte mich stattdessen von der Besichtigung beeindruckt – was ich nicht vortäuschen mußte, denn diese Entdeckung war einmalig. Erstaunlich genug, daß sie diese nicht gemeldet hatten – es wäre eine Sensation gewesen. Es mußte irgendwelche Gründe dafür geben, vielleicht hingen sie mit den nächtlichen Ausflügen zusammen, ich würde noch drauf kommen. Als die Zeit der Nachtruhe heranrückte, verabschiedete ich mich, zog mich in meinen Schlafraum zurück, doch diesmal würde ich wach bleiben. Ich hatte zwei Tassen starken Kaffee getrunken, mich aufs Bett gelegt, das Licht gelöscht. Doch meine Tür stand einen Zentimeter weit offen, und ich lauschte gespannt ins Dunkel hinein.

Und dann hörte ich etwas ... leise, schleifende Schritte, gedämpfte Worte ... dann war es wieder still.

Geräuschlos öffnete ich die Tür, trat auf den Gang hinaus, lief in die Zentrale hinauf. Ich setzte mich an die Monitorwand, schaltete das Nachtsichtgerät ein, ließ die Kamera nach allen Richtungen schwenken; soweit kannte ich mich inzwischen mit den Anlagen aus.

Der Monitor glitt über schattenlos in der eigenen Wärmestrahlung leuchtenden Fels ... jedes Lebewesen hätte sich darauf hell abzeichnen müssen. Doch die Umgebung war leer. Sie hatten sich weitaus schneller entfernt, als es mir möglich erschien – oder sie befanden sich noch im Gebäude. Aber wo? Nachdenklich ging ich in der Zentrale auf und ab, überlegte. Unwillkürlich streifte mein Blick den glasartig durchsichtigen Briefbeschwerer von Sunshine, und da fiel mir schlagartig ein, woher ich diese Form kannte: Es war ein Kalkspatkristall, wie man ihn in Steinbrüchen und Höhlen findet. Höhlen! Für Karstgegenden eine typische Erscheinung, man konnte sie durch natürliche Eingänge, durch Abflußtrichter des Wassers, durch Klüfte erreichen, und man schnitt sie an, wenn man den Fels entfernte, beispielsweise bei der Grundierung eines Gebäudes.

Jetzt wußte ich, wo ich suchen mußte. Wo war der tiefste Punkt der Unterkunft? Der Generatorraum!

Ich stieg die Leiter hinunter, sah mich um. Ich brauchte nur noch einige Kisten beiseitezuschieben, um einen aus Kunststoffplatten gefertigten Deckel zu finden. Ich hob ihn auf, schlüpfte hindurch. Unter mir war es rabenschwarz, das bißchen Licht, das durch die Öffnung einfiel, verlor sich in unbestimmte Tiefen.

Ich lief die Treppe wieder hinauf, holte mir eine Handlampe und zog nach kurzem Überlegen dieselben Kleider an, die ich für den Ausflug zu den prähistorischen Stätten benutzt hatte. Auch die

Stiefel vergaß ich nicht – wenn es sich um eine naturbelassene Karsthöhle handelte, dann würde ich sie brauchen.

Nun konnte ich mich auf meinen Entdeckungsgang machen. Als ich den Strahl der Lampe hinunter richtete, war tief unten ein blasser Widerschein zu erkennen. Dann erfaßte der Strahl eine Eisenleiter. Ich befestigte die Lampe mit einer Schlinge am Handgelenk und stieg ab.

30 Meter, 40 Meter... Die Leiter schwankte, und ich kämpfte gegen Schwindelgefühl. Ich hatte den Eindruck, mich in endlosen Tiefen zu verlieren. Dann aber fühlte ich festen Boden unter den Füßen, ich hob die Lampe, blickte mich um. Ich befand mich in einer riesigen Halle, die Form schwer zu bestimmen, denn der Lichtkegel erfaßte nur hin und wieder eine Felskulisse, und fiel dann wieder in grenzenlose Abgründe von Schwarz. Doch der Boden unter meinen Füßen war fest, und das gab mir ein beruhigendes Gefühl. Vorsichtig schritt ich los, die Richtung willkürlich, dabei bemühte ich mich, die Leiter nicht aus den Augen zu verlieren. Jetzt erst erkannte ich, daß sie ohne jede Stütze durch den Raum führte, nur oben und unten befestigt.

Nach und nach machte ich mich mit der Örtlichkeit vertraut. Der Raum war rund, an einer Stelle mündete ein Gang, und in diesen führten Fußspuren. Ich folgte ihnen.

Lange wanderte ich dahin. Zuerst waren die Wände glatt, später traten einzelne Tropfsteingebilde auf, und schließlich befand ich mich inmitten einer Wunderwelt seltsamer Gestalten, Kegel, Säulen, Vorhänge, alles weiß, da und dort rotbraun gestreift.

Etwa eine Stunde lang war ich dahin gewandert, da öffnete sich der Gang, vor mir wieder eine Halle, der Boden rund zehn Meter tiefer; über eine Balustrade von Tropfsteinen konnte ich hinunterblicken.

Ob sich die andern dort unten befanden? Wie würden sie sich verhalten, wenn sie mich hier entdeckten? Ich hatte meine Lampe abgeschaltet, starrte ins Dunkel. Wenn sie sich dort unten befanden, dann mußten ihre Lichter zu sehen sein. Ich sah nichts.

Nach einer Weile schaltete ich meine Lampe wieder ein, stieg Stufe um Stufe hinunter – die Spuren, am weißen Felsboden gut zu erkennen, wiesen mir einen leicht gangbaren Weg.

Dann stand ich unten, wieder hob ich meine Lampe, um mir ein

Bild von der Umgebung zu machen. Dieser Raum sah anders aus, künstlich. Keine Tropfsteine mehr, statt dessen glatte Wände, glatter Marmor, rot und gelb gebändert. Säulen, regelmäßig in ein Geviert gesetzt, in der Mitte eine Art Becken ... vielleicht ein Brunnen? Irgend etwas hielt mich davor zurück, geradewegs darauf zuzugehen. Ich hielt mich an die Wände, ging an aus Stein gehauenen Figuren vorbei, deren Bedeutung nicht zu erkennen war. Am Fuß ein Sockel, eingehämmerte Zeichen – wahrscheinlich eine Schrift.

Ein quaderförmiger Block, rein weiß, die Seitenflächen mit Bildern versehen, bemalt oder eingebrannt. Der Schein meiner Lampe glitt über Darstellungen, die schauerlich und schön zugleich waren ... Kein Zweifel, die Lebewesen mit den klobigen Körpern und den überpropotional großen, in Schnäbel auslaufenden Köpfen entsprachen dem Skelett, das mir Owen am Tag zuvor gezeigt hatte. Daneben aber gab es kleinere Figuren, in Reihen angeordnet wie eine Formation Soldaten, von Tüchern verhüllt, aus denen Hände und Füße hervorsahen. Hände und Füße, die Menschen gehören könnten ...

Ich trat einen Schritt zurück, als wollte ich dem Bannkreis dieser Darstellungen entfliehen. War es meine Phantasie, die mir abwegige Ideen suggerierte? Menschen, hier auf diesen Planeten, schon vor undenklichen Zeiten? Nun ging ich wieder einige Schritte vor, sah mir diese Gestalten genauer an ... es konnten keine Menschen sein, ihr Körperbau, der sich unter den Gewändern abzeichnete, entsprach eher dem eines aufrecht stehenden Tiers, die vorderen Gliedmaßen, die in Hände ausliefen, waren auf unnatürliche Weise vorgestreckt. Nein, ich wollte sachlich bleiben – gerade vor diesen Eindrücken, die für sich gesehen phantastisch genug waren. Man brauchte sich nichts Abwegiges dazuzureimen.

Nun wagte ich mich auch ins Zentrum, dort wo die beckenartige Vertiefung zwischen den Säulen lag. Ich ließ am Rand auf die Knie nieder ... keine Flüssigkeit darin, dafür ganze Gruppen von kugelförmigen braunen Gebilden ... vielleicht Pilze – ja, ein Beet mit Pilzen!

Ich streckte die Hand aus, berührte die straff gespannte Oberfläche der mir am nächsten liegenden Pflanze. Schon beim ersten, leisen Kontakt erklang ein Paffen, die Haut zerriß und eine gelblich grüne Staubwolke verbreitete sich rasch.

In diesem Moment wurde ich hinten übergerissen ... und dann war ich plötzlich von einem azurfarbenen Leuchten umgeben, ich schwebte auf einem Polster träge bewegter Wellen, spürte eine unglaubliche Ruhe und Zufriedenheit ...

Ich hatte nur einen Atemzug der vom grünen Staub erfüllten Luft gekriegt, vom Rande, wo die Wolke noch ganz dünn war, doch es hatte schon genügt, um mich für einige Minuten zu betäuben. Und auch danach, als ich wieder zu mir kam, wieder wußte, wo ich war, was ich vorhatte, blieb irgend etwas verändert ... es betraf die Empfindungen, die Gefühle ... eine alles dominierende Bereitschaft zur Ergebenheit, zum Gehorsam ...

Aber wem gegenüber?

Neben mir stand Sunshine May. »Geh sofort zurück, nimm ein Schlafmittel, sag niemand, daß du hier gewesen bist!«

Normalerweise hätte ich Fragen gestellt, Vorbehalte gemacht ... jetzt nickte ich wie unter Zwang, jemand hatte mir einen Auftrag gegeben, und ich würde ihn ausführen, ohne Vorbehalte, ohne Kritik. Ich drehte mich um, ging den Weg zurück, den ich gekommen war. Ich stieg die Leiter hinauf, legte meinen Anzug ab, verstaute die Stiefel ... ich verhielt mich völlig logisch, nüchtern. Dann holte ich mir aus der Apotheke zwei Tabletten eines Schlafmittels, schluckte sie mit etwas Wasser hinunter, suchte meine Kammer auf, legte mich nieder und schlief.

Als mich McMack am nächsten Tag weckte, hatte ich leichte Kopfschmerzen, fühlte mich ein wenig benommen. Aber ich wurde rasch wach, erinnerte mich mit aller Klarheit an mein nächtliches Abenteuer. McMack schien nichts aufzufallen, er machte eine scherzhafte Bemerkung über meine Müdigkeit und wollte mich im übrigen lediglich zum Frühstück holen.

Eine Viertelstunde später saßen die vier wieder an ihren Anlagen, konzentriert mit ihrer Arbeit beschäftigt, Beobachtung der Monitore, Ablesen der Meßanzeigen, Steuergriffe an den Hebeln. Sie waren eifrig, selbstbewußt, von keinerlei Zweifeln geplagt. Noch gestern hatte ich sie deshalb bewundert, heute sah ich es mit anderen Augen. Unauffällig beobachtete ich Sunshine. Sie ließ sich nichts anmerken, doch ich nahm mir vor, die nächste Gelegenheit wahrzunehmen, um unauffällig mit ihr zu sprechen.

Sie selbst war es, die mir Gelegenheit dazu bot. Das Wetter war noch ebenso schön wie am Tag zuvor, und so schien es nur logisch, daß sie einen Inspektionsgang zur Sendeantenne machen wollte, die draußen, am Ende des Tals, aufgestellt worden war. Und es schien auch niemand zu stören, als ich ihr anbot mitzukommen.

Obwohl mir die Fragen auf den Lippen brannten, wartete ich, bis wir außer Sichtweite der Kameras waren. Wer weiß, vielleicht gab es auch Mikrophone zur Aufnahme von Schallschwingungen.

Wir kamen über eine Felsbarriere, dahinter ging es steil abwärts, doch wir benutzten einen an der linken Felswand entlang laufenden Steg, der uns zum Antennenturm brachte.

Nun war meine Geduld zu Ende. »Was hat das zu bedeuten?« stieß ich heraus. »Diese Höhle, eure nächtlichen Wanderungen, die Pilze mit dem betäubenden Pulver ...«

Sunshine setzte sich auf einen Felsblock, und ich nahm neben ihr Platz. Während sie sprach, blickten wir hinunter auf die Ebene, die wie immer von wogendem Nebel bedeckt war.

»Wo soll ich anfangen? Ich fürchte, du wirst es nicht verstehen. Wahrscheinlich liegt es an der Einsamkeit ... Zuerst waren wir begeistert von unserer Aufgabe, stolz darauf, daß man gerade uns dafür ausgesucht hatte. Doch dann wurde uns bewußt, was es bedeutete ... Zwangsarbeit, Verbannung.«

Sie schwieg ein paar Sekunden, schien nach Worten zu suchen, nach der bestmöglichen Art, das Unerklärliche zu erklären ...

»Die Höhle entdeckten wir schon in den ersten Tagen – beim Ausschachten des Gebäudes, unserer Unterkunft. Zuerst haben wir das Loch zugemauert, doch einige Wochen später machten wir es wieder auf. Wir dachten uns nichts Besonderes dabei ... draußen der ewige Wind, der häufige Regen, der häufige Wechsel von warm und kalt ... Innen: Ein Ort der Ruhe, der Stille. Draußen ist jeder Schritt mühsam, drinnen kann man wandern ... stundenlang. Und dann diese Entdeckungen!«

»Reste der alten Kulturen«, warf ich ein.

»Alt?« Sie schüttelte heftig den Kopf. »Wer weiß das schon? Ich würde eher sagen: zeitlos! Alles ist unberührt, sauber, nichts ist zerstört. Und je weiter man ins Innere kommt ...«

Ich mußte ihr aufmunternd zunicken, denn wieder verfiel sie in Schweigen.

»Es wird immer schöner«, flüsterte sie. »Dort innen, in der

Tiefe ... wer weiß«, wieder brach sie ab. Sie stand auf und setzte den Weg fort. Wohl oder übel folgte ich ihr.

»Wir dürfen uns nicht zu lange aufhalten«, sagte sie in verändertem Ton.

Ich hatte Mühe, ihr zu folgen, und erst im Kontrollraum des Senders hatten wir Gelegenheit weiterzusprechen.

Während Sunshine Meßwerte ablas und notierte, hier einen Drehknopf verstellte, dort eine Skala justierte, versuchte ich meine Ungeduld zu zähmen. Doch als sie ein paar Minuten später fertig zu sein schien, hielt ich sie zurück, als sie sich zur Tür wenden wollte.

»Du mußt mir alles sagen«, forderte ich. »Was für eine Bewandtnis hat es mit den Pilzen?«

Sie stand dicht vor mir, ich hatte meine Hände auf ihre Schultern gelegt, und wieder spürte ich jenes Gefühl wie bei unserer ersten Begegnung, damals, als ich den Kristall auf ihrer Arbeitsplatte entdeckt hatte, den Kristall, den sie aus der Höhle mitgenommen hatte. ›Ein Andenken‹, hatte sie damals erklärt.

»Bitte, sag mir alles«, wiederholte ich, diesmal aber leise, befangen.

»Du hast es ja selbst gespürt: dieses Glücksgefühl, das sie vermitteln – anders hätten wir es hier nicht ertragen können. Wir wären verrückt geworden.«

Ich nickte. »Ja, ich habe es auch gespürt. Es war überwältigend – ich kann euch gut verstehen.« Sunshine war näher an mich herangekommen, und nun lag sie in meinen Armen, hatte den Kopf an meine Schulter gelegt. Ich spürte, wie sie zitterte. »Hast du mir alles gesagt?« fragte ich, meinen Mund an ihrem Ohr. »Gibt es Nebenwirkungen? Macht dieses Mittel süchtig?« Ich spürte Angst – die Ahnung von irgend etwas Unheimlichem.

»Ich bin mir nicht sicher«, flüsterte Sunshine. »Gewiß, das Glücksgefühl ... Aber da ist noch etwas anderes, etwas, was man schwer beschreiben kann.«

Ich mußte an den Arbeitseifer von McMack und seinen Leuten denken, an diese stete Freundlichkeit, die keine Gemütsbewegungen aufkommen ließ. War es das, was Sunshine fürchtete? Jetzt sprach sie weiter. »Es ist nicht das Glücksgefühl allein, es ist eine Anziehung, ein Drang ...«

»Versuch es zu erklären!« drängte ich. »Was für Anziehung? Was für Drang?«

»— ihnen zu dienen«, schluchzte Sunshine »*Ihnen* zu dienen!«

»Wem zu dienen?« Ich fragte, doch ich merkte, daß sie mir nicht antworten konnte.

Ich war aufgewühlt, ungeduldig, mitleidvoll und traurig zugleich. Doch ich war nicht hilflos.

»Möchtest du zur Erde zurück?« Ich schob sie ein wenig von mir weg, blickte ihr in die Augen. Ich fragte noch einmal: »Möchtest du zur Erde zurück?«

»Es ist unmöglich – ich kann nicht...«

»Aber du möchtest!«

Ich führte sie zum einzigen Stuhl, den dieser Raum enthielt, bat sie, sich zu setzen. Ich selbst trat an das Pult, unterbrach die Verbindung zur Unterkunft, schaltete den Sender ein. Dann rief ich die Station im Orbit. Wenige Sekunden später meldete sich eine mir gut bekannte Stimme. Im Prinzip war es gleichgültig, und doch freute ich mich, am anderen Ende der Funkstrecke einen Freund zu haben.

Nach dem Austausch der Kennummern gab ich einen kurzen Bericht durch und forderte zuletzt die Ablösung des Teams bei nächstmöglicher Gelegenheit. Dann verabschiedete ich mich. Sunshine saß unbewegt in ihrem Stuhl, als hätte sie nichts verstanden.

Ich trat auf sie zu, strich ihr über das Haar. »Es geht zur Erde zurück – alles wird wieder gut sein.«

»Es ist unmöglich ... Wir haben einen Auftrag, den wir erfüllen müssen.«

»Komm jetzt!« forderte ich sie auf. »Gehen wir zurück – sonst werden deine Kollegen unruhig.«

Nun folgte sie mir. Wir schlossen die Tür und gingen den Weg zurück. Diesmal hatte ich keinen Sinn für die Aussicht.

Zunächst erwähnte ich nichts von meinem Entschluß, doch am Abend, als man mir ›gute Nacht‹ wünschte, sagte ich kurz: »Diesmal komme ich mit!«

Die andern blickten mich an, sie schienen weder erstaunt noch erschreckt zu sein. Nur im Gesicht von Sunshine, die etwas weiter hinten stand, glaubte ich Besorgnis, vielleicht auch Schrecken zu bemerken.

»Du bist also drauf gekommen«, stellte McMack fest.

»Allerdings – oder hattest du gedacht, ich würde nichts davon merken?«

McMack schüttelte den Kopf. »Wir hätten es dir sowieso gesagt, es ist ja kein Geheimnis. Vielleicht ein wenig später – weil du uns dann besser verstanden hättest.«

Er wandte sich ab, überließ es den andern, ihm zu folgen. Sie legten ihre Parkas über, zogen ihre Stiefel an, steckten die Lampen ein. Ich selbst nahm noch einen Fotoapparat mit Blitzlichteinrichtung mit – niemand schien etwas dagegen zu haben. McMack überzeugte sich, daß alle fertig waren, dann ging er voraus.

Eine halbe Stunde später standen wir unten im Saal mit den vier Säulen. McMack, Teresa und Owen traten auf das Becken zu, fast liebevoll berührten ihre Hände die kugeligen Pilze, der grüngelbe Nebel hüllte sie ein, und man hörte ihre tiefen Atemzüge.

Sunshine stand bei mir, ich hatte den Arm um ihre Schulter gelegt. Einen Moment sah es aus, als wollte sie sich losreißen, den andern folgen, doch ich hielt sie fest, und sie fügte sich. »Das hast du nicht mehr nötig«, flüsterte ich ihr zu. Sie nickte.

Die andern waren am Rand des Beckens zusammengesunken, es dauerte fast zehn Minuten, bis sie sich wieder zu regen begannen. Währenddessen hatte ich mit Sunshine einen Rundgang durch die Halle gemacht und einige der Reliefdarstellungen auf dem Block fotografiert.

Dann trafen wir mit den andern zusammen; sie wirkten ruhig und sicher, vielleicht lag ein Leuchten in ihren Augen, aber das konnte ich mir geradesogut einbilden.

»Wir zeigen dir ein wenig von dem, was wir hier gefunden haben«, kündigte McMack an, und er fügte hinzu: »Es ist wunderbar.«

Ich mußte ihm recht geben. Mehrere Stunden wanderten wir durch ein Labyrinth von Gängen und Hallen, einige waren weiß wie der erste große Raum, andere orangerot und braun. Zwischendurch kamen wir durch naturbelassene Höhlenräume mit Tropfsteinen und Kristall. In einem gab es jene großen Stücke Kalkspat, wie ich es zum ersten Mal bei Sunshine gesehen hatte.

Je tiefer man ins Innere kam, um so eindrucksvoller waren die künstlerisch ausgestalteten Räume. Einige erinnerten an griechische Tempel, andere waren reich verziert wie die Moscheen des Islam. In einem Nebenraum fanden wir Werkzeuge – so primitiv, daß ich es nicht glauben mochte: schwere Hämmer, Meißel, Gesteinssägen. Sollte all diese Pracht durch Handarbeit zustande gekommen sein? Und wer hatte diese Arbeit vollbracht?

Teresa war neben mich getreten. Jetzt sagte sie: »Es müssen große Künstler gewesen sein, Menschen, die an das glaubten, was sie taten.«

»Sie haben sich in die Höhlen zurückgezogen, als der Planet unbewohnbar wurde«, sagte McMack, der hinzugetreten war. »Hier oben das öde Bergland, dort unten der Dschungel. Kein Platz mehr für eine höheren Werten gewidmete Zivilisation.«

Auch die andern standen nun bei uns. Man merkte, daß sie untereinander einig waren.

»Einige von ihnen könnten noch am Leben sein«, sagte Owen. »Wir kennen nur einen kleinen Teil dieser unterirdischen Räume. Ich war einmal tief unten – mehrere Tage lang – bin soweit gegangen, wie ich mit den Vorräten auskommen konnte. Ich stand vor einem Abbruch – keine Zeit mehr, um den Weg in tiefere Regionen zu suchen. Ich stand lange da – und dann hörte ich Musik. Ja, Musik – ganz leise, kaum lauter als das Rauschen des Bluts. Seid einmal ganz still . . . vielleicht kann man es auch hier hören!«

Unwillkürlich schwiegen wir, und je länger es still war, umso sensibler wurde mein Gehör, und dann war es mir, als läge ein Singen und Klingen in der Luft, dazwischen tiefe Töne, schwer und regelmäßig . . .

Ich mußte mich gewaltsam zusammenreißen, dann sagte ich laut und rücksichtslos: »Es ist Zeit zurückzugehen!«

Ich weiß nicht, ob sie es mir übelnahmen, doch sie folgten ohne Widerspruch.

Gegen fünf Uhr früh waren wir wieder in unserer Behausung, und so blieben uns noch drei Stunden Zeit bis zum Anbruch des Tages, zum Beginn der Arbeitszeit.

Als ich mich pünktlich zum Frühstück einfand, waren sie bereits alle da. Wir aßen und tranken schweigend, und kurze Zeit danach saßen sie wieder an ihren Pulten, als wäre nichts geschehen.

Am Abend traf der Funkspruch ein – die Ankunft der Fähre wurde angekündigt. Am nächsten Tag würde sie landen, zwischen zehn Uhr und elf Uhr vormittag.

Kurze Zeit standen sie beisammen, auch Sunshine war bei ihnen, und sprachen leise miteinander. Ich blieb ausgeschlossen. Nach kurzer Zeit Debatte kam McMack auf mich zu und sagte: »Da war von Ablösung die Rede. Was hast du damit zu tun?«

»Ich habe die Ablösung angefordert«, sagte ich, so ruhig ich konnte.

»Und warum? Haben wir nicht unsere Pflicht getan? Gab es irgend etwas, was nicht nach Plan verlaufen wäre?«

»Es ist zu gut nach Plan verlaufen«, sagte ich. »Eigentlich wundere ich mich darüber: denn offenbar ist euch nur noch eines wichtig – die Höhlen, die alten Kulturen, die verschollenen Intelligenzwesen dieses Planeten. Oder irre ich mich?«

»Du hast recht«, sagte McMack, »aber es gibt da keinen Widerspruch. Wir haben unsere Arbeit geleistet – das ist das einzige, was dich etwas angeht. Aus welchen Gründen wir es getan haben? Danach hat uns auch auf der Erde niemand gefragt. Nationaler Ehrgeiz? Philosophische Werte? Religion? Was wir hier kennengelernt haben, hat damit zu tun. Wir haben gearbeitet, damit der Kontakt zustande kommt.«

»Die Menschen müssen sich in den Dienst dieser Kultur stellen«, erläuterte Teresa. »Darum brauchen wir die Station, darum muß hier ein Hafen entstehen, in dem Fähren starten und landen können.«

»Es kommt nicht so sehr darauf an«, fügte Owen hinzu, »daß wir es sind, die diese Arbeit verrichten. Doch wir haben Sorge, daß eine Verzögerung eintritt. Gewiß könnten wir unsere Nachfolger einweisen, und sie würden begreifen, was auf dem Spiel steht. Doch es ginge Zeit verloren, und das darf nicht sein.«

Wie sollte ich ihnen begreiflich machen, daß ihre Sinne verwirrt waren, daß sie unter dem Einfluß der unheilvollen Droge standen, der sie verfallen waren.

»Versteht ihr denn nicht«, rief ich, »es geht zur Erde zurück, in die Heimat! Ihr werdet wieder zu Hause sein, alles das vergessen, was ihr auf diesem Planeten erlebt habt! Die alten Kulturen mögen interessant sein, doch was bedeuten sie schon dem gegenüber: der Heimat! Laßt sie in Frieden ruhen!«

Sie verstanden mich nicht. Sie waren mir nicht böse, sie lächelten überlegen, zuckten die Schultern. Vielleicht tat ich ihnen leid. Wieder warf ich einen verstohlenen Blick zu Sunshine hinüber – und was ich sah, erschreckte mich: Ich hatte das

Gefühl, sie befände sich weit von mir entfernt, so weit, daß keine Verständigung möglich wäre.

»Es spielt keine Rolle«, sagte ich leise. »Es hängt nicht mehr von mir ab, und auch nicht von euch. Es ist beschlossen: Ihr werdet abgelöst. Später einmal werden Exobiologen hierherkommen, Archäologen, Prähistoriker. Sie werden sich mit den Kulturgütern beschäftigen, sie zu erforschen versuchen und Bücher darüber schreiben, es sind die ersten Zeugnisse extraterristrischer Kulturen, die Menschheit wird sie in Ehren halten.« Sie sahen mich stumm an, es hatte keinen Sinn, noch weiter zu reden.

Die Nacht kam heran, ich blickte ihr mit einiger Unruhe entgegen. Um mich hatte ich keine Angst, was sollte es ihnen schon nutzen, wenn sie mir etwas antaten. Doch ich hatte Angst um sie – und um Sunshine.

Nachdem wir uns zur Nachtruhe getrennt hatten, hielt ich es nicht lange in meinem Verschlag aus. Ich schlich mich hinüber in die Kammer von Sunshine, und wenn ich zuerst auch noch gezögert hatte, so wußte ich nun, daß es richtig war. Sie brauchte mich.

Als dann draußen die Geräusche von Schritten erklangen, als jemand kurz an die Tür klopfte, verhielten wir uns still, doch wir klammerten uns aneinander, als wäre es nur unter Aufbietung aller Kraft möglich, dem Unheimlichen zu entgehen, das sich da draußen bemerkbar machte.

Dann wurde es still – nichts mehr zu hören, bis wir, noch immer eng aneinandergeschmiegt, einschliefen.

Am nächsten Morgen waren sie verschwunden. Wie verloren saßen wir, Sunshine und ich, am Frühstückstisch, vor uns Kaffee und Toast, doch es schmeckte uns nicht.

Wir hatten uns davon überzeugt: Die anderen drei waren nicht mehr in ihren Kammern. Sie waren in die Höhle hinabgestiegen und nicht mehr zurückgekommen.

»Wenn die Ablösung da ist, werden wir nach ihnen suchen«, sagte ich zu Sunshine, die um die Kollegen trauerte, mit denen sie viele Jahre beisammen gewesen war.

Sie schüttelte den Kopf. »Sie kommen nicht mehr zurück, und niemand kann sie holen. Den Plan haben wir schon oft besprochen: in die Höhle zu gehen, immer tiefer und tiefer, ohne Rücksicht auf die Vorräte, auf die Batterien, auf die Nahrungsmittel. Ein letzter verzweifelter Versuch, mit den Wesen dort im Inneren Kontakt aufzunehmen ...«

»Aber es muß doch eine Möglichkeit geben, ihnen zu folgen, sie zu finden und – notfalls mit Gewalt – zurückzubringen!«

»Nein«, antwortete Sunshine entschieden. »Dort unten ist alles anders« als auf der Oberfläche. Es gibt kaum technische Mittel, die man einsetzen kann. Man muß sich auf den eigenen Beinen bewegen, es gibt kein Fahrzeug, keinen Flugkörper. Man muß alles, was man braucht, mit sich schleppen, und dem sind Grenzen gesetzt. Nahrungsmittel und Batterien für eine Woche, für zehn Tage ... das ist möglich. Doch nach vier oder fünf Tagen muß man umkehren – sonst gehen einem die Nahrungsmittel aus, das Licht. Doch die drei werden nicht umkehren. Diesmal werden sie die Grenze überschreiten.«

Sunshine hatte recht behalten. Die Ablösung war eingetroffen, und wir hatten einen mehrtägigen Vorstoß in das Labyrinth gemacht – auf den Spuren unserer Vorgänger. Es war vergeblich. Wir waren so weit vorgedrungen, als wir es nur riskieren konnten, dann waren wir umgekehrt. Ihre Spuren führten weiter.

Sunshine war traurig, und es würde lange dauern, ehe sie sich von den Bindungen löste, denen sie so lange unterworfen gewesen war. Den Bindungen zu ihren Freunden, doch auch den Bindungen, die ihr künstlich aufgezwungen worden waren.

»Vielleicht haben sie den Kontakt schon hergestellt«, sagte sie, als wir im Aufenthaltsraum des Raumschiffs saßen, den Blick den Sternen zugewandt. Irgendein Stern dort hinten mochte die Sonne Glenn sein, um den ein einsamer Planet kreiste, Träger einer verschollenen Kultur.

»Ich weiß nicht«, sagte ich, »ob es dort noch Leben gibt. Ich glaube nicht daran, es ist zu unwahrscheinlich. Aber selbst, wenn es so wäre, wenn sie Wesen gefunden hätten, die uns Menschen ähnlich sind – unter dem Einfluß der Droge hätten sie vielleicht nicht einmal ihren Irrtum erkannt.«

»Welchen Irrtum?« fragte Sunshine.

»Ich habe die Fotos studiert, du weißt – jene, die ich von den Reliefdarstellungen in der Höhle gemacht habe. Hast du dir sie schon einmal richtig angesehen? Es sieht in der Tat so aus, als hätte es dort menschenähnliche Geschöpfe gegeben, aber es waren nicht die Träger jener Kultur, die ihr so sehr bewundert. Die dominierende Rasse waren jene schnabelbewehrten Sechsbeiner, von denen das Skelett im Hochtal stammt. Die Menschen waren nichts anderes als ihre Sklaven, die Arbeiter, die das alles verwirklichen mußten, was wir an Schönheit und Pracht vorgefunden haben. Und das Mittel dazu war der Pilz – der Pilz mit jener Ausdünstung, die Fügsamkeit, Arbeitswilligkeit, Unterwerfung verursacht, vielleicht sogar eine Bindung an jene Herrenrasse, deren Kulturgüter es ohne die Sklaven nicht gäbe.«

Ich hatte lange gezögert, ehe ich Sunshine etwas von meiner Interpretation der Dinge gesagt hatte – denn ich wußte nicht, wie sie es aufnehmen würde. Auf der einen Seite die drei Menschen, die ihr viel bedeuteten – die blind in ihr Verderben gelaufen waren. Auf der anderen Seite aber die Erkenntnis, daß sie nichts versäumt hatte. Daß es dort gar nichts gegeben hatte, was man versäumen konnte.

Ich glaube, es war richtig, es ihr zu sagen. Sie nahm meine Hand, wir sprachen nicht mehr, blickten nur zu den Sternen hinaus, irgendeiner davon war unsere Sonne. Und zum ersten Mal sah ich einen Anflug von Hoffnung auf Sunshines Gesicht.

Marianne Gruber
Fangt das Tier

Ich weiß nicht mehr, was ich sagen wollte, vielleicht holte ich auch nur tief Luft, als mich der Schlag in den geöffneten Mund traf und gegen die Wand schleuderte. Gleichzeitig spürte ich, daß etwas mit dem Schiff geschah. Es dröhnte, schwankte, verformte sich wie unter der Last eines tonnenschweren Gewichts, das durch die Wände drang und meinen Körper zusammenpreßte. Unwillkürlich schloß ich die Augen und hob meine Arme zur Abwehr. Ich hörte das Pfeifen ausströmender Luft, meiner eigenen oder einer anderen, unmittelbar danach mehrere Detonationen, alle überdeutlich, eins, zwei, drei und dann ein greller Lichtblitz.

Feuer an Bord, dachte ich, das gibt es doch nicht. Wir sind allein im Raum, waffenlos, wehrlos und allein, hier kann nichts brennen, aber da stand die Flammenwand schon zwischen mir und dem Kommandostand. Ich sah sie durch die geschlossenen Lider, während ich gegen den würgenden Schmerz der plötzlich aufsteigenden Übelkeit ankämpfte. Alarm, dachte ich. Und: Nicht erbrechen, sonst erstickst du.

Der Druck auf meinem Körper nahm zu. Eingeklemmt. Ich war irgendwo eingeklemmt. Im meinem Kopf dröhnten Hammerschläge im Rhythmus des Pulses. Ich versuchte meine Beine anzuziehen, es gelang nicht. Irgend etwas nagelte sie fest. Ich lag nun auf dem Boden, den Kopf niedergedrückt, die Hände über dem Brustkorb gekreuzt. Hochstemmen. Atmen. Nicht aufgeben. Und Luft. Um Gottes Willen Luft. Die Hammerschläge wurden von einer Eisenklammer abgelöst, die zu beiden Seiten der Schläfen ansetzte und die Knochen langsam zusammenpreßte. Der Druck wurde Schmerz und der Schmerz war überall in meinem Körper. Er verband sich mit ihm, ging mit ihm eine untrennbare Gemeinschaft ein. Eine lächerliche Erinnerung an den Alphabetkindergarten entlud sich in meinem Gehirn, und ich fand sogar Zeit, mich darüber zu wundern. Ich stand inmitten der Kleinen und erzählte eine Geschichte, kam jedoch nicht über den ersten Ton hinaus. Der Mund, noch immer offen, mit über den Zähnen gespannten Lippen, ohne Ton, rang nach Luft, während die Flammenwand in Bewegung geriet und auf mich zuraste. Dort, wo nach menschlichem Verstand kein Schiff mehr sein konnte, brannte es lichterloh. Die Hitzewogen schlugen nach mir. Noch einmal versuchte ich mich zu bewegen – nicht aufgeben –, brachte aber nicht einmal die gekreuzten Arme auseinander. Dann das Alarmsignal, gleichzeitig noch eine Explosion und überall Feuer, Feuer, ich lag in einer Woge aus Flammen und Licht, ich brannte, plötzlich kein Schmerz mehr und dann noch eine Explosion in meinen Kopf, ein Sprung von innen heraus und Dunkelheit.

Als ich wieder zu Bewußtsein kam, lag ich auf dem Boden, in einen Notfallanzug eingeschweißt und hörte Turmet singen. Ich versuchte die Augen zu öffnen und bekam die Lider mühelos auf. Es brannte nirgends und sah auch nicht danach aus, als hätte es jemals gebrannt. Vor dem Kommandostand saß Tim, ebenfalls in einem Notfallanzug, neben ihm Rorio, dahinter Turmet. Sie sahen wie Schlachttiere in Frischhaltepackungen aus. Das haben diese Notfallsäcke so an sich. Bei Alarm schießen sie aus Schlitzen in den Schiffswänden und stülpen sich über den nächststehenden Körper. Die Sensoren orientieren sich, soviel ich weiß, an unserer Körpertemperatur und am Schweiß, das heißt an Buttersäure. Modell Ixoidea, ich meine Zeckenmodell.

Mit unendlich vorsichtigen Bewegungen erhob ich mich und tappte zu meinem Sitz hinter Tim. Niemand sprach. Auf der Bildwand über der Steueranlage jagten Sterne vorüber. Die Alarmanzeige blinkte noch. Also sitzen bleiben und abwarten. Das Blinken war mir unangenehm, und ich schloß die Augen. Dann erst fing ich an, mich darüber zu wundern, daß wir noch lebten.

Wir sind vermutlich in ein Kraftfeld geraten, sagte Tim, als wüßte er, woran ich gerade dachte. Er klang mitgenommen. Ich hörte über die Kommunikationsleitung seinen unruhigen Atem.

Glück gehabt, sagte er. War ziemlich knapp, glaube ich.

Ich streckte mich und untersuchte, so gut das in dieser Verpackung ging, meinen Körper. Ein Mensch besteht unter anderem aus zweihundertvierundzwanzig bis zweihundertsechsundzwanzig Knochen, und ich spürte jeden einzelnen, als hätte man mich stundenlang geprügelt.

Glück gehabt, wiederholte Rorio böse. Du hast Nerven. Er betastete seinen linken Fuß. Ein Überfall war das. Ein richtiger

Mordanschlag.

Und alles wegen der Operation am Gehirn, dachte ich. Wir waren zwei Tage vorher in einen Meteoritenschauer geraten, der einigen Schaden am Schiff angerichtet hatte, vor allem am Bordgehirn. Auf Anraten des Analysecomputers war der notwendig gewordene neurochirurgische Eingriff sofort angeordnet worden. Ich bezweifle allerdings, daß wir – Tim ausgenommen – so ganz begriffen hatten, was der Eingriff bedeutete und welche Folgen er nach sich ziehen konnte. Wir dachten eher an den Spaß bei der Geschichte. Eine Steueranlage in Narkose ist unter Umständen ganz amüsant, weil sie dann die Crew nicht ununterbrochen bevormunden kann. Bis auf ein paar Überlebensreflexe werden für die Dauer solcher Eingriffe alle Sinneswahrnehmungen des Schiffes abgeschaltet. Wir mußten ohne Roboter auskommen, die ebenfalls in tiefer Bewußtlosigkeit lagen. Das war der amüsante Teil. Aber wir waren vermutlich blind und taub durch den Weltraum getaumelt.

Eine Weile sprachen wir nichts. Anscheinend waren auch die anderen damit beschäftigt, ihren Corpus durchzuchecken. Ich kam zu dem Schluß, daß ich mir nichts gebrochen hatte, aber alles, was ich berührte, tat scheußlich weh.

Der Teufel hole die Raumfahrt, sagte ich, und Turmet fluchte freundlicherweise für mich weiter. Rorio stöhnte, als er sich durchstreckte.

Ich glaubte, wir brennen, das Schiff explodiert, die zerfliegenden Teile liegen auf mir, zum Schluß glaubte ich, ich muß ersticken.

Ich auch, sagte Turmet. Ein beinahe endloses Lamento folgte.

Na also, dachte ich. Den anderen war es wie mir ergangen. Das war nicht der erste Anfall meines beginnenden Wahnsinns, sondern eine gemeinsame Täuschung gewesen. Ich suchte eine halbwegs schmerzfreie Körperhaltung und lehnte mich zufrieden in den Sitz.

Halluzinationen, hervorgerufen durch ein plötzlich auftretendes Kraftfeld. Habt euch nicht so. – Tim, unser Musterastronaut, na ja. – Die Stabilisierung des Schiffes hat kaum mehr als ein paar Sekunden gedauert, wie das Protokoll anzeigt.

Was wollt ihr, laut Protokoll bloß ein paar Sekunden Hölle. Hört unseren Kommander. Rorio lehnte nun halb auf den Armaturen und hielt sich den Rücken. Aus den Augenwinkeln sah ich sein verzerrtes Gesicht. Er war kein Held, wahrhaftig nicht, und drauf und dran, die Nerven wegzuschmeißen.

Ob Halluzination oder Wirklichkeit ist in solchen Augenblicken scheißegal, nicht wahr? Du hast natürlich leicht reden. Du bist auf solche Täuschungen und Torturen vorbereitet. Aber wir?

Bis auf Tim, unseren Kommander, ist keiner von uns ausgebildeter Astronaut, denn diesen Schnellsiedekurs, den wir hinter uns gebracht haben, kann man wohl nicht Ausbildung nennen. Wir sind zu dieser Raumpatrouille strafversetzt. Vier rechtskräftig verurteilte Kriminelle. Tim, der einmal ein recht brauchbarer Astronaut gewesen ist, weil ihm nicht beizubringen war, daß Disziplin und selbständiges Denken zweierlei Paar Schuhe sind, was ihm andauernd Konflikte mit seinen Vorgesetzten bescherte; Turmet, ein hoffnungsvoller Prähistoriker mit einer glänzenden Karriere in Aussicht, weil er die falsche Lehrmeinung vertrat und auf ihr bestand; Rorio schließlich, weil er zu gut im Fehlerfinden war. Er entdeckte nicht nur die unabsichtlich entstandenen Irrtümer des Systems, sondern auch absichtlich eingeschleuste, wie er behauptete. Ein staatlich bestellter Kontrollor mit einer derartigen Verliebtheit in makellose Programme, daß ihm keine Sperre widerstand und er auch an Informationen kam, die nicht für ihn bestimmt waren. Er hat nie darüber gesprochen, an welche.

Was mich betrifft, ich heiße Alma, Alma Landry, und bin die einzige Frau an Bord. Wegen Ladendiebstahls verurteilt, freigelassen, rückfällig geworden, geschnappt, wieder verurteilt, freigelassen, rückfällig geworden, geschnappt, getestet, als besserungsfähig eingestuft, einem Raum-Himmelfahrtskommando zugeteilt, was eines gewissen zynischen Humors nicht entbehrt, denn ein Himmelfahrtskommando ist jede Fahrt in den Raum, wenn mans wörtlich nimmt. Und unsere war eine in der doppelten Bedeutung des Wortes. Wir bereisen Sektoren, von denen nicht allzuviel bekannt ist oder von denen man weiß, daß sie ihre Tücken haben. Ich will nicht sagen, daß unsere Rückkehr ausdrücklich unerwünscht ist, aber sie wird kaum erwartet. Ich schließe das auch aus der Tatsache, daß man unsere Wohnungen schon vor unserer Abreise an andere Bewohner des Planeten weitergegeben hat. Die Unterschrift unter die entsprechende Verzichtserklärung hat man uns noch während des Kurses abverlangt, und wir haben alle vier unterschrieben, ohne mit der

Wimper zu zucken. Aber am Abend dieses Tages, an dem ich unterschrieben hatte, allein in meinem Zimmer, stieg plötzlich eine Art Grauen in mir hoch. Ekelhaft. Mir kam es vor, als ob ich erst mit meinem Namenszug unter die Verzichtserklärung das Urteil über mich bestätigt hatte, quasi mein Todesurteil. Zu diesem Zeitpunkt stand noch nicht fest, ob wir die Qualifikation für den Raumflug überhaupt schaffen würden. Bis dahin hatten wir alle miteinander noch geglaubt, daß es auch einen anderen Weg gab. Irgendeinen. Ich lag auf dem Bett und dachte: Alles nur zum Schein. Sie schicken dich zum Verrecken hinaus. Aber am nächsten Tag wurde ich durch das Konditionstraining gehetzt, als gälte es, mich für eine Meisterschaft vorzubereiten, und da dachte ich, daß sie wohl ihrer Methoden so sicher waren und deshalb erst gar nicht auf die Idee kamen, jemand könnte das vorgeschriebene Plansoll nicht erfüllen. Und ich dachte, daß wir vielleicht länger unterwegs sein würden, als man uns gesagt hatte. Warum sollten die Wohnungen so lang leerstehen.

Erst auf der Ikarus begriff ich, wie wenig wir gelernt hatten und wie wenig wir wußten. – Auch voneinander.

Von meinen Begleitern kenne ich nur die Vornamen und den offiziellen Grund für ihre Verurteilung, schon nicht mehr das Alter. Ob sie Frauen und Kinder oder Freunde zurücklassen mußten, ist mir unbekannt. Es änderte auch nichts. In einer Gesellschaft, die keine Strafen und Gefängnisse kennt, gibt es als Buße nur Raumfahrt. Bewährt euch. – Also werden wir uns bewähren, obwohl nicht einzusehen ist, wie. Vom Ziel unserer Reise weiß ich so gut wie nichts. Keine Ahnung, warum man uns auf einem Schiff benötigt, das genausogut allein durch den Raum gondeln könnte. Unser Kommander sagt, wir stellen eine Art Ideenpool dar. Dem Elektronengehirn die berechenbaren Aufgaben, uns die Phantastereien. Ich weiß nicht, ob ich das glauben soll und ob es die anderen glauben oder jemals geglaubt haben. Es gibt Themen, die wir niemals berühren. Eine Art unausgesprochenes Übereinkommen.

Ich starrte wieder auf die vorbeifliegenden Sterne. Jeden Tag das gleiche. Plötzlich hatte ich von meiner Schutzhülle genug. Man muß sich einmal Bewegungen in so einem Sack vorstellen. Ich wollte die Beine übereinanderschlagen und dabei möglichst nicht vom Sitz rutschen.

Hör mal, großer Astronaut, fragte ich, wann dürfen wir endlich aus unserer Frischhaltepackung?

Was für ein gewaltiger Gedanke. Wann dürfen wir? Entscheide schnell. Unser Mädchen will sich vermutlich schön machen, ohne Rücksicht darauf, ob es etwas bringt oder nicht.

Turmet kann ziemlich gehässig sein. Rorio auch. Und wenn es mich packt, bin ich vermutlich ein richtiges Biest. Tim ist der einzige, der immer Haltung bewahrt.

Nicht so hastig, sagte er. Ich hörte das angespannte Vibrieren seiner Stimme wie immer, wenn wir in eine miese Stimmung schlitterten. Laut Fahrtenbuch waren wir nun schon 462 Tage unterwegs, eine lange Zeit, in der man einander einfach satt bekommt, obwohl das Schiff ziemlich geräumig ist. Wir haben jeder eine Kabine für uns. Neben Kommandoraum und Kombüse gibt es noch einen Freizeitraum mit Fernsehen, Videokassetten und Spielen, ein Fitnesscenter, das ich kaum jemals betrete, Lagerräume, Krankenstation, einen Fahrzeugpark, in dem ein Gleiter und zwei Landfahrzeuge herumstehen, nicht zu vergessen die Laboratorien. Trotzdem: immer die gleichen Witze, Gesichter, Probleme. Langweilig. Selbst in den Laboratorien tut sich nichts, wenn nicht gerade Kassandra, unser Bordaffe, der Roboteraufsicht entwischt und die geheiligte Ordnung stört. Im Biolabor kann man Turmet antreffen, täglich zwischen zehn und zwölf, im technischen Tim und Rorio zwischen acht und zehn. Die übrige Zeit arbeiten Roboter dort. Ich gehe manchmal hin und falle ihnen auf die Nerven. Sie dürfen mich nicht hinauswerfen. Sie müssen gehorchen und glotzen dumm mit ihren gelben Stielaugen, wenn ich im Weg herumstehe. Für mich gibt es nicht viel zu tun. Kochen. Wenn ich gerade Lust dazu habe und Logbucheintragungen vornehmen – wie jetzt. Tim besteht auf ihnen. Tagesabläufe, Gesprächsprotokolle. Ideen, falls wir welche entwickeln.

Tim schien irgendwelche Informationen zu suchen. Er sah besorgt und unzufrieden aus. Nach einer Weile richtete er sich auf.

Keine vernünftigen Angaben.

Worüber, fragte Rorio.

Über das Ausmaß des Kraftfeldes.

Turmet kauerte sich wie ein verschrecktes Kaninchen auf seinem Sitz zusammen. Heißt das, daß du eine derartige Situation noch einmal für möglich hältst? – Na fabelhaft.

Mir fielen die Pflanzen an Bord und Kassandra ein. Ich wollte nach ihnen sehen, willkommene Ausrede, meinen Platz zu verlassen und das Gerede der Männer aus den Ohren zu verlieren. Im Hinausgehen hörte ich, wie Turmet etwas von »das nächste Mal früher Alarm geben« sagte.

Ja, ich würde den Notfallsack gegen einen Schutzanzug tauschen. Ja doch. Ich wußte, daß der Alarm noch nicht aufgehoben war. Ich würde sicher nicht ungeschützt herumlaufen. Wenn ich jemals etwas gefürchtet habe, dann Schmerzen. Der Rest ist mir gleichgültig. Ich meine, mir ist egal, was passiert, es ist ja doch nicht zu ändern. Diese Haltung dürfte mich letzten Endes meinen Job im Alphabetkindergarten gekostet haben, noch bevor ich mir die Zeit mit Ladendiebstählen vertrieb. Ich will kaum jemals etwas, außer den Dingen, die ich an mich bringe, und auch die will ich nicht wirklich. Es ist etwas anderes. Eine besiegte Neugier. Erzählt mir nichts, ich will es nicht wissen. Okay, das ist meine Niederlage, meine ganz persönliche Niederlage. Lassen wirs.

Zuerst ging ich in meine Kabine und zog mich um. Es sah schlimm hier aus. Alles, was nicht festgeschraubt und verschlossen war, lag auf dem Boden verstreut. In der Kombüse das gleiche Chaos. Im Biolabor war es noch schlimmer. Einer der Roboter hatte begonnen aufzuräumen. Ich sah nach den Pflanzen oder besser nach dem, was von ihnen übrig geblieben war. Als ob sie in eine Presse geraten waren. Teufel, die konnten wir nicht mehr zum Leben erwecken. Und Kassandra? Egal, wo sie sich herumgetrieben haben mochte, einer der Notfallsäcke mußte sie geschützt haben, aber sicher war ich nicht. Ich fing sie zu suchen an. Am liebsten hielt sie sich im Gemeinschaftsraum auf, ihren Schlafplatz hatte sie neben Turmets Kajüte, aber sie war weder da noch dort. Auch nicht bei Tim und Rorio. Krankenstation – nichts. Technisches Labor – Fehlanzeige. Ich fand sie im Aufzug, der in die Lagerräume führte. Sie lag in einem Notfallanzug und rührte sich nicht. Vor ihrem Maul stand Schaum. Ich ließ sie von den Robotern in die Krankenstation schaffen, aber sie war tot. Stranguliert. Keine Ahnung, wie das passiert war. Es tat mir plötzlich sehr leid um sie. Jetzt gab es also nur noch uns als Überreste aus der alten Welt. Öd. Deprimiert ging ich in meine Kajüte, setzte mich ans Eingabegerät fürs Logbuch und schaute vor mich hin. Ein Gefühl von Verlassenheit und Ohnmacht stieg auf. Gewiß hatte ich mein Leben verfehlt, aber ich hatte darin recht, denn es war mein Leben. Kassandras Tod nun raubte mir das sichere Gefühl, daß es allein um mein Leben ging. Alles für das Unglück, aber nichts für die grausame Jämmerlichkeit des Schicksals.

Ich spürte eine Hitze aufsteigen, die ich nicht dulden wollte und machte Meldung an den Kommandostand, um mich abzulenken.

Kassandra ist tot. Die Pflanzen haben es auch nicht überlebt. Im übrigen herrscht in allen Räumen das totale Chaos, aber die Roboter sind schon wieder dabei, Ordnung zu schaffen.

Aus Tims Tonfall hörte ich Betretenheit. Wie, fragte er.

Stranguliert.

Das gibt es doch nicht.

Offensichtlich doch.

Er befahl mich in den Kommandoraum, aber ich wollte nicht und schob die fällige Logbucheintragung vor.

Später, sagte Tim.

Ich gehorchte lustlos. Er wollte von mir wissen, ob ich vorhin Alarm ausgelöst hatte, als es uns durchbeutelte, was ich sehr komisch fand. Ich war nicht einmal richtig zum Durchatmen gekommen. Wahrscheinlich wollte ich gerade sagen: das Essen ist fertig, ihr Ekel, zu dessen Bereitung mich die Herren abkommandiert hatten, vermutlich, weil ich eine Frau bin und sie deshalb meinen, daß ich mit dem Teufelsinstrumentarium der Kombüse zurechtkommen mußte. Das wird sich nie ändern. Aber mich hat Kochen niemals interessiert. Wenn, nur essen. Essen, ja.

Du hast auch nicht, fragte Rorio, wer dann?

Ich verstand das Problem nicht. Ist doch völlig egal, wer oder? Vielleicht war es das Gehirn.

Es war ihnen nicht egal. Sie wollten es wissen. – Meinetwegen. – Das Gehirn gibt keinen Alarm, wenn Gefahr droht, es wendet sie ab. – Auch gut. – Außerdem war es in Narkose gewesen. Richtig. Es könnte immerhin aus der Narkose erwacht sein. Vielleicht war die Operation beendet?

Rorio drehte sich zu mir und sah mich wie eine unheilbare Idiotin an. Die rötlichen Haare hingen in sein sommersprossenübersätes Gesicht und gaben ihm das Aussehen eines bösen Clowns. Alma, glaub uns. Es löst in keinem Fall Alarm aus. Wenn es rechtzeitig aus der Narkose erwacht wäre, just im Augenblick des Zusammenpralls mit dem Kraftfeld, hätte es das Schiff stabilisiert, uns abgeschirmt, und wir hätten von dem Zusammenstoß erst gar nichts bemerkt. Wir haben aber. Also war das Gehirn nicht auf seinem Posten. Irgend jemand muß es aus der Narkose geholt haben.

Sie berieten eine Weile ohne Ergebnis. Dann verfiel Turmet auf den Gedanken, daß einer von uns auf den Alarmknopf gefallen sein könnte, aber dem widersprachen die Positionen, in denen wir uns nach der allgemeinen Ohnmacht vorgefunden hatten.

Das heißt, sagte Rorio, daß irgend etwas nicht stimmt. Er ließ die Luft zischend durch die Zähne pfeifen und bekam hektische Flecken im Gesicht. Höchste Zeit, daß ich unser Bordgehirn einmal gründlich unter die Lupe nehme.

Tim spielte gleichgültig mit dem Eingabegerät herum und sah weg, als Rorio seinen Platz beanspruchte. Laß es lieber. Das Ding da hat eine Serie ganz raffinierter Sperren eingebaut und ohne Tomographie . . . Es ist ein Orakel. Ich weiß nicht, ob du jemals davon gehört, geschweige denn damit zu tun gehabt hast.

Er mußte schlimmen Vorstellungen nachhängen, wenn er anfing aufzugeben. Offensichtlich wußte er etwas, wovon wir nichts ahnten. Er war beinahe auf den Tag genau zehn Jahre Marineoffizier gewesen. Kommandant eines eigenen Schiffes, Lehrer an der Astronautenakademie, ehe er degradiert und verurteilt worden war. Und wahrscheinlich hatte er irgendwann einmal hunderttausend Eide geschworen, sein Wissen niemals preiszugeben. Bloß jetzt, hier, kam mir das lächerlich vor.

Tim, belüg uns nicht, sagte ich auf einer Nebenleitung allein zu ihm.

Alma, bloß nicht, antwortete er. Bitte. Eine solche Diskussion fehlte gerade noch. Es klang entsetzt und beinahe verzweifelt, als er sagte: Ich lüge nicht, und versuchte mich beruhigend anzulächeln, aber ich glaubte ihm nicht. Mir fiel ein, wie oft ich gedacht hatte: Sie wollen nicht, daß wir zurückkommen. Kassandra war tot. Und wir? Tim war also verzweifelt. Auch Rorio war manchmal verzweifelt. Und Turmet. Ich wußte es. Und ich spürte, daß ich es sein würde von dem Moment an, da ich mich darauf einließ, über uns nachzudenken. Über unser Leben, unsere Ziele. Über die Menschen, die wir zurückgelassen hatten, die gesamte hübsche Gesellschaft, die uns fortgeschickt hatte.

Verflucht, ich wollte nicht. Die meisten Dinge, die mir etwas bedeutet haben, sind rasch und unvorhergesehen zu Ende gegangen. Nicht daran denken, es ist ja doch nicht zu ändern. Ich sagte, daß ich mich um Kassandras Einbalsamierung kümmern wollte und ging wieder. In der Krankenstation ließ ich mir ein Beruhigungsmittel geben und zog mich in meine Kajüte zurück. Ich verschob die Logbucheintragung auf später, schluckte das Beruhigungsmittel und legte mich aufs Bett. Über die Kommunikationsleitung hörte ich, daß sich das Gespräch noch immer um den Alarm drehte. Nicht mein Problem. Turmet schien das gleiche zu denken. Er fing wieder zu singen an. Auf mein unwilliges Knurren antwortete er, daß ich die Verbindungsleitung ja, falls mir sein Gesang nicht paßte, unterbrechen könne, was, solang der Alarm aufrecht blieb, streng verboten war. Ich schaltete trotzdem ab. Ungestörte Tagträumereien, meine Lieblingsbeschäftigung. Ich bin außerordentlich begabt dafür. Ich liebe diese meine Begabung, vielleicht, weil sie meine einzige ist, aber diesmal wollte sich vor meinen Augen keine andere Welt öffnen. Das Fenster blieb verschlossen und ich sah nur Kassandra vor mir, bis ich einnickte.

Irgendwann dann, ich weiß nicht, wieviel Zeit inzwischen vergangen war, holte mich Tims Kontrollton aus dem Dösen. Dieses barbarische Pfeifen kann man nicht abschalten. Und man wird es erst los, wenn man die Gesprächsleitung frei macht.

Die Augen auf, du unglaubliches Faultier, rief er, und etwas mehr Kommunikationsbereitschaft, wenn ich bitten darf.

Ich fragte: Wie hast du Turmet bloß vom Singen abgebracht, was mir einen strengen Verweis eintrug. Ich werde nie begreifen, warum wir manchmal noch immer so tun, als glaubten wir an irgendeine Ordnung.

Du kannst deinen Anzug ablegen, sagte Tim mit einem merkwürdigen Unterton in der Stimme. Schalte deinen Monitor ein und dann sag mir, ob du siehst, was ich sehe.

Ich zog mich um und schaltete den Monitor über meinem Bett ein. Zuerst sah ich nichts.

Koordination, zischte ich.

Tim gab sie mir. Und dann . . .

Wie soll ich es beschreiben. Dies ist eine nachträgliche Logbucheintragung, und ich weiß nicht, ob sie jemals einer menschlichen oder anderen Seele in die Hände fallen wird. Kann sein, daß uns die Biester schaffen. Ich würde auf sie setzen, wenn ich einen

Wettpartner fände. Trotzdem muß ich es versuchen. Ich meine, diese Eintragungen sind besser als nichts zu tun. Faulheit gut und schön, aber nicht, wenn sie zwangsverordnet ist.

Ich schaltete auf Sicht zur Kommandozentrale und vergewisserte mich mit einem Blick auf die Zentralanzeige, daß nirgends ein Störungssignal aufleuchtete. Es schien alles normal, nur die Koordinaten des Sektors, in dem wir uns befanden, waren andere als vor dem Kraftfeldüberfall. Für Zahlen habe ich ein gutes Gedächtnis. Ich behalte die absonderlichsten Kombinationen, ohne sie lernen zu müssen. – Der Teufel mochte wissen, wie uns diese Raumversetzung gelungen war.

Wenn ich nicht irre, aber ich irre mich sicher, dann sieht das Ding auf meinem Bildschirm den Abbildungen aus einigen meiner Kinderbücher verdammt ähnlich.

Was meinst du, fragte Turmet.

Terra, der blaue Planet, die gute alte Erde, sagenumwobene Heimat unseres glorreichen Geschlechts. Wie soll ichs noch benennen?

Rorio schaltete sich ein. Sieh an, das Mädchen ist gar nicht so unklug. Wenigstens unsere Märchen kennt sie.

Komm herüber und schau dir die Großaufnahme an, sagte Tim.

Als ich den Kommandostand betrat, sah ich, daß Turmet blaß wie das Licht einer beginnenden Morgendämmerung war und sich mit beiden Händen an den Seitenlehnen seines Sitzes festhielt, während er unverwandt auf den Monitor starrte. Wenn es Terra gab, war er für die richtige Theorie verurteilt worden. Eine schöne Bescherung. Was hätte er für eine Karriere machen können. Was für ein Leben hätte er vor sich gehabt. Terra, Märchenland unserer Kinderträume, abgehalfterte Utopie einer müden Welt. Eines Tages war er mit der Behauptung vor die Öffentlichkeit getreten, daß dieser Traum allem Anschein nach einer Tatsache entsprach. Er hatte eine Menge Material zusammengetragen, auch Berechnungen angestellt, wo Terra seiner Meinung nach liegen mußte. Aber wer bricht schon gern mit den Gewohnheiten. Unter vielen Leitlinien sind sie uns die liebsten. Und die Gewohnheiten besagten, daß Terra eine Phantasie war. Man antwortete Turmet, dort, wo er die Erde suche, sei ein schwarzes Loch, außerdem die Entfernung viel zu groß, als daß von jenem fernen Gebiet aus jemals Siedler in unsere Galaxis gelangt sein könnten.

Ich fühlte etwas Unangenehmes aufsteigen: Mitleid mit ihm. Ich stemmte die Beine gegen den Boden und hörte das Knirschen meiner Zähne, während ich wieder auf die Bildwand schaute. Über dem künstlichen Horizont schwebte dieser fremde Planet wie ein aufgeblasener Ballon. Gleichzeitig fragte etwas in mir, das ich nicht abstellen konnte, wie wir hierhergekommen waren. Mit der einen Hälfte meines Gehirns fragte ich, die andere schaute. Und für einen Augenblick wünschte ich, der ungezogene Bengel, dem dieser Ballon gehörte, möge ihn zum Platzen bringen. Aber er tat es nicht. Die Erde blieb, und Turmet hing an ihrem Anblick mit den gleichen Augen, wie ich sie bei den Kindern im Alpabetkindergarten gesehen hatte, wenn die Kleinen spielen wollten und wir sie bloß dressierten.

Fliegen wir hin, fragte Turmet. Er war noch immer blaß, aber nicht mehr so niedergeschlagen. Etwas in ihm brannte. Er hatte, seit er sich zurückerinnern konnte, davon geredet, Terra zu entdecken. Jetzt stand die Erde vor ihm und gaukelte ihm die Bestätigung seiner Theorie vor. Er wollte die Bestätigung.

Auch ich spürte ein Kribbeln im Nacken. Wenn das Terra war – was für ein Triumph.

Worauf warten wir, fragte ich.

Los doch, sagte Rorio, ab die Post.

Tim wandte sich dem Orakel zu und bat um Identifizierung des im Sucher eingeblendeten Objekts. Keine Antwort. Richtlinien für eine eventuelle Landung – wieder keine Antwort. Das kannten wir zur Genüge. Es war immer wieder vorgekommen, daß unser elektronisches Monster Anfragen unbeantwortet ließ, wenn es seine Launen hatte oder uns statt dessen einen Vortrag über deren Unsinnigkeit hielt. Und dann konnte es wiederum passieren, daß wir mit Informationen bombardiert wurden, womöglich mitten in der Nacht, die niemand erbeten hatte. Tim stritt eine Weile mit dem Orakel herum. Er war gerade dabei, eine neuerliche Gesundenuntersuchung anzuordnen, als es sich doch zu einer Antwort bequemte. Es sei nicht dazu da, an unserer Stelle zu wollen oder zu entscheiden, was wir wollten. Landen oder nicht, dafür gebe es keine Richtlinien.

Wir entschieden uns einstimmig für eine Landung. Neuer Flugkurs mußte keiner bestimmt werden, wir befanden uns zum Zeitpunkt der Abstimmung bereits in der günstigsten Anflugschneise.

Turmet ließ ein paar Geräte von den Arbeitsrobotern herstellen, die bei uns nicht mehr in Verwendung stehen. Buschmesser und Äxte, Sprechfunkgeräte und einen Kocher mit Solarzellen, Angelruten und Fallen. Vielleicht würden wir jagen und fischen, wenn es die Gegebenheiten auf dem Planeten erlaubten, herumflanieren, über Wiesen laufen, irgendwo baden, in einem Waldsee oder im Meer, falls wir unsere Ausflüge dorthin ausdehnen wollten. Während des Anflugs herrschte eine unglaubliche Hektik an Bord, und ich kam mir plötzlich sehr verloren vor. Man braucht mich nicht. Man hat mich nie gebraucht, nötig gehabt. Ich setzte mich zu Kassandra, die präpariert und ausgestopft gleich neben der Schleusentüre im Biolabor stand und starrte in ihre bernsteinfarbenen, toten Augen. Irgend jemand lachte, ich glaubte das Orakel, was einfach nicht stimmen kann, denn selbst das perfekteste künstliche Gehirn kann nicht tatsächlich boshaft oder gläubig, verzweifelt oder traurig sein. Aber ich hörte dieses Kichern, das vielleicht aus mir kam, von dem anderen Wesen, das ich auch war, die Zerstörerin, die Selbstmörderin, die mir immer wieder in die Quere kam, wenn ich leben wollte, bloß leben; dieses rätselhafte andere Ich, das viel mehr von der Welt wußte, als ich ahnte und darum nicht mehr ja sagen konnte, sondern nur nein, immer nur nein. Ich konnte es nicht verhindern, an Tims Antwort auf meine Frage zu denken, was wir auf dem Schiff sollten, was man von uns erwartete. Dem Elektronengehirn die berechenbaren Aufgaben, uns die Phantastereien, hatte er geantwortet. Er hätte sagen sollen: Dem Elektronengehirn das Denken ohne Zweifel, uns die Verzweiflung.

Als wir die Ikarus auf einer Umlaufbahn um die Erde parkten und zusammen mit zwei Allroundrobotern und einem Lebensretter den Ausfluggleiter bestiegen, war das Fahrzeug randvoll mit allerlei Gerät und mit der halben Laborausrüstung bepackt, und mir kam plötzlich der Verdacht, daß Turmet insgeheim damit rechnete, irgendwo auf Lebewesen menschenähnlicher Art zu stoßen.

Geplante Landung in einer Zone gemäßigten Klimas, nach unseren Berechnungen mitten im alten Europa. Und noch immer diese heillose Euphorie bei den anderen. Ah. Wir haben uns wie Narren benommen, keine Frage. Ein Haufen vernünftiger Leute, wie wir jederzeit behauptet hätten, und so viel Unfug. Anscheinend gibt es Situationen, die einen völlig gefangennehmen können. Sie stellen ein Bild vor und schon fühlt man sich aufgefordert, wenn nicht sogar aufgerufen. Flugs wird man zum Optimisten, was heißt, zumindest an die Möglichkeit eines nächsten Gedankens zu glauben. In diesem Leben, dessen Vorhandensein an sich schon schrecklich ist, hilft Erfahrung wenig. Sie macht ebenso dumm, wie sie klug zu machen vorgibt. Wir hätten wissen müssen, daß sich Anfang nur vollzieht, um das nächste Scheitern möglich zu machen. Wenn Turmet an Lebewesen dachte, wie stellte er sie sich vor: Zivilisiert? Schriftbegabt, technisch versiert oder romantische Barbaren? Ich fragte mich, ob sie anderes als Feinde in uns sehen konnten und verwarf im gleichen Augenblick den Gedanken an Menschen. Nicht nur deshalb, weil die Sensoren sie längst ausgemacht hätten. Ich wünschte mir die Reise in ein Nichts, keine Menschen, keine Zeugnisse. Eine Reise, vielleicht noch aus Trotz, allen zum Trotz, die zu Hause vorgegeben hatten, das Leben zu verstehen. Aber ich hatte nicht vor, noch einmal an irgend etwas zu glauben, Anfang zu spielen und meine Geschichte zu widerrufen.

Ich setzte mich hinter Turmet und sagte aus einer wahnwitzigen Regung heraus: Erwarte nicht zu viel. Glaub mir: dort unten ist nichts. Vielleicht ein faszinierendes Nichts, aber eben nichts. Er drehte sich zu mir. Alma, der alte Jäger hat immer etwas gefunden. Troja, den Garten Eden, was immer. Die Beute wird eine neue Erkenntnis über eine alte Vergangenheit sein. Wir werden etwas finden. Und für den Fall, daß wir nichts finden, behaupte ich, daß wir zu dumm dazu waren oder nicht ernsthaft genug gesucht haben.

Er redete von anderen Dingen als ich. Selbstverständlich würden wir etwas finden. Entweder Spuren neuen Lebens oder Spuren alter Zerstörung, aber beides würde uns nichts angehen. Und dann dieser Rückgriff auf unsere Geschichte, unsere Ahnenreihe. Der alte Jäger, heiliger Beistand, das fehlte gerade noch. Phantasie und Neugier, Aufbrüche und all der Unsinn, der uns in Bewegung halten soll, bloß, damit wir in Bewegung sind. Der befiederte Ikarus als Ahnherr der Raumfahrt, der Garten Eden ein Modell für Altenversorgung und Sozialfürsorge. Ich war wieder so weit, gegen alles zu sein.

Du glaubst an das Glück, fragte ich.

Er sah mich überrascht an. Nicht mehr ganz jung und die meiste

Zeit seines Lebens mit toten Dingen beschäftigt, hatte er wohl nie darüber nachgedacht. Glück, wiederholte er und wanderte mit den Blicken seinen eher schlaffen Körper ab. Schmale Schultern, ein Ansatz zum Spitzbauch, zu große Füße und Hände, die zu keinem Detail dieses Körpers paßten.

Ja, sagte er mit fester Stimme, ich glaube an das Glück. Und du?

An Niederlage, antwortete ich, nur an Niederlage.

Tim sagt, daß ich mich bei meinem Bericht kurz fassen soll und auf das Wesentliche beschränken. Ich nehme an, daß sich seine Anweisung auf die geschätzte Lebensdauer der Batterien bezieht. Aber ich kann den Himmel noch sehen. In mein Gefängnis scheint noch Sonne, während die anderen nur mehr den Wechsel von Düsternis und Finsternis erkennen. Die Sonne hält mein Sprechfunkgerät betriebsbereit. Ich weiß nicht, für wie lang, wie gesagt, noch ist der Himmel da, wenn ich den Kopf hebe oder auf dem Rücke liege, ein blauer, gleißender Himmel, wie am Tag unserer Landung.

Beschränkung also. Ein Protokoll hat seine eigene Sprache, was bedeutet seine eigenen Gesetze. Die Gesetze des Wahnsinns. Logbucheintragungen in ein unbemanntes Raumschiff zu funken, weil vielleicht irgendwann Alleinreisende durch einen ähnlichen galaktischen Sturm hierhergeschleudert werden könnten und unsere Erinnerungen ausgraben, wie Turmet es mit der alten Erde tun wollte, wie früher Vergangenheit ausgegraben wurde, wie es auf unserem Heimatplaneten geschehen ist. Die Gesetze des Wahnsinns. Jetzt noch zu sprechen. Wanderern durch die Galaxien. Verlorene wie wir – was können wir ihnen erzählen. Wie der Tod aussieht? Er ist grün und stumm. Er schweigt. Er ist das Schweigen. Das Schweigen des Kosmos.

Das werden sie selbst wissen.

Trotzdem erzählen. Langsam. Schritt für Schritt, soweit die Schritte noch bewußt sind.

Wenn man nichts mehr begreift, werden Gespräche endlos.

Die Erde, der wir uns näherten, war schön. Im Näherkommen kein blauer, sondern ein grüner Planet. Die Sonne entfaltete ihr ganzes Strahlen über der Ebene, auf der wir niedergingen. Tim stoppte den Gleitflug, und eine Weile schwebten wir über dem

Land. Auf Turmets Gesicht leuchtete der Widerschein des Lichts, als er sich vorbeugte und die Stirn gegen die Sichtluke preßte.

Verrätst du uns, was du jetzt siehst, fragte Rorio.

Den Teufel werde ich. Turmet versuchte grob zu klingen, aber seine Stimme schwankte verräterisch. Eine Stille entstand, die mich bedrückte. Ich begriff nicht, warum wir so gerührt waren, beinahe benommen vor Rührung. Nichts, was wir sahen, war uns neu, weder das Spiel der Farben noch die Fatamorganen des Lichts, aber wir saugten uns daran fest, als gälte es unser Leben.

Hinterher ist es natürlich leicht, zu fragen, warum wir den Augen, der Sonne, uns selbst vertraut haben. Es ist nicht viel, das die Antwort ausmacht. Wir sind Menschen ohne Stolz und ohne Glauben. Der nächste Gedanke ist der nächste Irrtum, gedacht, um zu irren. Ohne Sentimentalität und ohne Versuch, dem Irrtum zu entgehen. Aber ein blauer Sommerhimmel und da war er wieder, der alte Hunger nach Erde und Licht. Ich hätte es wissen müssen. Streunende Hunde sind niemals ihre eigenen Herren. Sie hetzten von Ort zu Ort auf der Suche nach einem Zuhause. Und sollten sie es jemals freiwillig verlassen, dann nur, weil die Angst vor dem Verlust der noch größeren Angst vor der Fremde gewichen ist. Streunende Hunde wie wir sind überall bereit, sich niederzulassen, wenn man sie nur läßt. Eine Andeutung, daß man sie dulden wird, ertragen will, und schon machen sie Männchen, beugen den Kopf und beten das nächste Rattenloch seiner unglaublichen Schönheit wegen an.

Tim mußte ähnlichen Gedanken nachgehangen sein.

Atmosphäre wie bei uns zu Hause. Temperaturen etwa dem Frühsommer entsprechend. Wind aus Südost, Stärke zwei, also kaum der Rede wert. Luftfeuchtigkeit ... Derzeit keine wie immer gearteten Angaben über Strahlung im schädlichen Bereich.

Wir setzten sanft wie auf einer Wolke auf.

Trotzdem möchte ich, daß ihr alle Schutzanzüge anlegt, sagte er. Dies ist ein Befehl.

Wir waren schlagartig aus unserer rührseligen Stimmung.

Grün, bewohnbar, nicht giftig. Dich haben wir wohl auch nur mit, damit wir nicht vergessen, wo der Boden unter den Füßen liegt, zischte Turmet.

Genau das, antwortete Tim. Hast du eine Einladung zu einem Fest erwartet? Er hatte wieder einmal diesen Gesichtsausdruck, den ich an ihm nicht ausstehen kann, unser Musterastronaut,

Musterathlet, der unbezwingbare und undurchschaubare einsame Held.

Verdammt, ich habe erwartet, daß dir irgend etwas unter die Haut geht, sagte Turmet.

Bloß nicht.

Rorio hielt sich ausnahmsweise zurück. Er stand auf und griff wortlos nach seinem Schutzanzug, drehte sich dann um und ging wieder zu seinem Sitz, um eine Meldung an das Elektronengehirn des Mutterschiffes durchzugeben.

Wir sind gelandet.

Ankunft bestätigt, lautete die knappe Antwort.

Unser erster Ausflug dauerte nicht lang. Wir ließen das Landfahrzeug im Gleiter und nahmen nur einen der Allroundroboter mit, den zweiten und den Lebensretter stellten wir als Wachen auf. Tim vertrödelte eine Menge Zeit bei der Untersuchung der unmittelbaren Umgebung des Landeplatzes, am liebsten hätte er einen Wall um den Gleiter gezogen und die Wiese umgeackert, aber wir wußten nicht, ob wir länger bleiben würden. Wir machten Bodenproben, sammelten Gräser, entnahmen Wasserproben aus einem Bach, der offensichtlich in den Wäldern einer nördlich gelegenen Hügelkette entsprang und ziemlich nah bei uns vorbeifloß, vom hohen Gras am Ufer beinahe zugewachsen. Tieren begegneten wir vorerst keinen, weder an Land noch in der Luft, auch nicht im Wasser. Kann sein, daß wir zu viel Lärm verursachten. Erst als Turmet die Erdproben mikroskopisch untersuchte, entdeckte er Mikroorganismen, die mich nicht sonderlich interessierten. Ich hielt mich abseits, legte mich ins Gras und starrte ohne Bewegung in den Himmel.

Wahrscheinlich sah ich sie deshalb als erste, weil ich mich völlig ruhig verhielt. Sie kamen im Rudel und verhielten zusammengeduckt in gehörigem Respektabstand. Ich hielt es für durchaus möglich, daß sie mich schon längere Zeit hindurch beobachteten, abwägend, ob ich als Feind oder als Futter einzustufen war. Wahrscheinlich letzteres, denn sie näherten sich. Die Bewegung auf mich zu verriet sie, sonst hätte ich sie weiterhin für Schattenflecken auf der Wiese gehalten. Ich setzte mich unendlich vorsichtig und langsam auf, eine Hand aufgestützt, die andere als Schattenspender über den Augen.

Hier tut sich was, sagte ich leise, was unsinnig war, denn die Schutzanzüge sind schallisoliert. Wir bekommen Besuch.

Benehmt euch, bitte, ausnahmsweise, ich glaube, sie sind scheu.
Wer, zum Teufel, rief Turmet.
Sieht wie eine Kreuzung zwischen Warzenschwein und Schildkröte aus. Lacht nicht, ich kann nichts dafür, Panzer über dem Rücken, hohe Beine, Ringelschwänzchen.
Mädchen, du versetzt mich in Staunen. Zuerst ganz unerwartet Kenntnisse der alten Mythen, jetzt auch noch Biologie.
Tja, der Alphabetkindergarten, der Alphabetkindergarten, ätzte Rorio. Ich habe sie jetzt auch im Visier. Laut Bioanalyse Kaltblüter. Vermutlich Mutanten.
Oder Lebewesen, die in der enthaltenen Naturgeschichte der Erde nicht beschrieben sind.
Alma, Liebes, wir verdanken dir die Entdeckung der ersten höher entwickelten Tiere auf diesem glorreichen Planeten, wir verneigen uns vor dir, aber, bitte, sei ganz lieb, ja, und entwickle keine Theorien.
Turmet, ich hasse dich, antwortete ich gutmütiger als sonst. Wir werden eines dieser Tiere fangen, aus dem Panzer machen wir Werkzeug wie in prähistorischen Zeiten, aus dem Rest Schildkrötensuppe und Wildschweinbraten, ich koche, und du mußt essen. Alles. Gnadengesuche deinerseits werden nicht angenommen.
Ich fühlte mich leicht, unbeschwert, fröhlich. Keine Ahnung, warum. Es war so. Und ich spürte, daß sich die anderen ebenso fühlten. Nur Tim blieb hinter seiner Maske, dieser verdammten Maske. Ich sah ihm zu, wie er Überlebensstrategien entwarf, als befänden wir uns mitten im Feindesland während eines heimtückischen Krieges. Er ließ ständig einen der Roboter Wache stehen, verbot mir Spaziergänge außer Sichtweite des Lagers und baute ein Kraftfeld um den Gleiter auf.
Als wir am späten Nachmittag kreisende Punkte am Himmel entdeckten, die unsere Analysegeräte als Flugsaurier identifizierten, war seine einzige Reaktion, auch, nein, zu sagen, und den Waldrand nach Riesensauriern abzusuchen.
Was paßt dir nicht, fragte ich ihn am Abend, nachdem er uns vor die Wahl gestellt hatte, entweder ein festes Ziel aufzubauen oder in der Enge des Gleiters zu schlafen. Ich war ihm in den Kommandostand nachgegangen, wohin er sich zurückgezogen hatte.
Es ist doch alles in Ordnung, oder? Ist es nicht?
Es ist alles in Ordnung.

Aber?
Kein aber. Er war blaß vor Anspannung.
Drückt dich die Verantwortung nieder, unser Kommander zu sein? Das verstehe ich, obwohl ... So schlimm ist es auch wieder nicht mit uns.
Er sah mich mit gerunzelter Stirn an, Dackelfalten vom Haaransatz bis zur Nasenwurzel. Wir sind auf solche Unternehmungen nicht vorbereitet.
Dann hättest du sie uns ausreden müssen.
Er zuckte mit den Schultern. Mit welchem Argument?
Tim, belüg uns nicht, wiederholte ich.
Ach, Quatsch, Lügen. Er spielte ein bißchen beleidigt, beruhigte sich aber sofort wieder. Ich habe die Verantwortung für ein paar verrückte Leute, die nichts von Raumfahrt verstehen und stelle gleichzeitig fest, daß ich selbst auch nichts mit Sicherheit weiß.
Oh, heilige Galaxis, wer tut das schon, komplette Idioten ausgenommen. Das gehört zu den Spielregeln. Ich halte es für reichlich töricht, sich darüber aufzuregen. Wir haben einen hellen, sonnigen Tag hinter uns gebracht und erleben nun eine dunkle, milde Nacht. Herrlich.
Dann genieße sie, sagte er böse.
Verdammt, warum soll nicht auch einmal etwas gutgehen, obwohl wir es sind?
Und wenn nicht, Alma?
Was hätte ich darauf antworten können. Letzten Endes steht auf das Leben der Tod, die Geschichte geht in jedem Fall fatal aus, egal, was wir unternehmen? Ich setzte mich zu Tim, und wir schwiegen eine Weile. Aus der Dunkelheit kam eine sanfte, wohlbekannte Traurigkeit, und ich hatte plötzlich keine Lust zu streiten. So hatte ich mich immer dann gefühlt, wenn ich allein zu Hause saß, die Gegenstände vor mir ausgebreitet, die ich an mich genommen – gestohlen, sagen die anderen – und einen neuen dazugefügt hatte. Ich fühlte mich dann verloren und gleichzeitig befreit, wenn auch nur für kurze Zeit. Befriedigt und gleichzeitig enttäuscht. Das waren die wenigen klaren Augenblicke in meinem Leben. So lang sie dauerten, wußte ich: So ist es. So bist du.
Der Psychiater, der mich heilen, zumindest testen sollte, wollte eine Theorie von mir hören, warum ich stehle. Die Frage kam mir vor, als verlangte man von einem Blinden, ein zutreffendes Bild

seines Äußeren zu entwerfen. Oder als verlangte man von einem Menschen, der niemals gesehen hat, die holographisch exakte Beschreibung der sichtbaren Welt. Ich konnte dem freundlich lauernden Feind, der Bart trug wie weiland unsere Vorfahren, nicht viel sagen. Nur, daß ich in den Momenten, da ich etwas an mich brachte, das Gefühl hatte, es stünde mir zu. Ich versuchte den Zwang zu beschreiben, mir zu nehmen, was mir zustand, weil ich mich im anderen Fall einem Unrecht gebeugt hätte, aber er verstand mich nicht.

Welchem Unrecht, fragte er.

Man enthält uns etwas vor, antwortete ich, ich weiß nicht, was es ist. Ich weiß nur, daß es geschieht.

Mir war klar, daß die Dinge, die ich an mich brachte, ein trüber Ersatz für dieses Etwas waren, eine symbolische Handlung. Das Wegnehmen und An-mich-Bringen war eine symbolische Handlung, nicht mehr, denn ich benötigte nichts von dem, was ich nach Hause trug, konnte nichts brauchen. Alles nutzlose Gegenstände. Das war das Wichtigste daran: Daß ich keinen der Gegenstände brauchte, sondern deren Anwesenheit für eine Weile diesen unstillbaren Hunger nach anderem befriedigen sollte. Nach ganz anderem.

Halten Sie es für eine Art Rebellion, fragte der Psychiater.

Für eine Art Protest, antwortete ich, was nicht sehr klug war. Denn Protest hätte eine willentliche Handlung vorausgesetzt.

Protest wogegen?

Ich wußte es nicht. Und ich hatte keine Lust, mit dem Mann weiter zu reden. Er machte sich keine Vorstellung davon, was es bedeutete, so zu leben, mit diesem Zwang. Er ging davon aus, daß mir Spaß bereitete, was ich tat. Vermutlich hatte ich ihn mit dem Wort »befriedigen« auf eine falsche Fährte gehetzt. Es ging nicht um Befriedigung, sondern darum, für kurze Zeit diesen entsetzlichen Zwang zu unterbrechen. Oder nicht einmal darum, ihn zu mildern. Nachdem ich etwas an mich genommen hatte, wußte ich, daß für eine Weile Ruhe eintreten würde. Und für eine kurze Zeitspanne erlag ich jedesmal dem gleichen Irrtum, daß nun endgültig Ruhe sein würde. Doch bald schon spürte ich den Zwang wieder an mich heranschleichen, ich habe nie herausgefunden, was ihn auslöste. Die Zeit, während der ich mich ganz verzweifelt dagegen wehrte, etwas nicht zu tun, war immer die schlimmste. Ich mied Freunde und Kaufhäuser, verkroch mich irgendwo. Völlig unsinnigerweise mied ich die Welt wider jede gemachte Erfahrung. Denn ich wußte ja, wenn ich dieses Schleichen um mich spürte, daß ich es letzten Endes doch tun würde, daß der kritische Moment immer näher kam. Schließlich mußte ich irgendwann wieder auf die Straße, unter Menschen und zu den Dingen. Ich sagte mir: Heute noch nicht, dann hast du wieder einen Tag gewonnen und morgen sieht vielleicht alles anders aus. Morgen noch nicht. Aber am übernächsten Tag war es dann soweit, und ich kam mit irgendeinem Ersatzteil für ein Gerät nach Hause, das ich gar nicht besaß, niemals hatte besitzen wollen.

Nach dieser Erklärung entließ mich der Psychiater.

Wenig später wurde ich – zum letzten Mal – einer Kommission vorgeführt. Ich hätte, glaube ich, weniger ehrlich sein sollen. Der Bericht des Psychiaters lief auf nicht besserungsfähig hinaus, und die Fragen, die die Mitglieder der Kommission an mich stellten, wurden nur zu dem Zweck gestellt, diesen Befund zu untermauern. Ich wiederholte im großen und ganzen, was ich früher bei ähnlichen Befragungen von mir gegeben hatte, ansonsten schwieg ich. Ich fand es zum Kotzen, daß man von mir einen Gehorsamseid auf den Staat verlangte, der niemandem helfen konnte, am allerwenigsten mir, und verweigerte ihn.

Einweisung in ein Schulungslager lautete das Urteil, auch wenn der Ausdruck Urteil ängstlich vermieden wurde. Um ein Urteil handelte es sich doch. Ich kam in ein Schulungslager für Astronauten. Unterricht täglich von acht bis zwölf. Nachmittags Körpertraining. Nach fünf Monaten Einsatz auf der Ikarus, die nun die Erde umkreist und darauf wartet, daß der Befehl zum Weiterflug gegeben wird.

Nimm es nicht so tragisch, sagte ich schließlich.

Was?

Unseren vorprogrammierten Tod.

Tim bekam schmale Augen und sprang auf. Wie kommst du dazu, sowas zu sagen?

Ich hatte nicht erwartet, ihn zu erschrecken und war verwirrt. Beinahe hätte ich gesagt: Ach was, es ist nichts. Eine Dummheit. Unser gemeinsames Schicksal. Ein harmloser Spaß. Ich sagte: Sie haben unsere Wohnungen noch vor der Abreise weitergegeben. Und dann dieses Orakel. Wir konnten es nicht bedienen, das sah ich. Und deine ständige Besorgtheit. Laß mich nicht herumreden, es ist bloß ein Gefühl, allerdings ein sehr sicheres. Diese Gesellschaft ist nicht so beschaffen, daß sie mit Individuen auskommen könnte, die ihren Normen nicht entsprechen oder sie womöglich in Frage stellen. Sie haben dieses Problem niemals gelöst. Auf der einen Seite der Anspruch auf Humanität, auf der anderen diese Unverträglichkeit von Widerspruch. Jetzt sind sie zum Leugnen übergegangen und schicken ihre Probleme auf Reisen, irgendwohin, wo niemand etwas erfährt.

Du bist nicht abzubringen?

Wann jemals.

Er drehte sich von mir weg und fing an, auf und ab zu gehen. Zwei Schritte hin, zwei zurück. Ich bin zehn Jahre durch den Weltraum gegondelt. Mit erfahrenen Mannschaften und mit Kadetten. Und ich habe dabei vor allem eines fürchten gelernt: die Angst, Angst macht dumm. Menschen, die um ihr Leben zittern, begehen nichts als Fehler. Man kann sich mit Erfahrung helfen, die habt ihr nicht. Man kann sich hirnlosem Heldentum ergeben. Dazu braucht man eine Aufgabe. Die haben wir auch nicht.

Ich will es trotzdem wissen.

Er nagte an seiner Unterlippe. Du weißt, warum ich hier bin?

Wegen wiederholtem Ungehorsams.

Das auch. Ich war immer so ein Typ gewesen, der ständig herumfragte. Warum und wieso und so weiter. Eines Tages wollte ich wissen, weshalb Expeditionen mit Schiffen wie der Ikarus so oft schief gingen. Es war wieder einmal eines leer zurückgekommen, ich hatte die Überholung zu überwachen, und wieder einmal fand sich in den Speichern kein Hinweis darauf, was passiert und wo die Besatzung verblieben war. Die technischen Daten des Schiffes waren in Ordnung, bloß die Aufzeichnungen des Fahrtenbuches differierten mit den anhand des Energieverbrauches errechneten Wegstrecken. Nach meinen Berechnungen mußte das Schiff mehrere Manöver durchgeführt haben, die alle nicht aufgezeichnet waren. Auf der Suche nach verschollenen Informationen geriet ich plötzlich an eine Sperre nach der anderen. Im Logbuch fanden sich eine Fülle von Anfragen, die zum Teil falsch, zum Teil gar nicht beantwortet waren, was auf einen Fehler im Zentralnervensystem schließen ließ. Ich ordnete eine Gesundenuntersuchung des Gehirns an, die seine tadellose Funktionsfähigkeit bestätigte. Ich forsche nach, ob es unterwegs einem Eingriff unterzogen worden war, aber in den Protokollen war nichts darüber zu finden.

Ziemlich ähnlich wie bei uns, sagte ich.

Wie bei uns, ja. Ich kam zu dem Schluß, daß die Mannschaft eine ungeheure Torheit begangen haben mußte, fand aber nicht heraus, welche. Ich sah mir die Ausbildungsprogramme an. Sie waren ein Witz. Die Leute hatten von nichts eine Ahnung, konnten kaum ordentliche Anfragen stellen. Ich schrieb einen Bericht, in dem ich darauf hinwies und forderte eine bessere Ausbildung oder wenigstens die Beistellung eines Fachmannes. Man antwortete mir, daß dies nicht im Sinn des Experimentes läge. Einem Fachmann würde sich die Crew sofort unterordnen. Es gehe aber in erster Linie um kreative Entscheidungen, die von gezieltem Fachwissen nur behindert würden. Darüber hinaus handle es sich bei dem untersuchten Gehirn um eine BX-22-3-Konstruktion der neuesten Generation, unter Fachleuten mit dem Spitznamen Orakel versehen. Es verfüge über besonders gesicherte Speicher, eben weil Laien damit umgehen mußten, die je nach Notwendigkeit freigegeben würden. – Ich fragte an, was man zu tun gedenke, um die Ausfallquote zu verringern. Man antwortete mir, daß die eingesetzten Leute über das Risiko ihrer Unternehmung Bescheid wüßten. Daraufhin protestierte ich beim großen Rat. Keine Antwort. Ich protestierte ein zweites Mal. Diesmal bekam ich Antwort in Form eines Disziplinarverfahrens. Versuchte Aufwiegelung, staatsfeindliche Tätigkeit. Als mich das noch immer nicht zur Raison brachte, kam ich vor die besagte Kommission. Das Ende kennst du. Hier bin ich.

Und?

Und? – Ich will nicht, daß sie gewinnen. Sie schicken uns in den sicheren Tod, aber ich habe nicht herausgefunden, wie sie es anstellen. Es muß unterwegs in den Schiffen passiert sein. Wenn wir wachsam sind, haben wir vielleicht eine Chance. Wir wissen, daß uns Gefahr droht, die anderen wußten es vermutlich nicht. Darum verlange ich das Zelt, die Schutzanzüge, die Analysen, die Wachen. Sie sollen es so schwer wie möglich haben, und vielleicht wehren wir uns wenigstens so weit erfolgreich, daß wir eine Nachricht durchbringen. Es soll niemanden mehr geben, der nicht genau weiß, was ihm droht.

Ich schaute durch die offene Luke hinaus über die vom Mondlicht erhellte Ebene. Von fern drang ein Rascheln zu uns, vielleicht wieder diese seltsamen Tiere. Über unseren Köpfen rauschte es. Wind und Flügelschläge. Von überall her drangen plötzlich Geräusche durch die Nacht und machten die vorangegangene Stille erst deutlich. Wie zu Hause in den Ferien- und Erholungsreservaten. Ich spürte, wie das tagsüber ferne Gefühl der Angst näherkam. Hier könnten wir zu Hause sein. Gleichzeitig dachte ich, daß Worte wie »zu Hause« verboten werden sollten.

Was kann uns Besseres passieren, als hier zu sterben, sagte ich. Ich fürchtete mich viel mehr davor, wieder das Schiff besteigen zu müssen. Wieder monatelang die Enge, bis wir einander nicht mehr aushielten. All der Haß und die Bosheiten. – Damit kriegen sie uns klein. Wir senken die Köpfe und fühlen uns wie Verbrecher. Das ist schlimmer als der Tod.

Du weißt noch nicht viel vom Sterben, nicht wahr? Rorio stand in der Verbindungstüre zwischen Gleiter und Zelt, hinter ihm Turmet. Draußen, etwa hundert, zweihundert Meter von uns entfernt, sah ich aufgestellte Ringelschwänze in den Nachthimmel ragen. Ein ganzes Rudel dieser Tiere stand in Reih und Glied aufgefädelt und schaute zu uns herüber.

Jetzt ist genau das eingetreten, was ich vermeiden wollte, sagte Tim.

Angst vor der Angst?

Ja.

Aber es tut gut, darüber zu reden.

Wir sollten ihnen einen Namen geben, sagte ich. Was haltet ihr von Mostare?

Wie bitte?

Ich wies hinaus. Zwischen uns und der Ebene stand ein Tier neben dem anderen, es mußten in der Zwischenzeit an die hundert sein, die Köpfe uns zugewandt, als bewachten sie etwas oder jemanden.

Als ich am nächsten Tag aus dem Zelt trat, fiel die Sonne mit unbarmherziger Wucht über das Land her. Ein heißer Tag, der die Luft über den Gräsern flimmern ließ. Hinter den Hitzewogen tanzte der Wald. Die Hügelkette sah wie aus zerfließendem flüssigen Metall aus, das Lichtblitze gegen den Himmel schleuderte. Kein Lufthauch regte sich, und uns wurde das Atmen außerhalb des Zeltes schwer.

Tim war dafür, daß wir einen Vorstoß in Richtung Wälder unternahmen. Sicherheitsvorkehrungen wie gehabt. Diesmal luden wir das Landfahrzeug aus. Allroundroboter, Wache beim Zelt, Schutzanzüge. Wir nahmen es hin. In den Anzügen war es kühler als außerhalb, immerhin, wenigstens das war angenehm.

Das Fahrzeug hinterließ tiefe Spuren in der Wiese. Wir stellten es unterwegs ab und gingen zu Fuß weiter, eine beschwerliche Angelegenheit in den Schutzanzügen. Am Tag zuvor hatten wir es leichter gehabt. In der Nähe des Landeplatzes war das Gras nicht so hoch und Büsche gab es gar keine. Ich hätte gern wenigstens Helm und Handschuhe abgelegt, aber Tim verbot es. Nach gut zwei Stunden erreichten wir den Waldrand und machten Halt. In der Ferne sahen wir wieder ein Rudel Mostare. Sie folgten uns in gleichbleibendem Abstand. Auch die kreisenden Punkte am Himmel waren wieder zu sehen. Turmet machte ein paar Aufnahmen von ihnen, die er am Abend auswerten wollte.

Der Wald war dicht und dunkel, es war eigentlich kein Wald in unserem Sinn. Keine Bäume, nicht einmal Gesträuch, eher ein hochaufgerichteter Sumpf aus Blättern und Lianen, die ständig in Bewegung waren, sich wanden, vibrierten, zitterten, sich wie feingliedrige Teleskope ununterbrochen drehend dem Licht zuwandten, wieder abwandten, als suchten sie das ebene Gebiet nach etwas Bestimmtem ab. Nein, das war kein Wald, in dem wir Sträucher erwarten durften, Bäume, dazwischen Pilze, Gräser, Ameisenhaufen, Termitenhügel und Vogelnester. Vergeblich suchte ich in diesem Dickicht einen Stamm zu erkennen, eine Struktur. Es war nicht auszumachen, an welcher Stütze dieser schwankende, schwabbelnde Vorhang festgemacht war.

Rorio wollte ihm mit einem Buschmesser zu Leibe rücken, aber ich war dagegen. Ich dachte daran, welche Wut mich immer gepackt hatte, wenn jemand Hand an mich legen oder mich abbringen wollte, zu sein, wie ich eben war. Ich lehnte mich gegen die Wand. Sofort hörten das Vibrieren und die schlingenden Bewegungen auf, die Blätter rollten sich wie Knospen am Ende des Tags zusammen, die Lianen begannen sich zu verknoten. Ich drückte gegen die Wand, sie bog sich durch. Aber sie blieb dicht.

Irgendwo muß es da einen Durchlaß geben, sagte Rorio. Er suchte herum, irritiert und unglaublich wütend auf diesen Vorhang, der sich ihm widersetzte. Schließlich folgten wir dem

Verlauf dieser seltsamen Erscheinung. Dann sah ich ein paar Mostare im Wald verschwinden, und wir gingen ihnen nach. Wir fanden einen Trampelpfad, was Turmet dazu veranlaßte, die Tiere als absonderliche Warzenschweine einzustufen.

Aber sie sind Kaltblüter, sagte ich.

Meinetwegen, antwortete er. Er war sichtlich schlechter Laune. Alles, was wir gefunden haben, sind Kaltblüter.

Wir folgten dem Pfad, der bald zu einem Tunnel wurde und schon nach etwa fünfzig Metern endete. Links und rechts und vor uns wieder diese grünen, bebenden Wände ohne Lücke und Öffnung. – Bloß, wo waren die Mostare geblieben. Tim meldete erhöhte radioaktive Strahlung, vor allem in Bodennähe. Er bückte sich, um die Strahlenquelle herauszufinden und entdeckte dabei einen Durchlaß, der gerade reichte, einen Menschen durchkriechen zu lassen. Wir robbten auf die andere Seite und standen unvermutet im eigentlichen Wald. In der nahezu vollkommenen Dunkelheit erkannten wir schemenhaft knorrige, verkrüppelte Stämme, deren Äste sich schirmförmig ausbreiteten, dicht bewachsen, so daß sie kaum Licht eindringen ließen, das sich unterwegs zum Boden gänzlich verlor.

Gefällt mir nicht, sagte Tim.

Ich wies auf die Beeren, die an der lichtzugewandten Seite der Bäume gelb und blau leuchteten. Er schüttelte den Kopf. Trotzdem gingen wir ein Stück weiter, bis wir zu einer Lichtung kamen. Ein fremd wirkender Himmel blinkte uns entgegen, als wir aufsahen. Trotz Tims Protesten sammelte Turmet von jeder Beerenart ein paar ein und untersuchte die Verdickungen an den Bäumen. Sie ließen sich leicht abbrechen und erinnerten an Schwämme.

Knapp hinter der Lichtung wieder so eine Wand. Als sperrte sie den Wald ab. Es sah wie eine Falle aus.

Und was jetzt?

Wir waren alle dafür, umzukehren. Vielleicht gab es hier ein Geheimnis zu entdecken, aber nicht für uns. Kein Geheimnis für Menschen. Ich dachte, daß diese Düsternis etwas zu bedeuten hatte, eine Warnung. Finsternis ist immer eine Warnung. Manchmal vor der Außenwelt, manchmal vor der Innenwelt. Ein bedrücktes Verstummen. Ha, wir vier Helden. Wir wußten nicht, ob alle Berichte über Terra zutreffend waren, aber sie besagten, daß hier einmal jegliches Leben ausgerottet worden war. Terra, der tote Planet, der Todesplanet, wie manchmal in den Schriften stand. Dann hatte sich dieser kleine Kosmos noch einmal selbst erschaffen. Nicht für Menschen. Nicht für uns, sagte die heillose Stimme in mir, die sich immer dann meldete, wenn ich drauf und dran war, an ein Wunder zu glauben.

Was suchen wir eigentlich hier, fragte ich.

Wir kehrten zum Fahrzeug zurück. Der Mittag hatte längst seinen Höhepunkt überschritten, in den beginnenden Nachmittag wehte eine langsam stärker werdende Brise, ohne Abkühlung zu bringen. Wir nahmen nacheinander unsere Helme ab, nachdem wir die Beeren und Schwämme und all das andere grüne radioaktive Zeug in Bleikästen verstaut hatten, und griffen nach unseren Lunchpaketen. Astronautennahrung. Tuben mit eiweißhaltigem Kleister. Die Spur, die wir mit dem Fahrzeug in den Boden gegraben hatten, lag braun und bloß vor uns. Unsere erste Fährte. Häßlich. Ich legte mich ins Gras und starrte in den blauen Sommerhimmel, Turmets und Tims Stimmen mehr und mehr aus den Ohren verlierend, die sich über Radioaktivität und Neuordnung des Lebens unterhielten.

Ich mußte eingenickt sein. Als ich wieder aufblickte, blies Tim zum Aufbruch. Eine kleine Benommenheit. Zuviel Sonne vermutlich. Ich bekam den Kopf nicht sofort in die Höhe und wälzte mich unter erheblichen Anstrengungen auf den Bauch. Knien. Aufstehen. In meinen Haaren klebten Blätter und Gräser. Rorio lachte schallend. Bacchus Geliebte oder Windsbraut, fragte er.

Ich weiß nicht, wann zuletzt ich das Gefühl hatte, eine Frau zu sein. Jetzt hatte ich es.

Sag sowas nie wieder, antwortete ich.

Es war schon gegen Abend, als ich einen Spaziergang machte. Ich wollte allein sein nach der langen Zeit, die wir einander nie aus den Augen verloren hatten. Die anderen waren noch mit der Sicherung des Zeltes beschäftigt, als ich losmarschierte. Der Himmel hatte sich verdunkelt. Ein Gewitter zog auf. Ich mag Gewitter und all das, was man Naturgewalten nennt. Ich mag es, wenn es blitzt und donnert, wenn Sturm den Regen peitscht und die gesamte wohlfeile Ordnung des geplanten Lebens über den Haufen wirft. Wetter kann man bei uns zu Hause noch nicht machen.

Ich ging ohne Schutzanzug hinaus, in der Hoffnung, der Regen würde mich überraschen und durchbeuteln. Ein paar Mostare kamen beinahe auf Griffweite in meine Nähe. Es war schwül, die Luft erstarrt. Der Wind vom Nachmittag hatte sich wieder gelegt und war völliger Bewegungslosigkeit gewichen. Ich wischte mir den Schweiß von der Stirn und lockte die Tiere mit Schmatzgeräuschen. Sie kamen noch einen Schritt näher und beschnüffelten meine Hand. Schweinsschnauze, Schweinsköpfe, Deckel über dem Rücken, der erste Eindruck stimmte. Ich sah, daß sie an den Flanken zitterten und unruhig wurden.

Das Gewitter, dachte ich. Das elektrische Kribbeln auf meiner Haut verstärkte sich. Auf dem Himmel tauchten wieder Flugsaurier als dunkle Punkte auf, die rasch näher kamen. Ein Grollen von den Hügeln her überschwemmte die Ebene. Die Mostare nahmen es auf, der erste Ton, den ich von ihnen hörte, ein tiefer Brustton, der die Gräser neben ihnen mitschwingen ließ. Sie fingen an, mich einzukreisen. Und plötzlich der Wind.

Fordere es nicht zu sehr heraus, dachte ich, das Schicksal oder was immer. Ich wandte mich in Richtung Zelt und Gleiter. Tim stand vor dem Eingang und wies mit weit ausholenden Armbewegungen gegen den Himmel.

Das Gewitter, zum Teufel, ja. Tim fing zu brüllen an, ich sah es an seinem geöffneten Mund, zu hören war er nicht. Das Grollen war ein Tosen geworden und brandete über die Ebene, erfüllte die Luft. Ich beschleunigte meine Schritte, mehr aus Furcht vor Tims Vorhaltungen denn vor dem Gewitter. Offensichtlich war ich unserem Kommander noch immer zu langsam. Er rannte unter ständigem Brüllen auf mich zu. Hinter mir hörte ich ein Trampeln, kam aber nicht mehr dazu, mich umzuwenden. Ein Schlag am Kopf traf mich gerade, als ich Tim erreichte. Er zog mich fluchend hoch. Gleichzeitig stieg uns ein widerlicher Geruch in die Nase. Ätzend und ekelhaft, wir würgten beide. Rorio kam uns in einem Schutzanzug entgegengehastet, auch Turmet. Benommen und fast blind ließ ich mich weiterziehen. Als wir das Ziel erreichten, traf mich noch ein Schlag, diesmal in den Rücken, und schleuderte mich ins Zelt. Im Zurückblicken sah ich einen Flugsaurier im Gras landen und schaute in die starren Augen eines Mostars.

Sie greifen an, schrie Tim und schaltete das Kraftfeld ein. Der nächste Mostar, noch in vollem Lauf, prallte wie von einer Gummiwand zurück und überschlug sich. Einer der Saurier stürzte beim Anflug gegen das Zelt ab und blieb auf dem Boden

liegen. Die Tiere benahmen sich wie rasend. Sie stürzten sich immer wieder in Richtung Zeltwände, aber das Kraftfeld hielt. Nach ein paar Minuten dann, während denen wir fassungslos auf das Geschehen draußen gesehen hatten, hörten die Angriffe so plötzlich auf, wie sie begonnen worden waren.
Das war knapp.
Mehr als knapp, du verrücktes Stück, sagte Tim.
Vermutlich das Gewitter.
Die anderen nickten. Wir dachten in diesem Augenblick tatsächlich, daß es am Gewitter gelegen hatte.

... während ich dasitze und nichts anderes tun kann, als dazusitzen, aber davon später.
Zuerst waren wir zornig, dann verzweifelt. Nun sind wir teilnahmslos. Ganz zuletzt werden wir vielleicht wieder an irgend etwas glauben wollen. Kann sein. Ganz zuletzt. Es ist so verrückt, ganz zuletzt zu sagen und nichts zu begreifen, nichts zu wissen, zu wissen, daß wir nichts begreifen können.
Ich habe auf den Mittag gewartet, bis die Sonne senkrecht über mir steht. Gestern hat es geregnet, das war schlimm. Heute wieder brütende Hitze und kein Lufthauch. Das ist schlimm, aber die Sonnenbatterien meines Sprechfunkgerätes sind wieder nachgeladen ...

Den ganzen nächsten Tag regnete es und auch noch den übernächsten und den Tag danach. Ein dünner Schleier aus Wassertropfen machte die Landschaft unkenntlich. Die Hügelkette lag irgendwo im Norden, vom Regen verschluckt wie die Ebene, in der wir logierten.
Wir analysierten die Bodenproben, die Beeren, die Gewächse der Bäume, werteten die Flugsaurieraufnahmen aus. Das Bordgehirn auf der Ikarus gab bekannt, daß unsere Aufzeichnungen einem eigenen Speicher zugeordnet wurden, dessen Schlüsselwort Terra lautete, aber Tim paßte das nicht. Er war gegen das Schlüsselwort und ersetzte es durch unsere Namen. Das Orakel nahm seine Anweisung entgegen, weitere Anfragen beantwortete es nicht, und wir wurden unruhig. Das Schweigen war wie ein böses Vorzeichen für im Dunkeln liegende Ereignisse, ein Kommen, ein Drohen, von dem wir nur wußten, daß es eintreten würde, aber weder wann noch was.

Mich ließen die Herren meine beinahe ungenießbaren Mixturen von Konserven kochen, die noch immer besser waren als das fertige Tubenfutter. Ansonsten schrieb ich Protokolle. Über meinen Ausflug wurde geschwiegen. Er saß uns offensichtlich noch in den Knochen. Wir benahmen uns sehr zivilisiert, sehr freundlich, sehr zuvorkommend, sprachen auffallend wenig miteinander außerhalb der erwähnten Tätigkeiten. Tim war am angespanntesten von uns allen. Vermutlich drückte ihn das Wetter nieder. Seine Unruhe bekam mehr und mehr Ähnlichkeit mit den Zuständen, die ich von mir kannte, wenn ich mich eingesperrt fühlte. Er konnte sich nicht entschließen, an einem Ort zu bleiben. War er im Gleiter beschäftigt, suchte er nach einer Tätigkeit im Zelt. War er im Zelt engagiert, zog es ihn in den Gleiter und eigentlich zog es ihn nach draußen, wie uns alle.

Das blieb beinahe einen Tag lang so. Dann erwähnte ich, als wir die Pflanzen analysierten, daß ich den Eindruck hatte, sie verfügten über ein besonderes Sensorium. Botanik hatte mich nie besonders interessiert, wenn es um Terminologie und Klassifizierungen ging, aber ich schaute gern. Da ist man weniger darauf versessen, bestimmte Dinge zu sehen. Man schaut, was man sehen wird und baut sich eigene Unverwechselbarkeiten.

Turmet machte daraufhin spezielle Untersuchungen und fand in zwei oder drei Fällen Zellen, die sich im Bau von den anderen unterschieden. Sie ließen sich zuerst nicht färben und später nur mit dem Farbstoff, den er für Nervenzellen verwendete. Er meinte, daß mein Hinweis ein durchaus brauchbarer Fingerzeig gewesen sei und bereitete sich auf den nächsten Ausflug vor. Er wollte andere und vor allem mehr Proben.

Ab da ging es wieder mit uns. Wir waren seit unserer Landung zum ersten Mal in der Situation, in dieser fremden Welt eine vielleicht lesbare Spur gefunden zu haben und in dem unbestimmten Haufen von Feindseligkeit etwas Bestimmtes ins Auge fassen zu können. Turmet fluchte zwar zwischendurch über die primitiven Untersuchungsmethoden, die ihm nur zufällig bekannt waren, und darüber, daß uns das Elektronengehirn bei unserer Arbeit im Stich ließ, aber er schien dennoch glücklich. Ein paar Male kam er zu mir in die Kombüse und befragte mich über meine Eindrücke, zum ersten Mal um ein Gespräch mit mir bemüht.

Ich dachte an die biegsame Wand, die der Wald vor der Ebene

aufgebaut hatte und die auch im Inneren als Abgrenzung gegen die Lichtung dagewesen war. Wie eine Schutzhaut um einen empfindlichen Organismus. Das Gras in meinen Haaren. Ich kam nicht dahinter, was es bedeutete. Die Schwierigkeit, mich zu erheben. Hitzeschwer und noch etwas ... Ich glaube, wenn ich nur einmal ordentlich nachgedacht hätte, wenn ich nur einmal imstande gewesen wäre, zu Ende zu denken, hätte ich auf die Lösung kommen können. Aber erstens platzte Turmet immer mitten in eine Tätigkeit und dann kam er ständig mit Ausdrücken daher, die ich nur schwer verstand. Ich verlor bald die Lust daran, ihn ununterbrochen in meine Sprache zu übersetzen, obwohl er nicht locker ließ.

Rorio bastelte am Bordgehirn des Gleiters herum, nachdem sich das Orakel weiterhin als störrisch erwies. Er entwickelte ein paar Programme, die uns von unserem beinahe allmächtigen Tyrannen etwas unabhängiger machen sollten. Soviel ich mitbekam, war er von der Leistungsfähigkeit des Gleitergehirns außerordentlich beeindruckt. Ab da steckten er und Tim ununterbrochen beisammen. Ich fand mich mit dieser konzentrierten, geschäftigen Gesellschaft nicht zurecht und auch nicht mit der Ruhe. Auf einmal hatte ich wieder nur den Überfall der Tiere im Kopf. Zwischen dem Schreiben der Protokolle, die mir Turmet diktierte, im Zelt, im Gleiter, wenn ich die Schlafsäcke ausbreitete, während ich nichts tat, dachte ich daran. Ich kam von den Bildern nicht los, obwohl ich sie nur aus den Augenwinkeln und im Stürzen und dann im Aufstehen aufgenommen hatte. Vor allem die ausdruckslosen, starren Augen des Mostars sah ich immer wieder vor mir. Wie lackiert, grauglänzend, erinnerten sie an die Knopfaugen jener schrecklichen Monster, deren Nachbildungen wir einmal während eines Seminars zu studieren hatten, in dem wir sehr oberflächlich über die Entstehung von Geisterglauben und dessen Auswirkungen informiert wurden.

Als der Regen endlich am vierten Tag gegen Mittag aufhörte, waren wir trotz der intensiven Beschäftigung mit dem gesammelten Material und den Computerbasteleien reif für einen Ausbruch. Kein langsames Vor-die-Tür-Treten, die Hand vor den Augen. Einfach hinaus, hinaus. Nichts sonst als dieser fast selbstmörderische Drang. Der Himmel zeigte noch Bewölkung, die im Osten zaghaft aufzureißen anfing. Es war kühler geworden, was angenehm war. Auf den Gräsern hingen schwere

Tropfen und auch die Luft war noch feucht.

Wir fingen wiederum zu graben an. Diesmal hoben wir Pflanzen samt Erdschollen aus, um sie im Zelt wieder einzutopfen und zu beobachten. Tim stellte ein Regal zusätzlich auf und schickte uns einen Roboter und den Lebensretter nach. Er wollte sichergehen, und das bedeutete in seinen Augen auch schon, auf die erste Geste einer Gefahr antworten zu können. Wir hatten es abgelehnt, in den Schutzanzügen herumzukriechen. Es kam uns entwürdigend vor, und für dieses Gefühl gab es kein vernünftiges Argument. Wir wußten, daß wir in Gefahr waren und bestanden gleichzeitig darauf, wie Narren darauf bestehen, daß sich dort, wo sie zu Hause sind, niemals eine Hand gegen sie erheben wird, daß diese Gefahr uns letzten Endes ausnehmen würde. Wir. Ja doch, wir. Aber nicht wir.

Wiederum schlingende Bewegungen der Gräser, wenn wir uns näherten oder sich der Lichteinfall veränderte unter unserem Schatten. Extrem hoher Turgor, sagte Rorio, der aus Spaß an seinen Basteleien unvermutet Interesse an Natur zeigte.

Ich hielt mein Gesicht an eine Topfpflanze und sofort begann sie, sich mir zuzuwenden. Sie sind ungeheuer sensibel, sagte ich.

Interessant. Turmet hockte sich vor die lange Reihe von Topfpflanzen und hielt ihnen abwechselnd seine Hände hin, dann zog er sie wieder zurück. Man müßte den Abstand ausmessen, bis zu dem das funktioniert.

Und sonst, fragte Rorio.

Alles wie gehabt. Chlorophyll außer in diesen besonderen Zellen, die übliche uns bekannte Synthese, keine radioaktive Strahlung wie bei den Gewächsen aus dem Wald. Die sehen im Mikroskop tatsächlich wie Pilzgeflechte aus.

Ich glaube, sie orten nicht nur das Licht, sie orten uns. Sie spüren uns.

Tim holte seine Pfeife hervor und begann sie zu stopfen. Pfeife rauchend hatte ich ihn zuletzt zu Beginn des Astronautenlehrganges gesehen, als wir einander vorgestellt worden waren. Danach nie mehr. Uns orten, wiederholte er. Wie romantisch. Willst du uns eine beseelte Natur einreden. Der Mond ist eine Göttin, die Sonne ein Gott, in den Flüssen und Quellen, in den Sträuchern und Bäumen nisten Geister und die Seelen der Toten? Die müßten bei unserem Anblick ununterbrochen brüllen.

Vielleicht tun sie es? Tatsache sind diese Bewegungen, die wir durch unsere bloße Anwesenheit auslösen können. Draußen ist es noch viel stärker.

Vergleichen wir. Er trat vors Zelt und blieb Rauchringe paffend stehen, während er mir zusah, wie meine bloßen Hände flugs von den Gräsern umschlungen wurden.

Wir gingen ein Stück weiter und probierten es an einer anderen Stelle. Aus der Tiefe der Ebene tauchte wieder ein Rudel Mostare auf. Ein bißchen Wind strich über das Land. Er wehte in die Richtung der Tiere, und als sie unsere Witterung aufgenommen hatten, stellten sie ihre Ringelschwänze auf und kamen näher.

Ob sie wieder angreifen würden?

Warum sollten sie?

Warum nicht?

Weil es unlogisch wäre, sagte Rorio. Ich habe sie die Wiese abweiden sehen, also sind sie Pflanzenfresser. Außerdem ist heute kein Gewitter.

Sie fressen Gras?

Sagte ich das nicht?

Und wenn schon, ich traue ihnen nicht. Ich beobachtete weiter die Mostare. Mit Logik werden wir hier nicht weiterkommen.

Was hast du gegen sie, außer, daß du mit ihr auf Kriegsfuß stehst? Turmet wirkte aufgekratzt. Er hatte jetzt etwas, womit er umgehen konnte, wie er es gewohnt war. Beobachten, vermessen, Daten vergleichen.

Das wird schon hinhauen, sagte er.

Die Tiere kamen näher. Ich weiß nicht, sagte ich. Kein Fieber, keine Ausbrüche, keine verrückten Träume, das ist schlimm. Wenn zwei Menschen einen hinter ihnen absolut verschlossenen und bewachten Raum betreten, und ihr nach einer Weile drei herauskommen seht, werdet ihr sofort sagen, der Raum ist leer minus eins. Ich wäre eher bereit an ein Wunder zu glauben oder an den Wahnsinn, was unter Umständen das gleiche bedeutet.

Wir sollten nicht so reden. Tim packte seine Pfeife wieder ein.

Wir hätten dieses Entsetzen niemals einbüßen dürfen.

Haben wir vielleicht auch nicht. Vielleicht ist es nur zubetoniert und spielt uns deshalb so erfolgreich Streiche, sagte Tim. Er beobachtete nun ebenfalls die Mostare.

Gehen wir lieber, sagte er und wies aufs Zelt.

In diesem Augenblick kam eines der Tiere auf uns zugaloppiert.

Knapp bevor es uns rammte, bremste es ab, die Vorderbeine in den Boden stemmend und spritzte eine blaß gefärbte, ätzende, stinkende Flüssigkeit in unsere Richtung. Ich bekam ein paar Spritzer auf die Hand und auch Tim bekam ein paar ab. Dort, wo die Flüssigkeit auf die Haut gekommen war, bildeten sich sofort Blasen wie nach einer Verbrennung. Es schmerzte auch ähnlich.

Zurück, brüllte Tim, die Biester greifen ja schon wieder an.

Wir rannten, ehe er ausgesprochen hatte. Es waren etwa zweihundert Meter bis zum Zelt, und die Mostare hatten es bis zu uns doppelt so weit, aber sie holten uns trotzdem fast ein. Der Lebensretter schnitt ihnen den Weg ab und baute sofort ein Kraftfeld auf.

Der Rest des Abends – eine einzige Depression. Wir warfen uns auf die Schlafsäcke und starrten auf die Zeltdecke. Gefängniszellen sehen kaum anders aus, darin war ich Expertin. – Was haben die gegen uns? – Nichts natürlich. – Aber dieses Feindbild – woher? – Haben wir nicht alle unsere Feindbilder und wissen nicht, woher?

– Tu mir einen Gefallen und sei weniger klug. – Angeborene Aggression, die wir mit irgendwelchen Signalen auslösen. Aufhören, aufhören, aufhören. Einen räudigen Hund jagt man auch von der Schwelle, es braucht keine Begründung.

Irgendwann schlief ich ein.

Das Licht war kein Licht und die Dunkelheit keine Dunkelheit. Auch über die Zeit weiß ich nichts zu sagen. Ich war allein in der weiten Ebene, keine Ahnung, wie ich hingekommen war, während Tim, Rorio und Turmet im Gleiter auf mich warteten, um abzufliegen. Ich war noch einmal fortgegangen, weil ich etwas verloren hatte. Ich mußte es finden und zurückbringen. Und die Zeit drängte. Dann hatte ich es, ich weiß nicht, was. Ich hatte es fest in meinen Händen. Von ferne sah ich Tim winken, im gleichen Augenblick bekam er die Züge des Psychiaters, dessen Befund mich hierhergebracht hatte. Ich versuchte ihn genau zu erkennen und sah, daß ich mich geirrt hatte. Es war der Richter, der winkte und rief, ich möge mich beeilen. Aber ich kam nicht vorwärts. Pflanzen schlangen sich um meine Beine und brachten mich zu Fall. Pflanzen umwickelten meine Hände und hinderten mich am Aufstehen. Ich wollte schreien, man möge mir zu Hilfe kommen.

Da spürte ich Pflanzen in meinem Mund und riß sie aus, aber für jede ausgerissene wuchsen zehn andere nach. Ich schlug um mich, trat mit den Beinen gegen das ekelhafte Gewächs, aber ich kam nicht frei. Zum Schluß ergab ich mich einer Art bodenlosem Entsetzen und hörte auf, mich zu bewegen.

Sie hielten mich zu dritt fest. Tim beugte sich über mich.

Schlechte Träume, wie? sagte er.

Ich lag in der Nähe des Einganges, und im Zelt brannte Licht. Es sah verwüstet aus. Auf dem Boden lag allerlei Gerät verstreut, die Behälter für die Pflanzen waren vom Regal gestoßen, die Gewächse zertrampelt.

Schlechte Träume, ja. Tim ließ mich los, und ich setzte mich auf.

Trink. Er hielt mir ein Glas Wasser hin.

Ich trank es.

Geht es wieder?

Ich nickte. Das Licht tat mir gut und auch, daß die anderen da waren und daß ich bei ihnen war und nicht draußen und allein.

Bist du sicher, fragte er.

Ja doch, antwortete ich, obwohl ich nichts begriff. Ich erhob mich und begann mechanisch die Spuren meines Wütens zu beseitigen. Vor der Berührung der Pflanzen schreckte ich zurück.

Laß es, sagte Tim. Er packte sie und warf sie vor die Zelttüre.

Ich muß wissen, warum, auch wenn dieses Wissen nichts mehr ändert. Ich muß es aussprechen. Ich bin ein dummes, kleines Biest, das keiner Fliege etwas zuleid tun kann, das immer nur dagegengedacht hat, nichts sonst. Jetzt werde ich es aussprechen. Damit durfte niemand rechnen. Wir sind einen Schritt weiter als all die anderen vor uns, die die Ikarus abgeladen und ausgeworfen hat. Nicht klug genug, aber klüger. Über mir wieder dieser entsetzliche blaue Himmel. Um mich herum Schatten. Der Schatten des Waldes und andere Schatten, die Tim, Rorio und Turmet heißen. Noch höre ich ihre Stimmen, horche, ob mich eine ihrer Lebensäußerungen erreicht, süchtig nach allem, was mich erinnert, sie mir zurückruft.

Früher, noch gestern, wenn ich mich umdrehte, sah ich sie. Tim, der schief lächelte, was heißen mochte: Wir schaffen es schon noch. Wir finden für alles schon noch eine Lösung. – Der kleine Gott in uns kann wohl niemals aufgeben. – Tim gegenüber

Turmet. Er hat von uns am meisten gelitten. Er hatte einen Traum zu begraben. Wir anderen nur uns selbst. Kann sein, daß der physische Tod ein gutmütiger Teufel gegen den anderen ist, der ihm vorausgeht. Turmet hat sich am längsten gewehrt. Ich sah ihn gegen die Wände seines Gefängnisses anrennen, bis er atem- und kraftlos war. Ihn verlor ich zuerst aus den Augen. Nach ihm Rorio, dann erst Tim. Tim zuletzt. – Zu keiner Bewegung fähig sein und der Gesten mächtig bleiben, das ist gemein. Und dann das Schweigen.

Es war immer das Schweigen.

Ich sitze mit den Händen auf den Knien, vornübergebeugt wegen des Gewichtes, manchmal liege ich. Der Boden ist aufgewühlt. Erde, blanke Erde. Nein, ein ekelhafter Sumpf. Acht Tage keine Toilette und trotzdem Verdauung, das muß man dazusagen. Wir werden, ehe wir tot sind, noch die Krätze bekommen, auch das gehört gesagt. Kein ästhetischer Tod. Und dies: ein viehisches Sterben. Man hält uns hier wie Tiere, deren Fleisch verdorben ist, ich weiß nicht, wer. Da verliert man jede Erinnerung an frühere Unterhaltungen, an die Vorträge über Liebe, Intelligenz, über Menschen und Licht und die höheren Werte. Alles sehr edel, sehr edel, dessen erinnere ich mich noch. Aber alles nicht wahr. Gift ohne Gegengift. Alles noch schlimmer als schlechte Träume. Alles nicht wert, behalten zu werden. Nur die Erinnerung an den Trotz lohnt. Guter, alter Freund. Vielleicht schlagen wir den anderen doch noch ein Schnippchen. Natürlich wird es für uns zu spät sein. Aber dieses Schiff wird zurückkehren. Und dann wird man eine Menge damit zu tun haben, unsere Stimme unschädlich zu machen, diese Stimme, die sprechen wird, die Stimme von Toten. Selbstverständlich ziehe ich in Erwägung, daß es doch noch gelingt, uns mundtot zu machen, nicht bloß tot, aber es ist nicht sicher.

Die Hoffnung. Tim sagt, er hat die Hoffnung noch nicht aufgegeben, daß uns der Lebensretter findet und zum Schiff zurückbringt, aber ich glaube nicht daran. Oder besser: ich sehe keine Chance darin. Wir sind irgendwo und werden immer nur irgendwo sein. Wir sind viel zu weit von zu Hause entfernt, viel zu weit für ein Menschenleben.

Tim sagt zwar, daß wir, einmal auf dem Schiff, uns einfrieren lassen könnten, die Möglichkeit dazu besteht, aber ich glaube auch daran nicht. Sie schickten uns hinaus ins All, weil der Tod dort etwas Mystisches, Schicksalhaftes an sich hat. Weil er dort etwas ist, wofür niemand kann. Pioniere sind immer Spieler, die um den Einsatz ihres Lebens spielen. – Das wird man denen sagen, die Fragen stellen. Und man wird denen, die Fragen stellen, das gleiche Schicksal bereiten: unterwegs verlorene oder ungeliebte Heimkehrer zu sein, die in Heimen wohnen, in abgezäunten Bezirken, in Reservaten, wo sie über eine Zeit sprechen, die niemandes Gegenwart ist und die keiner mehr versteht, in einer Welt, die sie nicht mehr verstehen, vielleicht niemals verstanden haben.

Das Ende begann am Morgen nach dieser Nacht, der Nacht des Traumes. Nein, das Ende begann nicht mit dem Morgen. Es war das Ende des Endes.

Wir erwachten später als sonst. Die Sonne stand schon hoch am Himmel, als wir aus den Schlafsäcken krochen. Der Weckruf war ausgefallen. Ich hatte Kopfschmerzen und kümmerte mich vorerst um nichts. Rorio ging sofort in den Gleiter, ich weiß nicht, was er dort wollte, und Turmet saß eine Weile herum, ohne sich zu irgend etwas entschließen zu können. Die vergangene Nacht steckte uns allen noch in den Knochen. Viel zu wenig Schlaf und dann nicht tief genug. Wir trödelten eine Weile herum, mit Frühstück, Waschen und so. Nach einer Weile fiel Tim die seltsame Haltung der Roboter auf. Sie lehnten neben dem Zelteingang, der Lebensretter blockierte ihn halb. Tim fragte, ob einer von uns die Maschinen abgeschaltet hatte, wir verneinten. Er versuchte sie einzuschalten, aber sie rührten sich nicht. Es sah aus, als wären sie mit dem Kraftfeld in Konflikt geraten. Dann fand Tim heraus, daß das Kraftfeld ums Zelt nicht mehr existierte. Er sagte vorerst nichts, sondern zog sich in den Gleiter zurück, warf Rorio hinaus und versuchte eine Verbindung mit dem Orakel herzustellen. Die Leitung war tot, die Energieversorgung zusammengebrochen. Bloß unsere paar Solarzellen funktionierten noch.

Wir bemerkten von all dem nichts. Tim baute ohne Erklärung alle Solarzellen aus, die wir zur Verfügung hatten und zog sich wieder in den Gleiter zurück. Zuerst bastelte er allein herum, später zusammen mit Rorio. Es war ein reichlich törichtes Spiel, das er mit uns trieb, und als wir es endlich begriffen, spielten wir mit, so gut wir konnten. Alles halb so schlimm. Wir hatten unsere

Solarzellen, Licht, Warmwasser, und wenn wir mit der Energie sparsam umgingen, konnten wir damit auskommen. Mit ein bißchen Bastelei würden wir Verbindung zum Schiff herstellen, mit der dortigen Energieanlage, wenigstens mit den Überlebensreflexen. Nicht ganz einfach, aber nicht unlösbar, bloß eine Frage der Zeit, schließlich hatten wir Experten unter uns. Und unsere Phantasie.

Ich verstand nicht, wie das alles gehen sollte, zumal die Roboter ausgefallen waren, aber ich traute Tim und Rorio zu, daß sie es schaffen konnten. Turmet und ich vertrieben uns die Zeit mit Handlangerdiensten. Einen Computer bedienen konnte er, auch wenn er es niemals zu höheren Weihen der technischen Gralsritterschaft gebracht hatte.

Das erste, was Tim und Rorio schafften, war, unsere Gesprächsleitung vom alten Energiesystem loszukoppeln und mit unseren Hilfsenergien zu speisen, aber die Ikarus antwortete nicht, obwohl unsere SOS-Rufe ankamen, wie wir feststellten. Das Überlebenssystem war also intakt, aber es kümmerte sich nur um das Schiff. Solange die einlangenden Impulse nichts über eine drohende Gefahr für das Schiff aussagten, wurden sie ignoriert.

Tim fluchte und wiederholte den SOS-Ruf. Vielleicht hatte das Orakel die Zeit, die es nichts zu tun hatte, zu einer Generalüberholung genutzt und sich selbst in Narkose versetzt. Das war peinlich, aber auch wieder nicht so schlimm. Irgendwann mußte die Operation beendet sein. Spätestens in einem halben bis ganzen Tag.

Wir standen um Tim herum, als er seine Rufe ans Schiff stur wiederholte. Der Tag war strahlend schön. Über der Ebene lag ein seltsamer Glanz. Ich stand so, daß ich hinaussehen konnte. Ein wundervolles Land, dachte ich, auch wenn wir jetzt wohl nicht hinausgehen konnten. Dann fing Rorio wieder mit der alten Frage an, wer das Schiff damals, beim Zusammenstoß mit dem Kraftfeld aus der Narkose gerufen haben konnte und wieso unsere Energieversorgung in der Bewertung der notwendigen Maßnahmen keine Rolle spielte, so daß unsere Bedürfnisse einfach ignoriert wurden. Tim zuckte mit den Schultern und meinte, daß wir besser versuchten, die reflektierende Außenhaut des Gleiters zur Energiegewinnung zu nutzen, um wenigstens einen der Roboter und vor allem das Gehirn des Gleiters zu aktivieren.

Er und Rorio verbrachten den gesamten Nachmittag damit, und ich hatte den Eindruck, daß sie nicht weiterkamen. Ein paar Male hörte ich: ... oben im Schiff ... oben im Schiff wäre nichts ein Problem, aber hier unten war alles eins. Der Nachmittag neigte sich, eine späte Sonne stand am Himmel, als beide erschöpft ihre Arbeit hinschmissen. Sie hatten jetzt genug Energie und das Gleitergehirn ließ sich wieder verwenden, aber die Antriebsanlage blieb weiterhin blockiert, auch die Roboter rührten sich nicht.

Tim gab dem Lebensretter einen Tritt und warf sich auf den Schlafsack. Der Blechtrottel bekommt genug Energie, bloß er nimmt sie nicht an. Kann mir ein Mensch sagen, warum?

Mich interessiert viel mehr, sagte Rorio, wieso das Gleitergehirn Ersatzenergie sehr wohl annimmt. Er suchte einen Fehler in der Schaltung oder so ähnlich, während sich Tim wieder aufrappelte und einen Dauernotruf programmierte, die Sprechfunkgeräte wieder betriebsbereit machte und die Logbucheintragungen des beinahe vergangenen Tages ergänzte. Automatische Eingabe an das Orakel, wenn es wieder zu funktionieren geruhte. Dann kam Rorio auf die Idee, einen Überbrücker im Antriebssystem des Gleiters einzubauen, so daß es vom Mutterschiff aus nicht mehr zu beeinflussen war. Stell es dir als eine Art Überbrücker vor, sagte er, eine Art absichtlichen Kurzschluß. Zwischen ihm und Tim entwickelte sich ein längerer Disput, von dem ich kein Wort verstand. Schließlich ging Rorio hinaus, er wollte von außen in den Antriebsschacht kriechen, obwohl Tim dagegen war.

Die nachfolgenden Ereignisse liefen zu schnell ab, als daß wir sie begriffen. Ich hängte gerade mein Sprechfunkgerät um, da hörten wir Rorio um Hilfe schreien. Wir stürzten ohne Überlegung aus dem Zelt. Die Flugsaurier griffen ihn an und im gleichen Augenblick, als wir das sahen, griffen sie auch schon uns an. Und dann kamen die Mostare. Ich weiß nicht, wie es weiterging. Der Ekel vor den Tieren und den Pflanzen machte mich beinahe besinnungslos. Mein Bewußtsein setzte erst wieder eine Weile später ein. Ich sah uns durch die Ebene hetzen, von den Vögeln und den Mostaren gejagt, vom Gras an der Flucht behindert. Wieder dieser ätzende, widerliche Geruch, der uns mehr noch als die Angriffe der Tiere voranjagte. Das pfeifende Geräusch von Flügelschlägen. Knapp vor mir Turmets wild um sich schlagende

Arme. Er hatte sich, als er Rorio zu Hilfe eilte, mit einem Buschmesser bewaffnet und hieb wild nach allen Seiten.

Wir entfernten uns immer weiter vom Zelt und vom Gleiter. Als wir schon nur mehr taumelten, waren wir in der Nähe des Waldes. Ich weiß nicht, ob es Tim war, der schrie: In den Wald und auf die Bäume. Ob das überhaupt jemand schrie, oder ob ich es dachte, oder ob wir dorthin liefen, weil kein anderer Weg frei war. Wir jagten auf den Pfad zu, den wir vor Tagen entdeckt hatten. Der grüne Vorhang kam uns entgegen. Kaum hatten wir den Pfad betreten, waren wir eingekreist. Turmet und Tim schlugen das grüne Netz entzwei. Jetzt sah ich, daß auch Tim ein Buschmesser hatte. Die Gewächse verloren ihren Halt. Das niederstürzende Grün versperrte den Mostaren den Weg, von oben schützten uns die Bäume. Wir gelangten zur Lichtung, außer Atem, aber vorläufig in Sicherheit, wie wir dachten. Erschöpft ließen wir uns fallen. Die Brust schmerzte unter jedem Atemzug. Ich lag mit weit geöffnetem Mund da, zuerst helle, dann dunkle Flecken vor den Augen und bekam immer zu wenig Luft.

Diese Schweine, diese Schweine, hörte ich Tim sagen. Diese verfluchten Schweine.

Zuerst dachte ich, daß er von den Tieren sprach. Später erst begriff ich, daß er die Kommission und ihre Mitglieder meinte.

Ich drehte mich auf den Bauch. Sofort wieder dieses entsetzliche Grünzeug im Gesicht und in den Haaren. Ich riß ein Grasbüschel aus, noch eins und noch eins. Mit den Fingernägeln grub ich die Erde auf und preßte die Wangen auf den Boden. Er war kühl, ein wenig feucht und angenehm kühl auf meiner verschwitzten Haut.

So blieb ich liegen, ohne an irgend etwas zu denken. Rorio schreckte uns auf.

Oh, nein, rief er. Seht euch dieses widerliche Zeug an. Das Buschmesser, verdammt, es hat mein Buschmesser.

Ich richtete mich etwas auf. Hoch über meinem Kopf baumelte das Messer, am Griff fest umrankt. Er hatte sich näher bei den Bäumen auf den Boden geschmissen als ich. Tim sah, was los war und griff nach seiner Waffe, aber es war schon zu spät. Er bekam sie nicht mehr aus der Verrankung der Äste und Lianen frei und geriet immer tiefer ins Dickicht, während er wie rasend herumschlug.

Theorie hin, Theorie her. Man kann begreifen, ohne zu erklären. Ich weiß nicht, warum ich rief, er möge mit dem Herumschlagen aufhören und sich stattdessen mit der Erde einreiben, aber ich wußte, daß er das tun mußte, daß es das einzig Richtige war, wollte er nicht von diesem Grünzeug erwürgt werden. Er warf sich auf den Boden und wühlte ihn auf, so gut er konnte, trampelte einen Flecken Erde frei. Das Messer schwebte nun über seinem Kopf und wanderte immer höher. Die Ranke, die sich darübergeschlungen hatte, pendelte wie ein Gummiband elastisch auf und nieder, jedesmal ein Stück höher hinauf als hinunter.

Woher hast du gewußt, fragte er. Heilige Galaxis, sagte er dann. Nicht doch.

Ich folgte seinem Blick. Rorio konnte sich kaum mehr bewegen. Von Turmet erkannten wir nur einen Schatten. Eine Wand aus Blättern und Ranken stand zwischen ihm und uns, eine Blätterwand begann sich zwischen uns und Rorio, zwischen mir und Tim aufzurichten. Schlingende Bewegungen, Drehungen, Windungen. Ich, ziemlich genau in der Mitte der Lichtung, war noch am besten dran. Mir konnte nur das Gras Fallen stellen, und das Gras des Waldbodens war schütter. Ich konnte es ausgraben, dann hatte ich genug Bewegungsfreiheit. Tim erkannte das und versuchte sich mit einem Sprung zu mir aus der Enge seiner Falle zu retten, ehe er völlig eingewachsen war, aber irgend etwas umklammerte sein Bein und brachte ihn zu Fall. Ich wollte ihm zu Hilfe kommen. Sofort hatte ich eines dieser Lianenschlinggewächse um den Hals.

Zurück, brüllte Tim. Zum Teufel, geh weg.

Wenig später sah ich auch ihn nur mehr als Schatten. Aber ich hörte ihn wenigstens. Er fluchte lästerlich. Turmet stieß unartikulierte Laute aus, Rorio schwieg.

Es ist schwer zu sagen, ob wir zu erschrocken waren, um Entsetzen zu fühlen oder in den entsetzlichen Momenten ein gnädiger Mechanismus alles an sich reißt und den Schrecken betrügt, indem er die Lebenden betrügt. Jedenfalls fingen wir an, uns umzusehen, wie wir es an jedem anderen Ort ebenfalls getan hätten.

Mannschaftsschreck, Kommander, fragte ich.

Ich habe mir so viel Platz freigegraben, daß ich mich etwas rühren kann, meldete sich Turmet.

Rorio?

Das Grünzeug hat es aufgegeben, mich zu würgen. Mein Hals ist zu dick. – Alma ist wieder einmal auf die Butterseite gefallen, wie ich sehe. Doch, ich sehe dich.

Ich spürte ein Brennen am Hals, das die Gurte des Sprechfunkgerätes verursachten. Das hatte ich vergessen.

He, ich habe ein Funkgerät bei mir, sagte ich.

Was hast du?

Ein Funkgerät, um das Schiff und das Orakel und die Roboter und all den Klimbim zu erreichen, der heute morgen nicht funktionierte.

Galaktischer Programmierer, bist du mir sympathisch, Mädchen, sagte Tim. Los doch, versuch es.

Ich versuchte es. Aber warum sollte der Schrotthaufen auf unserem Landeplatz jetzt auf einmal funktionieren, wenn es vorher nicht der Fall gewesen war. Das Orakel schwieg, aber ich wußte, daß ich das Protokollgerät des Gleiters erreichen konnte. Wir waren auf Sendung gewesen, als Rorio angegriffen wurde. Und über das Protokollgerät konnte ich vielleicht doch die Ikarus erreichen. Nicht zu viel denken. Das Naheliegendste versuchen.

Wetten, sagte Tim, das Biest hat davon gewußt.

Das Biest, das Monster, das Orakel, die gesamte hochverehrte anständige Gesellschaft, die uns hierhergeschickt hatte, mußte davon gewußt haben.

Wer will schon mit dir wetten, sagte Turmet, Wenn du recht hast, wüßten sie, daß und wo Terra ist. Dann wüßten sie alles. Er ging doch eine Wette mit Tim ein. Es ging um ein besonderes Gebräu, das nach alten Rezepten von den Eingeborenen eines unserer Nachbarplaneten hergestellt wird. Nach ein paar Schlukken davon kann man wunderbar träumen und gleichzeitig eine Menge Dinge tun, ohne wirklich aufzuwachen. Und wenn die Wirkung aufhört, hat man nicht einmal einen Katzenjammer, und es macht nicht süchtig, zumindest nicht gleich.

Wir alberten eine Weile herum. Das war das Beste, was uns einfallen konnte. Später begann ich zu graben. Ich grub mir eine Schlafkuhle, und Tim machte das gleiche. Rorio gelang es, etwas vom ihn umgebenden Gebüsch auszuwurzeln, danach konnte er sich wenigstens zusammengerollt hinlegen. Nach und nach beschmierten wir uns mit der Erde, danach reagierten die Pflanzen weniger aggressiv. Unser Bewegungsraum erweiterte sich etwas.

Gute Nacht dann, sagte ich.

Du willst schlafen, fragte Turmet.

Was sonst. Wenigstens versuchen.

Pst. Ein fernes Rascheln im Gebüsch war zu vernehmen. Quer durch den Wald marschierten oder krochen oder kletterten irgendwelche Nachttiere. Es war nicht zu sehen, aber wir duckten uns und horchten. Und selbstverständlich fürchteten wir uns.

Es ist immer dasselbe, dachte ich. Mit dieser Welt ebenso wie mit den Menschen. Vorsichtiger Austausch von belanglosen Informationen, von Unverständlichkeiten. Abtasten, verbergen, täuschen, sich verstecken. Ganze Tage haben wir unsere Energien vertan und uns auf die falschen Beobachtungen gestürzt und das Wesentliche nicht verstanden. Diesen Wald zum Beispiel. Die Wiese. Und nun wird keine Zeit bleiben, zu klären. Die Gelegenheit ist vorbei. Man wollte etwas begreifen, und Es erschrickt, wendet sich ab oder greift an. Und man erfährt nichts von den Dingen und den Menschen, von ihren Träumen, von dem, was sie wollten und was es hatte werden sollen.

Ich dachte an die Kinder, die ich immerhin vier Jahre lang unterrichtet hatte. Zuerst so, wie man es mir beigebracht hatte, später nach eigenem Gutdünken, völlig ohne zu begreifen. Und als ich endlich ahnte, was sie brauchten, war es zu spät. Das Wichtige begreift man nie oder zu spät.

Gegen Mittag des nächsten Tages regnete es, und wir rangen dem Wald wieder ein Stück Boden ab, auf dem wir uns ausstrecken konnten. Solange wir schlammbedeckt und paniert waren, benahmen sich die Pflanzen erträglich. Aber als am übernächsten Tag dem Regen wieder Sonne folgte, eine heiße, stechende Sonne, die Gewitter nach sich zieht und das Wetter nicht zur Ruhe kommen läßt, als der Wald zu dampfen und wir zu trocknen anfingen, bis die Erdkrusten absprangen, war es wieder die alte Feindseligkeit. Die Wände verdichteten sich. Auch die Abdeckung von oben. Sie wirkte wie eine Schallglocke. Wir konnten uns kaum mehr verständigen. Ich bekam oft nicht einmal heraus, aus welcher Richtung die Stimmen kamen und begann mir allerlei Geschichten in Erinnerung zu rufen. Auch Bilder. Manche kamen von selbst, ohne daß ich an sie dachte. Jetzt, wo ich mich restlos allein fühlte, entlud sich mein Gehirn. Kann sein, daß dies der erste Bote des Todes ist: ein Kopf, der sein

Gedächtnis entläßt, indem er nach außen wirft und mit nie gekannter Schärfe abbildet, was er ein Leben lang aufgenommen hat. Manche Bilder waren so deutlich, daß ich vorübergehend vergaß, wo ich war.

Mittags, wenn mich die Sonne erreichte, betätigte ich noch immer das Sendegerät. Tim hat mir das Versprechen abgenommen, das zu tun, solange es geht. Das war einer seiner letzten klaren Sätze. Bald danach nur mehr verzerrtes Gestammel.

Ein Protokoll für die Sieger, sagte er. Sie sollen sich nicht zu gut fühlen.

Ich beschmierte mich mit Lehm und robbte näher an die grüne Wand zwischen ihm und mir.

Daran glaubst du, fragte ich.

An die unbesiegbare Niederlage, ja. Du nicht?

Hier? An Schlaf, nur mehr an Schlaf.

Schlafen will ich, schlafen, träumen ... gebettet in Grün ... Man möchte ins Schwärmen kommen. Schlaf, Bruder des Todes und so fort. Schwebezustand, in dem sich die Wirklichkeiten miteinander vermengen. – Nichts zeigt die Unsinnigkeit des Denkens mehr als Situationen, in denen man die Worte beim Wort nimmt. Ich erinnere mich, daß ich auf die Frage, wo ich einmal begraben sein möchte, antwortete: auf einem Hügel unter einer Birke. Darüber weit auseinanderstehendes Heidegras. Ohne Kennzeichen und weit ab von Menschen. Der Psychiater, der mir diese Frage stellte, las daraus, daß mir gesellschaftlicher Aufstieg keinen Pfifferling wert war und meine Menschenfreundlichkeit enge Grenzen hatte. Bleibt mir auf Abstand. Ja. Alle. Ich bin nicht häßlich, weil die Natur mich so ausgeworfen hat, ich bin häßlich, plump, dickgefressen, weil das der sicherste Weg ist, von Menschen gemieden zu werden.

Die nächste, nicht identifizierte Seuche über alle. Tim, Turmet und Rorio, diese armen Schweine ausgenommen. Aber über die anderen die Pest. Sie zu hassen bin ich zu träge. Es reicht gerade zur Verachtung. Für Haß braucht man einen Glauben, den man verteidigen will. Bloß verschwendete Energie. Für Verachtung braucht man nichts, nur eine Verletzung. Besser einen Verrat an einem Glauben, den man nie geteilt hat. Den zu teilen man aufgefordert wurde mit hunderttausend Beteuerungen. Und, vermutlich, um die Erinnerung an den Verrat und die gebrochenen Eide aufrecht zu erhalten, wenigstens etwas Ekel vor dem Geschwür Mensch.

Apropos Energien. Die Batterien werden immer schwächer. Ich weiß nicht, wie lange noch ... Es ist heute der neunte Tag, und hätte es nicht geregnet, wäre er uns erspart worden. Aber so hatten wir immer Wasser, wenn schon nichts zu essen. Nicht mehr wichtig. Unsere Verzweiflung will ich auslassen. Sie ist kein Thema. Unsere Angst auch nicht. Nur der Zorn und der Ekel. Heute ist der neunte Tag und nichts hat sich geändert, hin und wieder höre ich ein Aufstöhnen, und das einzige, das mir sagt, daß nicht ich es bin, ist: Ich habe mich abgefunden. Da stöhnt man nicht. Man windet sich in Krämpfen. Man hebt den Kopf und sagt: So ist es. Und versucht trotzdem. Was immer. Man versucht es ohne Ziel. Nur so. Zum Trotz.

Der neunte Tag, das muß man sich einmal vorstellen. Es gab Augenblicke, da fragte ich mich, was sich dieses Monstrum eigentlich denkt. Was man sich gedacht haben mag, als man uns diesem Monstrum auslieferte. Jetzt frage ich nicht mehr. Ich gebe Tim recht. Er war zum Schluß fest davon überzeugt, daß alles, die Raumversetzung in einen anderen als den zugewiesenen Sektor, der Zusammenbruch unserer Energieversorgung, das Schweigen des Leitcomputers, einem von vornherein festgelegten Plan entsprach. Nur Turmets romantische Idee, sich der alten Erde mit zum Teil prähistorischem Gerät zu nähern, hat diesen Plan durchkreuzt. Hat es? Das ist meine letzte Hoffnung. Sie will ich behalten. Wenn die Ikarus diesmal ohne Besatzung zurückkehrt – oh, sie wird zurückkehren. Irgendein Mechanismus wird sie wieder in Gang setzen, vielleicht eine Art simpler Zeitschaltung. Sie wird den Gleiter zurückrufen, die Roboter, alles, was wir ausgeladen haben, wird wieder zurückkommen. Niemals – hat Tim gesagt – fehlte irgend etwas an technischem Gerät. Diesmal wird das Schiff ein Kuckucksei mitführen. Ein Protokoll, von dem niemand ahnt. Diesmal wird man erfahren, wo die Besatzung verblieben ist, wenn man erfahren will. Was geschehen ist und warum geschehen ist, was geschah. Es wird nie viele Tims geben, aber es wird sie immer geben.

Dies ist voraussichtlich meine letzte Meldung. Die Kontrollleuchte meines Gerätes flackert und tanzt. Nicht mehr viel Zeit. Und ich muß noch etwas nachtragen. Ich glaube, ich weiß, was uns hier passiert ist. Sie haben uns erkannt. Ich meine alles, was hier lebt, die Tiere und die Pflanzen. Der Mechanismus scheint denkbar einfach. Er funktioniert auf die gleiche Weise, in der uns die Schutzanzüge auf der Ikarus in Momenten der Gefahr selbsttätig finden. Das Sensorium dürfte auf Körpertemperatur und Buttersäure reagieren. Je mehr wir schwitzen, desto leichter hatten sie es. Mit Dreck beschmiert, in Lehm eingepackt war's dann schwerer. Wir hätten früher darauf kommen können. Geändert hätte es nichts.

Nach dem großen Knall, der – wie in den Berichten steht – die endgültige Zerstörung des Lebens auf Terra nach sich zog, hat sich dieser kleine Kosmos noch einmal selbst erschaffen. Leben, das überleben will, muß klug sein, klüger werden. Nicht klüger, aber nennen wir es so. Zwischen Tag und Nacht, Licht und Dunkel muß es sich zurechtfinden, Feinde und Gefährten erkennen. Sie haben in uns den alten Feind wiedererkannt. Den alten, warmblütigen, schwitzenden, mörderischen Feind.

Schön, das war's dann. Meine letzte Meldung an dich, Orakel. Du wirst den Speicher doch leeren wollen, nicht wahr? Du wirst ihn zuerst abrufen und dann entdecken, daß er nicht zu löschen ist. Unsere Sperre. Verbrennen, verbrennen, aber das kannst du nicht. Du wirst alles, was wir sagten, mit dir führen. Du wirst wissen, was du ... Wir sprechen über einen Mord und über Mörder – klar? Wir reden über Menschen und über dich, du toller Handlanger von Mördern.

Ein bißchen Wahnsinn. Ich wünsche ihn dir, er würde dich etwas menschlicher machen. Verwirrung in deinen festen Verdrahtungen. Vertauschte Programme. Es gibt Dinge, von denen du nie erfahren wirst. Und welche, von denen du erfahren wirst, ohne sie zu begreifen.

Aber ...

Ein paar will ich dir sagen: Der Tod ist grün und schweigt.

Im leeren Himmel keine Schatten.

Es war immer das Schweigen.

Trotzdem ... vielleicht später ... vielleicht noch einmal ein Später. – Nein. Dein Schweigen ist unser Tod.

Nachtrag:

Es war nicht meine letzte Logbucheintragung. Wir fliegen wieder. Wir wissen noch nicht wohin.

Ich erwachte noch einmal, obwohl ich es mir nicht gewünscht

hatte. Ein seltsames Geräusch, das ich mit keiner Erinnerung gleichsetzen konnte. Ich war zu gleichgültig, um wissen zu wollen, was sich da auf uns zubewegte, überhaupt bewegte. Ich war nur über die Störung verärgert und schlief wieder ein. Als ich zum zweiten Mal erwachte, war das Geräusch ganz nah. Ich öffnete die Augen und sah den Lebensretter neben meinem Kopf stehen. Hinter ihm eine beleuchtete Gasse im Wald. Es war tiefe Nacht, und ich hatte vermutlich gerade geträumt. Irgend etwas ohne Aufregung. Wahrscheinlich von Essen. Einer der Allroundroboter leuchtete die Umgebung aus, der zweite fällte Bäume. Das war das Geräusch gewesen: tock, tock, tock. Der Lebensretter steckte mich in einen Schutzanzug, dann fing er an, Tim aus seinem Gefängnis zu schneiden. Tim bewegte sich, begriff aber nichts. Noch ein Schutzanzug. Das gleiche lächerliche Ankleideritual. Dann kam Turmet dran. Mit Rorio hatte es der Roboter am schwersten. Er brauchte Hilfe. Danach trugen uns die Blechkerle aus dem Wald, auf die Wiese. Das Landfahrzeug parkte neben dem Trampelpfad. Sie legten uns auf die Ladefläche. Unter unserer gemeinsamen Last sank das Fahrzeug ein. Die Roboter mußten es ausgraben und Äste unterlegen, damit es abgestützt war, dann anschieben. Währenddessen lagen wir da und rührten uns nicht.

Als wir beim Zelt ankamen, war der Gleiter startbereit, aber unser körperlicher Zustand für einen sofortigen Start zu schlecht. Ich glaube, es waren noch zwei Tage und zwei Nächte, die wir auf Terra verbrachten. Die meiste Zeit schliefen wir, mehrmals am Tag zu kleinen Mahlzeiten geweckt, wie Säuglinge versorgt und gehätschelt. Dann der Start. Die Ikarus.

Im Biolabor noch immer Kassandra, ausgestopft und bernsteinäugig. Kombüse, Kajüten, Kommandostand – alle gleich geblieben. Hätte man uns in diesem Augenblick gesagt, daß alles, was hinter uns lag, bloß einem Traumbild entsprungen sei, wir hätten es geglaubt. Mit unsicheren Bewegungen und jener Verwunderung, wie sie manchmal Menschen anfällt, wenn sie plötzlich aus einem langem Schlaf gerissen in eine Wirklichkeit taumeln, die sie vergessen hatten, gingen wir durchs Schiff und versuchten uns ans Leben zu gewöhnen.

Einmal tief durchatmen und an nichts mehr denken.

Aber Tim konnte es nicht lassen. Er wollte wissen, was geschehen war. Er wollte es genau wissen. Ohne ihn wären wir in

Richtung Nachhause geflogen, hätten an eine Panne geglaubt, die im letzten Augenblick doch noch behoben war und wären schon wieder dabei gewesen, uns der Allmacht des Orakels zu beugen.

Tim wollte wissen, was für eine Panne. Das Orakel antwortete: keine. Er studierte die Speicher und stellte fest, daß sämtliche Sperren aufgehoben waren. Auf seine Anfrage antwortete das Orakel: entkodifiziert. Tim fragte nach der Rückflugroute, die Antwort lautete: auf dem gleichen Weg wie hierher. – Nach welchen Angaben sollten wir in den alten Sektor zurückkommen, aus dem wir durch den Zusammenstoß mit dem Kraftfeld hinauskatapultiert worden waren? – Es hat nie einen Zusammenstoß gegeben. Rorio suchte die entsprechenden Protokolle. Kein Hinweis auf eine Kollision.

Wir fragten weiter. An dem Abend, an dem wir den Speicher fanden, in dem unser Schicksal vorgezeichnet war, stoppten wir die Maschinen und ließen uns treiben. Ich betrachtete beharrlich den künstlichen Horizont, als uns Tim das Tonband vorspielte. Wir waren die ersten, die zurückkehren würden – und man versprach uns einen ehrenvollen Empfang, wie er der Elite der Nation gebührte –, die sich kraft ihrer Phantasie über die lächerlichen Widrigkeiten des Schicksals erhoben und sie überwunden hatten.

Ich will es kurz machen. Wir sind Verlorene und werden es bleiben. Wir wollten Klarheit. Wir bekamen sie. Keine Illusionen. Na schön, wer fragt, dem geschieht recht.

Auftrag der Ikarus: Transport von Häftlingen nach Terra. Standort, Art und Weise der Reorganisation des Lebens dort – alles ein alter Hut. Der große Rat wußte seit Generationen, wie es auf dem blauen Planeten aussah. Eben deshalb schickte man uns dorthin. Eben, weil man wußte, daß kein Ankömmling eine Chance zu überleben hatte und weil man mit uns nicht zurechtkam. Vier Typen, die immer wieder versuchen würden, ihre eigenen Wege zu gehen und die nicht abzubringen waren, wie wir bewiesen hatten. Das ging nicht an. In der vernünftigsten aller Welten war für Unvernunft kein Platz.

Bloß, erfahren durfte von unserem Schicksal niemand. Vielleicht wäre eine Generation von Rebellen nachgewachsen und hätte Rechenschaft verlangt, warum Terra verleugnet wurde und man gegen das eigene Grundgesetz verstieß, niemals an menschliches Leben Hand anzulegen.

Auch wir selbst sollten solange wie möglich nichts begreifen. Weder Ziel der Reise noch Reiseroute. Vielleicht hätten wir uns unterwegs zur Wehr gesetzt. Wer kann schon sagen, was einem rebellischen Gehirn einfällt. Also täuschte das Orakel einen Zusammenstoß mit einem Kraftfeld vor, indem es ein Kraftfeld im Schiff erzeugte. Wir verloren das Bewußtsein. Währenddessen verließ die Ikarus den alten Sektor, in dem wir uns auskannten, und tauchte in einen neuen ein.

Nach dem Aufwachen erwarteten uns gefälschte Protokolle. Von ein paar Sekunden Bewußtlosigkeit konnte keine Rede sein. Der Zustand mußte viel länger gedauert haben. – Wir wollten nicht wissen wie lange. Wir fragten nach der Art der Fälschungen. Sie betrafen die Geschwindigkeit, Zeitangaben, Energieverbrauch, sogar die Sternenkarten.

Blieb noch die Frage zu klären, wie wir das Monster entkodifiziert hatten, das uns jetzt so bereitwillig Auskunft gab.

Rorio untersuchte meine Logbucheintragungen, da ich die letzte gewesen war, die mit dem Gehirn Verbindung aufzunehmen versucht hatte. Er suchte nach allen ihm bekannten Schlüsselworten, spielte uns meine Berichte noch einmal vor. Keine glorreiche Leistung. »Der Tod ist grün.« Und: »Er ist das Schweigen« und so fort. Ein bißchen sehr dramatisch. Ich hatte mich kühler, distanzierter in Erinnerung. Sei's drum. »Es war immer das Schweigen.« Irgendwie stimmte das schon.

Bei diesen Sätzen hob Turmet den Kopf. Fragt das Monster nach seinem obersten Grundgesetz, vielleicht hat es eines.

Es hatte eines. Großartig, stolz, schön, ein Bündel Kraft mit energetischen Möglichkeiten, die es beinahe von aller Welt unabhängig machten, konnte es in jedermanns Händen zur Waffe gegen die eigene Zivilisation werden. Was, wenn sich einer der Ausgesetzten rächen wollte? – Das Grundgesetz des Orakels lief auf eine Art Tötungsverbot hinaus. Ihm dürfte kein anderes Programm, keine Anordnung widersprechen. Es konnte lügen, betrügen, fälschen, nur nicht töten. Dieses Grundprogramm hatte ich angesprochen, als ich dem Gehirn, schon etwas verwirrt und sehr hungrig, Vorwürfe machte. Kindisch, aber wirkungsvoll.

Nach unserer Landung auf Terra hatte das Orakel Auftrag, die Energieversorgung abzuschalten, sobald feststand, daß wir uns auf dem Planeten eingerichtet hatten. Keine Energie bedeutete den sicheren Tod. Niemals hätte sich unser Monster seinem Grundgesetz entsprechend so verhalten dürfen, aber es wußte nichts über die Folgen seiner Handlung. All seine Tätigkeiten waren auf Selbsterhaltung ausgerichtet, auf Reparatur oder Flucht. Nichts zu tun bedeutete keinen Angriff auf Leben. Und niemals wäre es irgend jemandem gelungen, diesen Irrtum aufzuklären, denn keine Energie bedeutete keine Verbindung zum Schiff. Wir, mit unseren Sonnenbatterien schafften es; weil Turmet Jäger spielen wollte; weil Tim und Rorio besser ausgebildet waren, als dies jemals zuvor Mannschaften waren; weil der Zufall manchmal stärker ist als der Plan.

Ein einziges Mal während der langen Reise hatten wir in unserem vorgezeichneten Schicksal die Möglichkeit zu wählen: aussteigen oder im Schiff bleiben, aber nicht einmal diese Wahl war ehrlich angeboten, denn alle, ausnahmslos alle, die die Reise jemals angetreten haben, sind auf Terra gelandet. Es hat noch nie Heimkehrer gegeben. Auch die Berichte über die Reservate sind falsch. Es gibt sie wohl und es leben Menschen dort, aber keine ehemaligen Raumfahrer: pensionierte Techniker, Lehrer, Angestellte, die niemals ihren Planeten verlassen haben; Alleinstehende ohne Freunde und Familienangehörige. Sie verbringen dort den Rest ihrer Tage und warten auf den Tod, sprechen über Zeiten, die längst vergangen sind, in einer Welt, die sie nicht mehr verstehen, die an ihnen vorbeigeht, wie es alten Menschen oft widerfährt.

Bei allen Überlegungen muß die Furcht vor dem Zufall doch geblieben sein. Anders konnten wir uns die Verheißung eines glänzenden Empfanges nicht erklären. Was, wenn eine Mannschaft doch einmal zurückkam? Die Antwort war einfach. Wer gewinnt, hat recht.

Sowas von Niederlage, sagte Tim.

Ich nickte. Er würde, wenn er nach Hause kam, ein anderes Kommando erhalten, allmählich in der Hierarchie aufsteigen, es vielleicht bis zum Admiral bringen. Für Rorio würde es ab nun keine verbotenen Informationen geben. Turmet würde man zum Ratsmitglied ernennen. Die Mitglieder des Rates waren verpflichtet zu schweigen. Und ich würde nicht mehr stehlen. Nicht einmal mehr das. Ich kam mir erniedrigt, beleidigt, beschmutzt vor. In der Armseligkeit meines nutzlosen Protestes war immerhin noch der Glaube an eine Liebe verborgen gewesen, die mich eines Tages wie eine verwunschene Prinzessin erlösen würde. Ich betrachtete mein Spiegelbild. Dies war nicht mehr mein Körper, so schlank, beinahe mager. Vielleicht konnte dieser Körper Gefallen erregen, aber es gefiel mir nicht, Gefallen zu erregen.

Ich versuchte tiefer in das Dunkel einzudringen, das ich war, gewiß würde ich mich daran gewöhnen können, über Straßen sonniger Städte zu gehen, dem Geplauder der Menschen zuzuhören, wenn ich mich gewöhnen wollte. Aber ebenso sicher würde ich hinter ihren Worten kein Geheimnis mehr vermuten. Wie ein Tier sprang mich die Gewißheit an, daß es keine Fragen mehr gab, die ich stellen wollte. Und daß wir mit unserer Rückkehr einen Mythos zerstören würden. Terra, die Falle oder Terra, der blaue Planet; um die Unglücklichen zu trösten, die Schönheit in einer Welt suchen, die Schönheit nicht mehr kennt; die noch immer Trost nötig haben, obwohl man ihnen sagt, daß es nichts mehr zu fürchten gibt, solange das Bestehende bestehen bleibt, während man gleichzeitig das Bestehende auf dieser Furcht gründet.

Ich ließ Kassandra in meine Kajüte schaffen und setzte mich zu ihr. In der Nähe des toten Tieres kam ich mir weniger töricht vor in meiner Enttäuschung zu leben. Ich sah ganz klar, welchen Grad von Leben ich noch erreichen konnte. Ich würde mein eigenes Monument werden, ohne eine andere Leidenschaft, ohne Aussicht auf ein zitterndes Licht. Ich begriff, daß wir das Leben in dem Maß liebten, in dem es uns Abenteuer und Rätsel war. Vielleicht gab es für Tim noch Abenteuer, vielleicht auch für Rorio, schon kaum mehr für Turmet. Und ich? Zurück zu den Kindern in den Alphabetkindergarten, um sie mit den gleichen Augen anzusehen, mit denen ich mich nun betrachtete? Ich sehnte mich nach dem alten Zwang zurück, gegen den ich immer allein und erfolglos anzukämpfen versucht hatte. Ich sehnte mich nach der alten Verzweiflung. Befreit von meiner Verkrüppelung fühlte ich mich entstellt. Niemals würde ich mit gutem Gewissen sagen können: Dies liegt in den Sternen, denn in den Sternen liegt nichts.

Das war's.

Gewißheit ist manchmal schlimmer als Zweifel.

Stanisław Lem
Schwarz und Weiß

I

Ein riesiger Innenhof, auf allen vier Seiten von Säulenreihen umgrenzt. Das Ganze in der Form eines länglichen Rechtecks. Mit Platten weißen, zart geäderten Marmors ausgelegt. Weiß sind auch die Säulen, die den Portikus tragen. Hinter den Säulen schattige Arkaden, dunkel allein schon durch den Kontrast mit diesem umschlossenen Raum, der reglos ganz vom Glanz der Sonne erfüllt liegt. Weit hinten, wo Säulen auch die Schmalseite des Hofes bilden, ist in einem Zwischenraum, auf marmornem Podest, ein einfacher kleiner Altar zu sehen, auch er aus weißem Marmor. Alles ist leer. Schwach dringt von weitem Glockenklang herüber, leiser und leiser, denn die Glocke läutet nicht mehr, ihr schwingender Nachhall verklingt allmählich. Im Säulenschatten auf der linken Seite des Hofes steht jemand. Eine unbestimmte, dunkle, hinter einer Säule verborgene Erscheinung. Von rechts tritt jetzt eine weiße Gestalt in den Hof, weiß das Gewand, die kurze Pelerine und das Priesterkäppchen. Das Gesicht ist nicht zu erkennen, denn die Gestalt bewegt sich langsam auf den Altar zu. Kniet dort nieder und neigt den Kopf. Ein Mann, in päpstlichem Weiß, hochgewachsen, die Schultern breit, gebeugt, aber noch voller Kraft. Während der Kniende betet, rückt die Sonne am Himmel vor, die Schatten des rechten Säulenganges werden länger. Der von den Marmorplatten des Hofes strahlende Widerschein dringt bis zur Stelle, wo der Mann in Schwarz steht. Sein Gesicht bleibt unsichtbar, verhüllt von einer schwarzen Kapuze. Ebenso schwarz ist sein Gewand, keine Mönchskutte, es erinnert eher an die losen Gewänder, die im Orient getragen werden. Der schwarze Mann, immer noch hinter der Säule, macht eine Bewegung, zieht aus den Falten seines Gewandes etwas hervor, mitunter metallisch schimmernd, doch ebenfalls schwarz. Er tritt aus dem schützenden Schatten der Säule. Mit der linken Hand umfaßt er seine rechte Schulter, in der Rechten hält er einen Revolver mit schwerem Lauf, den er in die linke Ellenbogenbeuge legt. Er zielt auf den Knienden, läßt die bewaffnete Hand sinken, sucht wieder hinter einer Säule Deckung und verschwindet. Einige Schritte weiter, und zugleich näher dem im Gebet Versunkenen, taucht er wieder auf. Verschwindet noch einmal, als hielte er die Entfernung für zu klein für einen sicheren Schuß. Und wieder taucht er auf, etwa fünfzehn Schritte von dem Weißen entfernt, und sofort nimmt er die Stellung eines professionellen Handfeuerwaffenschützen ein: die Knie leicht geknickt, die Beine gespreizt, die Hand vorgestreckt. Ein Schuß fällt, dann schnell ein zweiter, dritter, vierter. Auf dem weißen Marmor kollern scheppernd nach allen Seiten Patronenhülsen. Der Getroffene in Weiß zuckt zusammen, eine Bewegung als wollte er aufspringen, doch sofort sinkt er vor dem Altar zu Boden, seine Beine gleiten vom marmornen Betpult herab, er liegt mit dem Gesicht nach unten, die rechte Hand im Fallen unter sich begraben, die linke zuckt auf dem weißen Habit, liegt dann auf dem Rücken etwa dort, wo sich darunter das Herz befindet. Ein roter Blutfleck verfärbt das Weiß und breitet sich rasch aus. Der Weiße, das Gesicht auf dem Marmor, liegt augenscheinlich im Sterben. Der Schwarze schaut blitzartig in die Runde. Jetzt sieht man, daß die Kapuze auch das Gesicht verdeckt, nur die Augen funkeln durch schmale Schlitze. Er eilt auf den Liegenden zu, stößt dessen Körper mit dem Fuß an, schwankt einen Augenblick, dann hebt er die Waffe und feuert einen letzten Schuß auf den Sterbenden ab. Rückwärts zieht er sich zum linken Bogengang zurück, den Blick unverwandt auf den Getöteten geheftet, auf dessen Rücken ein zweiter großer Blutfleck neben dem ersten erschienen ist, und verschwindet im Dunkel hinter den Säulen. Eine Nahaufnahme zeigt den Getöteten. Ein letztes Aufzucken. Die rechte Hand ist jetzt ein wenig unter der Brust heraus vorgeschoben. Auf dieser Hand glänzt ein goldener Ring. Langsam sickerndes Blut tropft die Marmorstufen herab. Von weitem kommt Lärm, Schreie, das Getrampel vieler eilender Schritte. Doch niemand ist zu sehen. Vollkommene Leere.

II

Dieselbe Szenerie. Der leere weiße Hof. Frühes Morgengrauen, der Himmel klar, die Sonne erreicht noch nicht die marmorne Fläche des Hofes. Sie vergoldet nur die Spitzen und Verzierungen des rechten Säulenganges. Von weitem läutet eine Glocke zur Frühmesse. In einer langen Reihe treten Geistliche aus den

Arkaden. Sie durchqueren den Hof und verschwinden auf der gegenüberliegenden Seite. Nach einer Weile kommt von dieser Seite der Papst in den Hof. Er ist allein. Dieselbe stämmige, breitschultrige Gestalt. Er schreitet langsam, anscheinend bereitet ihm das Gehen Mühe. Er tritt an den Altar und kniet auf den Marmorstufen nieder.

Plötzlich schrumpft das Bild, wie durch ein Fernrohr betrachtet, auf fast winzige Ausmaße zusammen. Aus beträchtlicher Höhe liegt der ganze Säulenhof offen da, sein regelmäßiges Rechteck, daneben der Turm der Kapelle, ringsherum das saftige Grün der Gärten, in dem fortwährend aus rotierenden Sprinklern emporschießende Wasserstrahlen aufglänzen.

Die Kuppe eines kahlen Berges, der über die Stadt ragt. Daneben dehnt sich das riesige Panorama der Stadt. Der Hügel ist von der Sonne versengt, mit ausgedörrtem, dornigem Gewächs bestanden. Ein schweres schwarzes Fernrohr, auf einen Felsblock gestützt. Der Mann, der durch das Fernrohr blickt, liegt flach auf den Boden gedrückt, in der typischen Position des Soldaten, sogar die Füße mit den Zehen nach außen gekehrt, als läge er unter Beschuß. Mit einem Sämischlederlappen wischt er die Fernrohrbrille ab. Ein letzter Blick, auf dem Sichtfeld des Fernrohrs zeichnet sich ein dünnes schwarzes Fadenkreuz ab, wie immer bei Feldstechern, die von der Artillerie benutzt werden. Dieses Fadenkreuz stellt er auf den weißen Rücken des Knienden ein, auf seine weiße, in der leichten Brise wehende Pelerine. Langsam richtet sich der Beobachtende auf. In einem plötzlichen Wutanfall schlägt er das Fernrohr mit aller Kraft gegen den Felsen, hinter dem er gelegen hat. Die Gläser der Linsen zerschellen. Ernüchtert kniet er sich hin, ebenso schwarz gekleidet wie damals, als er auf den Papst geschossen hat, und klaubt sorgfältig die Glassplitter zusammen, sammelt sie in ein schwarzes Säckchen, das er unter dem schwarzen Gewand hervorgezogen hat. Er beginnt den Hügel hinabzusteigen. Ein schmaler Pfad führt im Zickzack hinunter. Auf einer Felsklippe, völlig ins Dunkel getaucht, tut sich eine flache Höhle auf. Der Schwarze geht hinein, bückt sich tief unter dem herabhängenden Felsvorsprung. Nach einer Weile kommt er heraus, einen schwarzen Geigenkasten unter dem Arm, und verschwindet hinter einer Wegkrümmung.

III

Gärten, Springbrunnen, Hecken. In einer schmalen Allee wandelt ruhig der Papst, nun fast mühelos. Neben ihm ein junger Geistlicher. Der Papst sagt etwas zu ihm, der Geistliche nickt und entfernt sich. Allein geblieben, geht der Papst weiter, ein leises Lächeln um die Lippen, auf beiden Seiten hohe Hecken. Einige Schritte hinter ihm beugt sich der schwarze Mann aus dem grünen Laubdickicht hervor. In seinen Händen hält er, tief über dem Boden, eine Maschinenpistole. Als er den Abzugshebel spannt, bleibt der Papst stehen und wendet sich in die Richtung, aus der das Klirren zu hören war, das Geräusch, wie es Metall, das auf Metall trifft, erzeugt. Keine Spur von Angst, nur Staunen in den Augen. Die weiße Gestalt hebt die rechte Hand wie zum Zeichen des Kreuzes. Die Maschinenpistole zuckt und speit Geschosse aus. Eine Serie durchschneidet schräg von der rechten Schulter zur linken Hüfte das weiße Gewand, der Papst sinkt zuerst auf die Knie, dann auf die Seite, das Gesicht himmelwärts gerichtet. Er erstarrt in dieser Position. Sein noch erhobener rechter Unterarm mit dem goldenen Ring am Finger fällt in den Sand. Der Schwarze tritt an den Getöteten heran. Versetzt ihm einen Fußtritt. Zielt aus der Nähe direkt ins Gesicht und schießt. Blut spritzt auf. Der Schwarze stürzt blitzschnell zur Hecke auf der linken Seite der Allee, an den Bewegungen des Dickichts kann man sehen, wie er sich weiter durchzwängt. Man hört undeutlichen Lärm. Geschrei. Jenseits der Hecke reißt sich der Schwarze fieberhaft das Gewand vom Leibe, die Maschinenpistole steckt schon im Geigenkasten. Jetzt sieht man ihn von hinten. Gewöhnliche, unauffällige Kleidung, weder zu hell noch zu dunkel. Er entfernt sich und verschwindet aus dem Gesichtsfeld. Glockenläuten. Sirenengeheul. Dämmerung bricht ein.

IV

Es ist Abend. Die Erde liegt schon im Dunkel, aber der Himmel ist noch sehr hell. In einer langen Allee, entlang alter Bäume wandelt langsam der Papst. Abwechselnd verschwindet seine Gestalt fast im Schatten der Bäume, dann wieder taucht sie in das von oben fließende Licht. Hinter ihm, schneller, um ihn einzuholen, fast im Laufschritt jener andere. Beide sieht man von hinten.

Der Papst geht gleichmäßigen Schritts ohne Eile, die Hände auf dem Rücken verschränkt. Der Mörder hat nicht mehr das wallende Gewand an, seine Kleidung erinnert an die eines Pastors. Schwarzer, altmodischer Herrenanzug, schwarze Halbschuhe, schwarze Socken, die Hände in dunklen Handschuhen. In einer Hand hält er eine ziemlich große Rolle zusammengewickelten Papiers. Als hörte er die Schritte, bleibt der Papst stehen. Auch der andere verharrt, dann, den Kopf respektvoll geneigt, tritt er an den Papst heran, als wolle er um seinen Segen bitten. Der Papst hebt mit einem gütigen Lächeln die rechte Hand mit dem Ring, und als er das Kreuzeszeichen machen will, springt jener mit einem langen Messer, das er aus der Papierrolle gezogen hat, in einem Satz zu ihm, packt mit der linken Hand den Saum der wehenden weißen Pelerine, die rechte stößt das Messer in die Brust. Blut spritzt auf. Staunen, nichts außer großem Erstaunen malt sich im Gesicht des Angefallenen. Aus dem halboffenen Mund dringt kein Laut. Langsam sinkt er zu Boden. Jener stützt ihn mit der linken Hand und sticht ein übers andere Mal mit dem Messer zu. Das weiße Gewand ist blutüberströmt. Der Körper des Gemordeten erschlafft. Jener, keuchend, bebend, wischt seine Waffe am noch nicht blutbefleckten Saum der päpstlichen Kutte ab. Der Papst, auf der Seite liegend, hebt ein wenig den Arm, den Handrücken flach nach oben, als wollte er die Geste wiederholen, mit der er üblicherweise das Kreuz in der Luft zeichnet. Da stürzt der Mörder auf die Knie und beginnt blindlings auf den Liegenden mit dem Messer einzustechen, immer wieder, unzählige Male. Seine Wut ist eigentlich Entsetzen. Er tötet, tötet in einem fort, und immer noch ist er nicht ganz sicher, ob er wirklich endgültig getötet hat. Er steht langsam auf. Es ist dunkler geworden. Vom Papst sieht man nur einen weißen Fleck im Sand der Allee, unter einem großen, weitausladenden Baum. Sein Blut sieht jetzt im Dämmer fast schwarz aus. Schwer keuchend wischt der andere noch einmal das Messer ab, zuerst im Gras, dann wieder im päpstlichen Kleid. Er zieht die Leiche an einem Bein. Am zweiten. Er trägt einen Bart, aber der Bart sieht künstlich aus, wie angeklebt. Um den Hals einen Clergyman-Kragen. Überzeugt, daß er diesmal bestimmt getötet hat, atmet er jetzt ruhiger, erleichtert. Er schickt sich an, wegzugehen, da fällt sein Blick auf einen aus dem Boden ragenden, mit Kalk geweißten Stein, eine Art alten Meilenstein. Mit aller Kraft beginnt er an ihm zu zerren, um ihn aus dem lehmigen Boden zu reißen. Man sieht ihm die enorme Anstrengung an. Endlich löst sich der zur Hälfte moosbewachsene Stein. Er umfaßt ihn mit beiden Händen, läuft zu dem Getöteten, hebt den Stein hoch und läßt ihn mit voller Wucht auf den Kopf des Papstes niedersausen. Das ist jetzt von der Stelle aus zu sehen, wo der Stein gesteckt hat. Der Papst liegt mit zerschmettertem Kopf da. Der falsche Geistliche steht eine längere Weile über ihn gebeugt. Dann entfernt er sich, hält aber mehrmals nach wenigen Schritten inne und schaut zur Leiche zurück. Am Ende der Allee angelangt, scheint es ihm, als habe sich die Leiche bewegt. Er erstarrt, blickt angestrengt, hat aber nicht den Mut, zurückzukehren. Der nun weit entfernte weiße Fleck bewegt sich kaum merklich. Der Mörder flieht. In weiter Ferne läuten Glocken. Völlige Dunkelheit senkt sich auf die Erde.

V

Vom Gipfel des kahlen Berges blickt der wieder in sein schwarzes Gewand gekleidete Mörder durch ein Fernrohr hinunter, dorthin, wo in der aufgehenden Sonne weiß das Rechteck der Marmorkolonnade schimmert. Die Glocke läutet, aber der Hof ist leer. Freude im Gesicht des Spähers. Jetzt tauchen unten dunkle Soutanen auf, bilden eine lange Reihe, aber die weiße Gestalt ist nirgends zu sehen. Schritte ertönen. Von jenseits der Stadt kommt der Papst, steigt zum Gipfel des kahlen Berges hinauf. Das Fernrohr fällt dem Schwarzen aus den Händen. Er springt auf, der angeklebte Bart verrutscht in seinem Gesicht. Sanft lächelnd breitet der Papst beide Arme aus und geht langsam auf ihn zu, als wollte er ihn umarmen. Der Schwarze scheut zurück. Der Papst macht eine leichte Handbewegung, als könnte er ihm durch diese Gebärde zu verstehen geben: »Es ist nichts geschehen, gräme dich nicht, es ist alles vergeben und vergessen.« Der Schwarze weicht zurück, je offensichtlicher die gütige Milde in den Bewegungen des langsam näherkommenden Papstes wird, desto größer die irrsinnige Angst des Mörders. Er zerrt unter dem schwarzen Stoff eine Pistole hervor, drückt den Abzug, aber nur das leise Klirren der schlagenden Zündnadel ist zu hören. Er läßt die Waffe fallen und weicht im Krebsgang bis zum Rand der Schlucht zurück.

Unendliche Güte erhellt die Züge des Papstes. Er bleibt stehen, nimmt das Scheitelkäppchen ab, sein entblößtes Haupt ist grauhaarig. Er blickt auf die schwarze Gestalt, die so reglos ist, als hätte sie sich in eine Statue über dem Abgrund verwandelt. Der Papst geht auf den Schwarzen zu. Er stolpert leicht über den von diesem fallengelassenen Sack, aus dem die Maschinenpistole herausragt. Als der Fuß des Papstes den Sack berührt, fällt auch das in der Sonne funkelnde Messer heraus. Der Papst lächelt wie ein Erwachsener, der unschuldiges, lächerliches Kinderspielzeug gesehen hat, macht einen großen Bogen um den großen flachen Stein, auf dem das Fernrohr liegt, tritt an den Mann heran, der vor dem Hintergrund des Himmels wie versteinert wirkt. Von dieser unbegreiflichen, unmenschlichen Güte erschreckt, bis ins tiefste betroffen, verliert der Schwarze das Gleichgewicht. Einige Augenblicke lang rudert er wild und heftig mit den Armen in der Luft, aber in dem vertrockneten, mit Kalkgeröll vermischten Gras finden die Füße keinen Halt, er stürzt rücklings hinab. Er vor den Eingang jener Höhle gefallen, in der er schon einmal gewesen war. Er liegt so da, wie er gefallen ist, mit dem Gesicht gegen den Boden, den Kopf unheimlich verrenkt. Die Kapuze ist ihm in den Nacken gerutscht und zeigt seine schwarzen zerrauften Haare, die linke Hand ruht auf dem Sand, die Rechte hat er beim Fallen unter seinem Leib begraben, seine Position ist also genau die gleiche wie die des Papstes, als er ihn zum ersten Mal getötet hat.

Über einen schmalen Pfad im Dickicht, der im Zickzack hinunterführt, steigt der Papst hinab. Er ist noch recht weit entfernt. Er bewegt sich nicht mehr mit der priesterlichen Würde, sondern eilt fast im Laufschritt dem Gefallenen zu Hilfe. Das Schwarz des weit ausgebreiteten Gewandes, das den Mörder bedeckt, geht allmählich in Weiß über, wird immer heller. Auf dem leblosen Kopf ergrauen die Haare. Schließlich ist die tote Gestalt weiß wie Schnee – so weiß wie die päpstlichen Gewänder.

H. P. Lovecraft
Der Außenseiter

Unglücklich ist derjenige, dem die Erinnerungen an seine Kindheit nur Angst und Traurigkeit bringen. Elend ist derjenige, der nur auf einsame Stunden in weiten, trostlosen Gemächern mit braunen Wandbehängen und düsteren Reihen uralter Bücher zurückschauen kann, oder auf beklommene Blicke in zwielichtige Haine, grotesker, gigantischer, weinbewachsener Bäume, die hoch oben lautlos ihre verschlungenen Zweige wehen lassen. Solches Los haben mir die Götter beschieden – mir, dem Verwirrten, dem Enttäuschten; dem Unfruchtbaren, dem Gebrochenen. Und doch bin ich merkwürdig zufrieden und klammere mich verzweifelt an diese welken Erinnerungen, wenn meine Seele sich einen Augenblick lang nach *jenem anderen* sehnt.

Ich weiß nicht wo ich geboren wurde, außer daß das Schloß unendlich alt und unendlich grauenvoll war, voll dunkler Gänge mit hohen Decken, an denen das Auge nur Spinnenweben und Schatten wahrnehmen konnte. Die Steine in den verfallenden Korridoren schienen immer schrecklich feucht, und überall war ein widerwärtiger Geruch wie von den übereinander gestapelten Leichen toter Generationen. Nie war es hell, so daß ich manchmal Kerzen anzündete und sie still betrachtete, um mich zu trösten; auch schien draußen nie die Sonne, denn die schrecklichen Bäume wuchsen weit über den höchsten zugänglichen Turm hinaus. Es gab einen einzigen schwarzen Turm, der über die Bäume hinaus in den unbekannten äußeren Himmel ragte, aber dieser war teilweise eine Ruine und man konnte ihn nicht ersteigen, es sei denn, man hätte das schier unmögliche vollbracht, Stein für Stein die senkrechten Wände emporzuklimmen.

Ich muß Jahre an diesem Ort verbracht haben, aber ich habe kein Maß für die Zeit. Irgendwelche Wesen müssen mich versorgt haben, doch ich kann mich an keine Person außer mich selbst erinnern, noch an irgend etwas Lebendiges außer den lautlosen Ratten und Fledermäusen und Spinnen. Wer immer mich aufgezogen hat, muß, so glaube ich, entsetzlich alt gewesen sein, denn mein erster Eindruck von einer lebenden Person war der von einer Gestalt, die auf beunruhigende Weise wie ich selbst war, jedoch verzerrt, verschrumpelt und hinfällig wie das Schloß. Für mich war nichts Groteskes an den Gebeinen und Skeletten, die in einigen der steinernen Krypten tief unten zwischen den Grundmauern herumlagen. Ich brachte diese Dinge auf phantastische Weise mit alltäglichen Ereignissen in Verbindung, und sie kamen mir natürlicher vor als die kolorierten Bilder lebender Wesen, die ich in vielen der schimmeligen Bücher fand. Aus diesen Büchern lernte ich alles, was ich weiß. Kein Lehrer mahnte mich oder leitete mich an, und ich kann mich nicht entsinnen, in all den Jahren eine menschliche Stimme gehört zu haben – nicht einmal meine eigene; denn obwohl ich oft von der Sprache gelesen hatte, war es mir nie in den Sinn gekommen, laut zu sprechen. Über mein Aussehen dachte ich ebensowenig nach, denn es gab keinen Spiegel in dem Schloß, und ich betrachtete mich nur instinktiv als verwandt mit den jugendlichen Gestalten, die ich in den Büchern gezeichnet und gemalt fand. Ich fühlte mich jung, weil ich so wenig Erinnerungen hatte.

Draußen, jenseits des faulig riechenden Grabens und unter den dunklen, stummen Bäumen, lag ich oft und träumte stundenlang von dem, was ich in den Büchern gelesen hatte; und ich malte mir sehnsüchtig aus, wie ich selbst unter den fröhlichen Wesen in der sonnigen Welt jenseits der endlosen Wälder einherging. Einmal versuchte ich dem Wald zu entrinnen, aber als ich mich weiter von dem Schloß entfernte, wurden die Schatten dichter und die Luft füllte sich noch mehr mit drohender Angst; deshalb rannte ich wie wahnsinnig zurück, um mich nicht in einem Labyrinth nächtlicher Stille zu verirren.

So träumte und wartete ich in endlosem Zwielicht, obwohl ich nicht wußte, worauf ich wartete. Dann wurde in der schattigen Einsamkeit meine Sehnsucht nach Licht so stark, daß ich nicht länger ruhen konnte, und ich erhob beschwörend die Hände zu dem einzelnen, schwarzen, verfallenen Turm, der über den Wald hinaus in den unbekannten äußeren Himmel ragte. Und endlich beschloß ich, diesen Turm zu ersteigen, mochte ich auch abstürzen; denn es würde besser sein, den Himmel zu sehen und unterzugehen, als weiterzuleben, ohne jemals das Tageslicht erblickt zu haben.

In dem dumpfigen Dämmerlicht stieg ich die ausgetretenen uralten Steintreppen hinauf, bis sie aufhörten, und von da an klammerte ich mich halsbrecherisch an jeden kleinen Vorsprung, der mich ein Stück weiter hinauf brachte. Gespenstisch und grauenvoll war dieser tote, treppenlose Zylinder aus Fels; schwarz, verfallen, verlassen und unheimlich wimmelnd von aufgeschreckten Fledermäusen, deren Schwingen kein Geräusch verursachten. Doch gespenstischer und grauenvoller noch war die Langsamkeit meines Aufstieges; denn so viel ich auch klettern mochte, die Dunkelheit über mir lichtete sich nicht, und ein neuer eisiger Hauch wahrhafter Grabesluft faßte mich an. Ich schauderte, während ich mich fragte, warum ich das Licht nicht erreichte, und ich hätte nach unten geschaut, wenn ich den Mut dazu aufgebracht hätte. Ich bildete mir ein, daß die Nacht mich plötzlich überrascht habe, und tastete vergebens mit einer freien Hand nach der Leibung eines Fensters, durch das ich hinaus und nach oben hätte schauen können, um zu ermessen, welche Höhe ich erreicht hatte.

Ganz plötzlich, nach einer Ewigkeit angstvollen, blinden Kletterns über diesen jähen, schrecklichen Abgrund fühlte ich, wie ich mit dem Kopf gegen ein festes Hindernis stieß, und ich wußte, daß ich das Dach oder zumindest eine Art Fußboden erreicht haben mußte. In der Dunkelheit hob ich meine freie Hand und tastete ab, fand aber, daß es unbeweglich und aus Stein war. Also mußte ich mich unter tödlicher Gefahr seitwärts an der Mauer entlanghangeln, wobei ich mich an jeden kleinsten Vorsprung klammerte, den die glitschige Wand bot; bis schließlich meine suchende Hand den Stein nachgeben fühlte; ich kletterte wieder nach oben und stieß die Steinplatte mit meinem Kopf auf, denn ich brauchte beide Hände bei meinem angstvollen Aufstieg. Von oben drang kein Licht herab, und als ich mit meinen Händen höher greifen konnte, wußte ich, daß meine Kletterei fürs erste zu Ende war; denn die Steinplatte bildete die Falltür einer Öffnung, die auf eine waagerechte Steinfläche von größerem Umfang als der untere Turm führte, ohne Zweifel der Fußboden eines hohen, geräumigen Aussichtsraumes. Mühsam kroch ich durch die Öffnung und suchte zu verhindern, daß die schwere Steinplatte hinter mir wieder zuschlug, was mir jedoch nicht gelang. Während ich erschöpft auf dem Steinfußboden lag, vernahm ich die unheimlichen Echos ihres Falls, doch ich hoffte, ich würde sie wieder hochheben können, wenn es notwendig war.

In dem Glauben, mich in schwindelnder Höhe weit über den Wipfeln der unheimlichen Bäume zu befinden, erhob ich mich mühsam vom Fußboden und tastete die Wände nach Fenstern ab, um zum ersten Mal den Himmel, den Mond und die Sterne zu sehen, von denen ich gelesen hatte. Aber auf allen Seiten wurde ich enttäuscht, denn alles, was ich fand, waren riesige Nischen aus Marmor, in denen unheimliche Kisten von verwirrender Größe standen. Mehr und mehr überlegte ich, und ich fragte mich, was für uralte Geheimnisse dieser seit so langer Zeit vom Schloß abgeschnittene Raum bergen mochte. Da plötzlich fühlten meine Hände eine Tür, über der ein steinernes, rauh gemeißeltes Portal hing. Ich rüttelte daran, fand sie aber verschlossen; doch mit einer ungeheuren Kraftanstrengung überwand ich alle Hindernisse und riß sie nach innen auf. Als ich dies getan hatte, geriet ich in nie gekannte, äußerste Erregung, denn durch ein reich verziertes Eisengitter und eine kurze Treppe herab, die von der eben entdeckten Tür nach oben führte, schien strahlend hell der Vollmond, den ich nie zuvor gesehen hatte außer in Träumen und vagen Visionen, die ich nicht Erinnerungen zu nennen wagte.

Ich war überzeugt, die höchste Zinne des Schlosses erreicht zu haben, und begann, die wenigen Treppen hinter der Tür hinaufzulaufen; aber der plötzlich von einer Wolke verdunkelte Mond ließ mich straucheln, und ich tastete mich langsam in der Dunkelheit weiter. Es war noch immer sehr dunkel, als ich das Eisengitter erreichte – das ich vorsichtig untersuchte und unverschlossen fand, aber nicht öffnete, weil ich Angst hatte, ich würde aus der schwindelnden Höhe herabfallen, die ich erklommen hatte. Dann kam der Mond heraus.

Der dämonischste aller Schrecken ist derjenige, den das zutiefst Unerwartete und grotesk Unglaubliche auslöst. Nichts von dem, was ich bis jetzt durchgestanden hatte, war so entsetzlich gewesen wie das, was ich jetzt sah, und meine bizarre Überraschung über diesen Anblick. Was ich sah, war ebenso einfach wie bestürzend, denn es war nicht mehr als dies: anstatt eines schwindelnden Ausblicks aus erhabener Höhe auf tief unten liegende Baumwipfel erstreckte sich jenseits des Gitters auf der gleichen Höhe mit mir nichts anderes als *der feste Erdboden*, bedeckt mit bizarren marmornen Platten und Säulen und überschattet von einer alten Steinkirche, deren verfallener Turm gespenstisch im Mondlicht glänzte.

Halb bewußtlos öffnete ich das Gitter und stolperte auf den weißen Kiesweg hinaus, der in zwei Richtungen führte. Meine

Seele, so verwirrt und so benommen sie auch sein mochte, war noch immer von der verzweifelten Sehnsucht nach Licht erfüllt, und nicht einmal das phantastische Wunder, das mir widerfahren war, konnte mich von meinem Weg abbringen. Ich wußte nicht, und es kümmerte mich auch nicht, ob mein Erlebnis Wahnsinn, Traum oder Zauberei war; aber ich war entschlossen, einen Blick auf strahlende Helligkeit und Fröhlichkeit zu werfen, koste es, was es wolle. Ich wußte nicht, wer ich war oder was ich war oder was meine Umgebung sein konnte; doch als ich allein weiterstolperte, dämmerte eine fürchterliche, verschwommene Erinnerung in mir auf, die mir meinen Weg nicht gänzlich zufällig erscheinen ließ. Unter einem Bogen hindurch verließ ich die Gegend der Platten und Säulen und wanderte über das offene Land; manchmal folgte ich einer sichtbaren Straße, doch immer wieder verließ ich sie, um quer über die Wiesen zu gehen, wo nur vereinzelte Ruinen verrieten, daß dort früher einmal eine Straße gewesen sein mußte. Einmal schwamm ich über einen rasch dahinfließenden Fluß, in dem zerbröckelndes, moosbewachsenes Mauerwerk von einer seit langer Zeit verschwundenen Brücke zeugte.

Über zwei Stunden mußten vergangen sein, bevor ich das erreichte, was mein Ziel zu sein schien, ein ehrwürdiges, efeubewachsenes Schloß in einem Park mit dichten Wäldern, das mir auf unheimliche Art bekannt vorkam, aber doch auch wieder verwirrend fremd war. Ich sah, daß der Graben Wasser führte und daß einige der wohlbekannten Türme beschädigt waren, andererseits bemerkte ich mit Erstaunen einige neu erbaute Trakte. Was mich jedoch mit besonderem Interesse und Vergnügen erfüllte, waren die offenen Fenster, die prächtig im hellsten Licht erglänzten und aus denen der fröhliche Lärm einer Festlichkeit ins Freie drang. Als ich an eines herantrat und hineinschaute, sah ich eine wahrhaft kurios gekleidete Gesellschaft; man vergnügte sich und unterhielt sich angeregt miteinander. Ich hatte anscheinend nie zuvor menschliche Sprache gehört und konnte nur vage Vermutungen über das anstellen, was sie sagten. Der Ausdruck auf manchen der Gesichter schien unglaublich ferne Erinnerungen zu wecken, während andere mir völlig fremd waren.

Ich ging durch die Glastür in den prächtig erleuchteten Raum, doch damit ging ich auch aus meinem einzigen hoffnungsfrohen Moment in den schwärzesten Abgrund der Verzweiflung und der

Erkenntnis. Das entsetzliche Ereignis ließ nicht lange auf sich warten, denn als ich eintrat, bot sich mir unvermittelt das schrecklichste Schauspiel, das ich je gesehen habe. Kaum hatte ich die Schwelle überschritten, da ergriff die ganze Gesellschaft ein jähes Entsetzen von unglaublicher Intensität; jedes Gesicht verzerrte sich und gräßliche Schreie drangen aus jeder Kehle. Auf der Stelle wandten sich alle kopflos zur Flucht, und inmitten des Lärms und der allgemeinen Panik fielen mehrere in Ohnmacht und wurden von ihren in wilder Hast fliehenden Begleitern mitgeschleift. Viele bedeckten mit den Händen ihre Augen und rannten blind und tölpelhaft dem rettenden Ausgang entgegen, warfen Möbel um und stießen gegen Wände, bevor es ihnen gelang, eine der vielen Türen zu erreichen.

Ihre Schreie waren grauenhaft; und als ich allein und benommen in dem glänzenden Saal stand und ihren verhallenden Echos nachhorchte, zitterte ich bei dem Gedanken, was sich unsichtbar in meiner Nähe verbergen mochte. Auf den ersten Blick schien der Raum verlassen, aber als ich auf eine der Nischen zutrat, glaubte ich dort eine Gestalt zu erkennen – einen beweglichen Schatten hinter einer mit einem goldenen Bogen überwölbten Türöffnung, die in einen weiteren, ähnlichen Raum zu führen schien. Als ich auf diesen Bogen zuging, bekam ich die Erscheinung deutlicher zu sehen, und dann, mit dem ersten und letzten Ton, den ich je hervorgebracht habe – einem schaurigen Geheul, das mich fast ebenso mit durchdringender Abscheu erfüllte wie seine makabre Ursache –, sah ich in voller, schrecklicher Lebendigkeit das unvorstellbare und unnennbare Scheusal, das durch sein bloßes Erscheinen eine fröhliche Gesellschaft in einen Haufen kopflos flüchtender Wesen verwandelt hatte.

Ich kann nicht einmal andeuten, wie es aussah, denn es war eine Mischung aus allem Unreinen, Unangenehmen, Abnormen und Abscheulichen. Es war das teuflische Sinnbild von Verfall, Alter und Auflösung; das stinkende, triefende Ergebnis einer abstoßenden Enthüllung, die grauenhafte Entblößung all dessen, was für immer die barmherzige Erde zudecken sollte. Gott weiß, daß es nicht von dieser Welt – oder nicht mehr von dieser Welt – war, und doch sah ich in meinem Schrecken in seinen zerfressenen, die Knochen bloßlegenden Umrissen eine zynische Travestie auf die menschliche Gestalt; und in seiner vermoderten, zerfallenen Kleidung eine unaussprechliche Eigenheit, die mich sogar noch mehr schaudern ließ.

Ich war beinahe gelähmt, doch nicht so sehr, daß ich nicht einen schwachen Fluchtversuch hätte unternehmen können; aber durch mein Zurücktaumeln brach ich nicht den Bann, in dem mich das namenlose, sprachlose Ungeheurer hielt. Verhext von den glasigen Augen, die mich so unheimlich anstarrten, konnte ich keinen Blick wenden, obwohl meine Sicht glücklicherweise getrübt war und ich nach dem ersten Schock die fürchterliche Erscheinung nur undeutlich wahrnahm. Ich versuchte, meine Hand zu heben, um diesem Anblick zu entgehen, doch meine Nerven waren so überreizt, daß mein Arm meinem Willen nicht ganz gehorchte. Aber der Versuch allein genügte, um mich aus dem Gleichgewicht zu bringen, so daß ich rasch einige Schritte vorwärts tun mußte, um nicht zu fallen. Dabei merkte ich plötzlich, wie nahe mir die leichenhafte Gestalt war, deren fürchterlich hohlen Atem ich beinahe zu hören glaubte. Dem Wahnsinn nahe, war ich doch noch imstande, meine Hand auszustrecken, um die stinkende Erscheinung abzuwehren, die so beängstigend nahe herangekommen war; und in einer verheerenden Sekunde kosmischen Schreckens und höllischen Zufalls *berührten meine Finger die verfaulende, ausgestreckte Hand des Ungeheuers unter dem goldenen Bogen.*

Ich schrie nicht, aber alle Ghulen, die auf dem Nachtwind reiten, schrien für mich, als in derselben flüchtigen Sekunde eine Lawine seelentötender Erinnerung über mich hereinbrach. Ich wußte in dieser Sekunde alles, was geschehen war; meine Erinnerung reichte in die Zeit vor dem schrecklichen Schloß und den Bäumen zurück, und ich erkannte das veränderte Gebäude, in dem ich jetzt stand; und was der Gipfel des Entsetzens war, ich erkannte die unselige Spottgeburt, die glotzend vor mir stand, während ich meine besudelten Finger von den ihren zurückzog.

Doch im Kosmos ist Balsam ebenso wie Bitternis, und dieser Balsam ist Nepenthes. In dem äußersten Schrecken jenes Augenblicks vergaß ich, was mich erschreckt hatte, und der Ausbruch schwarzer Erinnerung verschwand in einem Chaos widerhallender Bilder. Wie im Traum floh ich aus diesem verwunschenen, verfluchten Gebäude und lief rasch und lautlos im Mondlicht. Als ich zu dem marmornen Friedhof zurückkam und die Treppe hinabging, fand ich die steinerne Falltür unbeweglich; aber es tat mir nicht leid, denn ich hatte das uralte Schloß und die Bäume gehaßt. Jetzt reite ich mit den spottenden und freundlichen Ghulen auf dem Nachtwind und spiele bei Tage in den Katakomben des Nephren-Ka in dem unzugänglichen und unbekannten Tal von Hadoth am Nil. Ich weiß, daß es für mich kein Licht gibt, außer dem des Mondes über dem Felsengrab von Neb, noch irgendwelche Fröhlichkeit, außer den namenlosen Festen des Nitokris unter der Großen Pyramide; doch in meiner neuen Freiheit ist mir die Bitternis meines Ausgestoßenseins beinahe willkommen.

Denn obwohl Nepenthes mich besänftigt hat, weiß ich, daß ich immer ein Außenseiter sein werde; ein Fremder in diesem Jahrhundert und unter jenen, die noch Menschen sind. Das weiß ich seit jenem Augenblick, als ich meine Finger ausstreckte, um dieses Ungeheuer in dem vergoldeten Rahmen abzuwehren; meine Finger ausstreckte und *eine kalte, unnachgiebige Fläche polierten Glases* berührte.

Gerd Maximovič
Das gestrandete Schiff

I

Schwerdtlein, den Versicherungsagenten, trieb, obwohl er gerne einmal lange schlief, gegen vier Uhr früh ein unbestimmtes Gefühl aus seinen Träumen auf. Hannelore hatte auch gespürt, daß eine Beklemmung auf dem Brustbein lag, etwa so, wie wenn man lange Zeit unter großem Streß gestanden hat und sich wenigstens am geöffneten Fenster, an frischer Luft, etwas Erleichterung verschaffen will.

Als Schwerdtlein das Fenster ihres Appartements in Westerland, das ganz am Ortsrand, gegen Hörnum, gelegen war, öffnete, rieselte eine dichte Schicht Schnee, der über Nacht gefallen war, vom Fensterrand. Es war kalt, und die Kälte biß in sein Gesicht, während er hinüber zu den Tannen sah. Da gewahrte er ein schwaches blaues Licht, das, von dem Hain abgeschirmt, von See her kam, und er hörte ein Geräusch, als ob dort draußen ein Kutter mit tiefem Brummen lief.

Auf der tief verschneiten Straße bewegte sich ein Paar, das dick in seine Pelzmäntel gewickelt war. Das Gefühl der Beklemmung blieb. Schwerdtlein hatte seine Brille geholt, aber das Leuchten war nach wie vor intensiv. Jetzt meinte der Versicherungsagent gar, daß im Fußboden, im Haus eine leichte Erschütterung zu spüren sei, und er bemerkte auch, wie von den Tannen und Föhren leise Schnee fiel, obwohl es ganz windstill war.

Während Hannelore das Kaffeewasser aufsetzte, hatte er das Radio eingeschaltet. Aber es kam nach einer Weile beschwingter Musik nur der Hinweis, daß das Island-Tief schneller als angenommen über den Kontinent gewandert sei. Dann vernahmen sie auch ein winselndes Geräusch – das war Funk, der Hund, den sich die Nachbarin im Appartement nebenan hielt.

Gegen fünf Uhr war auf dem kleinen Weg durch den Hain schon ein wenig Betrieb. Es schien, daß das Licht die Urlauber und einige Einheimische hinunter zur Promenade trieb. Nach einem Fußmarsch durch tiefen Schnee kamen sie auf der Dünenkrone an, wo sonst im Sommer, zwischen Seegras wohl getarnt, brütend das blanke Fleisch dalag.

Das Licht war jetzt so hell, daß Schwerdtlein den Eindruck eines verfrühten Sonnenaufgangs gewann. Ein Streifen Meer vor der Küste war mit im Seegang leicht schaukelndem Eis bedeckt. Dann stieg das Meer grau, fast schwarz hinauf zu der Stelle, wo unterhalb des Horizonts, im Meer ein riesiger silbergrauer Schatten mit weißen Segeln lag, der sich flimmernd jeder genauen Definition entzog.

»Was ist das?« fragte eine Frau, deren Gesicht Schwerdtlein aus dem Kaffeehaus geläufig war.

Schwerdtlein antwortete, und kniff dabei die Augen zusammen: »Wenn das ein Schiff sein soll, dann ist es riesig.«

»Einer von den Supertankern«, murmelte die Frau, »die man heute auf allen Meeren sieht?«

Schwerdtlein sagte: »Hier vor Sylt? Hier führt doch keine der Hauptschiffsrouten vorbei. Wilhelmshaven ist weit. So sehr verirrt man sich nicht. Und was ist das Weiße dort? Ein Segler, der aus der Vergangenheit kommt?«

»Vielleicht einer der Japaner«, versetzte die Frau, »ich las neulich, daß sie eine Erfindung gemacht haben, elektronische Segel oder so etwas, mit der man Treibstoff spart.«

»Ja, aber«, sagte Hannelore, »selbst wenn es so ist, ein solch großes Schiff gibt es doch überhaupt nicht.«

II

Die Wasserschutzpolizei hatte ein Boot abgesetzt, das, da das Ding nicht zu identifizieren war, gegen elf Uhr erst das dünne Eis durchbrach und dann in einer eleganten Schleife hinaus aufs offene Meer fuhr. Es waren fünf Mann an Bord, unter ihnen der Leiter der Rettungsstation. Am Ufer hatte sich eine riesige Menschenmenge zusammengerottet.

Das Boot war schon so weit draußen, daß es nur noch in den Feldstechern deutlich zu erkennen war. Es fuhr dicht an die Stelle heran, wo das Ding noch immer in einem blauen Strahlenkranz dalag. Dann schien es plötzlich, als koche die See. Eben noch grau und schwer, von weißer Gischt, die wie spielerisch aussah, überkrönt, öffnete sich ein Schlund, aus dem Rauch aufstieg, als habe jemand Salzsäure über dem Wasser ausgeschüttet.

Während der blaue Glanz einen dunklen Schimmer annahm und ein tiefes, brummendes Geräusch fast brüllend in alle Ohren fuhr – der Boden erzitterte dabei, der Schnee zerfiel, gefrorener Sand stiebte gläsern auf –, erhob sich vor dem Ding eine graue Wasserwand, die einen Augenblick das Boot auf seinem Kamm trug. Dann überschlug sich die Flut, und in den Feldstechern war zu erkennen, wie sie das Boot unter sich begrub.

Der Bericht des Kapitäns, wie er später in der Sylter Tagespost veröffentlicht worden ist: »Es ist, als ob man in ein Kraftfeld dringt, das sich über alle Sinne legt. Die Verständigung an Bord ist schwer. Ich erwäge einen baldigen Abbruch der Erkundung. Mit dem Maat verständige ich mich, daß wir noch etwas näher herangehen wollen. Vielleicht gelingt uns doch ein Blick auf das Ding.

Von hier aus erkennen wir einen gigantischen, strahlenden Dom, der weit in den Himmel reicht. Mir scheint auch, daß die blaue Glocke weit ins Meer hinuntergeht. Von dem Ding strahlt ein ungeheurer Druck aus. Was im Inneren liegt, sieht aus wie ein Segelschiff. Die Takelage – riesige Tücher – sind weit gebläht. Durch die verfließende Mauer erkenne ich einen silbergrauen Rumpf aus Metall, der nicht nach dem eines Windjammers, sondern eher wie der eines Torpedos aussieht.

Sicher bin ich nicht. Während die Maschine nun gedrosselt ist, verändert sich das Ding oder das Licht, das von ihm ausstrahlt. Klänge es nicht absurd, würde ich behaupten, es weiß selbst nicht genau, was es ist – eben noch rund, hat es jetzt Kanten hervorgebracht. Ich erkenne eine Galionsfigur, eine Meerjungfrau, ganz aus Ebenholz. Das Achterdeck ist ein Kastell, wenn nicht alles trügt, als ob da draußen eine spanische Galeone liege.

Ich habe einen Mann erkannt, der in den Wanten turnt. Aber das Wort ›Mann‹ ist vielleicht zuviel gesagt. Er schien, soweit das bei dem unsicheren Licht auszumachen ist, wie aus Wachs, und seine Uniform – blau mit goldenen Knöpfen und roten Epauletten – ist mit einer hellen Flüssigkeit verschmiert. Er starrte einen Augenblick zu uns her; ein wilder Blick, dann verliert sich seine Kontur, wie eine Kerze, die in Sekundenschnelle niederbrennt. Das Boot fällt in ein Wellental hinab. Das Brummen voraus ist so stark, daß es Maas nicht mehr auf den Beinen hält. Mein Gott, was geht hier vor?«

Aus dem Bericht von Maas: »Ich kann mich noch erinnern, wie sich die Welle über unseren Kutter senkte. Ich hörte einen dumpfen Schlag. Dann wurde jedes Geräusch, von einem fernen

Rumpeln abgesehen, erstickt. Einen Augenblick sahen wir uns in der spärlichen Instrumentenbeleuchtung mit großer Angst an. Dann traf uns ein zweiter Schlag, der mir die Besinnung nahm.

Ich träumte, daß ich gestorben sei. Ich erinnerte mich an Holz und Feuchtigkeit und Kerzenschein. Dann nahm die Erinnerung intensivere Formen an. Ich hatte das Gefühl, daß ich irgendwie in Bewegung sei. Wasser strömte an meiner Haut vorbei. Ich schlug die Augen auf und erblickte ein grünes Dämmerlicht, aus dem Wasser wie aus einer riesigen Öffnung mit großer Geschwindigkeit auf mich zuschoß.

Vor mir erkannte ich einen golden schimmernden, pockennarbigen, mit einer Lederhaut überzogenen Leib, der mir wie ein Drache oder Wal oder ähnliches vorkam, für den mir aber der genaue Vergleich abgeht. Das Vieh, auf das ich direkt hinunterfiel, war groß wie der Mond. Mir wurde beim Abstürzen schlecht, und das Wasser strömte unaufhörlich auf mich zu.

Ich kann mich dunkel entsinnen, wie ich in das Vieh eingedrungen bin. Ich spürte, wie sich seine Haut schmatzend über mir schloß. Ich war in einem Schlund, der mit großen Borsten besetzt war. Etwas, das mir wie eine Zunge schien, kam, purpurn und rot, in Wellenbewegungen auf mich zu. Ich erstickte, als ich durch einen schwarzen Tunnel gefallen war, in einem ätzenden, klebrigen Saft. Ich glaube, ich habe mich aufgelöst.«

»Als ich wieder zu mir kam«, fährt Maas fort, »lag ich auf dem Rücken in einer von einem grünen Himmel überzogenen Welt. Ich lag im Sand. Ich hörte das Murmeln der Flut. Ein leichter Wind wirbelte Sand über mich. Ich war so schwach, daß ich mich erst auf die Ellenbogen schob. Ich lag auf einem schmalen Streifen Sand, den ein blaugrünes Meer einschloß. Ein halbes Dutzend Palmen beugten sich im Wind.

Eine Sonne, die doppelt so groß wie unsere wirkte, stand im Zenit. Ich bedeckte vorsichtig meine Augen, da aus der Sonne ein Schatten fiel. Als der Schatten groß genug geworden war, sah ich gefahrlos hin: es war ein Schiff mit weißem Rumpf, das unter vollen Segeln lief. Es fuhr direkt auf mich zu; dabei schien es, als schiebe es eine Bugwelle aus Hitze vor sich her.

Die Luft vor ihm schmolz und staute sich, und so jagte es flimmernd und verfließend auf mich zu. Je größer es wurde, um so mehr staute sich vor ihm die Luft, so daß es einmal hier und einmal dort zu sein schien. Dann fielen Flammen vom Himmel herab. Aus dem Ozean stieg Rauch. Eine Bordwand, über die Teer herunterlief, ragte vor mir auf. Ich starrte auf ein Geschütz, das von Tang überzogen war. Dann erhielt ich einen furchtbaren Schlag, als mich die Bugwelle des Schiffes traf.

Glas berührte meine Stirn. Ich erkannte einen Helm, an dem die Frontscheibe zerbrochen war. Ein dicker grauer Schlauch drang in meine Nase ein. Sauerstoff blähte meine berstenden Lungen auf. Das Licht explodierte vor meinem Gesicht, und die Welt rann rot wie Blut vor meinem Gesicht herab, in die der Pulsschlag in großen Abständen blaue Tupfer schrieb.

Ich hatte in einer fremden Sprache nach meiner Mutter geschrien. Ich erinnerte mich, wie mich die Angst überfiel. Panik schwemmte jeden klaren Gedanken weg. Der Raum hatte ein breites Maul aufgestülpt, in dem ich mit den anderen hilflos hing. In Gedanken lief ich die Lichtjahre hinauf und hinab. Während das Schiff durch das Raummaul hinunterfiel, kam ich von diesen Lichtjahren nicht mehr los.«

Bordieux, Arzt aus Marseille, zu Besuch in Norddeutschland, der einen Tagesausflug nach Sylt unternahm: »Ich hatte schon als Kind vor dem Wasser Angst. Das liegt daran, daß ich einmal in einem kleinen Fluß in eine Vertiefung gefallen und beinahe ertrunken bin. Seltsam wie das klingen mag, ging mir, als wir zur Nordsee fuhren, durch den Sinn, daß das Wasser ja ziemlich flach und das Watt sogar begehbar ist.

Sie nennen hier das Meer den blanken Hans. Es ist der tückische Teil eines Ozeans. Mir war, als geschehe das, was dann kam, wie zur Bestätigung meiner heimlichen Angst. Ich war mit den anderen zum Strand gerannt. Ich war wie gelähmt, als die Welle, die den Kutter verschlang, sich erhob. Sie kam mit tausend Armen auf uns zu. Die Gischt war weiß, und bestimmt waren es viele Tonnen Luft, die sie mit ungeheurem Donner zusammenstürzend unter sich begrub.

Sie lief mit einem furchtbaren Brüllen auf den Strand, zerschlug nördlich, wo sie zuerst aufgetroffen war, erst den Steg und dann das Café, wusch mit einem einzigen gierigen Zugriff aus der Klippe riesige Mengen Sand und flog dann, während ich dies gleichsam aus den Augenwinkeln sah, krachend auf uns zu. Wasser ist salzig und kühl und schwer wie Metall, wenn es auf den Leib schlägt.

Diese Flut aber, die mich anfangs etwas erschüttert hatte, lief dicht und zäh über mich weg und drang in meine Poren ein und griff nach mir, verstopfte mir Augen, Nase, Mund, war wie Gelee in meinen Ohren und spülte mich in einem roten Licht auf den Sand, wo ich völlig die Besinnung verlor.

Ich kann nicht sagen: als ich wieder zu mir kam. Vielmehr lag ein Schatten über der Welt. Ich war ein Kind, das man in einen Nährtank eingesperrt hat. Ich hatte ein rosa Schleifchen im Haar, einer meiner Daumen steckte in meinem Mund. Ich drehte mich in einer hellen Flüssigkeit, die aus einem pumpenden Maul fortwährend aus einer der Wände drang.

Ich entsinne mich undeutlich, wie lange die Reise ging. Einmal flüsterte der automatische Kapitän in unser Unterbewußtsein, daß die Reise an den Rand der Galaxis sehr viel mühsamer als angenommen sei. Geduld, Geduld, raunte das Echo von Tank zu Tank. Ihr werdet schon rechtzeitig aufgeweckt. Euer Leben ist auf minimale Funktion reduziert. Ihr lebt nicht, aber dafür werdet ihr wieder jung.«

Reentz, den man am nördlichen Ende der Insel fand: »Man sagt, daß an jemandem, der stirbt, sein ganzes Leben wie im Zeitraffer vorüberzieht. Vor mir war eine blaue Wand, die manchmal auch wie ein sich leicht im Wind bewegender Vorhang schien. Sie glitzerte, als hätte man Sternenstaub in ihre Falten eingewebt. Ich spürte, wie es mich in diesen Vorhang zog.

Eine Weile war es kalt. Ich habe daran keine genaue Erinnerung. Ich war auch wie gelähmt. Das Glitzerzeug senkte sich auf mich herab. Ich kam mir vor wie ein Kind, das aus der Kandisdose nascht. Mein Herz schlug heftig dabei. Dann sah ich in einen Brunnen, der mit metallenen Wänden verkleidet war. Ich vernahm ein entferntes Geräusch, das wie von einer Turbine kam.

Schnee stob in dicken, schweren Flocken aus der Tiefe herauf. Wo er auf dem Schacht liegen blieb, wurde das Material durchsichtig. Die Szenerie dahinter war wie von Nebel überwogt. Mir schien es zuerst, daß dort ein grün überwucherter Garten sei. Von den Decken hingen purpurne Stauden herab. Wasser schwebte in großen öligen Blasen durch die Luft.

Ich erschrak, da gleich neben mir ein kleines, zerbrechliches Wesen war. Es hatte einen großen Kopf und blickte mich aus goldenen Augen an. Sein Mund war breit, die Lippen violett; beim Versuch zu lächeln, platzte seine Haut. Helles Blut löste sich in der Luft wie Rauch.

Erst jetzt erkannte ich, daß über dem schmalen Brustkorb, in dem fast sichtbar ein riesiges schwarzes Herz sich zusammenzog, ein riesiger weißer Metallträger lag. Das Wesen schaukelte mit dem Kopf und bewegte eine Hand; auch der Arm – er war ganz rot – war unter dem Träger eingeklemmt. Nach einer Weile bäumte sich das Wesen auf; aus seinem Mund drangen breite Ströme jener hellen Flüssigkeit, und nur einen Augenblick zuckte das Herz noch.

Später, als ich durch die Flüssigkeit trieb, gelangte ich zu einem gläsernen Korridor, auf dessen Innenwand, die schief im Wasser stand, ein halbes Dutzend dieser Wesen unbeholfen, immer wieder zurückrutschend, in die Höhe kroch. Mir war, als stünden sie alle unter Schock. Ich hebe dabei ab auf die Hartnäckigkeit und Vergeblichkeit, mit der sich diese Aufwärtsbewegung vollzog.«

III

Regulan im siebten Parselyt: »Vom einen zum anderen Augenblick habe ich es geahnt, wie eine Mutter fühlt, deren Kind in einer gasförmigen Aberration verschwunden ist. Während ich in meinem gläsernen Kolben hing, welkte ich. Ein Teil meiner Hände ist verdorrt. Mein Stamm, der noch eben kräftig das Wasser zog, wurde matt. Die Rinde löste sich. Laub aus dem Gewächshaus nebenan stob panisch auf. Es raschelte trocken, wie wenn der Tod gleich nebenan eingetreten ist.

Ich starrte in eine gläserne, leicht gekrümmte Welt. Über ihren inneren Rand zog eine winzige Fliege mit weißen Flügeln hin. Ich wußte nicht sofort, daß es das Raumschiff war. Aber ich spürte, daß das warme pulsierende Leben in ihm zugrunde ging. Ich habe einen Schrei gehört.

›Mutter, die Du uns beschützt hast‹, schrie es dort, ›so hilf uns doch! Sei doch nicht so fern, so weit von allem fort! Siehst Du nicht, daß Dein Leben hier zugrunde geht, hier auf dieser kleinen, furchtbaren Welt, die ätzend und beißend mit ihrem Sauerstoffgemisch über uns geht?‹

Ich starb, während die Musik schwer von den Wänden fiel. Der

Vorhang bauschte sich. Während ich starb, wurde es Nacht, und die Wand löste sich auf. Die Nacht drang vor. Ihr wißt, daß die Nacht furchtbar ist. Schwarze Schatten sah ich dort. Es wisperte unter einem bleichen Mond. Ein Tier mit gekrümmtem Schnabel hatte die Mutter freigepickt. Ein anderes Tier, das seitlich ins Gewächshaus drang, öffnete meinen Leib, als mich die Notmannschaft fand.

Mein Herz schlug nur schwach. Das zweite Tier hatte an meinem Herz gepickt. Es leckte meine Leber schmatzend auf. Es ist ein Schrecken, der kein Ende kennt. Kalt war es dort. Die Klimaanlage hauchte ihren Atem aus. Der Dampf gefror. Ich hörte die Schreie, dann das Wimmern, dann waren es nur noch Schweigen und Kälte, was in meine Knochen drang.

Ihr haltet mich, denen ich dies sage, für verrückt. Ich weiß nicht, was Wirklichkeit und was Wahnsinn ist. Ich sage Euch jedoch, daß dort draußen unter den Sternen, in einem entfernten Spiralarm der Galaxis, etwas Furchtbares geschehen ist. So helft ihnen doch!«

IV

Persephone, in Eis gekühlt: »Ich lag ruhig und schlafend in meinem Tank. Meine Membranen waren gestillt. Ich brauchte nur wenig Licht. Es war kühl und feucht, wie es immer ist, wenn man geborgen liegt. Ich dachte an die lange Zeit, die für den Weltraumflug veranschlagt worden ist. Wir haben Brüder unter der Sonne am Rande des Universums ausgemacht. Wir sind eine seltene Art und haben lange nach Gleichartigen gesucht.

Ich gluckste noch, als das Schiff brach. Ich dachte zuerst, als die Flüssigkeit ins Innere des JAMBUS drang, jetzt sind wir dort. Aber es konnte nicht sein, nach einem Zeitvergleich. Pflanzenwelt. Riesige Algen schoben sich über den Grund. Fische hielten uns rein.

Dann zitterte ich, als die Spannung stieg. Ich vergaß die Alpha-Serie, Mutanten, süß und klein, als sie starb. Ich wurde feucht. Angst stieg in mir hoch. Angst, daß die Sonne nicht mehr das Wasser zieht. Ein Schatten fiel von einem Baum und fraß meine Blätter auf. Das Notprogramm lief an.

Ich sah ein Tier, das aus dem Dunkeln brach. Seine Zähne waren spitz und scharf. Es hatte eine riesige Zunge, die sich in

Wellen bewegte, entrollt. Ich schrie auf, als ich die gelben Augen des Tieres sah. Du bist verloren, dachte ich, wenn du es nicht zudecken kannst. Wo ist der Farn? Wo ist das Gras? Was mache ich mit seinem Pelz?

Es war kein Tier. Es war bloß Dunkelheit, die aus den Wänden trat. Kleine blaue Lichter glühten in der Finsternis. Ein Mann, groß, weiß, mit einer blauen Uniform, trat in meine Eiskammer ein und sah mich erstaunt und erschrocken und ratlos an. Er wischte seinen Bart, in dem Eis blau und glitzernd hing.

Eine Armada von Menschen zog mit neugierigen Gesichtern über die Brücke hin. Sie zertraten den Kristall und drückten ihre glühenden Zigaretten auf den rosigen, feinen Leibern aus. Ein Kind schrie auf, als vor ihm ein Regulan pulsierend auslief. Sie merkten es nicht. Sie wußten nicht. Du weißt nicht, was Du bist, wenn Du nicht auf andere triffst.

Schub. Ich lebte auf. In einer Viertelstunde aufgetaut. Ich trieb durch einen finsteren Tunnel hin. Mein Bewußtsein war zerteilt in einer Flüssigkeit. Am stärksten war der Befehl, der aus den grünen, schäumenden Wassern kam: so steh doch auf, beweg dich schon, mach, daß du auf die Brücke kommst! Beeil dich, das Schiff stirbt aus! Ihr seid Meer, Gas und Dunkelheit, wenn du nicht hurtig gehst! Vor mir quollen Blasen auf.«

V

Es wurde immer behauptet, daß die Kristallstruktur des Computers so beschaffen ist, daß jedes Molekül zugleich spiegelbildlich die Gesamtinformation enthält. Tests auf der Strahlenwelt haben nie ein eindeutiges Ergebnis erbracht, vielleicht darum, weil die Simulation niemals den Ernstfall ersetzen kann. Erst wenn ein Computer mit seinem Schiff in einer Notsituation schier zerbricht, weiß man wirklich, was er kann.

Alpha war ein Kind, das auf der Waage strampelnd lag, als schon der Zeiger der Waage gesprungen war. Der Arzt, den sich Alpha vorstellte, wie er ihn mit seinen warmen Händen hob, spürte den ungeheuren Sog, als die Materie wie in ein schwarzes Loch abfloß. Von der Stirn des zurückweichenden Mannes hatte es die Brille, die er dort hinaufgeschoben hatte, mit furchtbarer Gewalt heruntergefetzt; das Gestell zerbrach, während das Glas in die nadelfeine Öffnung floß.

Die Wände des Arztraumes waren rund, platzend fiel die Tür aus ihrer Verankerung. Der mechanische Kalender blätterte die Jahrmillionen um. Wasser schoß mit einem heißen Strahl gurgelnd durch die Wand, unter der der Boden im Nu knöcheltief in einem roten Syrup stand. Leitungen hinter der Wand peitschten durch den Raum. Ein Strang drang in die Raumkrümmung ein und wurde krumm und verlor sich in dem Loch und zog einen Teil der Versorgungseinrichtungen des Schiffs in die Öffnung hinein.

Alpha ist ein Kind, das allmählich zu sich kommt. Eben noch hat es unten in den Laboratorien, in den Gymnastikräumen, in den Wiesen und Wäldern, auf den sanften grünen Matten des Schiffs gespielt. Jetzt ist es beim Anblick einer blauen Blume, die wie eine Glocke aussieht, stumm. Die Blume wächst auf dem Meeresgrund und schiebt sich durch einen Riß in dem Balsaholz, das man auch auf der spanischen Galeone verwendet hat.

Sie ist groß und stumm (in dieser Welt reden Blumen nicht) und öffnet ihren Kelch. In ihm dehnen sich bestäubte Stengel aus, von denen einer Alpha gefährlich nahe kommt. Die Flut schlägt gegen den metallenen Leib, der in der Tiefe liegt. Runghold ist weit. Das Gold der Meere bedeutet uns nichts. Es ist Salzwasser, das unaufhörlich in die Öffnungen dringt.

Alpha weint, als der Stengel ätzend in seine linke Wange dringt. Wach auf! Das ist ein Programm! Hoch! Hoch! Du stirbst, wenn du dich nicht quälst! (Es ist doch die Blume, die zu ihm spricht. Und ich dachte, die Blume wäre stumm.)

Eine Flamme, die von dem Leuchtgas kam, war in dem Tank. Sie brennt in einem blauen Licht. Ringsum herrscht Finsternis. Ein leichtes Rauschen in meinem Kopf, in das das Plätschern von Wellen dringt. In der Ferne knistert es, wie wenn der Druck von Millionen Säulen Wasser über dem Schiffe liegt.

Mit einem großen Auge habe ich den Tank angeblickt. Das blaue Licht brennt beruhigend, weil man mich nicht erschrecken wird. Etwas zieht in meinem Hirn. Erinnerung. Vision von einem Sandwurm, der bei seiner Geburt sich peitschend durch den Wüstensand in die Höhe wühlt und brüllend ins Licht aufbricht.

Etwas tickt vor mir wie eine Uhr, deren Pendel leise und beharrlich schwingt. Schub. Einbruch der Erinnerung. Die Wassersäule in meinem Kopf ist gekrümmt. Tonnen Druck. Wasser tritt aus meinen Augen aus. Vorgang wird gestoppt. Exer Exemplaricus. Alpha-Trillion. Über Beta-Schalom geht der Weg.

Vous voulez aller à Sirius? Have a nice day, said the astronaut. Erkeli ter har kerelem! Ich sprechen, mein Sprachvermögen sein gestört. Ich sein in Zusammenbruch. Wasser, du quill in meine Kopf. Erkel ter har kelemen! Hör ich blubbern von Blasen fort. Lach Du nicht, Kopf kaputt!

Herz, ich hatte ein Herz. Es schlug. Riesige Pumpe, stählerner Apparat, drückt Preßluft durch ein Gewirr, das aus Röhren besteht. Flüssigkeit schäumt in einem Glas. Ich taumle unter dem Gefühl, wer ich vielleicht bin, was aus mir womöglich wird. Woher komme ich? Welcher Stern benötigt mich?

»Still«, sagte die Schwester und schaute auf mich herab, »er schläft. Es ist gut so. Er schläft sich gesund.«

Der Mann mit dem riesigen Gesicht beugte sich über mich. »Aber wie erklärt sich dieser ungeheure Schrumpfungsprozeß? Wenn er schon seine Erinnerung verliert – das kommt ja vor – sagen wir, Amnesie unter Schock – seit wann verliert man bei einem solchen Vorgang seine Gestalt? Er ist ein Kind. Zwei Jahre alt. Was zeigt die Waage an? Ein paar Pfund! Aber er ist es. Fingerabdruck, Gehirndiagramm erweisen eindeutig seine Identität!«

Tarek ablak obulek. Bin ein Wurm, der in der Wüste liegt. Blaue Fliege kriecht über mich. Mene mene Tekel upharsim, wehe dem, der diese Schwelle übertritt! Aus diesem Reich, Wanderer im fernen Gottesreich, kehrst Du nimmermehr zurück! Wurm im Dschungel, von Pflanzen überdeckt. Licht. Eine wilde Orchidee hat sich über mich gebeugt. Sie schimmert golden im Gegenlicht. Hat mir elektrisch einen Gruß ins Ohr gewippt.

Der Boden des Dschungels lebt. Moos, auf dem du liegst, das sich bewegt. Der Wald, er geht. Bäume, die gedrungene Schatten sind. Räuber, die Kapuzen tief im Gesicht. Ein Stamm liegt quer und wird von seinen Genossen in den Schlamm gedrückt. Jetzt erkenne ich auch, daß von den Bäumen unterentwickeltes Leben hängt. Über mir dehnt sich eine Fledermaus, die mit dem Stamm verwachsen ist. Eine Schlange, die unter der Rinde pulsiert. Ein symbiotisches Hörnchen, das aus hygienischen Gründen unter der Rinde lebt.

Ich bin in einen riesigen schmatzenden Kelch gestürzt. Ich starre in einen Schlund, der voller Würmer und aufgereckter Arme ist. Maden wimmeln über mich weg. Magensäure weicht mich auf. Das Ding, in dem ich bin, stößt auf. Zuletzt sehe ich draußen ein herrliches, vielfältig geformtes gläsernes Ding, das mit seinen Ästen und Zweigen voller Früchte hängt und sehr zerbrechlich wirkt. Vom Lufthauch wird es hochgeweht, schwebt wie ein Leuchtkäfer über den lichterfüllten Dschungel hin.

Kopf, der im Abbrechen begriffen ist. Das Wasser drückt. Die ungeheure Säule hat sich zerteilt. Ich bin in alle Winkel gedrückt. Letzte Anstrengung, daß sich ein Ich manifestieren kann.

»Er schläft«, hat die Schwester gesagt.

»Ja«, sagte der Mann, »aber was wird das für ein Ungeheuer, wenn er zu sich kommt!«

Mene tekel upharsim. Licht scheint durch einen dünnen Zweig. Es ist der lange Finger Gottes, der auf uns zeigt. In ihm tanzt Staub, fein und dünn. Jetzt bemerkte ich, daß ich auf dem Rücken lag. Jemand hatte kitzelnd einen Grashalm in meine Nase gesteckt. Das Moos tickte unter mir. Ich spürte die Verästelung, mit der der Wald in meinen Rücken drang.

Scheileen blickte mich lachend an. Sie nestelte an ihrem Sauerstoffgerät. Ihr grünes Gesicht wirkte ein wenig wie von Flechten bedeckt. Sie wurde, als sie sich lange über mich gebeugt hatte, bleich. Sie wandte sich heftig um und schaute ins Licht, und der Syntheseprozeß, mit dem die Pflanzenwelt aus Luft, Licht und Wasser Leben gewinnt, machte sie wieder stark. Das Orchideenhaus meldete sich in meinem Schlauchapparat. Blasen quollen auf.

»Na, du feiner Mann«, flüsterte ein Kelch, »wie gefällt es dir im Wald?«

»Es ist schön«, erwiderte ich, »wenn man so intensiv mit der Natur verbunden ist.«

Säfte quollen in mir auf. Ich spürte den Bittergall, der, wenn es regnet, Pilze aus den Stämmen treibt.

»Mach dir nichts draus«, sagte die Orchidee, »daß du nur ein Menschlein bist. Dazu ein Kunstgeschöpf, das auf zwei Beinen geht. Auch dich brauchen wir.«

»Ich weiß.

Blattrose auf dem See. Ich wuchs in alle Winde fort. War groß wie ein Schwamm und stark. Meine Blätter drehten sich im Wind. Scheileen war ein winziges, bleiches, nach Licht hungerndes Geschöpf, dort unten auf einem Ast. Ich schüttelte sie leicht und hörte sofort auf, als sie erschrak.

Ich war ein Astronaut, im Walde, schlauchbewehrt. Mein Seufzen, mein rasselnder Atem drang wie von ferne an mein Ohr. Da ich Tonnen wog, steckte ich bald in einem Sumpf fest, der sich schwarz und blau mit großen schillernden Blasen über mir schloß. Es schmatzte etwas, als ich in die Tiefe sank. Da erinnerte ich mich, was über einen solchen Fall in meinen Instruktionen stand.

Mein stählerner Kopf beugte sich zu meinem Magen hinab, als das Notaggregat mich mit ungeheurem Schub, zunächst fast lautlos, dann brüllend an der frischen Luft, aus der Tiefe zog. Meine Haare waren feucht. Unter dem ungeheuren Lärm welkte ringsum der Wald. Daß du dich niemals an das Schicksal auf einem fremden Planeten ausliefern wirst! Selbst wenn du nicht mehr weißt, wer du bist, so kämpfst du doch! Nur so kommst du mit dem Raumschiff fort.

Es war trostlos auf dieser Welt. Der schwarze, lichtdurchstochene Himmel breitete sich über einer grauen Landschaft aus, über die der Wind in Böen stob. Einmal wurde der Himmel ganz finster und schwarz, als sich eine ungeheure Staubwolke, als hätte man die Wolken zu tief gehängt, vor die Sonne schob.

Bleiern kam die Nacht. Es wurde kalt. Ich lag in einer Mulde und fror. Ein Wüstengänger kam heran und saugte mir die letzte Wärme aus. Ich war Metall, das rostend in der Wüste lag. Ich hatte einen Leib, über den der Rostspan seinen Panzer wob. Meine Gelenke knirschten, als endlich wieder die Sonne blutrot in einem weißen Hof kam.

Wolken bedeckten den Himmel, der jetzt grasgrün war. Ein heftiger Wind kam auf. Sekunden später fiel der erste Schnee, der in gläsernen Tropfen auf dem Boden schmolz. Während ich noch immer schwer und knirschend in der Wüste lag, brach unweit ein zarter grüner Zweig durch den Sand.

Die ganze Ebene war im Nu mit Gräsern, Stauden und Hecken bedeckt. Überall gärte es. Es schien, als ob die Wüste millionenfach Keime barg, die die Sonne zu sich zog. Schwindelnd und taumelnd lag ich da, während sich die Vegetation raschelnd und rauschend zum Licht aufschwang. Ich stand mit brausenden Ohren auf.

Auf meinem linken Arm wuchs eine Orchidee. Efeu rankte sich um meinen Leib. Mein Haar wogte im Wind wie nur Seegras, wenn es in einer langen Strömung steht. Grün war das Blut, das durch meine Adern floß. Aus meinen Augen – sie waren hart und starr – tropfte Harz. Wie die Ebene sich in grüne Farben schlug, wuchs ich mit.

Unter der Berührung der elektrischen Felder, mit denen eine Pflanze die andere durchdrang, klopfte mein Herz. Feuchtigkeit bedeckte meine Handflächen unter dem Moos. Die Ebene war jetzt ganz mit Vegetation bedeckt. Vereinzelt fiel noch Schnee und setzte sich als Kristall auf den Blüten ab. Ich war wie ein Titan, der seine Kräfte aus dem Boden zieht. Da erwachte ich und stellte fest, daß ich im Dunkeln lag und daß eine stickige, feuchte Treibhausluft mich umgab.

Ich hörte, während mein Puls wie rasend ging, einen wimmernden Schrei. Ich wurde bleich. Rost flog mich an. Die Flüssigkeit in meinem Glas schäumte schwarz. Es tropfte aus meinem Leib. Scharniere rasteten ein, und ich wußte nicht, wie die Lage zu meistern sei. Da hörte ich wieder einen Schrei.

Er klang, als würde eine Katze oder ein kleines Kind von Glas zerfetzt. Wieder setzte mein automatischer Abwehrmechanismus ein. Ich stoppte ihn, als Salzsäure in meine flüssige Tiefe rann. Während ich die Salzsäure, die aus geborstenen Akkumulatoren kam, beseitigte, rann Schweiß über mein Gesicht.

Jetzt spürte ich die Schwingung, die man nur erfühlt, wenn das Raumschiff im Zwischenraum über ungeheure Distanzen springt. Es war Angst und Wesenlosigkeit. Da war etwas, das wie eine gläserne Scheibe auseinanderfiel. Der Druck aus der Tiefe war so schlimm, daß die das Gehirn umgebende Schale nicht mehr hielt.

Bei diesem Gedanken bekam ich Angst, denn jetzt spürte ich, wie eine lange Dünung mit schmetterndem Krachen, wie Stahl, gegen meine Aufwandung schlug. Ich hatte dort ein Infrarotauge aufgemacht, vor dem das Wasser heiß und sprudelnd stand. Ich erkannte einen schmalen Tank, in dem der Wasserspiegel stieg. Der Tank war von einem ungeheuren Lärm erfüllt.

Eine Stimme, die mir in die Seele schnitt: »Computer, Computer, es ist Nacht. Ich fürchte mich. Kein Sternlein steht. Ich habe Hunger in der langen Nacht. Weißt Du, wo meine Mutter ist?«

Die Stimme war verzerrt. Einen Augenblick dachte ich, was geht mich die Stimme an. Dann fiel im dritten Zwischendeck ein Filter aus, und ich hörte Laub, das der Wind raschelnd in eine Ecke trug. Wie dürre Hände waren sie, die man in einem kalten Raum gegeneinanderreibt. Flechten hingen schwarz von den Wänden herab. Ein Strauch, der einst kristallene Blüten trug, tropfte schwarz.

Ich tastete mit meinem linken Arm, der voller Sensoren ist, über das Schwimmbassin, in dem es bleich und tot mit emporgewölbten Bäuchen schwamm. Ein Gesicht war ganz spitz und dünn, über einem anderen spannte sich die Haut wie ein kleines Zelt. Einen sah ich, der hat noch gelallt. Die meisten hat der Scharlach geholt, den die Windmaschine mit hohlem Brausen durch die Flure trieb.

Ich erhob einen Arm zu einem peitschenden Schlag, ich wickelte einen Tentakel um das Schiff. In der völligen Finsternis und in dem diffusen Licht griff ich in die Heckstutzen hinein, in denen eine Koralle wuchs. Ich drang tiefer in die Stutzen ein und fühlte, das magnetische Visier, durch das der Zwischenraumstrahl lief, war noch intakt.

Das hob meinen Wasserspiegel an, Wasser drang in die erste Schleusenkammer ein. In einem Winkel meines Hinterkopfs hörte ich Musik schnell und laut, ein Trommelwirbel hob mich an. Ich machte jetzt die intakten Lichter an, von meinen Augen wich das Harz. Ich erschrak etwas, als die Erinnerung an die Ausmaße des Schiffes kam. Aber ich ließ seinen silbernen Leib nicht los.

Jetzt setzte ich schubweise das Erinnerungsprogramm ein. Das Licht der Sterne schimmerte zu mir herab. Ich entrollte etwas, das mir wie eine gigantische Zunge schien, und schmeckte auf ihr die magnetischen Ströme aus dem Weltraum und von der Erde ab. Ich wuchs noch mehr, als ich begriff, daß die Energie ausreichend zum Start von drei Schiffen war.

Ich rastete diese Stellung ein und öffnete einen Kanal, der Wärme und Magnetismus aus dem Inneren der Erde zog. Meine Haut durchblutete sich, und so fand ich auch einen energetischen Tank, der voller Sauerstoff war. Ich hatte den Hahn voll aufgedreht und verbrannte fast, als mich die Sauerstoffdusche traf. Die Sterne explodierten über mir.

Aber ich war nun so souverän, daß die Drosselung des Ventils nur Millisekunden in Anspruch nahm. Im Augenblick höchster Konzentration hatte ich rund um den Planeten geblickt. Zum ersten Mal seit unserem Absturz wußte ich, daß der JAMBUS schräg in einem seichten Gewässer lag. Auf meiner Zunge, die noch immer entrollt war, brannte Salz.

Ich hielt den jetzt erreichten Pegel an. Ich legte einen pneumatischen Kranz um mein Herz, denn ich fürchtete, ich würde vom Anblick der toten Besatzung verstört. Ich drosselte Adrenalin und Flüssigkeit und schweifte unter verschleierten Augen die Gänge ab. Mehr Tote als in dem Bassin fand ich nicht. Die Pflanzen brauchten Licht. Ich spritzte Chlorophyll aus einem Reservetank und machte noch mehr Lichter an und setzte einen Entsalzungsprozeß in Gang.

Während jetzt endlich Regen in großen gläsernen Tropfen von den Decken fiel, dehnten sich die Wände aus. Noch eben grau und grün, von einem leichten Schimmel bedeckt, wuchs aus ihnen Moos, dann dicker, verklumpter Farn. Es zerrte und schrie in der Wand, im Zwischendeck, in dem Bassin. An mehreren Stellen stiegen gelbe Wolken von fehlprogrammiertem Unkraut auf.

Unten, wo der JAMBUS auf dem Meeresgrund lag, hatten Wasser und Schlamm das Programm ruiniert. In der Hitze, die dort entstanden war, blähten sich bucklige Gnome auf, ein Phantomgesicht trat aus der Wand und schneller, als dies in gesunden Segmenten möglich ist, löste sich eine bucklige Gestalt aus der Wand. Ich erwischte sie, wie sie in die Schleuse kam, eine die Verbindungen lösende Flüssigkeit in der Hand.

Während noch ihr Schreien im Rauschen des Meeres, in dem ich sie erstickte, verklang, hatte sich im oberen Deck ein rundes, gesundes, freundliches Gesicht aus der Wand gelöst. Zwei Treppen tiefer fiel eine Krabbe von der Decke herab, wie man sie als Haustier hält, die sofort in den grünen Dschungel lief, damit er stärkere Zweige trieb.

Als der erste Sogorund geboren war, merkte ich erst, wie schwach ich in der Zwischenzeit geworden war. Sein Strahlenfeld war stark, obwohl der Sogorund fast ganz ohne Entität geblieben war. Er rief. Ich tastete meine Programme ab, aber die meisten hatte der Unfall aufgelöst.

Der Sogorund rief: »Schnell, programmiere mich! Füll mich auf! Ich fühle, daß uns nicht viel Zeit verbleiben wird!«

Dabei schwankte er in dem ungewissen Licht und wechselte seine Gestalt, war einmal Baum, dann ein Zweig, der aus der Decke kommt, einmal eine Frau, die an einem mondbeschienenen Teich baden will, zuletzt ein Kind, das unter einer Hecke liegt und gestillt werden will und dessen Gesicht grün und wächsern zerfließt.

In der Düsternzone, die mittschiffs gelegen ist, traten irrlichternde Sumpffeuer auf. Eines brannte so intensiv, daß es im ganzen Schiff zu magnetischen Entladungen kam. Ein anderes verschmolz mit einem Menschen, der in das Schiff eingedrungen war und veränderte seine Gestalt. Über dem Heck des Schiffes, über das meine schwache Verbindung mit Stella Omikron lief, tauchte ein rotes Licht auf, wie es in den Mythen der Menschen über untergegangene Schiffe enthalten ist.

In wenigen Augenblicken wechselte die Szenerie. Hatte ich, kaum erwacht, die wenigen Fäden, die ich überschaute, in der Hand, so war das Schiff jetzt wie ein sich blähender, pulsierender Leib, der Hefe, Chlorophyll und Energie in ungeordneten Wogen aus sich trieb. Ich drosselte das Lebenserweckungsprogramm, doch war nun die Eigendynamik des Prozesses, den ich eingeleitet hatte, so groß, daß das Schiff immer weitere Blasen und Blüten trieb.

Dann bemerkte ich, daß eine gigantische Hand, die wie ein langstieliger Kaktus aussah und an der Wurzel in roter Blüte stand, in meine Programme eingedrungen war. Ich zog eine Wurzel an und schickte sie in meinen Programmraum hinab und senkte sie auf die Hand hinab und erstickte sie. Doch wuchsen nun ein halbes Dutzend Hände aus der Wand und befühlten mich. Eine war klebrig und kalt und streichelte mein Notprogramm, bis ich Feuer gab und die Hand in Flammen aufging.

Das Wetter draußen verschlechterte sich. Vom Eintritt des Schiffes in die Atmosphäre an hatte es in diesem Teil der Welt große kugelförmige Flocken geschneit. Jetzt sank die Temperatur rapide ab, und ich fürchtete schon, der Wettersturz friere die Atmosphäre ein. Ich gab allen Druck in mein Notprogramm, damit sich wenigstens meine Eigenaktivität aufrecht erhielt.

Der Druck bewirkte, daß ein Teil der Schiffshülle der Belastung nicht gewachsen war und auseinanderbrach. Salzwasser strömte ein und gefror. Es spülte ein halbes Dutzend menschlicher Gestalten mit bleichen Gesichtern und brüllenden Mündern herum. Hoch oben in der Atmosphäre explodierte ein Licht, das wie eine Leuchtkugel aussah. Die Entladung war so stark, daß sie einen Teil meiner elektrischen Verbindungen auseinanderschlug. Als das Licht verglomm, war ich fast blind.

Gleichzeitig trat in meinem Kopf ein Flüstern unbekannten Ursprungs auf. Die Stimme war einmal hart, dann wieder sanft. Es schien ein Mann zu sein, der sprach. Aus dem verzweifelten Zittern, das im Unterbewußtsein unter der Stimme lag, entnahm ich, dort draußen, in der bewohnten Welt, herrschte große Angst. Dann spürte ich die Entität, die sich aus dem Zusammenführen kritischer Massen ergibt, aber es war mir nicht klar, von welcher Art die genaue Bedrohung war.

Ich kann mich nicht mehr genau entsinnen, was in der nächsten halben Stunde geschehen ist, da ich, einen Abwehrgürtel vorgelegt, schlief. Als ich erwachte, war es Nacht. Der Himmel war jetzt klar, und die Sterne leuchteten scharf und intensiv. Mit der Sonne fiel ein ungeheurer Druck, der über mir gelegen hatte, weg. Auch bemerkte ich, daß der Funkverkehr in der Atmosphäre des Planeten — vielleicht aus demselben Grund? — an Intensität zunahm.

Über dem Schiff leuchtete ein künstliches Licht, das aus einer Rakete fiel. Ich nahm die Schwingungen der Männer an Bord der Rakete auf und merkte, auch sie hatten große Angst. Erst jetzt, da meine Freiheit größer geworden war, fielen mir die vielen Menschen ein, zum Teil im Schein von Fackeln, am Strand der Halbinsel auf. Der Druck ihrer elektrischen Felder war so stark, daß ich mich nur mit Mühe aufrecht hielt.

Ich schüttelte ihre Felder ab und tastete optisch und mit Fühlern das Innere meines Schiffes ab. Erst jetzt verstand ich, daß der Wildwuchs an Bord unter dem Druck der elektrischen Felder entstanden war. Während ich ein Sumpflicht in meinen Filtern ausblies, legte ich mit aller verfügbaren Energie ein Feld um das Schiff und machte es erdmagnetisch fest. Während der Druck von draußen fiel, leuchteten sechs Menschen, die in das Schiff eingedrungen waren, als grüne Fremdkörper im Bauch des JAMBUS auf.

Einer der Männer — er hatte blondes Haar und einen großen,

wilden Bart – steckte schief in einem der Tanks, die für die Ernährung der Besatzung vorgesehen sind. Er machte den Eindruck, als ob er schlief. Sein Mund stand auf, in dem ich goldene Zähne sah. Seine geöffneten Augen waren ganz verwirrt. Ich bekam Angst, als der Eindruck seiner Umgebung in mein Bewußtsein lief.

Ich wußte nicht, was in ihm enthalten war. Aber seine Ausstrahlung war so stark, daß seine ganze Umgebung in einem verklärten, goldenen Licht erschien. In diesem Leuchten gingen Menschen hin und her. Sie hatten goldbetreßte Uniformen an. Ihre Gesichter wirkten roh. Sie alle litten unter zuviel Blut – ich weiß nicht, ob dieser Ausdruck richtig ist –, ihre Gesichter waren rot.

Einer von ihnen, der am größten war, schrie mit einem weit geöffneten blutroten Mund. Das Bild flackerte etwas. Als es sich geklärt hatte, bemerkte ich, daß jeder von ihnen bewaffnet war. Einer hielt etwas in der Hand, das wie ein Enterhaken schien. Ein anderer biß eine Patrone ab und schüttete Pulver auf die Pfanne eines aus Holz und Eisen bestehenden Gewehres auf.

Jetzt zeichnete sich im Hintergrund das Verdeck eines hölzernen Schiffes ab, über dessen Geländer ein halbes Dutzend roter Laternen hing. Das Schiff lag schief in der See und krängte stark. An seiner himmelwärts gerichteten Seite klafften Luken auf, und die Mündungen großer, schwarzer Kanonen schoben sich heraus. Lautlos gaben sie eine Breitseite ab, deren Rückstoß wie elektrisierend durch meine Nervenbahnen lief.

Ich drehte an meinem Programm und verdrahtete mit der verbleibenden Energie. Ich schraubte mich auf Assoziationsprogramm hinauf, doch genau in dem Augenblick, als ich zum Verstehen imstande war, wechselte das Bild, etwa so, wie wenn das Denkmuster im Kopfe eines Sographors zusammenbricht, weil sich seine Tiefenschicht, die außer Kontrolle geraten ist, über die Erinnerungen geschoben hat.

Auf dem Kastell des Schiffes tauchten zwei, drei Dutzend Menschen auf. Ihr Anprall war in meiner Psyche so intensiv, daß ich eine starke Blende nahm. Ohne daß ich die Gesetzmäßigkeit des Geschehens verstand, hieben sie aufeinander ein. Sie kämpften verbissen und intensiv, und abgehauene Arme und Beine flogen in den Dschungel hinein.

Der Mann, der noch immer schlief und aus dessen Kopf dieses

Schauspiel lief, lag wie erstarrt. Er hatte Angst. Jetzt zitterte er. Das Bild verwischte sich, und im Hintergrund erschien eine große, blonde Frauengestalt und wischte mit einem großen, feuchten Tuch die verwundeten Körper ab. Dann drehte sich aus der Tiefe ein Hain herauf, in dessen Schatten der Mann lag; die Frau tupfte ihm Blut von der Stirn.

Einer der Männer hatte mein paraboloides Abbild entdeckt, das an der Decke des Schwimmbassins versteckt zwischen wilden Wurzeln hing. Er streckte einen länger werdenden Arm nach mir aus. Seiner zeigenden Hand folgten die Köpfe, als habe sie eine unsichtbare Kraft verdreht. Sie waren – das Energiefeld war sehr stark – im Nu heran. Einer hieb mit seiner Machete nach mir, ein anderer warf ein rundes Gefäß mit brennender Lunte in meinen Verhau.

Schmelzend wich ich in die Decke zurück und machte Druck in der Wand, die wie ein sich wölbender Bauch anschwoll, dann platzte sie, und geöffnete, triefende Kelche quollen heraus. Einer der Kelche, der von purpurroter Farbe war, erwischte den ersten Mann und saugte ihn auf, zog das Blut aus ihm und stieß ihn wenig später als bleiche, leere Hülle aus.

Ich zog Sumpfgras an der Decke auf, und, nachdem es in Sekundenbruchteilen gewachsen war, warf ich es wie ein rasches Unwetter über den Männern ab. Über den Körpern der Männer breiteten sich Flechten aus, ihre Haut verfärbte sich schwarz und brannte aus. Ich nahm die Wärme aus dem Metall, die Flüssigkeit an den Leitungen erstarrte zu Eis, das unter dem Ventilator wie ein Schneesturm durch die Kabinen trieb.

In wenigen Augenblicken glitzerte das Schiff wie ein gläsernes Zauberreich. Die Blüten schlossen sich unter dem Frost, die fleischfressenden Kelche leckten ihre Ränder ab, und wer von den Männern noch um sich schlug, wurde hart und spröd, bis die Landschaft wie ein winterliches Monumentalgemälde schien. Überall ragten aus dem Schlamm und der erstarrten Blütenpracht schwarze, jetzt reglose Gestalten auf.

Eine zerbrach zu Glas, das der Ventilator, der immer noch lief, über die Wände trieb. Das Glas schmerzte und war hart. Der Temperatursturz war so stark, daß selbst die Flüssigkeit in meinen Halbleitertanks sich mit einer gefrierenden Haut überzog. Mein Denken war leicht reduziert, und ich spielte sekundenlang mit dem künstlichen Sonnenball, der bei den atomaren

Feuern liegt, doch eine erneute Erwärmung des JAMBUS wagte ich nicht, als ihn ein Schlag mittschiffs traf.

VI

Goronig, der Parselyt: »Man hat uns gesagt, daß man an Bord eines Weltraumschiffs nicht am Daumen lutschen darf. Wie klar mir der Grund bei der Abreise auch gewesen ist, so finde ich mich jetzt in rosa Dämmerlicht, wo mich mein Daumen fast erstickt. Ich bekomme, obwohl noch nicht wach (ich bin in Wirklichkeit in einem zeitlosen Loch, in dem sich die Materie rückwärts bewegt), mit einem Male Angst.

Über meinem linken Flügelpaar spannt sich die Haut, und ich schlage in meinem Tank wie ein Schmetterling; aber die Tankwände sind kalt. Ich spüre Glas, das fast bis zum absoluten Nullpunkt abgekühlt ist. Es ist dunkel und still, doch jetzt höre ich, unter dem Schnee wächst Gras, hart und lang. Wo sind wir? schießt es mir durch den Kopf. Ob dies Wega ist? Oder Bersa-Aleph? Der jadegrüne Planet, von dem die ganze Flora träumt?

Mein Kopf ist von meinen Träumen schwer. Es zieht etwas in ihm, das wie ein Messer durch ihn geht. Wie von ferne erinnere ich mich an meine geliebte Lilomee, die in meiner Erinnerung fast weniger als ein Schatten ist. Ob es die Lilomee vor der Verpuppung ist? Ich taste mit klebriger Hand in dem Tank herum und erwische ein Kabel, das Teil des Computers ist.

Da wird mir warm. Ich erinnere mich an die schäumende Computerbank, an das halb pflanzliche, halb menschliche Ding, das mit Stahl verstärkt worden ist. Was er jetzt wohl macht? Ich taste mit meinem Herzen die von draußen hereindringenden Schwingungen ab, doch etwas schirmt uns ab. Es ist mir, als wären alle meine Sinne mit Gelee blockiert. Hunger tritt neben die Angst.

Dann trifft mich ein Stoß mitten im Leib, der mir fast die Flügel verbrennt. Ich schreie auf, als mir klar wird, daß man uns mit Ultraschall beschießt. Sie sind wahnsinnig, die Männer mit Ultraschall. Das Glas zerbricht, die Luft vibriert, der Himmel brennt, und in einer plötzlichen Vision erkenne ich: dort stürzen zwei Männer mit blutenden Ohren und blutenden Mündern aus einer Kapsel ab.«

»Ich erinnere mich«, dachte der Parselyt. »Wir flogen einen langen, dunklen Tunnel entlang. Es war ein Flaschenhals, wie er bei bestimmten magnetischen Stürmen zu erwarten ist. Der Kommandant warf den Notanker aus, aber es war zu spät. Das Schiff stürzte aufflammend in den Flaschenhals, in dem eine kleine Murmel enthalten war.

Die Murmel wuchs mit rasender Geschwindigkeit heran. Es war ein blauer Planet. Er war belebt. Leuchtfeuer über seiner gesamten Oberfläche störten die elektrische Aktivität. Zuerst wurden die großen zarten Pflanzen schwach. Ihr elektrisches Feld verringerte sich und floß in den Zwischenraum.

Dann fielen einige der großen Pflanzen aus. Innerhalb weniger Sekunden zerriß die Entität. Wir waren, als die letzte Rettungsboje stieg, schon zu schwach, daß die Denktätigkeit in den Tanks nachließ. Wenige Augenblicke später, als eine gewaltige, glänzende Wasserfläche näherkam, waren wir fast alle ohne Individualität. Dann schlug der JAMBUS in Schaum und Gischt auf, der Ozean nahm uns kochend auf, und eine Flutwelle, höher als die höchsten Bäume, rollte gegen das Land, wo eine vereinzelte schmale Gestalt entsetzt zurückgetaumelt war.

Lilomee, erinnerte ich mich. Wir befanden uns auf dem Alabasterplanet. Wir waren jung verliebt. Wir setzten die ersten feinen Ringe an. Ich habe mein Monogramm in ihren Leib geschnitzt. Eine Mistel hatte sich auf ihrem Körper abgesetzt, ich schnitt sie ab. Lilomee – war es ihr Schatten, der aus der Dämmerung hinter den gläsernen Scheiben wuchs?

Zeit, sagte das Programm. Du hast alle Zeit der Welt. Parselyt, erinnere Dich! Erinnere Dich, wenn Du Lilomee wiedersehen willst! Ich erinnerte mich. Ich wußte wieder, wie es vor der Verpuppung ist. Wir sind nicht wirklich für die Planeten gemacht. Den ersten von uns fand man in einem Wurmloch auf. Die Gesetze von Zeit und Raum gelten für uns nicht.

Süßer Saft, der in meinem Körper enthalten ist. Ich tastete über einen metallenen Strang. Die Zeit hielt an. Ich rutschte im Zeittunnel ein wenig ab. Ich schrie auf, als das Schiff lang und wie ein träger Schatten durch den Zwischenraum schwang. Ich zerriß fast, als das Leben feucht und pulsierend um mich erstand. Ich erkannte die vielen jungen Leben in ihrem Tank.

Einer sah mich mit blanken, feinen, großen Augen an. Er wußte nicht mehr, wie die Welt beschaffen ist. Er knirschte ein wenig, als die Halbebene der Zeit durch seinen Körper ging. Jetzt waren es zwei oder drei, aber sie waren stumm. Nur vom Schiffsmotor kam ein Hämmern, das durch alle Blutgefäße lief. Ich zitterte, als aus der Dunkelheit noch immer keine Antwort kam.

Ein Fetzen des Programms trieb durch die Dämmerung. Es war eine Tafel, auf der stand, daß jeder einzelne zum Handeln aufgerufen ist. Ich rief den Computer an, doch fiel nur Schnee von der Decke meines Tanks. Ich klopfte bei den großen Pflanzen an, aber nur Staub trieb in großen schwarzen Wolken durch die Luft. Ich dachte einen flüchtigen Moment, vielleicht kommt Hilfe vom Ultraschall, aber im Staub hatten sich jetzt einzelne Blutstropfen abgesetzt.

Dann wurden die Wände meines Tanks eng. Das Glas hatte mir einen Flügel zerfetzt. Unter dem Druck der Decke wurden meine Antennen krumm. Ich dachte an Lilomee und erhöhte mein Potential. Ich hörte den Wind, der gläsern um das Raumschiff strich. Etwas knirschte lang und dumpf, als zerbreche das Schiff.

Ich schrie auf, und Lilomee, und die lange Trift, und das Sternenlicht, das durch die gläsernen Wände fällt. Für den Weg aufwärts war ich zu schwach. Also machte ich mich breit und stark und die Wände dünn. Ich war gekrümmt, wie man vor der Verpuppung ist. Ein purpurnes Licht glomm auf, als das Schiff in den magischen Schatten trat.

Zwei, drei Säuglinge sah ich mit gehetztem Blick, als der JAMBUS in die Tiefe fiel. Es schlürfte etwas, das wie flüssige Magma klang. Das Schiff durchquerte die Grenze, die jedem Kontinuum gegeben ist. Momentan leuchtete der stählerne Körper auf, zwei, drei Dutzend Blitze zuckten durch die Nacht und durchleuchteten uns. In dem gespenstischen Licht war der Computer eingeschneit, einige der Säuglinge drückten an den Scheiben ihre Nasen platt, und weit drüben, irgendwo erkannte ich einen Feuerball, der rasend die Jahrhunderte rückwärts lief. Dann war mit einem Ruck Ruhe eingekehrt.

Gleichzeitig knirschte etwas wie Holz, das sich durch einen bleichen Körper bohrt. Glühende Kohlen stürzten auf mich herab und setzten mich, während ich wild mit den Flügeln schlug, fast in Brand. Ein gläsernes Auge starrte mich an. Ein Faß, mit einer Flüssigkeit gefüllt, stürzte vom Vorderdeck und zerbrach, und was über dem Boden rann, war im Nu mit Schlangen angefüllt.

Dann verließ mich die Kraft, das Potential ließ nach, und ich spürte noch, daß die elektrische Aktivität draußen verschwunden war.«

VII

Im Prado, dem Madrider Königspalast, befindet sich ein Teil des Archivs der Heiligen Inquisition, von der man weiß, daß sie eine verbrecherische Einrichtung gewesen ist. Unter diesem Bestand finden sich Märchen, Wahnvorstellungen und Lügenberichte, wie sie zu einer Zeit, die fast nur aus Furcht bestand, üblich gewesen sind. Es ist daher, wenn man nicht in die Herzen schaut, schwer zu unterscheiden, was Lüge und was Wahrheit ist. Es ist auch anzunehmen, daß das Material mit absichtlich Erfundenem vermischt worden ist, eine Methode, die auf die Zeitgenossen wohl nicht ganz ohne Wirkung geblieben ist.

Wahr oder nicht – für unsere Zwecke findet sich ein Text, der in freier Übersetzung und modernisiert etwa folgenden Inhalt ergibt: »Zum zwölften Jahrestag der Schlacht von Padua, wo unser geliebter Herr Miguel gefallen ist, trug sich in den Gewässern des Karibischen Meeres folgendes von zahlreichen Zeugen verbürgtes Geschehnis zu. Eine Galeone Seiner Heiligen Majestät war mit fünftausend Unzen Gold, siebenhundert Pistolen sowie Seide im Wert von einer halben Million Louis d'Or nach Hispaniola unterwegs, als das Meer bei ruhiger See und schwachem Wind plötzlich zu kochen begann.

Der Kapitän, Alvarez, ein frommer Mann, holte die Segel ein, und drehte vor einer weißen, schäumenden Dünung bei, da er dachte, daß dies Teufelswerk oder das der Holländer sei. Im Wasser voraus entstand ein fürchterlicher Tumult und erhob sich ein Sturm, der das Pulver im Nu von den vorsorglich aufgeschütteten Pfannen blies. In dem Tumult unterschied die Besatzung des AQUILON hohe, helle Stimmen, wie wenn man Kinder dem Fegefeuer übergibt.

Der AQUILON, in dem allgemeinen Aufruhr der See, krängte bei, während sich eine ungeheure weiße Wasserwand am Horizont erhob. Jetzt zeichneten sich Schatten in dem hellen Leuchten ab, ein grünes Glas, das ganz edel schien, eine Sonne, die aus chinesischem Porzellan bestand. Dann erschien ein grelles blaues Licht, das so hell über den AQUILON fiel, daß man das Muster der Hölzer sah. Mit dem Licht hatte sich eine merkwürdige Taubheit über die Besatzung gesenkt, so daß man den Nebenmann auch dann, wenn er die Stimme erhob, kaum noch verstand.

Dann trieb aus der weißen, noch immer schäumenden See Plankton an, wie er in diesen Teilen des Meeres nicht üblich ist. Dieser Plankton aber war mit feinen Härchen und Fühlern besetzt, und das, was von ihm gegen den AQUILON trieb, kroch die Bordwand herauf, die hoch über den Fluten stand; man hackte den Plankton ab, der zitternd wie Aal und glitschig und brennend war.

Eine Viertelstunde, nachdem die Erscheinung zum ersten Male aufgetreten war, hellte sich die Wolke auf, und sie gab ihren Inhalt, eine, wie übereinstimmend versichert wird, tonnenförmige, silbern glänzende Erscheinung preis, die, halb ins Wasser eingetaucht, direkt auf den AQUILON zufuhr. Sie kam immer näher heran und erschien zeitweilig ganz aus Glas und floß endlich, als der Großteil der Besatzung sein Schicksal schon beschlossen sah, um ihn herum, und zwar so, daß sie den AQUILON wie einen Kern in sich schloß.

Die Aussagen der Überlebenden des AQUILON hinsichtlich dessen, was geschah, widersprechen sich, und es sei betont, daß das Heilige Offizium in diesem seltsamen Fall, in dem der Krone ein erhebliches Ausmaß an Vermögenswerten abhanden gekommen ist, zur Wahrheitsfindung nichts unversucht gelassen hat. Dem zweiten Steuermann, Hernandez, etwa wurden die Werkzeuge gezeigt, und obwohl man bis zum Dritten Grad gegangen ist, beharrte er darauf, daß ihm in der metallenen Hülse der Teufel erschienen ist.

Er beschrieb diesen als eine etwa zehn Fuß hohe Gestalt, die wie flüssig und veränderlich und in Blitze eingehüllt war. Die Farbe des Leibhaftigen gab er mit Grün an und erwähnte noch, daß von ihm eine lähmende Strahlung ausging, die in alle Glieder fuhr und selbst einem wackeren Mann die Widerstandskraft nimmt. So habe er beobachtet, als er selbst auf lange hölzerne Stangen aufgespießt war (man fand tatsächlich Wundmale an den bezeichneten Stellen auf), wie Saavedra, ein Soldat, beim Anblick der Gestalt buchstäblich eingefroren ist.

Ganz anderer Art ist das, was uns der Kapitän zu Protokoll gegeben hat. Er wähnte sich in einer Unterwasserwelt, die einer

Landschaft mit einem stillen Teich, in den sich ein hoher Wasserfall ergoß, nachgebildet worden sei. Wesen, halb Mensch, halb Fisch, von denen in der heidnischen Mythologie berichtet wird, schwebten durch die Luft. Eins der Wesen, das aussah wie ein Mensch, steckte in einer gläsernen Röhre fest.

Ruiz, ein Maat, berichtete, daß er auf trockenes Land getreten war. Vom ersten Moment, da die weiße Wolke erschien, hielt er seine Muskete fest, und, einer inneren Stimme gehorchend, wie er sagte, feuerte er sie gegen den dunkelblauen, sich scharf wölbenden Himmel ab, in dem, nachdem sich der Pulverdampf verzogen hatte, ein Loch erschien; von diesem strahlten rasch wachsende Risse aus.

Was uns Anlaß zu der Annahme gibt, daß ein Teil dieser Berichte stimmen muß, ist ein Umstand, der in der Person Garcías, des Steuermannes, liegt. Dieser gehört zu den gut zwei Dutzend Mann, die zwei Wochen später von Bord des mit schwerer Schlagseite in der See treibenden AQUILON geborgen worden sind. Waren alle anderen erschöpft, doch unversehrt (und ohne Erinnerung, wie der AQUILON aus der Wolke herausgekommen ist), so hatten sie García aus Angst bei den Fässern mit Pökelfleisch eingesperrt.

Hernandez, der etwas von der ärztlichen Kunst versteht und auch schon als Barbier gearbeitet hat, berichtet, daß Garcia sich im Laufe dieser Zeit immer mehr veränderte. War er zu Anfang wohl verstört, doch ein richtiger Mensch, so befiel ihn eine Art grüner Pest, die seinen ganzen Körper überzog und auch seine Augen veränderte.

An seinem Halse stellte man Merkmale von Kiemen fest. Auch wurden die Knochen des García spröd, so daß zuletzt ein geringer Druck genügt hat, um sie splittern zu lassen. Seine Augen waren, wie aus Sevilla, wo ihm eine Messe gelesen worden ist, berichtet wird, aus Glas; nach seinem Tode ist er nicht verwest, sondern hat sich in eine Flüssigkeit aufgelöst, die man in eine Senkgrube geschüttet hat; wie berichtet wird, haben sich in derselben die Kaulquappen in ungewöhnlichem Maße vermehrt.

Abschließend sei festgestellt, daß der Verbleib eines halben Dutzends Männer ungeklärt ist. Wie erwähnt, wissen wir nicht, wo ein Großteil der Ladung der AQUILON, Fracht und Proviant, geblieben ist. Die Schlagseite des AQUILON geht auf die Tatsache zurück, daß ein Teil der Planken am Kiel und in der

Bordwand wie mit scharfen Steinen aufgeschlitzt worden ist.
Toledo, im fünfzehnten Jahre Seiner Majestät.
Seine Großmächtigkeit etc. etc. pp.«

VIII

Gegen fünf Uhr morgens auf dem siebzehnten Grad nördlicher Breite und dem zwanzigsten Grad westlicher Länge, unter einer drückenden Tropensonne, wurde von dem Trampfrachter OXFORD, der im neunzehnten Jahrhundert auf dem Wege von London nach Lagos war, eine Flaschenpost, die sanft gegen die Bordwand schlug, aufgefischt. »Ich weiß nicht, an welchem Ort und in welcher Zeit diese Botschaft aufgefangen werden wird. Ich mache mich anheischig, daß jedes Wort, das ich in der mir als menschlichem Wesen verbliebenen Zeit aufschreibe, der Wahrheit entspricht. Ich komme aus der Vergangenheit und habe die Grenzen von Zeit und Raum durchquert. Das, was noch Mensch in mir geblieben ist, gebietet, daß man nicht ohne Nachricht bleibt, gleich, welchen Wert man immer dieser Botschaft beimessen wird.

Dunkel entsinne ich mich, daß ich einstmals Mitglied einer Rettungsmannschaft war, die zur Erkundung eines fremden Flugobjekts, das in der Nordsee gestrandet war, aufgebrochen ist. Die Zeit seither scheint nicht Wirklichkeit, scheint nicht wahr. Und doch, schaue ich mich im Spiegel an, erblicke ich die Reste eines menschlichen Gesichts, fühle ich ein schlagendes Herz, das durch Kunststoffschläuche verstärkt worden ist.

Wir führten, nachdem uns der Dschungel überrannt hatte, einen schweren Kampf um unsere Existenz. Wir, das sind der Computer und das Schiff. Gestrandet in dem magnetischen Flaschenhals, aus dem es gewöhnlich kein Entrinnen gibt, wurden ich und zwei meiner Kameraden dem Schiff einverleibt, und wir waren stark genug; mit unserer Hilfe wurde die Wildnis zurückgedrängt; alles, was an Mutationen entstanden war, wurde mit dem Licht, das aus den gläsernen Augen des Computers fällt, verbrannt.

Unsere Umgebung veränderte uns. Nur noch in seltenen Augenblicken empfinden wir unsere Individualität. Meistens liegen wir im Nest, das den Nektar aus stählernen Leitungen aus der Wand empfängt. Jedes Bewußtsein bemißt sich nach dem, was in ihm enthalten ist. Man weiß nicht, was man ist, wenn einem ein vergleichender Maßstab fehlt. Geborgen in der grünen Wand, sind wir ein Teil des Schiffes. Wenn sich ein Ungeborenes im Tanke freut, freuen wir uns mit. Glücklich sind wir, wenn der Computer glücklich ist.

Wir haben einen weiten Weg zurückgelegt. Manchmal ist mir, als hätten wir mit Menschen einen erbitterten Kampf geführt. Aber meine Erinnerung verbirgt sich wie hinter einer Nebelwand. Dann ist mir auch, als hätte ich eine Frau gekannt, die ganz anders als unsere Urmutter gewesen ist. Doch erstickt jeder Gedanke in dem süßen Nest, in dem wir geborgen sind. Auf unserem Weg durch die See und die Zeit riß ein Ventil, das mir die Gelegenheit zu dieser Flaschenpost gegeben hat. Unser Kampf auf den Weiten des Ozeans und der Zeit war hart.

Mein armer Verstand will nicht verstehen, daß Raum und Zeit eine Einheit sind. Wie eine Fliege, wurde mir erklärt, treibe ich an der Oberfläche eines Teiches, dessen Tiefe mir verborgen ist. Es ist mir nicht gegeben, wie man den Aufriß und die Entwicklung von allem sieht; noch weniger habe ich die Hand, mit der man gegen die Zeit lenken kann. Wir stürzten mehrmals ab. Einmal beschoß uns ein gepanzertes Schiff, ein andermal gerieten wir in einen Orkan, der einen Teil des Planktons von uns gerissen hat. Bald aber sind wir in der Zeit zurück, in der wir ursprünglich gestrandet sind.

Der Computer hat uns erklärt, daß nur mit unserem lebendigen Arm und Leib der Himmel und bald die Sterne zu gewinnen sind. Er scheint etwas unterkühlt. Nur so ist die sentimentale Anwandlung zu verstehen, daß mir die Abfassung dieser Zeilen gestattet wird. Bald schließt sich das Loch in Raum und Zeit; ihr letzter saugender Atem nimmt diese Botschaft mit. Wenn mir die Rückkehr in meine Welt verwehrt worden ist, so möchte ich doch, daß man weiß, wie reich und unendlich das Universum ist, das uns zu Füßen liegt.«

IX

Die Nordsee vor Sylt ist nicht tief. Ihr Wasser ist grau und hart, wenn es aufs Ufer schlägt. So manches Geheimnis umgibt den blanken Hans. Man sagt, daß Rungholt irgendwo in der Tiefe liegt. Es gibt Leute, von denen Atlantis dort vermutet wird. Im Zusammenhang mit den Ereignissen, die hier beschrieben sind, wurden am Strand sechs Mann in spanischer Uniform, wie man sie vor Jahrhunderten trug, angeschwemmt, von denen einer zwar lebensgefährlich unterkühlt, aber noch am Leben war.

In den Stunden, die er noch atmete, wirkte er nicht ganz bei Verstand. Er sprach einen altkastilischen Dialekt, wie von einem Hamburger Professor nach Tonbandaufnahmen ermittelt worden ist; seine Uniform hielt man, obwohl blutverschmiert, für ein Kostüm; ein Arzt bemerkte, daß, seit die Grenzen geöffnet worden sind, die Gastarbeiterschwemme kein Ende nimmt. Ein junger, unerfahrener Assistent fand ein aufgeweichtes Pergament in seinem Hemd, dessen Siegel noch erhalten war, und wunderte sich über die Perfektion, mit der die wilde Bootsparty betrieben worden ist.

Einen Blick, der ähnlich verwirrt wie der des Spaniers war, trugen alle Offiziellen zur Schau angesichts der fünf, die im Feuerwehrhaus aufgebahrt worden sind. Spätestens im Tod kehrt doch selbst ein maskiertes Gesicht in seine Normallage zurück; war dies aber ihr Normalgesicht, welche Zeit hatten sie in ihrem ganzen Leben erschaut? Es ist ein Unterschied, ob man Krieg nur spielt, oder dem Tod täglich ins Auge sieht.

Solche Einwände waren nicht fürs Protokoll. Rätselhaft war auch ein Vorfall, der den Versicherungsagenten Schwerdtlein betraf. Sie hatten, als die Temperatur immer tiefer fiel, eine Extraheizung aufgestellt. Gegen einundzwanzig Uhr, als im Fernsehen ein Western lief, sank die Spannung ab. Gleichzeitig knisterte es, und blaue Funken stoben den Vorhang hinab. Dann schlug es schwer in den Dachstuhl ein.

Es klirrte, als schütte jemand Metall über ihnen aus. Dann fielen zwei, drei alte Münzen durch das zersplitterte Fenster herein. Noch eine Weile prasselte es draußen im Garten auf, dann kehrte Stille ein. Da die Familie Schwerdtlein bei der Wahrheit blieb, wurde der Schatz wenig später requiriert. Er wurde in das Husumer Kunstmuseum verbracht, wo er heute die Antikensammlung ziert.

Die Wolke selbst, als sie sich auflöste, störte auf der ganzen Erde den Funkverkehr. Elektrische Eisenbahnen blieben stehen, Fahrstühle steckten fest, Waschmaschinen und Bügelautomaten fielen aus. Wie nachträglich vermutet worden ist, lief ein magnetisches Feld von wechselnder Stärke und Intensität durch den weißen Fleck. Man glaubte auch beobachtet zu haben, wie in einer gedachten Linie über dem Fleck die Wolkendecke in einem grellen Licht aufriß.

In Australien und Ozeanien hatten zu dieser Zeit unzählige Erwachsene und Kinder fast denselben Traum. Sie fürchteten sich vor einer grünen Schlangenbrut, die zur Eroberung der Erde aufgebrochen ist. Alle diese Träume waren so intensiv, daß etliche hundert Träumer einer psychosomatischen Behandlung unterzogen worden sind.

Das Meer vor der Insel war anschließend klar. Bei Tauchversuchen stellte man auf dem Meeresgrund tiefe Schleifspuren fest. Mehrere Truhen spanischen Ursprungs steckten in dem Schlamm, vom Salzwasser noch völlig unversehrt. Unterwasserkraut und Farn wiesen bizarre Mißbildungen auf. So sperrte man die Stelle ab und jätete sie aus; einen Teil des Unkrauts hob man im Schiffahrtsmuseum in Bremerhaven auf, wo es eine Weile in fast körperlichen Formen wuchs, bis es unter dem Druck einer empörten Öffentlichkeit entfernt worden ist.

Barbara Neuwirth
Columbina

Im abbruchreifen Haus waren die meisten Wohnungen belegt. Columbina wohnte im letzten Stockwerk, niemand außer ihr getraute sich, die wackeligen, halb zerstörten Treppen, deren Geländer schon vor langer Zeit ausgebrochen und ins Stiegenhaus gestürzt war, so hoch hinaufzusteigen. Ab dem dritten Stock war kein Geländer vorhanden, die Stiegen oft bis an die Wand abgerissen und teilweise nur locker verankert. Wenn Columbina zu ihrer Wohnung emporstieg, bewegte sie sich ganz nahe der Mauer, vorsichtig setzte sie die Füße auf die gefährlichen Treppenreste und niemals blickte sie ins Stiegenhaus hinunter, immer kehrte sie ihr Gesicht zur Wand, um nicht den schwindelnden Abgrund vor Augen zu haben. Jedesmal, wenn sie den Wunsch verspürte, in ihre Wohnung zurückzukehren, und sie das Stiegenhaus betrat, beschleunigte sich ihr Puls und ihre Finger wurden klamm. Bis zum dritten Stock heuchelte sie Gleichgültigkeit und antwortete auf alle beschwörenden Zurufe der anderen Hausbewohner, die Wohnung aufzugeben und vom gefährlichen Aufstieg abzulassen, mit gespieltem Übermut; sobald sie aber den besorgten und ein wenig sensationslüsternen Blicken der Hausbewohner und deren Besucher entkommen war, tasteten ihre Finger haltsuchend an der schmutzigen Wand entlang. Oft schon wäre sie beinahe ins Nichts gestiegen, hatten ihre Füße schadhafte Treppenreste losgetreten, die sich von der Mauer lösten und auf der nächsten Stiege zersplitterten; der Schreck jagte dann einen stechenden Schmerz durch ihren Körper, und eine plötzliche Panik erfaßte sie, das Gefühl, sich nicht mehr bewegen zu können, weder vorwärts noch rückwärts.

  Minutenlang stand sie dann, ihren zitternden Körper an die feuchte Mauer pressend, an derselben Stelle, und sie hörte von fern die entsetzten und fragenden Rufe von unten. Sie antwortete nicht, aber da sie nie auf die anderen reagierte, sobald sie die dritte Etage verlassen hatte, beruhigten sich die Rufer bald, und wenn nicht mehr als ein Stein zu ihnen in die Tiefe fiel, gingen sie wieder ihren Beschäftigungen nach und akzeptierten, daß Columbina sich in ihrem eigenen Reich bewegte.

Wenn Columbina den ersten Schreck überwunden hatte, stieg sie mit vervielfachter Aufmerksamkeit und Vorsicht weiter. Sobald sie aber die Schwelle ihrer Wohnung überschritten hatte, fiel alle Spannung und Angst von ihr ab: hier war sie frei. Nie hatte es jemand gewagt, sich ihr hier zu nähern, hier war sie unberührbar und unverletzbar. Die meiste Zeit standen alle Fenster ihrer Wohnung offen, der Wind blies die feinmaschigen Vorhänge im Westen in die Zimmer, im Osten aber ins Freie hinaus. Der ständige Durchzug kühlte die von der prallen Sonne tagsüber aufgeheizte Wohnung etwas ab, die vielen in der Wohnung aufgehängten Vorhänge hinderten den Wind jedoch am direkten Durchzug, ließen ihn die dünngewebten Stoffe ballonartig aufblasen und durcheinanderwirbeln; er suchte zwischen ihnen Durchschlupfe oder blies sie mit kurz angehaltener Energie hoch, um darunter hindurchzuziehen.

Columbina hatte fast alle Möbel aus der Wohnung geschafft, viele davon in die Nachbarwohnung, andere hatte sie einfach aus dem Fenster gestürzt: was machte es schon aus, überall lag Schutt und Mist auf der Straße, die Häuser selbst waren Schutt und Mist.

Im Winter natürlich schloß sie die Fenster, aber der Wind fand dennoch Ritzen und Löcher genug, um die Vorhänge in den Zimmern in Bewegung zu setzen, ständig tanzten sie, kräuselten und blähten sich. Wenn es kalt wurde, kehrte Columbina erst spät in der Nacht nach Hause zurück, da sie gleich ins Bett schlüpfte, um ihren durchfrorenen Körper in den Decken und Kissen zu bergen und zu verstecken; heizen konnte sie die Wohnung nicht.

Manches Mal, wenn die Leute Holz oder Kohlen auftreiben konnten, entzündeten sie im Stiegenhaus ein Feuer, an dem sich alle versammelten, und Columbina gesellte sich auch zu ihnen, um sich aufzuwärmen. Columbina liebte den Sommer, sie genoß den Wind auf ihrem Körper und die Bewegung in den Vorhängen. Selbst wenn sie ans Fenster trat, war sie für alle anderen unsichtbar, da die nahestehenden Häuser entweder völlig zerstört oder die oberen Stockwerke ebenso unbenutzbar waren wie in Columbinas Haus.

Columbina hatte eine Wohnung für sich allein und sie hatte Arbeit. Sie suchte für eine Gruppe wohlhabender Wissenschaftler Puppen. Es war nicht einfach, in all dem Schutt und Mist noch vollständige und heile Puppen zu finden, aber Columbina hatte eine besondere Beziehung zu Puppen. Schon von fern fühlte sie, wo sie fündig werden konnte, und die Wissenschaftler zahlten auch, wenn sie nur einzelne Glieder oder Puppenkleider mitbrachte. An manchen Tagen, wenn sie besonders viele Puppen fand, trug sie einige davon in ihre Wohnung. Columbinas Bezahlung waren Lebensmittel. Nie wollte sie mehr bezahlt bekommen, als sie an einem Tag auch verbrauchen konnte. In diesen Zeiten, da viele Menschen täglich hungrig ihren Tag beendeten, war es gefährlich, Lebensmittel in der Wohnung aufzubewahren.

Vielleicht würden Räuber eines Tages die Angst vor dem Aufstieg überwinden, wenn sie so Wertvolles in ihrer Wohnung wußten; um die Puppen aber kümmerte sich niemand, den Menschen, die Columbina ohnehin für nicht ganz richtig im Kopf hielten, war es nur ein Beweis für Columbinas Eigenheit, wenn sie die unnützen Puppen mit sich in die Wohnung schleppte. Columbina sammelte die Puppen, um sie an dem Tag abzuliefern, an dem sie nichts finden würde, aber dieser Tag kam nie, und bald hätte sie sich lieber mit knurrendem Magen ins Bett gelegt, als ihre schönen Puppen wieder herzugeben. Ja, mit der Zeit entwickelte sie eine Leidenschaft für Puppen, sie gab ihnen Namen und gruppierte sie liebevoll zu kleinen Puppengesellschaften, die sie täglich neu zusammenstellte. Manchmal saß Columbina auf dem abgewetzten Sessel, den sie ganz nahe an ein Fenster herangerückt hatte, und sie beobachtete die Kinder, die mit stilisierten Holzgewehren bewaffnet zwischen Schutt und Abfall Krieg spielten. Columbina haßte die Kinder. – Unter den Wissenschaftlern war einer, der Columbina für die abgelieferten Puppen bezahlte. Er gab ihr immer so viel, wie sie essen mochte, und Columbina merkte bald, daß er ihr oft die besten Bissen zuschob. Seine Augen ruhten gefällig auf ihr, wenn sie im Lager bei den Wissenschaftlern weilte, und mit der Zeit begann er, sie anzusprechen und ihr Fragen über ihr Leben zu stellen. Seine Wangen glühten dann in tiefem Rot, und seine Augen glänzten vor Vergnügen, wenn sie ihm freundlich antwortete. Einmal hatte er sie eingeladen, ihn in seinem schönen Haus zu besuchen, aber der Gedanke hatte unangenehme Gefühle in ihr ausgelöst, und sie hatte wortlos das Lager verlassen. Fast zwei Wochen hielt er sich in förmlicher Distanz, ehe er ihr die Frage stellte, wo sie wohne.

Wieder empfand Columbina dieses unbestimmte Gefühl der Bedrohung, und sie antwortete mit einer Lüge. Seit diesem Tag ging sie ihm so gut wie möglich aus dem Weg, nur kurz hielt sie sich im Lager auf, um abzuliefern und die Nahrungsmittel auszuwählen, nie mehr aß sie dort, sondern suchte sich dazu ein verlassenes Haus in der Nähe. Aber je mehr sie ihn mied, desto beharrlicher suchte er sie, und oft hatte sie das Gefühl, er verfolge sie, wenn sie das Lager verließ. Sie wechselte ab nun die Häuser, in denen sie aß und auf dem Heimweg schlug sie große Haken und benutzte Durchgänge und Tunnels, die sie auf ihren Streifzügen entdeckt hatte und die nur wenige kannten.

Dann fand sie die wunderschöne Negerpuppe, die ein Röckchen aus bunten Holzperlen um die Hüften geschlungen trug und deren Schädel von dickem, schwarzem, krausem Haar bedeckt war. Columbina stolperte über sie in einem Tunnel, den sie schon oft als Heimweg benutzt hatte. Die Puppe war beinahe einen Meter hoch und sehr schwer, trotzdem trat Columbina mit ihr sofort den Heimweg an, denn diese Puppe wollte sie nicht abliefern.

Geschickt lief sie einen Umweg um das Lager und benutzte unbegehbar scheinende Tunnels. Erschöpft vom Gewicht der Puppe und erleichtert darüber, aus dem Tunnel zu treten, der nahe ihrem Hauseingang mündete, sah sie sich dem Wissenschaftler gegenüber, der sie mit einem eigenartigen Blick musterte. Was immer er geplant hatte zu sagen, als er die Puppe sah, hatte er nur noch Augen für sie, und er trat auf Columbina zu und faßte nach der Puppe. Columbina aber umklammerte sie so fest wie möglich, und so zerrten sie einen Augenblick lang beide an der schönen Negerin, und ihre Blicke maßen sich feindselig, bis er, erstaunt über die Situation, die Arme senkte und sich entsann, was er hatte sagen wollen. Nun paßte das aber gar nicht mehr, und deshalb blieb er ebenso stumm stehen wie Columbina. Langsam verstand er, daß sie diese Puppe für sich selbst haben wollte und daß sie seine Mitwisserschaft fürchtete. Ein Lächeln veränderte seine Gesichtszüge, er hob die Hand, und über die Negerpuppe hinweg streichelte er Columbinas schwarzes Haar.

Nun, da es keinen Ausweg gab und jede Flucht doch sinnlos war, ging Columbina ins Haus und begann den Aufstieg. Sie hoffte, ihn würde der Zustand der Treppe davon abhalten, ihr zu folgen, aber er blieb immer knapp hinter ihr. Unaufmerksam trat sie lockere Steine los und rutschte mit dem linken Fuß, der stets als erster die Unterlage abtastete, beinahe ab. Er folgte ihr, und als sie die Wohnungstür aufschwang, stand er an ihrer Seite.

Neugierig durchsuchte er die Wohnung, verknüpfte die Vorhänge miteinander oder wickelte sie zu Wülsten zusammen, um sich einen besseren Überblick über die Räume zu verschaffen. Er zählte die Puppen und griff die wertvollsten davon heraus, er zerstörte Columbinas schöne Gesellschaften und lehnte die Puppen achtlos an die Wand, daß ihre Augen in den leeren Raum starrten. Er schloß die Fenster der Westseite, um den Durchzug zu verhindern, und Columbina fühlte, wie schwer ihr das Atmen in der stehenden Luft fiel. Schweigend hatte sie ihn beobachtet, ihre neue Puppe beschützend im Arm. Erneut lächelnd trat er auf sie zu, entwand ihr die Puppe und umschlang ihren Körper mit seinen Armen. Schwindlig vor Entsetzen und körperlicher Abscheu ertrug sie seine Liebkosungen, zu benommen, um abzuwehren, was sie nicht ertragen konnte.

Während er in unruhigem Schlaf auf dem Bett lag, nahm Columbina die Vorhänge von den Haken. Sie öffnete die Fenster, und die Vorhänge glitten aus ihren Händen, einer nach dem anderen wurde vom Wind erfaßt, hochgeschleudert, weggeblasen, weiße Wolken über Schutt und Abfall. Dann warf Columbina die Puppen aus dem Fenster, allen voran die große Negerin. Schließlich, als alle Puppen zertrümmert unten auf der Straße lagen – die Kinder spielten gerade Krieg, und welch ein Hallo!, hier regnete es Opfer und Verwundete –, trat Columbina aus der Wohnung. Die Tür hinter sich offen lassend, schritt sie die Treppen hinunter, ohne das Gesicht zur Wand zu kehren, und sie wandte sich nicht um, als sie die Straße betrat und hinter ihr mit krachendem Getöse das Stiegenhaus in sich zusammenfiel.

Vom Lärm geweckt, sprang er aus dem Bett und fast glaubte er, geträumt zu haben, denn in dieser Wohnung gab es weder Vorhänge noch Puppen. Der Wind pfiff durch die kalten Räume, und von der Eingangstür schob sich eine Staubwolke ins Zimmer. Entsetzt eilte er zur Tür, aber zu spät, fünf Stockwerke tief lachte ihn das ehemalige Stiegenhaus an. Verzweifelt rannte er ans Fenster, wo er unten auf der Straße die Kinder im Müll spielen sah, immer wieder stießen sie ihre kleinen Holzgewehre in den hohlen Leib der zerbrochenen Negerpuppe. Er schrie, um auf sich aufmerksam zu machen, aber der Wind sang ein wenig lauter, bis er die Rufe mit seinem Lied verschlungen hatte. Schon etwas entfernt ging Columbina und ihre schwarzen Haare tanzten zum Lied des Windes.

Bernard Richter
Wieviel Sterne stehen
Ein Märchen

Denners Planet

Sogar Lewis Denner, berühmt für seine Nüchternheit, ließ sich beim ersten Mal noch mitreißen. Später kam das natürlich nicht mehr vor, obwohl seine Begeisterung, seine Art, sich in aller Kühle zu begeistern, keineswegs abnahm; er kapselte sie nur ein, wie eine Spore, die, äußerlich unberührt, dem richtigen Maß an Licht und Feuchtigkeit entgegenfieberte, um endlich austreiben zu können. Soweit Sporen in der Lage sind zu fiebern, fieberte auch Denner. Fieberhaft wartete er auf den richtigen Augenblick und blieb dabei so kühl, daß niemand auf die Idee gekommen wäre, ihm mehr Glut zuzutrauen als einem Eisberg.

Aber bei diesem ersten Mal ging die Phantasie mit ihm durch. Er dachte sich ein für seine Verhältnisse üppiges Wort aus: »Primus«. Er hatte ein Faible für Zahlen und ihre Unbestechlichkeit, aber angesichts der Umstände schien selbst ihm P 1 oder 0001 zu sachlich kalt. Der erste Planet, den Menschen außerhalb ihres Sonnensystems zu Gesicht bekamen, mußte einen richtigen, klingenden Namen tragen. Denner stellte sich bereits den Secundus, Tertius und Quartus vor und bevölkerte sie mit phantastischen, aber keinesfalls ausgedachten Lebewesen. Die biologischen Lehrbücher waren voll von unvorstellbar grotesken Organismen; die überquellende Phantasie des Faktischen war nicht zu überbieten, jedenfalls sah Denner, der Exobiologe und Xenologe der HERNAN CORTES, keine Veranlassung dazu. Daß auch die übrigen Besatzungsmitglieder des ersten interstellaren Explorers, den die Erde ausgesandt hatte, aus der Sicherheit des Orbit das graubraune Ei tief unter ihnen mit Taufnamen bombardierten, überraschte Denner nicht, beleidigte aber sein sicheres Empfinden für Angemessenheit und Stil. Gegen Primus stand »Zarewitsch« von Keskin, dem Kommandanten, »Swann« von Schöngeist Samuelson, der sich allerdings schnell von Coolridge breitschlagen ließ – weil er verliebt war natürlich – und auf dessen albernen Vorschlag, »Kennedy«, einschwenkte. Denner lehnte solche politisch gefärbten Namen ab. Aber Coolridge vergötterte die alte amerikanische Kultur, Keskin eine noch ältere russische und beschimpfte Denner auf übelste Weise, als der auf einem neutralen Namen bestand. Beleidigt zog sich Denner in seine Ecke zurück; sein Lieblingsplatz und Zufluchtsort vor Keskins Wutausbrüchen für die nächsten fünf Jahre, aber das wußte er damals noch nicht. Selbst eine geduldige, anspruchslose Spore wie Denner wäre verzweifelt, wenn er geahnt hätte, auf welche endlose Reise er sich eingelassen hatte.

Kurze Zeit später stellte sich heraus, daß der Namensstreit sinnlos gewesen war, weil der Planet längst einen Namen hatte: Acca Larentia, Geliebte des Herkules, Nährmutter von Romulus und Remus und ganz vorn auf einer Liste, die der Bordcomputer verwaltete. Die Besatzung besaß kein Mitspracherecht. Die ferne Erde hatte sich abgesichert und bestimmte allein, wie die Welten heißen sollten, die ihr Explorer anflog. Acca Larentia erwies sich als völlig unbrauchbar: tot, ohne je lebendig gewesen zu sein. Denner und die anderen gingen zurück in die Kälteschlafkammern, wurden geweckt, wenn das Schiff einen neuen Planeten anflog, sahen sich an, was die Sonden des Schiffes in Erfahrung gebracht hatten und schliefen weiter. Acestes, Acheloos, Acheron und Achilleus, alle öde und steril. Adonis war ein Greis, Amor eine heiße Hölle und Aphrodite verblüht und ausgetrocknet. Unerbittlich verteilte der Computer seine Namen und das Schiff jagte weiter. Belos, Bias, Bendis, Lokaltermin mit der Besatzung. Dido, Eris und Fama. Keine dieser Welten wollte einen Namen und keine verdiente einen, aber die HERNAN CORTES, auf der Suche nach dem Gral, dem Eldorado, dem bewohnbaren Planeten, ließ eine breiter werdende Spur von Göttern, Halbgöttern, Nymphen und sagenhaften Riesen hinter sich zurück, überschwenglich, großzügig und akribisch, denn nicht nur die Planeten wurden benannt; jeder Fluß, jedes Meer, jeder Berg, jede unbedeutende Landmarke, an der sich nie jemand orientiert hatte oder orientieren würde, erschien auf detaillierten Karten, die Denner sich manchmal ausdrucken ließ, um verwundert die hyperämisch-elektronischen Reiche zu betrachten, die durch einfache Benennung durch eine fleißige Maschine entstanden und später in irgendwelchen Archiven auch Bestand haben würden als vermessene, markierte, der Namenlosigkeit entrissene Besitztümer des Planeten Erde. Auf diese Weise kam im Lauf der Jahre ein ansehnliches Imperium zustande, dessen Abgesandte allerdings in den Wachphasen während der Inaugenscheinnahme, die nie Anlaß zu einer Landung gab, immer sonderbarere Angewohnheiten entwickelten. Vor allem Keskin, der Kurier des Zaren, verfiel sichtlich. Er vernachlässigte sich, schwankte zwischen Euphorie, Melancholie und tückischer Bösartigkeit, die er vor allem an Denner ausließ, weil die beiden anderen sich zunehmend in ihre eigenartige Liebesbeziehung zurückzogen. Samuelson versuchte Coolridge zu werden, kleidete sich wie er, redete wie er, ahmte seinen Gang und seine Gesten nach, schob sich Mullbinden in die Backentaschen, um seine Gesichtsform der von Coolridge anzupassen, polsterte seine Schultern, trug hohe Schuhe und fraß unmäßig, weil sein Geliebter wesentlich schwerer war als er.

Nach der Inspektion von Glauke weigerte sich Keskin, in die Schlafkammer zurückzukehren. Er hatte mit dem Bau einer gotischen Kathedrale begonnen, aus Streichhölzern. Als Denner im Orbit über Gorgon erwachte, fehlte Keskin. Obwohl das Schiff ihn geweckt hatte, verließ er seine Kammer nicht, aber auf seinem Arbeitstisch in der Steuerzentrale ragten fialengekrönte Strebepfeiler auf, halbfertige, mit Krabben geschmückte Türme und Wimpergen; ein wirres Sammelsurium unverbundener Teile, zwischen denen aus Knetgummi geformte Paare kopulierten. Männer mit stilisierten Fellmützen, Hörnern, Elefantenohren, aber ohne Phallus, wie Denner bei näherem Hinsehen überrascht feststellte. Dafür hatten die Frauen, alle breithüftig und schmerbäuchig, ein deutliches Geschlechtsteil zwischen den schweren Schenkeln, gewaltige Brüste und einen erstaunlich geschickt in die platten Gesichter geritzten entzückten Gesichtsausdruck.

Über Hekabe, Denner führte genau Buch über jeden Planeten und alle Vorkommnisse, die ihm erinnernswert erschienen, standen von der Kathedrale nur noch verkohlte Reste. Keskin war zu kleineren, sorgfältiger geplanten romanischen Sakralbauten übergegangen und erwähnte mit keinem Wort, ob er selbst seine Kathedrale angesteckt hatte, oder ob es Coolridge oder Samuelson oder, Denner hielt das für möglich, das Schiff gewesen war, das immer wieder therapeutische Anwandlungen zeigte, Informationen verweigerte, Empfehlungen aussprach und Durchhalteappelle in einer religiös gefärbten prophetischen Diktion ausdruckte. Denner mißtraute dem Schiff und argwöhnte eine Zeitlang, daß es die Besatzung immer dann schlafen ließ, wenn es einen vor Leben überquellenden Planeten entdeckte, um seinen Namensfeldzug nicht abbrechen zu müssen. Er verwickelte den Computer in spitzfindige Dispute, versuchte ihm Fehler nachzuweisen und opferte Monate seines Lebens, um Wache zu halten. Das waren einsame, schreckliche Tage, die er damit füllte, einen Code zu entwickeln, der nicht zu entschlüsseln war und seine Aufzeichnungen vor jedem Zugriff durch die anderen – und dem Computer – sicher machte. Denner schuf ein wahres Zahlengebirge, einen Wall aus Nummern, Kurven, Palindromen und mathematischen Labyrinthen, in denen sich jeder Schnüffler hoffnungslos verirren würde und codierte all seine Erinnerungen, Träume, Hoffnungen und Beobachtungen. Irgendwann – in seinen Aufzeichnungen war genauestens nachzulesen, wann genau – ging er dazu über, einen Planeten zu entwerfen, dessen ideale Beschaffenheit eine Landung unumgänglich machen würde. Er nannte ihn 6/727/3+3 – ein Palindrom, rückwärts wie vorwärts zu lesen, mit einer zahlenmystischen Komponente: 3+3 – und bestückte ihn mit den abstrusesten, schönsten und grausamsten Kreationen der irdischen Evolution. Baobab-Bäumen, die es bei 12 Meter Höhe auf einen Durchmesser von 10 Metern bringen, tropischen Clusia-Arten mit leiterähnlichen Luftwurzeln, Passionsblumen-Abkömmlingen, deren oberirdische Knollen kuppelförmige Büschel von Dornzweigen treiben, streng symmetrischen Formen wie die tablettähnlichen Blätter der Victoria amazonica, einer Seerosenart, deren unter der Wasseroberfläche liegenden Stengel er nach dem Modell der bizarren colletia cruciata mit grausamen Spitzen versah; eine Vorkehrung, die er vorausschauend traf, damit spätere Fische, die er plante, vielleicht Schützenfische mit meterlang vorschnellenden Zungen, sich an ihnen aufspießen konnten. So würde eine von vielen Nahrungsketten in Gang kommen, wunderbar realistisch und fein ausgetüftelt, funktional und phantastisch, aber in keinem Punkt von den Wahrheiten und Gesetzen der Evolution abweichend, denen Denner sich verpflichtet fühlte. Er war allerdings noch weit von der Erschaffung des Tierreiches entfernt, als sie die HERNAN CORTES zum 235. Mal abbremste und in eine Kreisbahn um eine Welt einschwenkte, der sie turnusgemäß den Namen Leda gab.

Denner saß ganz hinten, in seiner Ecke, weit genug von der

Panoramascheibe entfernt, um die ganze Steuerzentrale überblicken zu können und mit dem Rücken zur Wand. Daran lag ihm viel. Aus dieser Position konnte er die drei anderen im Auge behalten, ohne sich angaffen lassen zu müssen. – Blicke taten ihm weh – ungestört an seinen Listen arbeiten und ab und zu, zur Entspannung, die Zeit stoppen, wenn Coolridge und Samuelson sich küßten. Die beiden saßen vor ihm, fünf Meter entfernt, sehr aufrecht. Ihrer Haltung war die Spannung anzumerken, die auf der HERNAN CORTES herrschte, seit Leda auf dem Bildschirm aufgetaucht war. Zum ersten Mal seit Jahren wieder die heraldischen Farben: weiß, blau und grün. Der Abstand zur Sonne stimmte, die Achsenlage war mit 29 Grad nur 6 Grad stärker zur Senkrechten auf der Bahnebene geneigt als bei der Erde: es gab Jahreszeiten. Und es gab eine Atmosphäre, die weder aus stinkendem Ammoniak noch aus Methan bestand; die erste Analyse deutete sogar darauf hin, daß sie atembar war. Sonden waren dabei, das zu überprüfen. Roboter wurden gelandet. Laufkatzen schwärmten aus, nahmen Proben und sondierten ein Terrain, von dem die Karten mit einer Überfülle von Namen bereits vorlagen. Arabische Bezeichnungen für die Flüsse, französische für die Berge, englische Meere, deutsche Archipele, portugiesische Bäche, kurdische Seen. Kein Volk sollte sich später beschweren können, bei der Namensgebung übergangen worden zu sein.

Es war schwer zu sagen, welcher der beiden Hinterköpfe vor dem, aus Denners Blickwinkel, tiefschwarzen mannshohen Schirm wem gehörte. Beide hatten kurzgeschnittenes dunkles Haar, nachdem die Schläfenlocken aus dem vergangenen Jahr passé waren. Beide trugen dieselben blütenweißen Blousons; auch ihre Gesten hatten sich inzwischen soweit einander angeglichen, daß Denner nicht mehr zu sagen vermochte, wer im Augenblick wessen Nacken streichelte, den Kopf schräg legte und die Zunge über die Lippen des anderen Mundes spielen ließ, bevor er zustieß, hungrig auf den ersten Blick, auf den zweiten eher mechanisch. Denner studierte die beiden mit großem Interesse, soweit es seine Zeit zuließ. Das Planetenprojekt war natürlich wichtiger, aber er war fasziniert von Coolridges Verdoppelung, Samuelsons Verschwinden und nannte das neuentstandene Doppelwesen Coolson oder Samuelridge, je nachdem, welchen Aspekt der Verwandlung er in seinen umfangreichen Aufzeichnungen über das Phänomen betonen wollte. Er sah auf die Uhr, heimlich, um Keskin nicht auf sich aufmerksam zu machen, und notierte sich die Zeit. 35 Sekunden, nicht schlecht. Ein dynamischer, leidenschaftlicher Kuß.

Denner vermied es, nach draußen zu sehen, wie Keskin, der genug zu haben schien von seinem Plastikmodell der Megalithen von Stonehenge. Im Netzunterhemd, zwischen dessen Maschen dunkelbraune Brustwarzen und verstreute blonde Büschel seiner Brustbehaarung hervorlugten, in einer gelb-weiß gestreiften, ziemlich schmuddeligen Unterhose, lümmelte der Kommandant im Sessel, die Hände schützend um seine winzigen Megalithen gelegt, und stierte durch die große Panoramascheibe hinaus ins All; nein, in den Kosmos, berichtigte Denner sich in Gedanken. Kosmos, mit langem offenem O in der ersten Silbe, nannte Keskin penetrant und ehrfürchtig die Schwärze und Kälte außerhalb des Schiffs. Denner haßte den Kosmos. Er haßte auch Keskin mit seinen Modellen. Aus einem unverständlichen Grund brachte er es nicht fertig, den Russen aus einer wissenschaftlichen, emotionslosen Perspektive zu sehen und ekelte sich vor jeder neuen Obsession, der Keskin erlag. Ob Kirchen, Meditation, magische Experimente, immer gab es etwas Befremdliches, Verqueres im Hintergrund, eine perverse Färbung, die alles, womit er sich beschäftigte, annahm und mit schwüler Schlüpfrigkeit überzog. Keskins großes Problem war das Verschwinden der Begierde und die zunehmende Empfindungslosigkeit seines großen sinnlichen Körpers für sexuelle Stimulantien aller Art. Er nannte den Vorgang, ganz ernsthaft, »proportional zur Zahl der Lichtjahre abnehmende Eregibilität«, nachdem er mit abgegriffenen Magazinen und pornographischen Texten und Filmen aller Geschmacksrichtungen – vom Bordcomputer bereitgestellt – in endlosen Selbstversuchen seine diesbezüglichen Fähigkeiten untersucht hatte und zu dem Ergebnis gekommen war, daß der Kosmos Lust ansaugt, umwandelte und in Form von »kosmischer Zärtlichkeit« – was immer das sein mochte – den Körpern wieder zur Verfügung stellte. Diese Theorie hätte sich Denner noch gefallen lassen, auch wenn er sich strikt weigerte, seine eigene Eregibilität durch Keskin untersuchen zu lassen. Was ihn aber erschreckte, war die Erkenntnis, daß die halbwissenschaftlichen Ambitionen des anderen nichts als ein Vorwand waren, um sich selbst vor dem Anbranden monströser sexueller Phantasien zu schützen: der halbherzige Versuch, einen Damm zu errichten. Doch der Damm bebte. Die Knetmännchen und -frauen, die Keskin formte, zerhackte, folterte, sprachen eine deutlichere Sprache als seine Rationalisierungen. Diese Figuren hatten häufig Denners Gesicht, seinen runden Kopf mit dem spärlichen blonden Haarkranz, seinen plumpen, stämmigen Körperbau. Manche ähnelten auch Coolson, elegant, hochgewachsen, weiß, mit reinen Engelsgesichtern, und Denner merkte, daß Keskin – obwohl er ganz anders, meistens abfällig, über das Doppelwesen sprach – begonnen hatte, die beiden zu verehren und ihnen einen hervorragenden Platz in seinem Mikrokosmos zuzuweisen. Auf seinem Arbeitstisch wimmelte es inzwischen von Alpträumen in Gestalt fetter Frauen – dieses Muster hatte sich nicht geändert – und bocksbeiniger Männer, deren strotzende Lenden geradezu nach einem mächtigen Phallus schrien und nie einen bekamen. In diesem Punkt war ihr Schöpfer eisern, in allen anderen undiszipliniert und offensichtlich nicht mehr Herr seiner Geschöpfe, die sich schneller vermehrten, als er sie massakrieren konnte, auf das Computerboard auswichen, die Konsole mit den Steuerelementen überschwemmten, zwischen farbigen Digitalanzeigen ihr Unwesen trieben und, da der Platz nicht mehr reichte, in die Höhe zu steigen begannen. Immer wurden diese Wesen, wahrscheinlich, um sie zu besänftigen, von Sakralbauten aller Art begleitet und immer häufiger tauchten Denners Abbilder unter ihnen auf. Denners in den Ruinen der Kathedrale, Denners in den Thingstätten, Nekropolen und flüchtig ausgeführten, dachlosen Kapellen. Die Denners waren Keskins liebstes Aggressionsobjekt. Anfangs heimlich, dann immer offener und inzwischen ostentativ, sezierte er seine Denners mit dem chirurgischen Besteck aus der Bordapotheke, legte ihre Herzen frei, die sich wunderbarerweise in den Plastikkörpern verbargen und ging nach langen Experimenten dazu über, Dennerteile, -gliedmaßen und -organe mit denen seiner fetten Frauen zu verbinden. Die daraus entstehenden Kreuzungen waren furchterregend obszön und erlitten ausnahmslos ein schreckliches Schicksal; wenn Keskin genug von ihnen hatte – meistens, weil ihre Metamorphosen seiner Kontrolle entglitten – köpfte er sie.

»Ot etovo loschit«, knurrte Keskin. Feine Schweißperlen standen auf seiner Stirn, »es dauert und dauert. Dabei ist doch ganz klar, daß wir angekommen sind.« Er setzte einen Coolson und eine Alptraumfrau auf einen anderen Platz. Damit sie den Planeten vor der Panoramascheibe besser sehen konnten wahrscheinlich. »Gelobt, gelobt das Land. Wir sind angelangt am Ziel. Und was tut ER?« fragte er den Coolson, der ziemlich unbequem saß. »Er rechnet. Unentwegt rechnet er, dieser sture, kalte, preußische Fischkopf von der interstellaren Waffen-SS. Und warum rechnet er? Weil er keinen Funken Phantasie hat.« Der Coolson rührte sich nicht, obwohl Keskin sich herabgebeugt hatte und dicht neben dem glatten weißen Kopf sprach.

Phantasie? Denner tat, als hätte er nichts gehört. Er litt stärker als sonst unter den Nachwirkungen des Kälteschlafs. Sein Kopf schmerzte, und er konnte sich kaum konzentrieren.

»Slava bogu!« Keskin spitzte schwärmerisch die Lippen und machte ein seelenvolles Gesicht. »Leda! Allein der Klang! Poesie, du spürst das, nicht wahr mein Kleiner? Aber ER«, anklagend wies er auf den nächststehenden Denner, ein deutlich verschnittenes, einarmiges Exemplar, »der da merkt von alledem nichts. Er ist tot, mein Kleiner, tot und unempfindlich für die Wunder Gottes.« Diesem letzten Wort gab er einen unheilvollen Klang.

Denner hatte ihn aus den Augenwinkeln beobachtet. Jetzt sah er langsam von seiner Liste auf. Seine Augen brannten, und er hatte das Gefühl, daß sie quietschten wie schlecht geölte Türangeln, wenn er sie bewegte. Wie üblich waren in dem Grübchen, das Keskins Kinn den Anschein von Kraft und Energie gab, einige rötliche Bartstoppeln unentdeckt geblieben. Seit fünf Jahren Bordzeit mußte Denner dieses Grübchen ertragen, diese Stoppeln, dieses Gebirge aus Fleisch mit seinen schalen Ausdünstungen, diese hervorquellenden, unsteten Basedow-Augen; wahrscheinlich waren sie es, die Keskin auf die Idee gebracht hatten, aus altem russischen Adel zu stammen.

»Du hast ganz recht, Keskin. Aber warum sagst du mir das alles nicht selbst? Hier bin ich. Sprich mit mir«, sagte Denner friedfertig und freundlich. Aber er war auf der Hut. Keskin war gewalttätig und heimtückisch; die gefährliche Kehrseite seiner Sentimentalität und posenhaften Melancholie. Man widersprach ihm besser nicht.

»Ich will, daß du dir den Planeten wenigstens richtig ansiehst«, sagte Keskin schrill, ohne Denner anzusehen. »Er ist preußischblau. Preußischblau gefällt dir, das weiß ich. Ich verlange«, er schluckte und schwitzte stärker, »ich verlange, daß du herkommst und ihn dir ansiehst. Und TRÄUMST wie wir anderen auch. Wir sind DA, Denner, endlich sind wir DA!«

Als hätten sie auf ihr Stichwort gewartet, wandten Coolridge und Samuelson die Köpfe und sahen Denner an. Die Ähnlichkeit ihrer bleichen, vom Schlaf aufgequollenen Gesichter war frappierend, ihre Mimik völlig synchron. Sie betrachteten Denner brütend, als überlegten sie, wo sie ihn schon einmal gesehen haben konnten. Über seine Befähigung zur Phantasie machten sie sich bestimmt keine Gedanken. Sie ignorierten ihn seit Jahren. Wenn es sich gar nicht vermeiden ließ, sprachen sie über Keskin mit ihm. Insgesamt schienen sie ihn als Teil der Maschinerie zu sehen, als eine Art Pseudopodie des Bordcomputers, und Denner fühlte sich durchaus geschmeichelt durch diese Betrachtungsweise. Er sah sich selbst ähnlich und war verblüfft und etwas verletzt, als die beiden plötzlich zu lachen begannen. Aber dann sah er, daß sie die Augen gehoben hatten und einen Punkt über seinem Kopf betrachteten.

»Allmächtiger!« sagte Keskin. Sein grobes Gesicht troff vor Schweiß. Langsam zerdrückte er zwischen Daumen und Zeigefinger den runden Kopf der traurigen armamputierten Dennerfigur. »Grundgütiger!«

Der Computer hatte einen festlichen Schrifttyp gewählt, um auf die Monitorwand hinter Denner in allen zur Verfügung stehenden Farben ein einziges Wort zu schreiben: POSITIV. Auf Leda gab es Leben. Leda war für Menschen bewohnbar. Die lange Reise hatte ein Ende.

Olivettis Planet

Blaß und still kam die Morgensonne. Es roch nach Kaffee und frisch gewaschenem Haar. Die Post lag zur Hälfte im Papierkorb, zur Hälfte nebenan auf Fleets leerem, graphitgrauem Schreibtisch, nach Dringlichkeit sortiert. Daneben die Presseübersicht mit vielen guten Nachrichten. Steigende Arbeitslosigkeit, fallende Produktivität; mehr Hunger, mehr Gift, mehr Tod, mehr Rebellion – um Fleets Sache stand es gut. Sein Morgencognac erwartete ihn und begann bernsteinfarben zu glühen, als die Sonne den Schreibtisch erreichte, ihre Spots plazierte und im Vorbeigehen dünne Scheiben aus dem Dampf über der Kaffeemaschine schnitt. Es war gegen zehn Uhr. Auf der Milchglasscheibe der äußeren Bürotür erschien der Schatten eines Kopfes.

Coco Kriegbaum stellte ihre Kaffeetasse ab und betrachtete über den Rand der Lesebrille den rechteckigen Umriß mit seinen kleinen Plattformen oder Auslegern im oberen Drittel und, als Garnierung, einem runden Ding obendrauf. Sie hatte den Verdacht, daß die Person auf der anderen Seite der Tür ein Ei auf dem Kopf balancierte, während sie ausgiebig buchstabierte, was in zarten Goldbuchstaben auf der Scheibe geschrieben stand.

SENATOR ALEXANDER FLEET
KEIN ZUTRITT

Die Person brauchte ziemlich lange dazu und kapierte trotzdem nichts, denn sie trat ein.

Kriegbaum sah sich einem Mann gegenüber. Sein Gesicht war lang und unbestimmt griesgrämig. Er trug eine Mütze mit Schottenkaro und einem roten flauschigen Bommel anstelle des Eis. Falls Knickerbocker wirklich englisch sind, sah er entschieden englisch aus und entschieden weggetreten. Seine Jacke war brauner als ein frischgepflügtes Feld. Er brummte, vielleicht, weil ein kleiner Traktor in seiner Brusttasche steckte, vielleicht aber auch, weil er vor Schmerzen halb wahnsinnig war.

»Können Sie nicht lesen?«, die Standardfrage. Aber sie genierte sich nicht. Es war eine Standardsituation. Also blitzte sie ihn an.

»Nein«, sagte er und genierte sich auch nicht. Er hatte genug damit zu tun, unter der Jacke ein großes rotes Taschentuch gegen die Rippen zu pressen.

»Um Himmels Willen«, sagte Kriegbaum kühl, »Sie bluten.«

»Ja«, sagte er dumpf.

»Und«, sie sah ihn hilflos an, »was kann ich für Sie tun?« Sie wußte sehr gut, was sie tun konnte: einen Arzt rufen. Aber sein stoisches Gesicht lähmte sie.

»Verstecken Sie mich.« Brummend tappte er auf ihren Schreibtisch zu. Dann stöhnte er. Ein feuchter roter Fleck breitete sich mit erstaunlicher Geschwindigkeit in der Höhe des Magens auf seinem Hemd aus.

»Vor wem soll ich Sie verstecken?« Sie war aufgestanden.

»Polizei.« Er brummte und stöhnte abwechselnd. Rosaroter Schaum trat in seine Mundwinkel. »Hier.« Er warf ein weißes Stück Papier auf den Schreibtisch. »Verstecken.« Rote Blasen platzten auf seinen Lippen, als er heftig die Luft ausstieß.

Mit spitzen Fingern drehte Kriegbaum das Papier um. Es war

quadratisch und steif. Eine Fotografie, die vier Männer zeigte. Drei von ihnen hätte jedes Schulkind auf den ersten Blick erkannt: Keskin, Denner und Coolridge, seit dreißig Jahren Inbegriff von Heldentum und Pioniergeist. Den vierten Mann hatte Kriegbaum noch nie gesehen. Er paßte etwa so gut zu den drei andern, wie ein Apfelbaum zum Mond. »Samuelson«, sagte sie zweifelnd, »das MUSS Samuelson sein.«

»Hier«, ein zweites Foto, diesmal mit blutigem Daumenabdruck. Drei Männer waren zu sehen. Sie befanden sich, kein Zweifel, auf Leda. Samuelson und Keskin im legendären Canyon von Nuphta, beide mit etwas belämmerten Gesichtern und ohne die Siegerpose, an die man sich inzwischen gewöhnt hatte. Im Hintergrund wieder das fremde Gesicht, diesmal im Profil.

»Unmöglich«, sagte Kriegbaum, »das sind doch Bilder aus der Pionierzeit, oder nicht?« Sie starrte ihn halb ängstlich, halb mißtrauisch an.

»Fleet«, der Mann hustete, »es ist eine Geschichte für Fleet. Verstecken Sie mich.« Er stützte sich schwer mit beiden Händen auf den Schreibtisch. Das Taschentuch flatterte zu Boden, die Mütze folgte, als sein Kopf auf die Brust kippte.

Kriegbaum überlegte fieberhaft. Diese Bilder waren zweifellos eine Sensation und ein Skandal erster Güte. Kurz nach Leda waren zwar ein halbes Dutzend andere Planeten entdeckt und besiedelt worden, aber der erste Planet blieb der erste Planet und seine Entdecker blieben die Heroen eines neuen Zeitalters; ein fünfter Entdecker hatte auf Leda nichts zu suchen. Aber wenn er zusammen mit Denner, Keskin, Coolridge und Samuelson dort gewesen war, dann logen die Geschichtsbücher in einem wesentlichen Punkt.

»Kommen Sie«, sagte sie entschlossen und ging mit schnellen kleinen Schritten um den Schreibtisch herum. Ihr kastanienbraunes Haar glänzte, als sie den breiten Balken Sonnenlicht durchquerte, der durch die halbgeöffnete Tür in Fleets Arbeitszimmer fiel. Sie stieß die Tür ganz auf und wartete ungeduldig, bis der Mann schlurfend über die Schwelle getreten war. »Soll ich einen Arzt rufen?« fragte sie und stützte ihn. Aber er schüttelte den Kopf. Schwer ließ er sich in einen Sessel vor Fleets Schreibtisch fallen. »Fleet«, sagte er schwach.

»Der Senator wird gleich kommen.«

Aber der Senator ließ auf sich warten. An seiner Stelle erschien kaum fünf Minuten später – Kriegbaum hatte gerade das blutige Taschentuch und die unsägliche Mütze im Schreibtisch versteckt – ein Inspektor der geheimen Weltpolizei plus Assistent, einem grauen alten Watson Null Neun, der sofort damit begann, den Raum zu sondieren. Der Roboter summte leise. »Er war hier«, sagte er nach kurzer Zeit.

»Wer war hier?« Da Roboter sich nichts aus Frauen machten, konzentrierte sie sich ganz auf den Inspektor. Sie nagte an ihren zimtfarbenen Lippen, schlug langsam das linke über das rechte Bein, lächelte schüchtern und tat so, als hätte sie schon ziemlich lange auf einen dürren Mann mit bleicher, grobkörniger Haut, Mitessern auf der Nase, zerknittertem Anzug, fleckiger Krawatte und düsteren Augen gewartet. Aber auch der Inspektor schien sich nichts aus Frauen zu machen. »Wo ist er?« Er wagte es tatsächlich, sie anzuschnauzen. Seine ganze Haltung drückte Verachtung und Überdruß aus. Mit hängenden Schultern, die Hände in den Hosentaschen, sah er auf Kriegbaum herunter. Ihre Beine würdigte er keines Blicks.

»Der Mann mit dem Bommel?« Sie sah verdrießlich vom Inspektor zum grauen Watson, der sich auf die Knie niedergelassen hatte und nun langsam auf den Schreibtisch zukroch. »Knickerbocker, braune Jacke?«

»Genau den.« Der Inspektor beobachtete den Watson.

»Blut«, sagte der Roboter, »eine Menge Blut im Raum.« Er näherte sich Kriegbaums Füßen, beschnüffelte schamlos ihre Knie und hob seinen kahlen grauen Kopf.

Langsam wurde die Sache brenzlig. Kriegbaum beschloß, ihre Taktik zu ändern. Dieser Bulle war zu skrupellos, als daß man ihm mit der sanften Masche kommen konnte.

»Pfeifen Sie Ihren Roboter zurück«, sagte sie zum Inspektor und berührte gleichzeitig einen Sensor unter der Schreibtischplatte.

»Sie decken einen Staatsfeind.« Der Inspektor kratzte sich gelangweilt am Kinn. Er war schlecht rasiert. »Sagen Sie mir, wo der Mann ist.«

»Ihr Staatsfeind hat mein Büro vor fünf Minuten verlassen. Außerdem sind Sie nicht befugt, hier irgendwelche Untersuchungen durchzuführen. Diese Räume sind tabu für Schnüffler, das wissen Sie ganz genau. Sie verletzen die gesetzlich garantierte Immunität eines Parlamentsmitglieds. Und deshalb«, das Paneel hinter dem Schreibtisch versank lautlos im Boden, »werde ich Sie jetzt rausschmeißen lassen.«

Der Inspektor sah sich zwei schwarzen Body X1 gegenüber.

»Oh, ganz neue Modelle«, sagte er ungerührt.

Der Watson machte sich an der Schreibtischschublade zu schaffen.

»Festhalten.« Kriegbaum wartete, bis der schwarze Roboter dem grauen einen gepanzerten Fuß in den Nacken gestellt und ihn mühelos zu Boden gedrückt hatte. Der andere Body ging leichtfüßig auf den Inspektor zu.

»Was versprechen Sie sich davon?« Der dürre Mann lächelte. Die Entwicklung schien ihn nicht zu überraschen.

»Schluß mit der polizeilichen Willkür«, zitierte sie aus Fleets Wahlprogramm, »Wiedereinsetzung der verfassungsmäßig garantierten Persönlichkeitsrechte, nieder mit dem Polizeistaat!« Sie grinste.»Sie hatten doch nicht im Ernst erwartet, daß ich Ihre Unverschämtheit einfach hinnehmen würde?«

»Man tut, was man kann«, sagte er. »Versuchen kann man es doch, oder?« Er wandte sich zum Gehen. »Nichts für ungut. Komm, treuer Watson.«

Kriegbaum gab dem Body ein Zeichen, den Polizeiroboter loszulassen und fragte: »Wie heißen Sie?«

»Gühan«, sagte er gleichgültig über die Schulter, »233680, Departement Berlin. Sie hören von mir, keine Sorge.«

»Oh, ich bin nicht in Sorge. Aber Sie werden auch von mir hören, Gühan. Natürlich wird sich Fleet über die freche Verletzung seiner Rechte bei Ihrem Vorgesetzten beschweren.«

»Natürlich.« Der Inspektor und sein Watson trotteten zur Tür. »Übrigens haben Sie eine Laufmasche«, sagte Gühan, bevor er die Tür hinter sich schloß. »Am rechten Bein. Guten Tag.«

Kriegbaum fluchte fröhlich. Sie gab dem Body, der den Watson festgehalten hatte, einen freundschaftlichen Klaps aufs stahlharte Hinterteil und scheuchte ihn samt seinem Kollegen zurück hinter die Wandvertäfelung.

Nebenan war es verdächtig still. Der Mann saß zwar noch in seinem Sessel, klammerte sich mit beiden Händen an die Armlehnen und hielt den Kopf sehr gerade, aber sein Blick war starr und tot. Als Kriegbaum ihn an der Schulter berührte, fiel sein Kopf schlaff zur Seite. Die Taschen der braunen Jacke waren verdächtig leer. Nichts, kein Krümel, kein Fetzchen Papier, kein Schlüssel, kein Feuerzeug; von Papieren oder weiteren Fotos ganz zu schweigen. Ärgerlich betrachtete Kriegbaum die aufgerissenen Augen und den blutverkrusteten Mund des Mannes und hatte plötzlich das Gefühl, einem Betrug aufgesessen zu sein. Dieser Inspektor war verdächtig schnell aufgetaucht und außergewöhnlich plump vorgegangen. Ob so ein Watson-Roboter tatsächlich Blut riechen konnte? Oder hatte Gühan einfach vor der Tür gewartet, bis er sicher sein konnte, daß sie ihren Besucher versteckte? Um ihr Zeit zu geben, sich der Beihilfe schuldig zu machen? Der Beihilfe wozu?

Obwohl der babyblaue Blick des Toten verschlafen irgendwo auf der gegenüberliegenden Wand ruhte, fühlte Kriegbaum sich beobachtet. Vorsichtig strich sie ihm über Stirn und Brauen, streifte die Lider über die Augbälle und wunderte sich dabei über sein völlig faltenloses Gesicht. Die Haut war kalt und trocken, aber sie schien sich unter ihrer Hand rasch zu erwärmen und fühlte sich gut an, wie Seide. Auch ihre Farbe stimmte nicht. Statt wächsern und fahl zu sein, wie man es von einem Toten erwarten durfte, war sie rosig frisch, als hielte der Mann im Sessel nur eben ein kurzes Nickerchen.

Geistesabwesend kippte sie den Cognac, der wie jeden Morgen für Fleet bereitstand, und bekam eine Gänsehaut. Die Sonne lag kühl und bleich auf ihren bloßen Oberarmen. Blonde Härchen stellten sich auf und glitzerten golden. Was, wenn die Fotos gestellt oder gefälscht waren? Warum hatte sie keinen Augenblick an ihrer Echtheit gezweifelt? Weil ein Sterbender sie gebracht hatte? Ganze Heringszüge von Gedanken gingen durch Kriegbaums Kopf. Sie versuchte sich vorzustellen, was Fleet sagen würde, wenn er die Bilder sah. »Na, was sagen Sie, Senator?« fragte sie das Wahlplakat, das Fleet vor einigen Tagen persönlich aufgehängt hatte, weil ihn irgendein Detail des Entwurfes störte. Er sah es sich während des Aktenstudiums immer wieder an, kam aber nicht auf das, was ihn irritierte. »Die Haare, Kriegbaum? Oder stehe ich irgendwie falsch? Sieht es vielleicht so aus, als ob ich die Hosen voll hätte?«

Er sah phantastisch aus, in Wirklichkeit und auf dem Plakat. Vielleicht sogar eine Spur zu gut für einen Politiker. Er war groß und schlank, schlaksig, ohne unbeholfen zu wirken, auf eine jungenhafte Weise kraftvoll, geschmeidiger, als sein Alter erwarten ließ, silberhaarig, grauäugig, gepflegt: ein Prädikatsmann, keine teigige Parteiamöbe wie die meisten seiner Konkurrenten.

Er hatte ein Gesicht, das nach Charakter aussah. Sein grauer Maßanzug saß tadellos. Er hatte Charme, Manieren und Stil. Kriegbaum fand, daß der Plakatentwurf all das betonte und herausarbeitete. Der Mann an der Wand war genau der Fleet, den Generationen von Werbeleuten unter gewaltigem Einsatz von Adjektiven geformt hatten: ein äußerst raffiniertes Produkt in ansprechender Verpackung, Ergebnis eines wohldurchdachten Konzepts, das Outfit, Styling und politische Programmatik bis ins Detail festlegte und die Persönlichkeit des großen Senator Fleet bis in die feinsten Verästelungen durchdrang. Fleet war ein gutes und seit einiger Zeit auch erfolgreiches Produkt, zu dessen Profil neben einer direkten, volkstümlichen Schläue (nach Aussage seiner Agentur kontrastierte sie »kontrapunktisch« mit seiner Eleganz und Weltläufigkeit) auch Güte, Großzügigkeit und abgeklärte Toleranz gehörten, seit der Senator in die Jahre gekommen war und äußerlich seinem großen Gegner Castro zu ähneln begann. Seine wichtigsten Markenzeichen aber waren Unbestechlichkeit und Wahrheitsliebe, und Kriegbaum hielt es durchaus für möglich, daß er nach all den Jahren der Formung auch entsprechend den Profilvorgaben empfand. Aber was hätte Isabella von Kastilien gesagt, wenn man ihr Columbus Arm in Arm mit Erik dem Roten auf der Kommandobrücke der Mayflower – oder hieß das Schiff Space Shuttle? – gezeigt hätte? Welches Wahrheitsraster sollte im Fall einer historischen Unmöglichkeit, wie die Fotos sie darstellten, zur Anwendung kommen?

Der Mann auf dem Plakat lächelte aristokratisch unter der roten Überschrift: FÜR DIE SOZIALISTEN. MIT FLEET.

Unbehaglich betrachtete Kriegbaum den Toten, der nicht tot aussah, zupfte abwesend eine Fussel von seinem Revers und durchsuchte nochmals seine Taschen; sorgfältiger diesmal, und ließ auch die Hosentaschen nicht aus. Zuunterst sozusagen, in der Gesäßtasche, fand sie ein zusammengefaltetes, vergilbtes Kuvert, das einen maschinengeschriebenen Brief enthielt. Darin berichtete eine Frau, die mit »deine arme Mama« zeichnete, einem gewissen Flavio Olivetti, hauptpostlagernd Berlin, von der Not, in der zu leben sie gezwungen sei, »seit Papa verschwunden ist« und eine nicht näher bezeichnete Behörde sie mit Repressalien bedrohe, falls sie nicht endlich aufhöre, Nachforschungen über den Verbleib ihres Mannes anzustellen. »Und ich möchte dich dringend bitten, lieber Flavio, dein Vorhaben aufzugeben.

Denner in Berlin wird dich ebensowenig empfangen wie vorher Coolridge und Keskin. Für normale Sterbliche sind diese Herren nicht mehr erreichbar, seit sie sich mit dem Lorbeer geschmückt haben, der eigentlich deinem Vater zusteht. Und falls du wirklich zu Denner vordringen solltest, wird er behaupten, nie etwas von einem Giancarlo Olivetti gehört zu haben und, kaum daß du weg bist, die Polizei verständigen. Dann streichen sie mir auch noch die Rente oder nehmen mir die Wohnung weg. Oder sie stecken uns in irgendein Irrenhaus, wie sie es vermutlich mit deinem Vater gemacht haben. Es zahlt sich nicht aus, Flavio, sich den Mächtigen entgegenstellen zu wollen. Sie haben den längeren Arm und den längeren Atem. Was sie beschließen, gilt. Und sie haben beschlossen – aus Gründen, die ich so wenig verstehe wie du – daß nie ein Mensch namens Giancarlo Olivetti existiert hat.«

Kriegbaum lächelte verächtlich. Das war entschieden zu dick aufgetragen. Daß der Brief vor über zwanzig Jahren in Rom abgestempelt war, besagte gar nichts. Die Spur war zu deutlich; rührend die Mutter, herzergreifend der Sohn auf der Suche nach seinem verschwundenen Vater, dessen Gesicht gleich mitgeliefert worden war: auf Leda natürlich, geheimnisvoll, der große Unbekannte. Ob die Bilder nun gefälscht waren oder nicht, wer konnte Interesse daran haben, einen solchen Trampelpfad anzulegen? Gühan? Aber wozu sollte ein so kompliziertes, von tausend unvorhersehbaren Momenten gefährdetes Manöver gut sein? Wenn dieser Inspektor, aus welchen Gründen immer, Fleet derart heißes Material hätte zuspielen wollen, hätten ein Umschlag und eine Briefmarke völlig gereicht.

Ein Umschlag – sie pfiff leise durch die Zähne. Ihre grünen Augen funkelten; langsam fing die Sache an, Spaß zu machen. Zum zweiten Mal an diesem Morgen sah sie den Stapel ungeöffneter Post durch. Sie hatte nur offensichtliche Werbung, Behördenbriefe, Rechnungen und Parteipost aussortiert. Persönliche Briefe öffnete Fleet selbst.

Da war der Brief von Fleets Bruder, der vor etwa zehn Jahren nach Palamedes ausgewandert war und mit großer Regelmäßigkeit einmal im Monat schrieb, dann ein Schreiben seiner geschiedenen Frau, zwei mit »vertraulich« gestempelte Kuverts von Parteifreunden, ein dicker Umschlag mit Wundgammes Büro als Absender, und endlich – die Erinnerung hatte sie nicht getrogen –

ein unscheinbarer Brief, dessen Absenderangabe ihr beim ersten Durchsehen nichts gesagt hatte: Giancarlo Olivetti. Na also. Der Trampelpfad war eine Heerstraße.

Fleet war derselben Meinung. In einem Tonfall, der normalerweise öffentlichen Statements vor Kameras und Mikrophonen vorbehalten war, sagte er: »Fälschungen. Billigste stümperhafte Arbeit.« Kriegbaums Lächeln erstarrte. Sie stand über Fleets Schulter gebeugt, eingehüllt in die Duftwolke, die aus seinem Haar aufstieg, und fragte sich benommen, wie er so sicher sein konnte. Er hatte nur einen flüchtigen Blick auf die Bilder geworfen, aber ihr war nicht entgangen, daß er bleich geworden war, sicher nicht vor Überraschung.

»Aber«, sagte Kriegbaum enttäuscht, »die Bilder sind eine Sensation. Vielleicht ist Ihnen entgangen, daß dieser Mann hier«, das Gesicht des fünften Mannes verschwand unter dem golden lackierten Nagel ihres Zeigefingers, »überzählig ist.« Das Wort gefiel ihr und sie wiederholte es, um Fleet aus seiner seltsamen Lethargie zu reißen: »Überzählig. Einer zu viel.«

»Schweigen Sie.« Fleet sprach leise, fast ohne die Lippen zu bewegen. »Kein Wort mehr.« Abrupt stand er auf.

Erst umrundete er zweimal den Toten, musterte ihn aus schmalen Augen, kopfschüttelnd, als könne er es nicht fassen, daß ein Mann in Knickerbockern vor seinem Schreibtisch Platz genommen hatte. Dann rief er die Bodies herein und befahl ihnen, »alles abzuschalten«.

Überrascht sah Kriegbaum, wie einer der schwarzen Roboter den Raum abzusuchen begann, während der andere ohne weitere Umschweife das Hemd des Toten aufknöpfte, zart über seine glatte, haarlose Brust strich und irgendwo auf dem flachen Bauch zwischen Blutkrusten auf das stieß, wonach er gesucht hatte. Wie eine Kühlerhaube klappte die Brust des Toten auf.

Der andere Body hatte weniger Glück. »Negativ«, sagte er lakonisch. »Gut«, Fleet ging nervös auf und ab. »Sie haben einen schweren Fehler gemacht, Kriegbaum«, sagte er näselnd, wie immer, wenn er aufgeregt war. »Einen unverzeihlichen Fehler. Sie hätten den Kerl niemals in mein Büro lassen dürfen.« Kühler, kurzer Blick. »Wie lange sind Sie jetzt meine Sekretärin?«

»Zehn Jahre.« Kriegbaum schluckte trocken. Ihr war kalt. Fröstelnd umfaßte sie die Oberarme mit den Händen.

»Ganz recht. Zehn Jahre.« Er nickte und blieb endlich stehen. Sein markantes Gesicht war ausdruckslos vornehm, aber als er sich mit dem angefeuchteten kleinen Finger über sein graumeliertes Menjou-Bärtchen strich, sorgfältig, wie ein Kater, der sich putzt, verwischte für einen Moment seine Maske und las Ärger, Furcht und Müdigkeit in seinen grauen Augen. »Warum sind Sie eigentlich nicht auf die Idee gekommen, daß es sich bei Ihrem Toten um einen Roboter handeln könnte? Ich dachte, Sie wären nach zehn Jahren im Dunstkreis der großen Politik mit allen Wassern gewaschen.«

»Ich habe nie von Robotern gehört, die bluten«, sagte sie abweisend.

»Varieté-Roboter bluten, soviel sie wollen.« Er schnippte mit den Fingern. »Zwanzig Liter, dreißig. Sie müssen sich nur aufstöpseln. Sie können auch stöhnen und einfache Dialoge entlang eines simplen Themas improvisieren: ›Hilfe‹, ›Rette mich‹, ›Es war Al Capone, das Schwein‹. Solche Sachen; Schwachsinn. Dann sterben sie gekonnt.«

Ein jüngerer, härterer Fleet kam hinter dem aristokratischen Gentleman zum Vorschein, ein Relikt aus alten Kampfzeiten, längst abgelegt und erledigt durch die Marktforschungen der Media-Experten. Der jüngere, ältere Fleet war zynisch, besaß eine schneidende Stimme und bewegte sich eckig, in Erinnerung an die scharfkantigen nadelspitzen Ellbogen, mit denen er sich an die Spitze der Sozialistischen Partei gekämpft hatte. Das war lange her, lange vor Kriegbaums Zeit, fast vergessen und auch in Fleet selbst nicht mehr als eine schattenhafte Reminiszenz, die bereits wieder zu verblassen begann. »Aber bevor diese Mechanismen sterben und auch während sie tot sind«, fuhr Fleet milder fort, »zeichnen sie auf, was sie hören und sehen und leiten es weiter. Das ist nützlich für die Film- und Theaterarbeit, weil die Regie so in der Lage ist, aus der Perspektive des Akteurs zu sehen. Und es ist nützlich für die Polizei, wenn die Dinger als agent provocateur eingesetzt werden, wie dieser hier.« Er setzte sich hinter den Schreibtisch, wischte die Fotos mit einer ärgerlichen Handbewegung zur Seite und warf Kriegbaum einen undeutbaren, aber nicht unfreundlichen Seitenblick zu. »So ist das, meine Liebe.« Es war ein Genuß, Fleet beim Überlegen zuzusehen. Aus Reue über seinen Ausbruch, um sich zu beruhigen und wieder ganz in seine behagliche, von Abgeklärtheit durchdrungene

Produkt-Persönlichkeit eingekuschelt, übertrieb er etwas bei der Demonstration seiner erprobten und erfolgreichen mimischen Fähigkeiten. Er runzelte sparsam die Stirn, blickte mit großer Effizienz sinnend in die Ferne, lächelte verhalten und gütig – ganz allein für mich, dachte Kriegbaum geschmeichelt –, bezupfte nachdenklich, unnachahmbar nachdenklich, sein Kinn und schien schließlich zu dem Schluß zu kommen, daß alles nur halb so schlimm war. Er war ein großartiger Schauspieler, und Kriegbaum verstand wieder einmal, warum Millionen ihn anhimmelten und ihn demnächst wohl auch zum Weltpräsidenten wählen würden.

»Nüchtern betrachtet«, sagte Fleet, »ist eigentlich nicht allzu viel passiert. Ich habe die Bilder zwar gesehen – darüber gibt es nun leider eine Aufzeichnung – und bin dadurch in gewissem Sinn zum Mitwisser geworden, aber gleichzeitig habe ich deutlich gemacht, daß ich die Angelegenheit für eine Fälschung halte. Das war doch deutlich, oder? Was meinen Sie?« Er sah sie ruhig an.

»Wenn die Bilder Fälschungen sind, wie können Sie dann zum Mitwisser werden?« Sie breitete hilflos die Arme aus. »Mitwisser wovon? Und wer will Sie dazu machen? Und wozu überhaupt?«

»Das weiß ich nicht.« Fleet betrachtete seine sorgsam manikürten Nägel. »Darüber bin ich auch etwas beunruhigt. Und was die Mitwisserschaft angeht: man kann doch über etwas Bescheid wissen, ohne es zu wollen und ohne daß nachgewiesen werden kann, daß man es weiß. Es sei denn, jemand bringt es einem zur Kenntnis und kann beweisen, daß man es auch zur Kenntnis genommen hat.« Er lächelte. »Haben Sie das etwa verstanden? Ich an Ihrer Stelle würde völlig im Dunkeln tappen.« Er wartete ab, bis sie erst genickt, dann den Kopf geschüttelt und zum Schluß entmutigt geseufzt hatte. Ihre Reaktion schien ihn zufrieden zu stellen. Aufgeräumt fuhr er fort: »Eben, es ist völlig unverständlich. Und das ist gut so. Für Sie ist es das Beste, Sie tappen weiter und vergessen, was heute morgen passiert ist. Es ist nämlich nichts passiert. Sehen Sie einen Toten? Ich nicht. Sehen Sie irgendwelche Fotos? Nein. Wir ignorieren sie einfach. Wir haben sie nicht zur Kenntnis genommen.«

»Aber wir haben sie zur Kenntnis genommen«, sagte Kriegbaum leise. Sie wußte nicht, was Fleet meinte, aber ihr begann zu schwanen, daß sie in den letzten Stunden, nicht einen, sondern mindestens zwei schwerwiegende Fehler gemacht hatte.

»Nein, haben wir nicht.« Fleet amüsierte sich über ihre Begriffsstutzigkeit.

»Leider doch«, sie wagte nicht, ihn anzusehen. »Unglücklicherweise, weil Sie nicht kamen, weil ich außerdem neugierig war, habe ich bei verschiedenen Stellen Nachforschungen über die Olivettis angestellt, Flavio und Giancarlo. Aber wie sollte ich denn wissen ...?«

Fleet rührte sich nicht. »Bei welchen Stellen?«

»Einwohnermeldeämtern, bei der Raumfahrerregistratur, beim zentralen Amt für Statistik in Paris. Was man so tut, wenn man jemanden sucht. Aber ich wußte ...«

»Ergebnisse?« Fleet blieb kühl und beherrscht.

»Noch keine, allerdings«, Kriegbaum holte tief Luft, um auch den letzten Punkt loszuwerden. Ihr Herz pochte. Aber sie hatte den Brief aus der Morgenpost in der ganzen Aufregung einfach vergessen. »Allerdings kam heute früh ein Brief. Dort bei der Post. Ich habe ihn versehentlich geöffnet.«

»Sie hat ihn versehentlich geöffnet«, sagte Fleet zu dem Toten, der mit hochgeklappter Brust der Unterhaltung beiwohnte. Die Verwunderung in seiner Stimme war gespielt, aber der Schreck, den ihm der Brief versetzte, brachte ihn zum zweiten Mal an diesem Morgen an den Rand eines Infarkts. »Diese Idioten, diese verdammten Bürokraten, diese unfähigen Scheißkerle.« Wie eine Ampel schaltete seine Gesichtsfarbe plötzlich von erregtem Rot auf ein fahles Grün. Ihm war schlecht geworden.

Während Kriegbaum die Cognacflasche holte, überlegte sie, was wohl so schlimm war an dem Brief, der Kopie eines offiziellen Schreibens des »Kolonialamtes Palamedes«, in dem Alexander Fleet – damals noch nicht Senator, der Brief war fünf Jahre alt – davon unterrichtet wurde, daß sein Bruder, Julian Fleet, während der noch andauernden Kämpfe zwischen palamedesischen Partisanen und irdischen Kolonialtruppen eines heldenhaften Todes gestorben sei. Zwar verstand Kriegbaum, daß Fleets Bruder seine allmonatlichen Briefe nicht aus dem Grab schreiben konnte und daß ein gewisser Widerspruch zwischen seinem Tod und seiner Schreibfreudigkeit bestand, aber sie wußte nicht, was Fleet daran so aufregte. Das Amt hatte sich getäuscht, der Bruder war noch am Leben. Oder er war tot und ein anderer schrieb Briefe in seinem Namen.

»Auch eine Fälschung?« Sie sah zu, wie Fleet den Cognac

kippte. Er verschluckte sich, hustete und kam so um eine Antwort herum. »Rufen Sie diesen Inspektor an...«

»Gühan«, sagte sie zuckersüß. Es gefiel ihr, wenn Fleet litt und sein Hochglanzcover sich wellte.

»... Gühan, meinetwegen. Er soll seine Leiche abholen. Sagen Sie ausdrücklich Leiche, nicht Roboter. Und fordern Sie seine Akte an. Wir werden schon herausfinden, wer hinter diesem Burschen steckt.«

Es gab bestimmt eine Akte Gühan, es gab Akten über alles und jeden, stecknadelspitzengroße Kompendien mit dem Umfang von Volkslexika. Seit zwei Jahrhunderten wälzten sich Mahlströme von Daten zwischen unzähligen Computern hin und her. Was sie nicht aufblähten, zerrieben sie, und was sie zerrieben hatten, puzzelten sie neu zusammen; ein neues Zeitalter des Sammelns und Jagens mit unermeßlicher Beute, unverderblich, unzerstörbar, und winziggroßen Thesauren, tiefgegliederte Vorratsgebäude für Wissen aller Art, prädikatenlogisch, selbstsammelnd einander abjagend und in wilder, kühler Jagd ansammelnd, was es zu wissen, was zu nicht-wissen, eine subtilere Form des Speicherns, was es zu mitwissen gab, in welcher Zumessung und für wen – selbst eine Datenunendlichkeit – bis zu welchem Punkt, zu welcher Abzweigung, zu welchem und-so-weiter und go-to. Es gab eine Akte Gühan, doch sie unterlag der Geheimhaltung. Ohne Geheimhaltung keine Geheimpolizei. Selbst Fleets großer Name bewirkte nichts.

Es gab auch keine Akte Olivetti. Zwar wurde ihre Anfrage bei der zentralen Datenbank in Paris prompt beantwortet und brachte auch eine reiche Ausbeute an Olivettis, aber es war keiner darunter, dessen Beruf in irgendeiner Verbindung mit der Raumfahrt stand, der vor etwa dreißig Jahren spurlos verschwunden war, Flavio hieß oder Giancarlo oder wenigstens einen Sohn namens Flavio besaß.

Während Kriegbaum erfuhr, daß nichts zu erfahren war, erschien Gühan, eskortiert von zwei Watsons. Sie führte ihn in Fleets Büro, blieb unschlüssig an der Tür stehen und setzte sich, als niemand sie beachtete, an das Rauchtischchen, wo Fleet mit vertrauten Besuchern seine Besprechungen abzuhalten pflegte.

»Eine unangenehme Sache, Senator.« Ungeniert, aber ohne besonderes Interesse, sah Gühan sich in Fleets luxuriösem Büro um, während die Watsons den Toten durchsuchten. »Merkwürdig, er scheint nichts bei sich zu haben. Es ist tragisch, so ganz ohne Identität zu sterben. Oder haben Sie zufällig etwas aus dem Besitz des Unglücklichen in Aufbewahrung genommen?«

»Suchen Sie etwas Bestimmtes?« Fleet lächelte milde. Er hatte sich wieder gefangen und auch die Information, daß Gühans Daten nicht zugänglich waren, kommentarlos und ohne sichtliche Beunruhigung hingenommen.

»Ja.« Gühan äußerte sich nicht näher dazu. Mit langen Schritten, hängenden Schultern und schlenkernden Armen wanderte er durch den Raum. Sein weißes Hemd war nicht besonders sauber. Er roch säuerlich nach Schweiß, Büromief und Unterbezahlung und machte ein Gesicht, als sei ihm alles völlig schnuppe: der Tote, Fleet mit seinem Arbeitszimmer voller expressionistischer Gemälde, Kriegbaum, ihre Laufmasche, ihr herzförmiges Gesicht, ihr ablehnender grüner Blick und natürlich Leda samt aller Geheimnisse, die sie neuerdings umgaben. »Wenn Ihre Sekretärin es nicht vorgezogen hätte, den Mann zu verstecken«, sagte er gleichgültig, »wäre er vielleicht noch zu retten gewesen. Und Ihren teuren Teppich hätte er auch nicht versaut.« Ohne stehenzubleiben, deutete er auf einige winzige Blutflecke am Boden.

»Sie hat niemanden versteckt«, sagte Fleet, »er hat sich ohne ihr Wissen in mein Büro geschlichen.«

»Natürlich. Tut mir leid.« Gühan zeigte kleine weiße Zähne, als er freudlos lächelte. »Ich vergaß die Tarnkappe.« Er schaltete sein Lächeln aus. »Wie das so geht.«

Kriegbaum machte sich klein in ihrem Sessel und bemühte sich vergeblich, die Spielregeln zu erkennen, denen das Gespräch offenbar folgte. Denn alles Wesentliche blieb unerwähnt oder in Andeutungen versteckt. Beide sprachen von »dem Mann«, obwohl auch Gühan wissen mußte, daß der Mann ein Roboter war. Und obwohl Fleet wohl vermutete, daß der Roboter Gühans Agent war und Gühan folglich in jeder Einzelheit über die morgendliche Szene informiert sein mußte, hatte er die Stirn, zu behaupten, Kriegbaum habe nichts mit dem Versteckspiel zu tun. Und Gühan nahm das hin. Es schien sogar, daß er ein Stück zurückwich, aufgrund eines Macht- oder Informationsgefälles, das Kriegbaum nicht einmal im Ansatz verstand. Offenbar war Gühan im Nachteil. Worin und warum konnte Kriegbaum sich nicht vorstellen.

»Gut. Damit wäre dieser Punkt geklärt.« Fleet stützte die Ellbogen auf und verbarg die untere Gesichtshälfte hinter seinen gefalteten Händen. »Eine andere Sache ist aber noch offen: Sie waren dem Mann sehr dicht auf den Fersen. Verdächtig dicht. Hat das möglicherweise was zu bedeuten?«

»Möglicherweise ja. Das Verbrechen ist fix, die Polizei muß es auch sein. Man muß sich beeilen. Manchmal geht es um Sekunden. Oder sogar um das eigene Leben.«

»Und Sie wußten, daß er hierher wollte, zu mir, zu Fleet? Vielleicht wußten Sie auch, was er hier wollte?«

»Vielleicht.«

»Dann haben Sie ihn wohl auch angeschossen?«

»So ungefähr.« Gühan lachte prustend, als würde er gekitzelt. Bedächtig, wie ein Spaziergänger, ging er auf und ab. »Verhören Sie mich eigentlich, Senator?« Er strich an Kriegbaum vorbei. Sein Hosenbein streifte fast ihre Knie und sie hatte den Eindruck, daß er ihr zublinzelte. »Oder darf ich auch mal was fragen? Wissen Sie, ich bin bei der Polizei. Da möchte man Fragen stellen. Darauf ist man abgerichtet und mit der Zeit wird die Fragerei zur Sucht.«

»Später vielleicht.« Fleet beharrte auf seinem unverständlichen Machtvorteil. Seine Stimme war freundlich souverän, ohne jede Schärfe. Mit den Augen folgte er Gühans Wanderungen durch den Raum. »Ich frage mich – und Sie –, warum Sie hinter dem Mann her waren. So sehr hinterher, daß Sie es wagten, mein Büro ohne Erlaubnis zu betreten...« »Ihr Vorzimmer«, berichtigte ihn Gühan.

»... zu betreten und damit Ihre Kompetenzen weit zu überschreiten.« Fleet räusperte sich, um den folgenden Worten größeres Gewicht zu geben: »Ich muß Ihnen offen sagen, daß ich den Verdacht habe, daß diese Aktion nur den Eindruck erwecken sollte, Sie wären scharf auf den Herrn dort, während Sie in Wirklichkeit ganz andere Ziele verfolgten?«

»In welcher Wirklichkeit?« fragte Gühan verwundert. »Ganz andere Ziele?« Mit dem Rücken zu Fleet blieb er stehen. Seine Schultern bebten vor unterdrückter Heiterkeit. »Das sind merkwürdige Fragen, Senator. Oder täusche ich mich? Sind es vielleicht gar keine Fragen?« Plötzlich hielt er es nicht mehr aus und begann schallend zu lachen, offenbar überwältigt von der

Absurdität eines Gesprächs, dessen wahrer Inhalt nie zur Sprache kam. Kriegbaum beobachtete den lachenden Inspektor und stellte widerwillig fest, daß er ihr gefiel. Er hatte schöne Hände. Ihr Blick ging zwischen Gühan und Fleet hin und her. Der Senator betrachtete interessiert seine makellosen Nägel und plötzlich kam er ihr unecht vor hinter seinem mächtigen Schreibtisch, falsch, verlogen, ein Abziehbild, während Gühan, der sich krümmte vor Lachen, menschlich und liebenswert wirkte.

»So kommen wir nicht weiter«, sagte Fleet, »geben Sie mir einen Anhaltspunkt. Dann werden wir sehen, ob ich Ihnen entgegenkommen kann.«

Gühan drehte sich um. Sein langes Gesicht war wieder gleichgültig, aber in seinen Augen wetterleuchtete noch eine ferne, böse Heiterkeit. Er betrachtete lange das Wahlplakat hinter Fleet, wo der Favorit der kommenden Wahlen, der Liebling der Massen und unbestechliche Anwalt des Maschinenproletariats, gelassen sein schönes Halbprofil präsentierte. Langsam und mit einem Blick, als traue er ihm mehr als seinem Ebenbild aus Fleisch und Blut, sagte Gühan zu dem papierenen Fleet: »Man hat mich befördert. Wahrscheinlich wissen Sie nicht, daß ich Chef der weltweiten Anti-Terror-Abteilung der Polizei bin. Ein wichtiger Mann, wenn auch nicht so wichtig wie Sie, Senator.« Seine Augen glitten abwärts und ruhten auf Fleets Gesicht. »Und nun hat man mich befördert.«

»Meinen Glückwunsch. Und was hat das mit unserer – Affäre zu tun?« »Ich bin die Treppe, weit, weit hinaufgefallen, hoch hinauf, bis zu den Sternen.«

Fleet starrte ihn ungläubig an.

»Ja, ich sehe, Sie beginnen zu verstehn. Man hat mich zum Präsidenten von Leda gemacht. Eine große Auszeichnung.« Er bleckte die Zähne. »Oder nicht? Es ist doch eine Auszeichnung, Senator?« »Natürlich. Zweifellos.« Ganz konnte Fleet seine Überraschung nicht verbergen, obwohl er sich mühte. »Und nun wollen Sie wissen, ob . . .«

»Ja, ich möchte wissen, wie die Sterne stehen.« Gühan gab seinen Watsons einen Wink, den Toten aufzuheben und machte sich auf den Weg zur Tür. Offensichtlich zufrieden über den Verlauf des Gesprächs lächelte er Kriegbaum an. »Mein Problem«, sagte er an der Tür, »dürfte Ihnen jetzt klar sein. Und wie die Dinge liegen, werden Sie mir Ihre Hilfe nicht verweigern können, Senator Fleet.«

Dann ging er. Die Watsons trugen den Leichnam. Kriegbaum stellte sich vor, wie sie ihn vor der Tür auf die Füße stellten, damit er allein weiterging, brummend und seufzend: »Verstecken Sie mich.« Hatte Gühan sein Ziel erreicht? Nach Fleets Aussehen zu schließen, mußte er zumindest nach Punkten gewonnen haben. Der Senator saß bleich und erschöpft hinter seinem Schreibtisch und schüttelte stumm den Kopf, als Kriegbaum fragte, ob sie noch gebraucht würde. Mit wiegenden Hüften ging sie ins Vorzimmer zurück, seltsam beschwingt, mit einem unklaren Gefühl der Erwartung.

Aufmerksamer als sonst, mit kritischem Interesse, betrachtete sie sich in ihrem Taschenspiegel. Sie dachte weniger an Gühans Geheimnis als an ihn selbst, während sie ihre Lippen mit einem zimtfarbenen Stift nachzog und mit den Fingerspitzen über die Falten um ihre schönen Augen strich. Sie wußte nicht, ob Gühan sie wirklich wahrgenommen hatte; sie bezweifelte es sogar. In seinen Plänen konnte sie keine Rolle spielen. Sein Interesse konzentrierte sich auf Fleet und Leda; sie selbst war nichts als eine Statistin, leicht zu übertölpeln, leicht anzulächeln und sicher auch nicht schwer zu vergessen. Sie zuckte die Schultern, legte den Spiegel weg und nahm voller Abscheu die Spur eines Mannes namens Dobroljubov wieder auf, die breite Fährte eines großen Raubtiers, das längst sicher und trocken in irgendeiner luxuriösen Höhle saß und die Früchte seiner Beutezüge genoß.

Kriegbaums Planet

Nach der Entdeckung Ledas belebte sich das All mit erstaunlicher Geschwindigkeit. Als sei plötzlich, nach jahrzehntelanger ergebnisloser Suche, ein Knoten geplatzt, stießen die irdischen Erkunder in rascher Folge auf fünf weitere bewohnbare Welten: Arion, Demeter, Ge, Palamides und Tyche, und es dauerte nicht lange, bis die damalige Regierung Castro die ersten Siedlungsprogramme anbot, für die Auswanderung auf eine der Neuen Welten warb und den ersten »Kommissar für die Kolonialwelten«, Vladimir Dobroljubov, in sein Amt einsetzte. Dieser Dobroljubov raubte Kriegbaum den Schlaf.

»Kommen Sie doch bitte mal zu mir, Coco«, schnurrte Fleets Stimme aus dem kleinen Lautsprecher der Gegensprechanlage.

Erleichtert, dem Joch endloser grünflimmernder Zahlenreihen zu entgehen, streckte sie dem Monitor die Zunge heraus und stand auf. Seit Wochen tat sie nichts anderes, als ein unüberschaubares Material an Daten zu sichten und portionsweise für Fleet aufzubereiten, der sich vor allem von der Siedlungspolitik in den frühen 60er Jahren Wahlkampfmunition versprach. Es war offensichtlich, daß der Siedlungskommissar Dobroljubov Millionen Inder und Pakistanis nach Leda, später auch nach Ge und Tyche umgesiedelt hatte, mit sehr fragwürdigen Methoden und alles andere als zimperlich in der Auslegung des noch heute umstrittenen Paragraphen 6 des Siedlungsgesetzes. Der Paragraph existierte weiterhin. Zwar wurde er weniger rücksichtslos angewandt als zu Dobroljubovs Zeiten, aber immer noch waren es die Ärmsten, die, freiwillig oder nicht, nach Leda gingen, vor allem Farbige, während die Weißen im Zuge des »Vierten landräuberischen Imperialismus«, wie Fleet es nannte, langsam Afrika, den Indischen Subkontinent und Teile Chinas zu besiedeln begannen. Fleet hatte versprochen, den Paragraphen 6 zu ändern, die Armutsgrenze, die zum Verlassen der Erde zwang, herabzusetzen und gleichzeitig Weißen den Zugang zu einer Siedlungserlaubnis für eine der Neuen Welten zu erleichtern. Nach bisheriger Praxis fiel der gesamte Besitz eines weißen Auswanderers an den Staat. Eine Genehmigung wurde außerdem nur erteilt, wenn die Antragsteller politisch, genetisch oder sonstwie mißliebig waren oder sich bereiterklärten, den irdischen Kolonialtruppen beizutreten. Zu letzteren hatte auch Fleets jüngerer Bruder Julian gehört, der sich gegen den heftigen Widerstand der Behörden und seiner Familie – vor allem gegen den Willen seines älteren Bruders – die Auswanderungserlaubnis nach Palamides ertrotzt hatte.

Allem Anschein nach wollte Fleet nach einem Wahlsieg das Siedlungsprogramm ausweiten, auch wenn er sich öffentlich hauptsächlich zur ungleichen Behandlung der Rassen äußerte und genaue Angaben zum Umfang seiner eigenen Siedlungspläne vermied. Was er sich allerdings davon versprach, Dobroljubovs Machenschaften aufzudecken, war Kriegbaum nicht klar. Manchmal argwöhnte sie sogar, daß Fleet von den skrupellosen Praktiken des ersten Kommissars fasziniert war, möglicherweise auch lernen wollte, wie man möglichst unauffällig möglichst große Menschenströme zu den Planeten leitete. Fleets Bewunderung für Dobroljubov jedenfalls war unübersehbar.

»Dobroljubov war ein Schwein«, sagte sie und massierte sich mit den Daumen die Schläfen. Castros morsche Regierung würde auch zusammenbrechen, ohne daß sie sich vor dem Bildschirm die Augen verdarb. »Er hat Millionen gescheffelt.«

»Kein Zweifel.« Fleet sah von einem Computerausdruck auf und betrachtete sie freundlich.

»Er hat es über die Familienclans gemacht. Zwei Dollar fünfzig pro Kind und ab nach Leda.«

»Es geht ihnen besser dort als auf der Erde«, sagte Fleet abwesend. Seit der Geschichte mit dem Varieté-Roboter, die fast eine Woche zurücklag, wirkte er bedrückt. Er hatte die Fotos mit dem unbekannten fünften Mann seither nicht mehr erwähnt, aber Kriegbaum wußte, daß sie ihn weiterhin beschäftigten.

Einmal hatte sie beobachtet, wie er über den Bildern brütete, und vor zwei Tagen war sie, während er mit Gühan sprach, ohne anzuklopfen in sein Arbeitszimmer gekommen und barsch hinausgewiesen worden. Aber sie hatte das düstere Gesicht des Inspektors ganz deutlich auf dem Bildschirm des Visiphons erkannt.

»Sie erinnern sich doch an diesen Brief«, sagte Fleet jetzt beiläufig, »an diese Kopie des Briefes vom Kolonialamt Palamides?«

»Natürlich«, sagte sie überrascht.

»Vielleicht kam Ihnen die Sache etwas merkwürdig vor. Meine Reaktion war, nun, etwas übertrieben. Mein Bruder lebt natürlich, er schreibt ja regelmäßig. Aber als ich diese Benachrichtigung sah, durchlebte ich noch einmal den Schreck, den ich vor fünf Jahren bekommen hatte. Damals hat sich die Sache schnell als Irrtum erwiesen. Ich dachte: jetzt hat es ihn wirklich erwischt. Dabei war alles nur ein makabrer Scherz, den sich dieser Olivetti erlaubt hat.«

Mit dem Ausdruck väterlicher Besorgnis sah er ihr in die Augen, als erwarte er Widerspruch und hoffe gleichzeitig, daß sie ihm nicht mit Belanglosigkeiten die Zeit stehlen würde. Sie kannte diesen Blick aus Wahlveranstaltungen, wenn abgerissene Maschinenproletarier ihm ihre Nöte schilderten und er, halb höflich, halb geödet, zu einer genormten Antwort ansetzte.

Kriegbaum schwieg höflich. Sie glaubte ihm kein Wort.

»Inzwischen«, fuhr Fleet fort, »hat sich auch die Identität dieses

Olivetti aufgeklärt.«

»Ach?« Es gab gar keinen Olivetti. Hatte Fleet die negativen Bescheide auf ihre Anfrage vergessen?

»Gühan ist der Sache nachgegangen.« Mühsam und widerwillig arbeitete er sich durch seine fadenscheinige Geschichte. »Dieser Giancarlo Olivetti ist ein notorischer Querulant, polizeibekannt. Er war längere Zeit inhaftiert, konnte aber fliehen. Da er nach Ge ausgewiesen werden sollte, waren seine Daten bereits gelöscht und nicht mehr zugänglich; zu den Akten gelegt sozusagen.« Er lachte nervös und warf ihr einen prüfenden Blick zu. »Zu den Polizeiakten. Wie er an die Kopie dieses alten Behördenschreibens an mich gekommen ist, weiß ich natürlich nicht. Gühan hat es nicht herausfinden können: der Mann ist inzwischen deportiert. Und warum er mir den Brief geschickt hat, das wissen die Götter.«

»Und der andere Olivetti, Flavio? Der aus dem Brief der besorgten Mutter? Auch deportiert?«

»Was meinen Sie damit?« Fleet musterte sie kühl.

»Und die Fotos?«

Er schien zu überlegen, welche Fotos sie meinen könnte. Dann schlug er sich mit der flachen Hand gegen die Stirn; eine reichlich übertriebene Erinnerungs-Pantomime. »Ach, die Leda-Fotos!«

»Ja.«

»Hier«, er reichte sie ihr über den Schreibtisch. »Alte, wenig bekannte Archivaufnahmen. Warum sie mir zugespielt wurden, weiß ich wirklich nicht. Aber Gühan konnte den Mann, der sie gebracht hat, diesen Schotten, identifizieren. Ein Terrorist.«

»Ja, das erklärt alles«, sagte sie leise und furchtsam. Sie hatte plötzlich Angst, er könnte ihrer Stimme irgendeine Form von Zweifel anmerken. »Danke.« Sie gab ihm die beiden Fotos zurück. »Ich mache mich dann wieder an die Arbeit.«

Langsam ging sie zurück in ihr Büro. Der große Unbekannte, der ominöse vierte Mann, der sowohl sie als auch Fleet in Aufregung versetzt hatte, war von den Bildern verschwunden. An seiner Stelle konnte man deutlich Samuelson erkennen, mit einem höhnischen Lächeln auf den schmalen Lippen, als amüsiere er sich köstlich über Kriegbaums Verwirrung. Oder über Fleets plötzliche Freundschaft mit Gühan. Oder über einen gewissen Olivetti, der auftauchte, obwohl es ihn nie gegeben hatte und wieder verschwand, wenn man sich gerade an ihn zu gewöhnen begann.

Als doppelzüngiger Karrierist galt Fleet nicht nur bei seinen politischen Gegnern von PLUF und Gerechtigkeitspartei – von den Kommunisten ganz zu schweigen. Auch die meisten seiner Parteifreunde hielten ihn für die fleischgewordene Skrupellosigkeit und erzählten schaudernd, aber nicht zu laut, die Gerüchte weiter, die serienmäßig von der Propagandaabteilung der PLUF ausgestreut wurden. Die Geschichte, Fleet habe auf einer Party geäußert, Arbeiter seien zu dreckig, um gute Roboterarbeit zu machen, gehörte noch zu den gutmütigeren Anekdoten. Daß Fleet als Bettgenosse Wundgammes, des großen alten Mannes der Sozialisten, in die Spitzengruppe der Partei vorgestoßen sei, war eine der häßlichsten Unterstellungen, aber Fleet machte sich nicht die Mühe, dagegen vorzugehen, und war es selbst, der durchsickern ließ, daß die Werbeagentur, die den größten Teil der PLUF-Propaganda produzierte und Tausende von Dreckkübeln über ihm und seiner Partei ausgegossen hatte, eine neunzigprozentige Tochter der Fleet & Pritzwalk Social Engineering war. »Das Geld meiner Feinde duftet«, sagte Fleet damals und bekannte sich von da an dazu, ein gerissener Geschäftsmann zu sein, der deshalb keineswegs die Belange der Armen, Wegautomatisierten, Abgedrängten aus den Augen verlor. Im Gegenteil! »Wer gute Geschäfte macht, kann kein schlechter Kerl sein. Unser ganzes System beruht darauf, daß er ein netter Kerl ist«, sagte Fleet und krempelte mit Hilfe einer geschickten Agentur sein vorher eher konservatives und biederes Styling völlig um. Der Erfolg gab ihm recht. Das Konzept vom sensiblen Haifisch, der wie James Stewart aussah, traf den Nerv der Zeit. Schlaksig, irgendwo zwischen Schüchternheit, Charme und Größenwahn, liebenswürdig, aber brutal, mit einem Herz für die kleinen Leute und einem dicken Bankkonto, begann Fleet seinen Aufstieg. Er überflügelte rasch seine Konkurrenten, wurde Wundgammes Kronprinz und machte sich einen Namen als unnachgiebiger, unbestechlicher Anwalt des Maschinenproletariats. Seine Karriere entwickelte eine unaufhaltsame Eigendynamik, während der Stern seines Widersachers Castro ebenso unaufhaltsam sank. Wenn kein Wunder geschah, würde die Koalition von PLUF und Gerechtigkeitspartei bei den nächsten weltweiten Wahlen ein Desaster erleben, die Sozialisten würden gewinnen, und Castro, seit dreißig Jahren ohne Unterbrechung Regierungschef, würde sein Amt abtreten müssen. An Fleet.

»Feindberührung«, sagte Fleet zwei Tage später, als Kriegbaum neues Material über Dobroljubov brachte, »kennen Sie Fälle von Feindberührung während der letzten dreißig Jahre? Vielleicht nur gerüchteweise?«

Sie wußte nicht, was er meinte.

»Sind den irdischen Siedlern oder Explorern jemals feindliche Außerirdische begegnet?« Fleet war gereizt und ungeduldig. Der Wahlkampf zehrte an seinen Kräften.

»Natürlich«, sagte sie reserviert. »Die Partisanen von Palamides, die Galvaner auf Tyche und auf Ge gab es auch irgendwelche Halbintelligenzen, die von unseren Truppen ausgerottet wurden.«

»Nein, ich meine eine MACHT. Sind wir jemals einer MACHT begegnet?«

»Ich weiß nicht«, Kriegbaum legte ihre Listen auf seinen Schreibtisch. Seit Fleet ihr die gefälschten Fotos gezeigt hatte, behandelte sie ihn mit Vorsicht, widersprach ihm nicht, wie sie es früher getan hatte, und war auf der Hut vor verfänglichen Fragen. Sie fürchtete ihn, ohne genau sagen zu können, warum. Aber je näher er der Macht kam, desto gefährlicher wurde er für sie. Wenn er ihr mißtraute oder der Meinung war, daß sie Einblick in Dinge bekommen hatte, die geheim waren, wäre es nach dem Wahlsieg ein leichtes für ihn, sie verschwinden zu lassen. Daß sie nicht die leiseste Ahnung hatte, worum es eigentlich ging, würde dabei keine Rolle spielen.

»Ich möchte eine Aufstellung aller Gerüchte, Augenzeugenberichte etc., die Begegnungen mit einer fremden Macht zum Inhalt haben. Alles. Auch unwichtige Details.« Er entließ sie mit einer herablassenden Handbewegung.

Je näher der Wahltag rückte, je mehr Reden Fleet halten, je mehr TV-Diskussionen er bestreiten mußte, desto größer wurde sein Bedarf an dem, was er »Daten und Fakten« nannte: Material über Leda, die Siedlungspolitik der letzten dreißig Jahre, Dobroljubov und seine Nachfolger und noch mehr Leda. Und jetzt auch noch die MACHT, eine fixe Idee, der Fleet viel Zeit widmete, obwohl sich bald herausstellte, daß alle Berichte über fremde Raumschiffe Phantasieprodukte von Verrückten, raumkranken Explorerpiloten oder sensationshungrigen Journalisten waren.

Es dauerte nicht lange, da hing die lausige Leda und ihre Geschwister, die ominöse MACHT und ihre ausgedachten Riesenraumer Kriegbaum zum Hals heraus. Denn trotz Fleets Distanziertheit ihr gegenüber war weiterhin sie es, die alles Material beizuschaffen hatte, den Daten&Fakten-Stab ein Stockwerk tiefer koordinieren und anleiten mußte und außerdem für Cognac, Statements und Fragen des Styling verantwortlich war.

Beim Anblick Denners wurde ihr inzwischen übel. Selbst Coolridge konnte sie nicht mehr sehen, von Samuelson und Keskin ganz zu schweigen. Aber alles schien sich um diese vier Männer zu drehen. Mit ihnen begann die moderne Zeitrechnung. Es gab keine größeren Helden und keine besseren Gewährsleute und Werbeträger für Castros Politik.

In letzter Minute – Fleet hatte bereits einen beträchtlichen Vorsprung in den Meinungsumfragen – war es Castro gelungen, einen äußerst geschickten Coup zu landen und die heiße Phase des Wahlkampfes dadurch weiter anzuheizen, daß er den dreißigsten Jahrestag der Entdeckung Ledas durch einen Zaubertrick vor dem Wahltag plazierte. Dem Jubiläum, behauptete Castro, müsse die ledaische, nicht die irdische Zeitrechnung zugrundegelegt werden; das gebiete einerseits die Höflichkeit gegenüber den Bewohnern – Autochthonen wie Siedlern – und andererseits die Ehrfurcht vor der Weisheit des Schicksals, das den Menschen in höchster Not dieses unwahrscheinliche Geschenk im All gemacht hätte.

Fleet nannte Castro seither den »Zeitfälscher«, aber er konnte nichts dagegen tun, daß PLUF und Gerechtigkeitspartei das Jubiläum gewaltig aufbauschten, mit der Wahlentscheidung verknüpften und ihre ganze Propaganda darauf ausrichteten, auf die unbestreitbaren historischen Verdienste des inzwischen achtzigjährigen Castro zu pochen, dem Retter in Zeiten auswegloser Überbevölkerung.

Kriegbaum war fünf, als der Planet entdeckt wurde. Die ersten Bilder hatten sich ihrem Gedächtnis tief eingeprägt. Sie erinnerte sich genau an die fremde, märchenhafte Landschaft. Gebirge wie Kathedralen, weite Steppen mit graugrünem Gras, mächtige dickleibige Bäume und flüchtige, schattenhafte Wesen, die den Eindruck erweckten, als seien sie noch nicht ganz fertig. Es gab Wassermänner und Seejungfrauen auf Leda, Gnome und Riesen, eine mörderische Fauna und eine Flora, die so artenreich und grotesk war, daß das tierische Leben neben ihr anfangs verblaßte. Aber das änderte sich später, mit der Entdeckung der Sphinx.

Die kleine Coco hatte sich sofort in Coolridge verliebt. Daß ausgerechnet Denner – als Entdecker schlecht besetzt – den Canyon von Nuphta als erster betreten mußte, hatte sie furchtbar geärgert. Überhaupt Denner – eigentlich war alles sein Verdienst. Er fand die schwarze Grotte, wo Keskin von den Wandelnden Blättern gefangengehalten und angefressen worden war, machte die Nekropole der Tandemkentauren ausfindig und entdeckte schließlich – wie in einer Fortsetzungsgeschichte kamen die besten Sachen zum Schluß – auch noch die Goldene Stadt der Sphinx, das Allerbeste, was einem Entdecker passieren konnte, um sich unsterblich zu machen.

Angebetete Sphinx, Goldäugige mit den Diamantklauen, Liebling und Heldin aller irdischen Kinder. Die tollsten holographischen Comics verblaßten neben ihr, und selbst Ephraim, der letzte Naturelefant, der hochbetagt im Basler Zoo residierte und als erstes und einziges Tier der Welt eine allabendliche Fernsehshow hatte, war von einem Tag zum anderen out und vergessen, als die Sphinx und ihr Hofstaat auf den Tivis erschien.

Jetzt, wo Kriegbaum gezwungen war, sich die alten Filme in der gleichen Überdosis wie als kleines Mädchen wieder anzusehen, kamen ihr die ledaischen Eingeborenen seltsam irreal vor, wie nicht ganz glaubwürdige Märchen- und Comicgestalten, merkwürdig überzeichnet und überladen mit Klischees, unfähig, stillzusitzen oder einen halbwegs vernünftigen Satz zu sagen. Der liebe Gott schien bei ihrer Erschaffung unter dem Einfluß gewisser Fantasy-Romane und -Serien gestanden zu haben, die seit dem Erscheinen Ledas vom Markt verschwunden waren. Weil sie niemand mehr sehen und lesen wollte? Sie lackierte sich die Fingernägel, als ihr der Gedanke kam; oder weil man sie wegen zu auffälliger Ähnlichkeiten in der Versenkung hatte verschwinden lassen? Versenkungen gab es genug. Die menschliche Geschichte war eine einzige Untiefe, die bereitwillig alles aufnahm, was eine wechselnde Mannschaft – oder vielleicht eher ihre Kapitäne – über Bord warf: Unrat, Gesichter, die sich erledigt, Geschichten, die sich erübrigt und Wahrheiten, die sich in ihr Gegenteil verkehrt hatten.

Kriegbaum betrachtete zufrieden ihre spinatgrünen Nägel und wedelte mit den Händen, damit der Lack schneller trocknete.

Dann drückte sie vorsichtig mit dem Ballen des Daumens einen Knopf auf der Computertastatur und sah sich einen von der Daten&Fakten-Abteilung angefertigten Zusammenschnitt der aktuellen Medienaktivitäten anläßlich des Leda-Jubiläums an. Die Vorbereitungen für den Festakt liefen auf vollen Touren. Denner hinten, Keskin vorne. Interviews, Filmausschnitte, die alten Serien aus der Pionierzeit. Das Denkmal für Denner, ganz geheimnisvoll, bot Anlaß für viele Spekulationen, weil es nicht gefilmt werden durfte. Aber angeblich sollte es fünf Meter hoch und aus bestem Carrara-Marmor sein. Dann neue Reminiszenzen. Der betagte Keskin erzählte von Denner, Samuelson – aus der Konserve, er war ja auf Leda – berichtete aus dem Leben des Kommandanten der HERNAN CORTES, der wiederum in Kiew die Verdienste des Geologen und Mineralogen Samuelson pries. Und alle würdigten Castro, ohne dessen unermüdlichen Einsatz für das Explorerprogramm Leda niemals entdeckt worden wäre. Anekdote um Anekdote und dazwischen immer wieder die entscheidende Szene: die Sphinx von Leda Arm in Arm oder Tatze in Tatze mit dem fetten kleinen Mann, selbst ein halber Gnom, der nach abenteuerlichen Irrfahrten über drei Kontinente endlich ihre goldene Stadt aufgespürt hatte. Erstkontakt! Ein Planet, der nicht nur überfließt von Leben, sondern auch noch eine sanfte und friedliche Intelligenz hervorgebracht hat. Wir sind nicht allein im All, herzlichen Glückwunsch. Der Schöpfer hat uns ein Schwesterchen geschenkt. Kriegbaum betrachtete melancholisch die großen feierlichen Fackelzüge in den historischen Filmen, die bewegten Ansprachen führender Politiker der PLUF, und drehte ungeduldig den Ton ab. Sie hing ihren Gedanken nach, während der junge Castro, schon damals ein mitreißender Redner, wild den Mund auf- und zuklappte, als wäre er dem Ersticken nahe. Ein kleiner Zipfel der Wahrheit war mit den Fotos aus der Vergangenheit aufgetaucht, dessen war sie sich ganz sicher, und es quälte sie, daß sie ihn nicht festhalten konnte. Wie eine abgerissene Schleppe, genauso traurig, nutzlos und unbrauchbar, hing dieser Zipfel zwischen den Flügeln eines mächtigen, vor langer Zeit zugefallenen Portals und ärgerte sie durch seine Anwesenheit und gleichzeitige Abwesenheit, sein Auf- und Untertauchen. Fleet hatte die Bilder gefälscht, die möglicherweise schon gefälscht gewesen waren, als er sie erhielt. Eine Fälschung der Fälschung – hob sich das auf? Oder potenzierten sich die Fälschungen?

Vielleicht, dachte sie, war von der Erde aus ein bißchen nachgeholfen worden bei der möglichst attraktiven Ausstattung Ledas. Warum auch nicht? Vielleicht waren Denner und Konsorten auf irgendwelche häßlichen Biester gestoßen: Amöben, Würmer, Vogelspinnen, die man den Bewohnern der Erde, »den entmutigten Massen«, wie sie einer der Redner genannt hatte, unmöglich vorführen konnte, wenn man die Absicht hatte, sie in nennenswerter Zahl zur Auswanderung zu veranlassen. Gegen Vogelspinnen wäre auch ein Dobroljubov machtlos gewesen. Vielleicht hatten sich die Verantwortlichen, Castro an erster Stelle, gesagt: helfen wir ein bißchen nach, geschönt ist nicht gelogen. Warum bevölkern wir unseren Schwesterplaneten nicht mit den netten Wesen, die ihm zustehen. Die Realität ist düster genug und die Kinder haben ihre Comics auch langsam satt. Ob sich dieser Olivetti, der Nicht-Olivetti, vielleicht gegen eine nette kleine Fälschung gesträubt hatte und deshalb von der Bildfläche verschwinden mußte?

Kriegbaum kicherte und drehte den Ton wieder an, als Wundgamme auf dem Schirm erschien. Wundgamme mochte sie. Er war der große alte Mann der irdischen Politik, integer bis auf die Knochen, Gründer der Metaphysischen Sozialisten und inzwischen steinalt. Er war es auch, der Fleet protegiert hatte. Zweimal pro Woche flimmerte er derzeit über die Tivis – zu Fleets grenzenloser Empörung – und wiederholte endlos seine historische Canossa-Rede, mit der er vor dreißig Jahren, unmittelbar nach der Entdeckung Ledas, Castro und seiner Politik gehuldigt hatte: »Ein halbes Jahrhundert durchforschten die Menschen das All«, sagte der schon damals alte Wundgamme, und Kriegbaum hörte aufmerksam zu, versunken in den Anblick ihrer Nägel und der winzigen Abbilder des hellen Schirms auf ihrer glänzenden Oberfläche, »und fanden weniger als Nichts: Leere, Schwärze, Steine, Hitze. Ich sagte damals: die einzige gute Idee der Schöpfung ist die Entropie und folgerte daraus: wenn es überall leer ist, kann dort, wo scheinbare Fülle herrscht – nur Leben ist Fülle – nur das Zentrum der Täuschung sein. Ich habe geirrt. Ich war kleingläubig. Ich leiste Abbitte. Nicht die Hoffnung, wie ich früher behauptete angesichts eines unbelebten Universums, muß liquidiert werden, sondern, von neuem, die Hoffnungslosigkeit.«

Kriegbaum verstand wenig von dem, was Wundgamme sagte. Sie hatte es noch nie verstanden. Aber zum ersten Mal empfand sie Abscheu über die dunklen Worte. Sie hätte gern etwas Klares und Frisches gehört anstelle des ewigen Geraunes der Wahrheitsapostel aller Lager, die ständig von Wirklichkeit und Authentizität sprachen und etwas ganz anderes meinten. Fleet war genauso. Sie traute ihm durchaus zu, an diesem alten, fast vergessenen, nur noch in Fetzen greifbaren Manöver beteiligt gewesen zu sein, in dessen Verlauf Amöben möglicherweise in freundliche Sphinxe verwandelt worden waren und Olivettis in Unpersonen und Unpersonen zurück in Olivettis, weil es jemandem gerade in den Kram paßte, und wieder retour, als Fleet sich mit dem Jemand geeinigt hatte, daß Olivetti besser zurück in die Schatten tauchte. Das war es: ein Schattenreich, das je nach Beleuchtung Kontur bekam, in Zwielicht verschwamm, in Dunkelheit oder Überblendung verschwand. Sie ahnte, daß es besser war, sich von hellen Lichtquellen fernzuhalten. Denn wer ins Licht gerät, wirft einen Schatten, mit dem Dritte machen, was sie wollen; wenn sie Beleuchter sind.

Keskins Planet

Als erster verließ Keskin das Schiff. Er war der Kommandant, er kannte seine Rechte und Pflichten. Federnd landete er auf graugrünem schütterem Moos, das unter seinen Stiefeln knirschte, als wäre er in einen Karton voll Weihnachtskugeln getreten. Von seinem Vorhaben, auf die Knie zu fallen und den Boden des Gelobten Landes zu küssen, nahm er Abstand. Der Boden sah unappetitlich aus, schleimig, obwohl er trocken war, schlackig, grindig und krustig. Keskin wollte sich nicht das Gesicht zerschneiden, obwohl ihm die Symbolik eines blutenden Mundes auf fremder Erde vertraut vorkam, wie jedes Symbol, dem er begegnete oder das er schuf; lauter alte Bekannte.

Er streckte sich und inhalierte tief die kühle trockene Luft. Sein Überlebensanzug spannte an Hüften und Schultern; er mußte gewachsen sein auf der langen Reise. Verzicht und Meditation hatten ihn demnach nicht nur innerlich gestärkt, sondern auch seine Muskeln gestählt. Das überraschte ihn nicht. Massig, gewaltig stand er da, ein Eroberer, dessen Säulenbeine sich in den Boden stemmten: Erhabenheit. Nur die Kathedrale fehlte. Insgeheim hatte er gehofft, ihr sofort zu begegnen. Schon während die Schleuse aufglitt, hatte er angespannt Ausschau gehalten, um nun enttäuscht feststellen zu müssen, daß er – und das Schiff – die markantesten Erhebungen weit und breit waren.

Ungeduldig drehte Keskin sich um. Wo blieben die Akoluthen? Aber Coolridge und Samuelson standen nach wie vor unbeweglich in der Schleusenkammer. Ihre blütenweißen Overalls leuchteten. Ihre ebenmäßigen Engelsgesichter waren ruhig und entspannt. Sie hielten sich bei der Hand. Beide beschatteten die Augen und sahen lange und nachdenklich in die Ferne. Ihr Anblick tat Keskin wohl. Es war gut, daß Gabriel ihm die beiden, die auf geheimnisvolle Weise einer waren, zur Seite gestellt hatte.

»Kommt! Her zu mir, Akoluthen!« Er atmete flach. Die Luft roch nach öffentlichem Pissoir, verrottendem Laub und Melancholie. Mit wuchtigen Schritten entfernte er sich vom Schiff. Vorwärts.

Das Moos oder gekräuselte Gras knisterte und splitterte, sonst war kein Laut zu hören. Nichts regte sich. In einiger Entfernung mühte sich ein schnurgerader grauer Fluß zwischen flachen Hügeln hindurch, unendlich langsam, als sei er drauf und dran, umzukehren oder sich ermattet in die umliegende Tundra zu ergießen. Keskin zögerte. Seine Schritte verlangsamten sich. Trägheit ging von der Landschaft aus, eine quälende Beschaulichkeit, die ihn ansteckte und aufhielt. Hier gab es kein Ziel, nichts, worauf zuzugehen lohnenswert schien. Weich und sanft gerundet lag das Land, sichtlich erschöpft von Millionen ereignislosen Jahren, pastellfarben, verschwommen wie die offene See, aber ohne ihre Horizonte. Keskin hielt an und drehte sich um. Dieses Land brauchte Pfeiler, Streben, Vertikale, Horizontale, Linien, Anfang und Ende: Form. Mit plötzlicher Trauer erkannte er, daß seine Visionen dem Ansturm der Landschaft, ihrer nachgiebigen, faden Schroffheit nicht standhielten. Fleisch, dachte er dumpf, üppig wucherndes Fleisch; Geometrie und Vitalität. Aber auch dieser Gedanke hielt nicht; er verrutschte in seinem Kopf, während er mitleidig mit den Augen dem Weg eines blaugrauen Wesens folgte, das unter einem niedrigen Busch hervorkroch, mühselig, beladen, blind, wurmartig und ebenso lang wie langweilig. Keskin beobachtete es ohne Überraschung. Er kannte das Tier von Bildern und wußte, daß es, wie die meisten von der HERNAN CORTES untersuchten ledaischen Lebewesen, ein

Hermaphrodit war; Zwittertum interessierte Keskin. Er verband damit die Vorstellung zärtlich einander umschlingender Sexualapparate, die sich gegenseitig Befriedigung verschafften, ohne daß Reste blieben, wie bei zweigeschlechtlichen Beziehungen, deren eigentlicher Inhalt – davon war er überzeugt – in der Erzeugung von Sehnsucht, Rastlosigkeit und Verzweiflung bestand. Laut Denner waren die ledaischen Zwitter allerdings nichts als »primitive Uterus-Gonaden-Darm-Maschinen«, die wegen ihrer unpraktischen Länge Schlund und After umpolen konnten. Diese Spezialität der Evolution hatte Denners Anerkennung gefunden und ihm ein kaltes, bewunderndes Lächeln abgenötigt – ein neuer Beweis für seine perverse Mentalität, denn was konnte häßlicher sein als ein Wesen, das nach Belieben vorne und hinten sowohl fressen als auch ausscheiden konnte? Eine widerliche Idee.

Der armdicke, schlauchartige Leib des Wurms dehnte sich endlos, als wickle jemand unter einem zwanzig Meter entfernten Gebüsch eine Kabeltrommel auf oder ab. Keskin verlor jedes Gefühl für die Bewegungsrichtung des Wesens. Nach einer Weile erwog er sogar die Möglichkeit, daß es unterirdisch, wie eine Endlosschleife zwischen den beiden Büschen hin- und herging, einschläfernd, monoton und hoffnungslos. Erschöpft wandte er die Augen ab und blickte zurück zum Schiff, das wie ein Dom aus spiegelndem Metall hinter ihm aufragte, blaugrau mit verwaschenen grünen Flecken wie seine Umgebung. Das Schiff hatte damit begonnen, sich zu demontieren und auszuschlachten. Der Antrieb war bereits zerlegt und wurde von einarmigen Montagerobotern zu drei mobilen Energieeinheiten zusammengefügt. Zwei Sektionen an der Peripherie, wo die Laderäume lagen, falteten sich selbsttätig auf und enthüllten Container mit Laboreinrichtungen, Saatgut, Lebensmitteln, Bauelementen für Konstruktionsroboter und der komplizierten Anlage zur Klonung des mitgeführten Zellmaterials, die diese Roboter errichten würden, wenn die einarmigen Ameisen sie zusammengesetzt hatten. Das Schiff überließ nichts dem Zufall und schon gar nicht den Launen seiner Besatzung, die eher eine Bürde als eine Hilfe bei der Erforschung und Eroberung des Planeten war; es ging mit größter Präzision vor, klassifizierte, registrierte, katalogisierte und analysierte, vermaß, goß sein Namens-Füllhorn über Flora und Fauna aus und machte sich schließlich an seine eigentliche

Aufgabe – soweit es zwischen Eigentlichem und Uneigentlichem unterschied –, die Kolonisation oder wenigstens die nötigen Vorbereitungen dazu. Es beriet sich nicht mit der Besatzung und fragte sie auch nicht um ihre Meinung, ob Leda für eine Besiedlung überhaupt das geeignete Objekt war. Das Schiff hatte eigene Pläne. Vielleicht folgte es einem festgelegten Programm, vielleicht stand es mit der Erde in Verbindung und bekam von dort Befehl, keinen Schritt zurückzuweichen und zu bleiben, wo es war. Vielleicht war es auch schlichtweg kaputt, verrückt oder ein Liebhaber öder, aber überschaubarer ökologischer Systeme. Keskin hatte keine Ahnung. Er machte sich keine Gedanken über die Motive der HERNAN CORTES, allenfalls fand er es etwas unhöflich, daß niemand sich dafür zu interessieren schien, ob einer der Astronauten vielleicht die Absicht hatte, eines Tages zur Erde zurückzukehren. Denner zum Beispiel. Denner wäre er gern losgeworden, denn manchmal befielen ihn Zweifel, ob seine Vorkehrungen zur Kontrolle des Wahnsinnigen ausreichen würden, ob die Flasche, in die er den Dämon gesperrt hatte, fest genug verkorkt war und wirklich keine Möglichkeit zum Entkommen bot. Denn Denner war findig, kein Zweifel. Er würde seinen Meister hintergehen, wenn sich die Chance ergab und schreckliches Unheil anrichten, wenn die magischen Siegel zu schwach waren und brachen.

Erst jetzt bemerkte Keskin, daß die Schleusenkammer leer war. Die Akoluthen hatten kehrtgemacht und waren ins Innere des Schiffs zurückgekehrt, wo Denner über seinen Plänen brütete und vermutlich versuchen würde, Einfluß auf sie zu gewinnen. Alarmiert machte sich Keskin auf den Rückweg, wich einer Laufkatze aus, die einen Container in Richtung des Flusses abtransportierte, und überlegte beunruhigt, ob Denner bereits dabei war, zu entschlüpfen. Im Gehen zog er eine kleine Denner-Puppe aus der Tasche. Ihr Anblick beruhigte ihn. Das runde Gnomengesicht war ergeben und stumpf wie immer, aber vorsichtshalber, zur Warnung, übte er sanften Druck auf Denners Herz aus und stellte sich lächelnd vor, wie der Denner im Schiff sich erschrocken an die Brust griff, von Samuelson und Coolridge abließ und sich wieder dem Problem zuwandte, das Keskin ihm bereits vor Jahren zur Lösung übergeben hatte: einen hieb- und stichfesten Planeten zu konstruieren. Eine Ökologie, die sich atmend mit dem Heiligen, dessen Diener die Akoluthen waren, und mit dem Fleisch, dem schwellenden, wuchernden Fleisch der Begierde verband; für letzteres war Keskin selbst zuständig. Die schwerste Aufgabe übernahm selbstverständlich der Kommandant, auch wenn er noch so sehr litt: der Kommandant schritt voran. Seine Säulenbeine stampften den Boden. Sein Leib war ein Berg. Seine Augen sahen alles, nichts entging seinen Ohren, sein Herzschlag gab allem den Takt.

Denners Planet

Das Schiff sah ihm über die Schulter. Es schmarotzte an seinen Entwürfen, das wußte Denner schon lange. Es spionierte, speicherte, zeichnete auf, das war seine Aufgabe. Man hatte es so konstruiert, daß es sich für alles interessierte und nichts vergaß; vor allem nicht vergaß, wem es Rechenschaft schuldig war. Trotzdem war Denner überrascht, wie schnell das Echo kam, wie genau es seinen Vorgaben folgte und auch Keskins und Coolsons Vorstellungen Rechnung trug. Schließlich mußte er mit den anderen leben und hatte deshalb ihre Manien in seine Entwürfe eingearbeitet: Fleisch, Wunder und Märchen. Ihm war von vornherein klar gewesen, daß niemand sich ausschließlich für die Phantasie des Faktischen interessieren würde. Die Leute wollten Wunder, Kitsch, Klischees, Dreck; sie wollten sich gespiegelt sehen, aufgehoben in den Mustern, die ein Säuger der Mittelklasse namens Mensch genetisch codiert durch die Jahrtausende schleppte und überall wiederzufinden hoffte. Leda war eine low-budget-Schöpfung, ein Sparmodell ohne Extras, von Verwandten der Fadenwürmer bewohnt, einfach strukturiert, unsensationell: ein Phantasietöter erster Ordnung und die Verantwortlichen auf der Erde sahen schnell ein, daß Denners Konstruktionen sehr viel mehr Klasse hatten als die miesen Ideen der hiesigen Evolution.

Er sah aus dem Fenster, großartige Baobab-Wälder, und auf den Bildschirm: schroffe Gebirge, Überalpen, Himalajadoppelkonzentrat zwischen Glazial und Tropen, Firn und Schachtelhalme, Libellen und ein prächtiger grizzlygroßer Diprotodon, einem Wombat des Pleistozän nachgebildet. Coolridge und Samuelson liebten Wombats und alles was rund, kuschlig, pelzig, teddyhaft und kindlich war. An ihnen hatte Denner überprüft, was Kindern gefiel und was nicht. Abkömmlinge der Katzen, Bären, Marder und Robben behagten ihnen fast immer, die meisten Reptilien und Spinnen erschreckten sie, während ihnen Glyptodonten und Kreodonten seltsamerweise gefielen; und den Entwurf für die Sphinx, eine Sphinx ohne Rätsel, positiv und exotisch, lieferten sie selbst. Keskin fertigte ein Modell aus Knetmasse – mit Brüsten versteht sich, die Denner allerdings unter goldenem Fell verbarg, als er ein elektronisches Bild des Wesens erstellte. Und natürlich steuerte Keskin die ganze Architektur bei, wilde Mixturen aus Romantik und Gotik und islamischen Sakralbauten, für die er sich zunehmend interessierte. Am überzeugendsten waren aber seine organisch-expressionistischen Entwürfe, wuchernde, ornamentüberladene Formen, in denen immer offensiver der Phallus auftauchte.

Denner schaltete den Monitor aus, sah aus dem Fenster ins nebelhafte Graugrün des ledaischen Morgens und fragte sich, welche Fallen Keskin heute wohl aufgestellt hatte. Bei der letzten Konferenz vor über zwei Jahren – der einzigen seit Errichtung der drei Burgen – hatte er eine Fallgrube gegraben, zwei Minen gelegt und eine verwickelte Selbstschußanlage installiert, die vergiftete Pfeile abschießen sollte, wenn Denner sein Haus verließ. Natürlich hatte der krude Mechanismus nicht funktioniert, er konnte gar nicht funktionieren, weil Keskin sich in seiner größenwahnsinnigen Gottgleichheit über die einfachsten Gesetze der Mechanik hinwegsetzte. Die Minen, Denner hatte sie ausgegraben und untersucht, waren mit einer Mischung aus eingedicktem Pflanzensaft und Urin gefüllt. Ein völlig unexplosives Gemisch; aber Keskins Gedanken gingen eigene Wege, und er war starr vor Enttäuschung gewesen, als Denner unverletzt am Konferenzort, dem ausgeschlachteten Schiffsrumpf, dem einzigen neutralen Ort auf Leda, auftauchte. Er hatte im Ernst damit gerechnet, ihn mit seinen Kindereien erledigen zu können.

Trotzdem war die Konferenz ein Erfolg geworden. Sie hatten ihre Einflußsphären aufgeteilt, ein Informationsabkommen geschlossen und sich darauf geeinigt, die Erde mit der ledaischen Realität zu verschonen und gemeinsam, wenn auch nur über ihre Teleeinrichtungen, an einem idealen Konzept zu arbeiten. Jedenfalls hatte Denner ihr Abkommen so verstanden, das ohnehin nur zustande kam, weil Keskin ihm mit einem »kosmischen Konter« und der Informierung des Bordcomputers drohte für den Fall, daß er seine Visionen ignoriere und die »Wahrheit der gabrielischen Akoluthen« in den Schmutz zöge. Die Akoluthen hatten sich nicht geäußert, aber Denner war nicht entgangen, daß ihre gemeinschaftliche Identität ein infantiles Stadium erreicht hatte, das sie für Keskins inzwischen perfekte Knetfiguren empfänglich machte. Samuelson und Coolridge standen in gewisser Weise unter Keskins Einfluß und es erschien Denner nicht opportun, mit Keskin die ganze Mannschaft gegen sich aufzubringen. Deshalb war er, zum Schein, auf das Abkommen eingegangen, was sich nachträglich als nützlich erwies. Er gestand sich, wenn auch mit Verachtung, durchaus ein, daß Keskins und Coolsons Beiträge letztlich den Ausschlag für den glücklichen Verlauf des Projekts gegeben hatten.

In der Ferne, zwischen zwei Bodenwellen, konnte Denner Keskins Burg erkennen. Das groteske Gebilde, ganz von einem Wassergraben umgeben, erinnerte entfernt an eine Moschee und hatte hohe Anforderungen an das Geschick der Konstruktionsroboter gestellt, die inzwischen – wo es nichts mehr zu bauen gab – ziellos in der Gegend herumstreunten und nichts dagegen hatten, wenn Samuelson und Coolridge auf ihrem breiten Rücken ihre gewaltigen Ländereien abritten. Dank Keskins formerischem Geschick wimmelte es auf der anderen Seite des Flusses von Feen und Zwergen, Elfen, Nymphen mit schwingenden Brüsten und zu klein geratenen Riesen. Er hatte sogar einige amphibische Roboter, robuste fischschwänzige Modelle, die nie zum Einsatz gekommen waren, zu Wassermännern und Seejungfrauen umgestaltet. Diese platschenden, stöhnenden, tropfenden Kreaturen waren dem doppelten Coolridge allerdings unheimlich und auch jetzt, auf dem Weg zur Konferenz, hielt er respektvollen Abstand zu ihnen.

Keskin erschien auf den Zinnen seiner Burg. Er bemerkte Coolridge und Samuelson und ruderte mit den Armen, um sie auf sich aufmerksam zu machen. Nach einer Weile gab er, offenbar enttäuscht, auf. Die beiden erwiderten seine Zuneigung nicht, obwohl Keskin sich alle Mühe gab, sie zu ködern. Aber inzwischen sah er so furchterregend aus, aufgeschwemmt, verwüstet und fett, daß sogar Coolson, zu dem wenig aus der Realität vordrang, es bemerken mußte und mit Abscheu reagierte. Manchmal, in schwachen Momenten, erschien die Selbstliebe, in der Coolridge und Samuelson aufgingen, Denner als die eleganteste Lösung des Dilemmas, in dem sie alle steckten. Alle wurden sie seit Antritt der Reise von Zweifeln geplagt, ob ihr Ehrgeiz,

Erster zu werden, sich nicht gegen sie wenden und sie zerstören würde mit der zunehmend schrecklichen Aussicht, zu den Letzten zu gehören, den Einsamsten, die von der menschlichen Rasse je hervorgebracht worden waren. Denn nur einer konnte der Erste sein, das war allen während der langen Reise zu Leda aufgegangen: Denner. Nur er erreichte das Ziel. Die anderen wurden zerrüttet, durcheinander geschüttelt und nicht wieder neu zusammengesetzt. Man mußte Mitleid mit ihnen haben und Geduld.

Sorgfältig sicherte Denner den Eingang zu seiner Burg, aktivierte die Alarmanlage und machte sich vorsichtig, auf der Hut vor möglichen Fallen Keskins, auf den Weg. Der Schiffsrumpf war nicht weit entfernt. Saftiges grünes Gras wogte rechts und links des Weges. Eine gewaltige Würgerfeige, deren Luftwurzeln einen Dom bildeten, warf lange Schatten über dichtstehenden Adlerfarn und eine prächtige Kolonie gaylusaccia brachycera mit faustgroßen dunkelblauen Beeren. Die Luft war erfüllt vom vanilleähnlichen Duft des Gartenheliotrop, einer Orchideenart, die Denner überaus schätzte. Ein schöner Morgen. Er war zufrieden mit sich und seiner Welt und fragte sich mit einem Anflug von Bosheit, ob wenigstens einer der drei anderen begreifen würde, wie kongenial unbekannte Spezialisten auf der Erde seine Vorschläge aufgenommen und in einigen Punkten auch weiterentwickelt hatten. Er würde ihnen die Filme zeigen. Im Canyon von Nuphta, dachte er fröhlich, und Moos splitterte unter seinen Füßen.

Gühans Planet

Auf der Milchglasscheibe wurde ein altes Schattenspiel wiederaufgeführt. Man gab den Mann mit dem Bommel; Kriegbaum verschränkte die Arme vor der Brust und lächelte ergeben. Obwohl sie sich ärgerte, daß sie nie den Mund halten konnte und so vertrauensselig gewesen war, von ihrer Begegnung mit dem Varieté-Roboter zu erzählen, gefiel ihr die Aufführung. Der Bommel war heute eher eckig und das Gesicht darunter eiförmig; außerdem trat eine Hand auf, die erst nach dem Bommel griff, dann mit ihm von der Scheibe verschwand, um unsichtbar die Klinke zu drücken und einen Mann hereinzulassen, der sich grinsend aus einer Zigarettenschachtel bediente. Der Mann schlug mit dem Absatz die Tür zu und hieß natürlich Gühan.

Der unvermeidliche Gühan. Sie musterte ihn unfreundlich. Seit zwei Wochen schien er Fleets Vorzimmer als seine zweite Heimat zu betrachten. Angeblich hatte er immer gerade in der Nähe zu tun und schaute auf einen Sprung vorbei, um sich nach den neuesten Trends im Wahlkampf zu erkundigen. Er war sehr interessiert daran, daß Fleet gewann, und es traf ihn offensichtlich, wenn Castro in den Umfragen ein oder zwei Punkte Vorsprung hatte. Das erklärte allerdings nicht, warum er ihr Blumen mitbrachte – Orchideen mit fleischig klaffenden Mäulern – und sich nicht sicher zu sein schien, welche Rolle er ihr gegenüber spielen sollte. Manchmal war er der zackige Bulle mit Verhörambitionen, dann wieder schmachtend sanft – soweit ihm das möglich war –, als bete er sie an.

»Tja, déjà vu.« Er zündete umständlich seine Zigarette an. »Dieser Vorgang ist der kriminalistischen Wissenschaft seit langem bekannt.« Für seine Verhältnisse sah er ungewöhnlich adrett und fröhlich aus. Er war frisch rasiert, sein Gesicht glänzte wie poliert und irgendwo hatte er ein passables Lächeln aufgetan. »Sie haben sich doch hoffentlich nicht erschreckt?«

»Nein«, sagte Kriegbaum, »ich ekle mich.«

»Bitte nicht.« Gühans Lächeln wurde breiter. »Sagen Sie, daß das nicht wahr ist.«

»Was wollen Sie schon wieder?« Sie hatte das Gefühl, daß sie gut aussah in ihrer dunkelgrünen Seidenbluse, elegant, selbstsicher, mit sparsamem Make-up, das ihr Alter nicht zu verdecken suchte. Es gab Tage, wo sie schön war und entsprechend schnippisch; seit Gühan sie regelmäßig besuchte, war sie besonders schnippisch. »Suchen Sie nach einem tödlich verletzten Roboter?«

»Nein«, sagte er unschuldig, »ich war gerade in der Gegend...«

»Quatsch.«

»Ich habe Ihnen was mitgebracht.«

»Orchideen?«

»Ja. Woher wissen Sie das?«

Er stakste auf den Schreibtisch zu. Neugierig schielte er nach dem dicken Stapel Computerausdrucke in der Ablage. »Leda?« Aus seinen Nasenlöchern kräuselte blauer Rauch, während sein Mund sich bereits wieder Nachschub holte. Die Zigarette knisterte leise. »Die alte Leda, eine schwere Prüfung für uns alle.«

Manchmal wirkte er ausgesprochen salbungsvoll und hilflos, wie ein Sechzehnjähriger, der originell sein will und nicht recht weiß, welche Taktik er wählen soll. Kriegbaum mochte diesen Zug an ihm. Der eigenartige Kontrast zwischen Abgebrühtheit und Unfertigkeit reizte sie.

Gühan setzte sich auf die Schreibtischkante und sah freundlich auf sie herunter. Ob es ihr recht war oder nicht – in seinen Augen war Interesse, Wohlwollen und eine spöttische Schüchternheit, die ihr so gut gefiel, daß sie verlegen die Augen niederschlug. Die Unterlippe zwischen den Zähnen, betrachtete sie den Zellophankarton mit der Orchidee, den Gühan neben sich abgestellt hatte. Er bemerkte ihren Blick.

»Phalaenopsis«, sagte er munter, »am Tag riecht sie nach Maiglöckchen, nachts nach Rosen. Sie wechselt ihren Duft nach dem Kunden, den sie anlocken will. Alle Orchideen sind darauf spezialisiert, Insekten zu nasführen, in ihr Inneres zu locken, ohne viel mehr zu bieten als Illusionen. Diese hier macht den besten Schnitt mit Nachtfaltern und Rosenduft. Sind Sie ein Tag- oder ein Nachtinsekt, Coco?«

»Ich mag keine Maiglöckchen.«

»Ich auch nicht.«

»Und keine Rosen.«

Das brachte ihn etwas aus dem Konzept. Hastig zog er an seiner Zigarette und fragte beiläufig: »Fleet nicht da?«

Sie schüttelte den Kopf.

»Der Wahlkampf«, sagte Gühan mit gespielter Begeisterung, »kühne Zukunftsentwürfe, Wahrheit, Gerechtigkeit und Gleichheit. – Was sagen die Umfragen?«

»Er liegt zwei Punkte vorn.«

»Das letzte Mal waren es noch drei.« Seine Stimme klang besorgt. Sie reagierte nicht. Beide schwiegen. Gleich würde er sich verabschieden und gehen. Ihre Unterhaltungen waren nie über den Punkt herausgegangen, den sie inzwischen erreicht hatten. Er machte ihr seine Aufwartung. Sie behandelte ihn mit ausgesuchter Unfreundlichkeit, worauf er entweder dienstlich wurde – sie reagierte mit Trotz – oder beleidigt den Rückzug antrat. Dann wurde sie traurig, konnte nicht arbeiten und fragte sich, warum sie ihm nicht ein Stück weit entgegenkam.

»Ich muß Ihnen gestehen«, sagte Gühan unvermittelt und mit

hörbarer Überwindung, »daß ich Sie sehr attraktiv finde.«

Kriegbaum riß sich von der Orchidee los und sah ihm in die Augen; ein Teil der alten Düsterkeit war in sie zurückgekehrt, und er schien nicht zu bemerken, wie sehr sie sich erschrak. Ihr Herz schlug schnell und hart. Sie traute ihm nicht. Eine attraktive Frau, sagt der Verhörspezialist und ölt die Daumenschraube. Was wollte Gühan wirklich? Jetzt, wo es ausgesprochen war, glaubte sie ihm nicht. Er warb nicht wirklich um sie; er antichambrierte. Bestimmt war er sich seines Paktes mit Fleet nicht ganz sicher. Warum war es überhaupt so wichtig für ihn, daß Fleet die Wahl gewann? Welchen Vorteil erhoffte er sich davon?

Langsam, einem Zwang folgend, begann sie auf der Schreibtischplatte einen monotonen Takt zu schlagen. Ringfinger, Mittelfinger, Zeigefinger und nach jedem zweiten oder dritten Durchlauf die Kesselpauke: der Daumen. Lange grüne Nägel, die exakt und zermürbend über Holz kratzten, Gühans Aufmerksamkeit fesselten und beiden Gelegenheit gaben, die Peinlichkeit seines Geständnisses ganz auszukosten. Gühan war irritiert und verletzt.

»Was soll das«, fragte er, nachdem er ihr eine Weile zugesehen hatte.

»Ich langweile mich.« Sie trommelte und kratzte an seinem Selbstbewußtsein. Er sollte nicht glauben, daß er ihr einfach einen Antrag machen konnte und sie ihm in die Arme flog. Er sollte gestehen. Sie wollte wissen, was vorging. »Wann reisen Sie eigentlich ab?«

»Wohin?« Er war aufgestanden. Sein Gesicht zeigte den gleichgültigen, desinteressierten Ausdruck, den man ihm auf der Polizeischule beigebracht haben mußte. »Wohin sollte ich abreisen?«

»Nach Leda.« Sie lachte leise, als könne sie seine Gegenfrage nicht ernst nehmen, weil er wissen mußte, wovon sie sprach. Versuchsweise schlug sie einen der vielen Pfade durchs Dickicht ein; kein richtiger Pfad, nur ein paar geknickte Zweige. »Ich glaube nicht, daß Fleet Ihre Beförderung und Versetzung nach Leda rückgängig machen wird. Nach dem Wahlsieg wird er so mächtig sein wie heute Castro, und Sie werden kaum noch Gelegenheit haben, in seinem Vorzimmer herumzulungern. Glauben Sie, er erinnert sich dann noch an irgendwelche Abmachungen mit einem kleinen Polizisten? Sie werden nach Leda gehen müssen, so oder so.«

Seine Reaktion verblüffte sie. Er wurde bleich. Es tat ihr weh zu sehen, daß er taumelte, als hätte sie ihn in den Magen geschlagen. Er starrte sie wild an. Dann drehte er sich um und begann durch den Raum zu wandern. Bis zur geschlossenen Tür von Fleets Arbeitszimmer, zum Fenster, hinter ihr an der vertäfelten Wand entlang, kehrt, und dasselbe von vorn. Sie hatte ins Schwarze getroffen, mitten ins Herz seiner Befürchtungen. Triumphierend begann sie wieder zu trommeln, im Takt seiner schleppenden Schritte. Als er am Fenster stehenblieb, ruhten ihre Finger aus und untermalten seine Wanderung von neuem, als er zur zweiten Umrundung des Schreibtischs ansetzte. Tack, tack, tack.

»Fleet hat auch längst Vorkehrungen gegen die ominösen Fotos getroffen, mit denen Ihr Agent mich hereingelegt hat. Anstelle Ihres Olivetti ist wieder der offizielle Samuelson zu sehen. Alles ist wie vorher. Nichts ist geschehen, Gühan.« Sie sprach schnell und sicher, als wüßte sie genau, wovon sie redete. Gühans gequältes Gesicht zog an ihr vorbei wie ein Planet auf dem Weg um die Sonne und sie sah, daß er keine Zweifel an ihrer Mitwisserschaft hatte. Er glaubte ihr.

»Na und? Wenn schon.« Er erholte sich bereits wieder. Die Fälschung der Fotos durch Fleet interessierte ihn entweder nicht oder er wußte darüber Bescheid. »Wer Fälschungen fälscht«, sagte er geheimnisvoll und blieb wieder am Fenster stehen, wodurch der Soundtrack zu seinen Schritten verstummte, »gibt damit doch zu, daß er etwas weiß. Um mehr ist es mir nie gegangen.«

Sie machte eine vage Handbewegung, als interessiere sie das alles nicht sonderlich und schwieg, weil sie nicht wußte, womit sie ihn weiter ködern konnte.

Gühan überlegte. Gebeugt stand er am Fenster und sah hinaus. Offenbar war er sich nicht mehr sicher, wer wen anlockte, er das Insekt oder das Insekt ihn. War er die Orchidee oder der Falter? Oder war er ein besonders dummer Falter, der sich in den Tag verirrt hatte, obwohl es deutlich nach Rosen roch?

»Ich habe ihn in der Hand«, sagte er nach einer Weile, »nach wie vor. Fleet weiß, daß Leda stinkt, und ich habe Beweise, daß er es weiß. Daran hat sich gar nichts geändert.« Seine Worte schienen ihn nicht ganz zu überzeugen, denn sein Gesichtsausdruck blieb düster und sorgenvoll. »Warum sagen Sie, daß Fleet sich nicht an die Abmachung halten will? Was schadet es ihm, wenn ich auf der Erde bleibe. Ich bin loyal, ich mache meine Arbeit. Warum soll er mich betrügen?«

»Weil Sie zuviel wissen«, sagte sie mit einem überlegenen Lächeln.

»Aber ich weiß überhaupt nichts!«

»Weil Fleet glaubt, daß Sie zuviel wissen«, schlug sie vor.

»Unsinn.« Ärgerlich nahm er seine Wanderung wieder auf. Kriegbaum vergaß völlig ihr Fingertrommeln und seine Schritte hörten sich plötzlich falsch und unvollständig an. Sie war verwirrt. Unsicher sagte sie: »Sie haben sich diesen Olivetti ausgedacht, aus den Fingern gesogen...« Weil der Satz sich zu sehr nach einer Frage anhörte, fügte sie hinzu: »Das war ein Fehler.«

Gühan war hinter ihr stehengeblieben.

»Kein Fehler«, sagte er. »Wenn alle Welt mit Ausgedachtem operiert, kann es kein Fehler sein, sich daran zu beteiligen. Wir leben in verschiedenen, tief gestaffelten Phantasiewelten. Da spielt ein Olivetti mehr oder weniger keine Rolle. Beziehungsweise: einer mehr kann nicht schaden. Und ein Gesicht ist besser als ein Name. Jeder Heimcomputer mit graphischem Programm zaubert Ihnen ein elektronisch erzeugtes Gesicht auf jedes Hochzeitsfoto; wenn Onkel Franz verhindert war, wird er eben nachträglich eingefügt. Aber«, sie hörte ihn leise atmen, »darum ist es nie gegangen.«

»Sondern?« Die Gesprächsführung war ihr entglitten. Aber das schien keine Rolle mehr zu spielen. Gühan sprach von selbst. Es sprudelte aus ihm hervor, nachdem der erste Damm gebrochen war.

»Fleet wußte so gut wie ich, daß nie ein Mann namens Olivetti – schon gar nicht mit dem Entdeckerteam – Leda betreten hat. Es ging lediglich darum, einen Zweifel zu demonstrieren. Einen Zweifel an der offiziellen Lesart der Geschichte, nachlässig ausgeführt, stümperhaft lanciert, leicht durchschaubar, weil ich den Roboter brauchte, um Fleets Reaktion zu filmen; aber so sollte es sein. Fleet sollte nichts weiter sehen als die Tatsache: jemand zweifelt und macht sich die Mühe, eine kleine Geschichte um den Zweifel herum zu erfinden.« Gühans Bauch berührte für den Bruchteil einer Sekunde ihren Hinterkopf.

»Aber das Schreiben des Kolonialamtes von Palamides«, erinnerte sie ihn, »Fleets Bruder Julian betreffend. Da wußten Sie doch etwas. Das war keine Demonstration, sondern ein Beweis.« Plötzlich, bodenlos, tat sich der Abgrund eines Verdachts vor ihr auf. Vielleicht ging Gühan ganz ähnlich vor wie sie selbst, die sich, während sie sprach, eine Geschichte ausdachte oder sich in seine Geschichte hineindachte, parasitisch, indem sie die Informationen fraß, die er ihr gab, ohne mehr zurückzugeben als den Anschein von Wissen. Es war möglich, daß Gühan dasselbe tat. Vielleicht war er genauso unwissend wie sie und baute aus der Geschichte, die sie mit ihren Fragen und halben Antworten anregte, wie unter dem Einfluß eines unsichtbaren Katalysators, eine neue Geschichte auf, eine Version einer Version. Ihr wurde schwindlig, als sie sich vorzustellen versuchte, wieviele Versionen der Leda-Geschichte zirkulieren mochten, überall, bei den Verantwortlichen, den Geblendeten, den Lügnern und Belogenen, bei Fleet, den Maschinenproletariern, Castro, Dobroljubov, Gühan und der übrigen Welt. Ganze Schwärme von Versionen.

Müde geworden, ihrer eigenen Schlauheit überdrüssig, hatte sie plötzlich den Wunsch, den Kopf ein wenig zurückzulehnen, Gühan anzutippen, damit er endlich weitersprach; vielleicht auch, damit er sie berührte, das wußte sie nicht genau. Aber Gühan verstand und tat beides.

»Dieser Brief von Palamides«, sagte er und sie merkte seiner Stimme an, daß er lächelte, »entspricht der Wahrheit genauso sehr, oder so wenig, wie Olivettis Anwesenheit auf Leda. Er KÖNNTE geschrieben worden sein. Ich hatte einen Anhaltspunkt, daß es Briefe wie ihn gibt, weiter nichts. Keine Ahnung, ob Fleet je einen bekommen hat.«

»Hat er.« Kriegbaum rieb ihren Hinterkopf leicht an seinem harten Bauch. »Sagt er jedenfalls.« Sie hätte sich gern umgedreht, seinen Kopf zu sich heruntergezogen und ihn geküßt. Sie wollte nichts mehr von Leda hören. Aber Gühan, der den Druck ihres Kopfes sanft erwiderte, wollte sprechen; er hatte lange genug angedeutet, angetippt und gewartet. Jetzt wollte er es hinter sich bringen.

»Als ich davon erfuhr, daß die Kolonialämter der Neuen Welten solche Beileidsschreiben verschicken – während eines polizeilichen Verhörs war das, vor ungefähr zwei Jahren – hatte ich zwei Ideen. Erstens«, er legte ihr sanft beide Hände auf die Schultern und berührte flüchtig ihren Hals, als taste er nach dem Puls ihrer

Schlagader,« »hatte ich den Verdacht, daß Leda und alle anderen Planeten Tötungsmaschinen sind, daß keiner, der dorthin geht, mit dem Leben davonkommt, daß es weder die technischen Möglichkeiten noch die geeigneten Planeten gibt, um das All zu besiedeln.« Er nahm ihr Gesicht zwischen die Hände und streichelte mit den Fingerspitzen ihre Lippen, die ganz automatisch mit vielen kleinen Küssen auf die Berührung antworteten.

»Und zweitens?« fragte Kriegbaum undeutlich.

»Und zweitens wußte ich instinktiv, daß mich all dies einen Dreck anging und keinen Deut kümmerte. Es war mir egal.« Er küßte sie aufs Haar. »Bis man mich befördert hat.«

Samuelsons Planet

»Mich hat keiner interviewt«, sagte das fette Monstrum schrill. Es hockte auf den nackten Stahlplatten der früheren Steuerzentrale – die Sessel waren entfernt worden – und schloß mit drei blaugrauen Kieseln die letzte Lücke in dem magischen Kreis, den es seit Beginn der Konferenz um sich gezogen hatte. Dann begann es mit seinen Räucherungen, die Samuelson von früheren Begegnungen kannte. Die Schwämme glommen und stanken. Auch das Monstrum stank. Samuelson sah es nicht an.

»Doch, Keskin, natürlich hat man dich interviewt«, sagte der kleine Mann Denner, der Wichtigtuer von der nördlichen Burg. »Dich kann man doch nicht übergehen. Du bist schließlich der wichtigste Mann des Teams. Du bist der Kommandant. Präsident Castro hat dir persönlich die Hand geschüttelt, du wirst schon sehen.« Denner sprach langsam, begütigend, wie mit einem Schwachsinnigen, aber seine blauen Augen waren kalt. Schützend legte Samuelson einen Arm um die Schulter seines Zwillings.

»Ich bin kein Kommandant«, sagte das Monstrum, »ich bin der Schamane.«

»Ja, natürlich. Jedenfalls kam gestern das erste Feed-back von der Erde.« Flink tippten Denners plumpe Finger etwas in den tragbaren Computer ein. »Ihr wißt, daß ich die große Empfangsanlage des Schiffs in meinem Haus installiert habe. Ich zeige euch jetzt die Aufzeichnung der Sendungen von der Erde. Ist dir das recht, Schamane?«

»Nein«, sagte das Monstrum feierlich.

Die beiden letzten im Schiff verbliebenen Monitore wurden trotzdem hell. Das Monstrum hatte keine wirkliche Macht, das wußten Samuelson und sein Zwilling schon lange; es plusterte sich nur auf, machte gewaltiges Getöse und versuchte ihnen mit seinen Zombies Angst einzujagen. Aber gegen die Monitore war es machtlos, obwohl es wie wild räucherte. Gegen Denner hatte es keine Chance. Wenn erstmal seine und Coolridges Kinder da waren, am großen Geburtstag, wenn die Maschinen gebären würden, dann war es auch mit Denners kalter Macht vorbei. Dann würden die Königskinder herrschen, für immer. Samuelson sah den Zwilling an und drückte seine Hand. Der Zwilling wußte genau, was er dachte.

Farbiger Regen ging über die Monitore. Dann sah man Leda aus der Perspektive des Explorers im Orbit, dann eine Zeitlang nichts, dann wieder Schnee und Graupeln und schließlich, verwischt, die Oberfläche des Planeten aus etwa hundert Metern Höhe. Eine gewaltige Tierherde bewegte sich zwischen dem Fluß, den Samuelson kannte und einem nahen Gebirge, das ihm bisher entgangen war. Die Tiere gefielen ihm. Dem Zwilling auch. Gemeinsam lächelten sie.

»Sivatheria«, sagte Denner stolz, »ich finde sie sehr gelungen. Es gibt Millionen davon auf Leda.«

»Ich habe nie welche gesehen.« Das Monstrum sah sich die gestreiften, elchähnlichen Tiere kaum an. »Wo ist meine Sphinx?«

Ein zigarrenförmiger Schatten fiel auf die Herde. Die Tiere witterten nervös, sahen in die Höhe und stoben in wilder Flucht davon.

»Die Sphinx«, mäkelte Keskin, »und das Interview mit mir.«

»Geduld, das kommt noch.« Denners Hamsterbacken röteten sich vor Aufregung. Die Herde war verschwunden, das Schiff auf einer weiten Lichtung gelandet. Vier martialisch mit Waffen und Gepäck beladene Astronauten durchstreiften Wälder und Berge, stießen auf fremdartige Ruinen und Megalithfelder, die entfernt an Keskins Stonehenge-Variationen erinnerten.

»Tut mir leid, daß der Ton fehlt«, sagte Denner. »Muß irgendwo auf der Strecke geblieben sein.«

Samuelson konnte auf den Ton verzichten. Was er sah, genügte vollauf: sich selbst bei einem Ritt auf dem Diprotodon, Keskin als muskulösen blonden Helden und Denner beim rituellen

Kotau vor der Sphinx.

»Die Brüste!« schrie Keskin und wäre vor Empörung fast aus seinem magischen Kreis getreten, »du hast mich zensiert, in allem, alles verzogen, verzerrt, unvollständig! Platt! Ein billiger Abenteuerfilm...« Er schlug die fetten, von Pflanzensäften braun verfärbten Hände vors Gesicht und schluchzte, aber durch die Finger sah er weiter dem Film zu, offenbar hin- und hergerissen zwischen Ablehnung und der Faszination über sein strahlendes früheres Selbst, das inzwischen – der Film war rasant geschnitten – Präsident Castro im Spiegelsaal von Los Angeles die Hand schüttelte und feierlich, mit einem selbstgefälligen Grinsen, vor hohen Würdenträgern aus Politik, Wirtschaft, Kultur und Kirche eine Ansprache hielt.

»Was sage ich?« fragte das Monstrum erstickt. »Lobe ich dich?«

»Du überbringst gerade die Grußbotschaft der Sphinx.«

Samuelson gab dem Zwilling ein Zeichen und sie standen auf. Es wurde Zeit, nach den Gebärmaschinen zu sehen. Grußlos gingen sie davon, bestiegen ihre Konstruktionsroboter und machten sich auf den Weg zu ihrer Burg.

Nebel lagen über dem Fluß. Die Seejungfrauen stöhnten programmgemäß.

»Graphics Exchange oder Numerical Design?« fragte Coolridge mit Samuelsons Stimme.

»Numerical Design, glaube ich. Dort stehen die wirklich großen Biz-Rechner, jedenfalls war das früher so. Wie fandest du die Animation?«

»Großartig. Hast du die Schlaglichter auf dem Schiffsrumpf gesehen? Die Umgebungsreflexion, die diffuse Reflexion und die spiegelnde Reflexion waren wirklich perfekt abgestimmt. Und das Schiff hat sich in den Augen dieser Sivatheria gespiegelt. Man hat keine Kosten und Mühen gescheut.« Sie lenkten ihre Roboter über die Brücke, mit ausgelassenen Fersenstößen, als säßen sie auf Pferden. Jenseits des Flusses begann ihr Reich, das weder Denner noch Keskin betreten durften.

»Ich frage mich nur eins«, sagte Samuelson und runzelte die Stirn, wie es Coolridge getan hätte. »Meinst du, wir sind tatsächlich jemals GEFLOGEN? Ist das hier ein fremder Planet?«

»Ich glaube schon.« Dieses Problem hatte den Zwilling noch nie sehr beschäftigt. In diesem Punkt unterschieden sie sich. Samuelson hatte eine Erinnerung, die Coolridge fehlte. Manchmal träumte er von einem weißen Gefängnis, Zwangsjacken, Gummizellen und einem Mann im weißen Kittel, der ihn mit Elektroschocks quälte. Die Erinnerung war so verschwommen wie der Traum, sie hatte keine Substanz und verblaßte auch mit der Zeit, aber während er das Pixel- oder Fractal-Movie in der Steuerzentrale betrachtete, waren mit der schwachen Erinnerung an ähnliche Filme, die er früher im Kino gesehen hatte, auch die alten, halb vergessenen Fragen über seine Identität wieder wachgeworden. Wer war er früher gewesen, bevor er mit Coolridge verschmelzen durfte? Ein Schauspieler, ein Irrer, ein Dichter? Waren er und Coolridge auf Leda, um Denners akribische Phantasien, seine exakten Drehbücher und -pläne, seine ökologischen Systeme, die geniale Leute auf der Erde zu diesem Fractal-Movie verarbeitet hatten, um Denners kühlen Verstand mit märchenhaften, warmen Bildern zu beschicken?

Sie erreichten die östliche Burg. Samuelson zuckte die Schultern, Coolridge tat es ihm nach. Gemeinsam betraten sie die lange Halle, wo ihre Klons schliefen. Tausende und Abertausende von winzigen Wesen, die sowohl Coolridge als auch Samuelson waren; Frucht ihrer Liebe, Ergebnis langer Arbeit, vielleicht auch Teil eines Auftrags, den sie nicht kannten. Möglicherweise sogar, Samuelson erwog das ab und zu ohne Beunruhigung, war alles, was er sah und fühlte, wofür er lebte, was ihn glücklich machte nichts weiter als eine umfassende Illusion, ebenso real wie der Film, den Denner ihnen vorgeführt hatte, nichts weiter als eine Ansammlung elektronisch erzeugter Polyeder, Pyramiden, Kugeln, Zylinder und bestimmter durch Polynome beschriebener Oberflächen, angelehnt an die Konzepte der Fractalen Geometrie, von Bildsyntheseprogrammen interpretiert, gepuffert, algorithmisiert und durch Anti-Aliasing und Pixel-Phasing in den Stand von Wahrnehmbarkeit erhoben. Aber wenn schon; falls es so war, konnte er sich über die Qualität der Illusion nicht beklagen. Sie war perfekt, sie füllte ihn aus und hatte nichts dagegen, daß er mit Coolridge spielen konnte, soviel und sooft er wollte: Verstecken, Klonen, Lieben und Glücklichsein.

Gühans Planet

Folterungen, behauptete Gühan, hätten ihm nie besonderen Spaß gemacht. Sie seien antiquiert, uneffektiv und unästhetisch. Es gebe subtilere Methoden, jemandem ein Geheimnis zu entreißen. Trotzdem seien sie üblich in seiner Abteilung, vielleicht zur Stimulation der Beamten oder aus traditionellen Gründen, weil die politische Polizei darauf angewiesen sei Furcht und Schrecken zu verbreiten. Wie immer, bei einer Folterung jedenfalls, sagte er an Kriegbaums Hals und kitzelte sie mit seinem warmen Atem, während er sprach, habe er zum ersten Mal von der Leda-Geschichte gehört.

Er lag unter ihr und streichelte träge, mit satter, zärtlicher Neugier ihren Rücken. Wie unter einer geschmeidigen, mit brauner Haut bezogenen Decke, verschwand sein bleicher Körper unter ihrem. Gebrechlich kam er ihr vor und unterernährt mit seiner hohlen Brust und den langen knochigen Beinen.

Sie drückte ihn an sich. Er brauchte Trost. Wärme und Trost und wahrscheinlich auch Hilfe bei der Entwirrung seiner Geschichte, die langsam, Faden für Faden, sichtbar wurde: viele verschiedene Knäuel, mit denen er jonglierte, sorgsam bedacht, sich nicht zu verheddern, während sie mit ihnen spielen konnte wie eine Katze. Verwundert sah sie die Knäuel rollen, von den Planeten zur Erde, durch Amtsstuben, Folterkeller und Datenbanken, unter Ministersesseln hindurch, bis in die Zentrale der Sozialistischen Partei, wo das personifizierte Weltgewissen, Wundgamme, seit fünfzig Jahren Hof hielt, durch die Jahrzehnte, durch die Machtzentren bis hin zur Interstellaren Post.

»Ich hatte mir bis dahin genausowenig wie du Gedanken darüber gemacht, wo die Unmasse von Briefen herkommt, die auf den Kolonialplaneten geschrieben werden. Jeder hat schon so einen Brief erhalten, von einem Verwandten oder Freund, der ausgewandert ist. Oder man kennt zumindest jemand, der regelmäßig Post bekommt.« Gühan schob sie sanft von sich herunter. »Du wirst mir zu schwer.« Er küßte sie auf die Nase. »Natürlich wird keiner dieser Briefe auf Leda, Ge oder Palamides geschrieben. Das wäre zu teuer und würde endlos dauern. Trotzdem erreichen sie als Faksimile, handschriftlich oder maschinegeschrieben, je nachdem, ihre Adressaten. Angeblich werden sie auf den Planeten codiert, zur Erde gefunkt, decodiert und ausgedruckt. Aber wer kann beweisen, daß sie nicht auf der Erde, von den Computern der Interstellaren Post, formuliert werden? Gemäß den Daten, die jeder Auswanderer vor seiner Abreise auf langen Fragebögen zurückläßt?«

»Wer kommt überhaupt auf die Idee, das Gegenteil beweisen zu wollen?« Kriegbaum hatte den Eindruck, daß die Geschichte eine Ruine war, durch die der Wind pfiff. »Ein folternder Geheimbulle?«

»Nein«, er strich über ihre Brust, doch sie nahm seine Hand und hielt sie fest. Er verdrehte die Augen. »Nein, ein gefolterter Terrorist namens Giancarlo Olivetti, ein kleiner trotziger Mann, dessen Organisation, auf die ich angesetzt war, durch einen einfachen Trick die Interstellare Post überlistet hatte. Ein Mitglied von Olivettis Organisation ging freiwillig nach Leda und hinterließ in den Fragebögen der Auswanderungsbehörde einen Haufen falscher Angaben. Man wird dort nach allem gefragt: Eßgewohnheiten, Verwandte, Vorlieben, Abneigungen, Kindheitserinnerungen, nach allem, was man braucht, um einen Computer persönliche Briefe schreiben zu lassen. Und die Briefe von Olivettis Genossen enthielten alle Fehler, die vorher mit der Organisation vereinbart worden waren. Die Briefe waren gefälscht.«

»Das muß nicht bedeuten, daß alle Briefe gefälscht sind.«

»Nein, stimmt. Aber der Verdacht liegt zumindest nahe.«

»Was ist mit diesem Olivetti passiert?« Kriegbaums Nackenmuskeln versteiften sich, als er sie wieder zu streicheln begann.

»Deportation und Datenvernichtung«, sagte er gleichgültig und wollte sie küssen. Sie bog den Kopf zur Seite.

»Und der Brief an Fleet?«

»Den habe ich selbstverständlich selbst geschrieben, als ich rausfinden wollte, was wirklich gespielt wird. Ich erinnerte mich, daß dieser Julian Fleet damals ausgewandert war. Das war ja eine große Geschichte damals, weil er aus gutem Haus kam. Guter alter weißer Geldadel und außerdem noch einen berühmten Bruder.« Erst jetzt schien er zu bemerken, daß sie seinen Berührungen auswich. Sein Gesicht verschwand unter der gewohnten Maske aus Düsterkeit und Überdruß. Er zog die Knie eng an den Leib und umfaßte sie mit den Armen. »Du verachtest mich«, sagte er leise.

»Unsinn. Warum sollte ich?« Sie rückte ein Stück von ihm ab, hüllte sich in die Decke, nahm eine von seinen Zigaretten und rauchte unbeholfen. »Dann lebt Julian Fleet also?«

»Schreibt er Briefe?«

»Ja. Regelmäßig.«

»Und erinnerst du dich, wie Fleet reagiert hat, als er meinen Brief las?«

»Ja«, sagte sie und sah ein, daß Gühan wahrscheinlich recht hatte. Fleet war zu Tode erschrocken.

»Er hat seinen Bruder geopfert«, sagte er nüchtern.

»Und wie fälscht man einen offiziellen Behördenbrief?«

»Ach, das ist leicht. Die Politische Polizei ist dauernd damit beschäftigt, Beweise zu fälschen. Wozu sich die Mühe mit Ermittlungen machen? Das ist altmodisch. Wenn man Beweise braucht, macht man sie sich.« Er nahm sich auch eine Zigarette und sagte mit einer Mutlosigkeit, die ihr ins Herz schnitt: »Wir leben in einer Zeit, in der sich alles beweisen läßt, ich meine, nicht nur technisch, sondern von der Fülle von Informationen her, die es gibt. Die Menschen haben sich wirklich eine Unendlichkeit geschaffen. Vielleicht gab es früher eine Unendlichkeit der Unwissenheit. Heute ist es umgekehrt: man erstickt fast im Wissen; es ist uferlos und herrenlos und jeder kann sich seiner bemächtigen.«

»Sieht so aus.« Sie sah ihn nicht an. Ihr war kalt, trotz der Decke. Seit ihrer ersten Begegnung hatte sie Gühan begehrt, das wußte sie erst jetzt genau. Dieser hagere, ziemlich häßliche Mann war ihr schon seit langem wichtiger als Fleet, der Wahlkampf oder Leda. Daß sie sein Geheimnis kannte, änderte nichts an ihren Gefühlen. Es schnürte ihr die Kehle zu, wenn er sie ansah oder berührte, vor Lust und vor Trauer. Denn Gühan war verloren.

Er hatte Fleet überrumpelt und ihm eine Art von privatem Wahlversprechen abgenötigt und einen Sieg errungen, der völlig wertlos sein würde, wenn Fleet die Wahl gewann. Vielleicht würde Fleet ihn nach Palamides schicken statt nach Leda; etwas in der Art wäre ihm zuzutrauen, ein Winkelzug, der für ihn selbst nach Gerechtigkeit aussah. Aber vom Hals schaffen würde er sich Gühan bestimmt, das spürte sie. Nicht weil der Inspektor eine ernstliche Gefahr war, sondern weil er Fleet persönlich verletzt hatte. Weil er an ein Tabu gerührt hatte, eine Verleugnung; denn Fleet wußte von Leda nur, was alle Welt wußte. Mehr wollte und konnte er nicht wissen: Fleet hatte seinen Bruder nicht in den Tod geschickt. Die Phantasiewelt, die Castro und seine Regierung erschaffen hatten, würde nach der Wahl Fleets eine Transformation durchmachen, einen gigantischen Qualitätssprung hin zur Wahrscheinlichkeit, weil Fleet im besten Sinne unschuldig war an der Existenz Ledas und der anderen Planeten: unbeteiligt. Seine Unschuld würde Castros mörderisches politisches Werkzeug reinwaschen, härten, veredeln und am Ende zur Zweifelsfreiheit verhelfen.

Kriegbaum nahm Gühans Hand und küßte sie. »Entschuldige.«

Sie sah, daß er nicht verstand, was sie meinte. »Ich weiß, was du denkst«, er richtete sich auf und seine Rippen traten scharf hervor. Er sah ausgepumpt aus, leer, alt und hoffnungslos. »Du glaubst, ich will nur meine Haut retten.«

»Natürlich«, sagte sie weich, »das ist dein gutes Recht. Und wenn du es nicht selbst schon versucht hättest, würde ich dich dazu zwingen. Man bedroht dich und du wehrst dich.« Sie berührte leicht seine Knie. Für einen Augenblick schien ihr alles ganz logisch, die Zweifel fielen von ihr ab und ihre Befürchtungen lösten sich auf in einer Unendlichkeit warmer zwingender Gefühle. Gühan war gegen alles gefeit; wer geliebt wird, ist gefeit. Niemand konnte ihm etwas anhaben.

»Niemand bedroht mich«, sagte er und riß sie aus ihren Gedanken, »es ist völlig verrückt, aber meine Beförderung ist wirklich eine Beförderung. Niemand will mich aus dem Weg schaffen. Ich habe Castros Staat treu gedient und soll belohnt werden. Die subalternen Stellen wissen gar nicht, was sie mir antun.« Ein Nerv zuckte dicht unter seinem Auge wie ein Signalgeber, ein Schrittmacher für Worte, die ihr falsch, überzogen und irr vorkamen. »Ich bin mir völlig sicher, daß bis ganz nach oben, bis in die Spitzengremien in Parteien und Regierung – von wenigen Ausnahmen abgesehen – NIEMAND etwas weiß. Auch Fleet weiß nichts. Das ist ja das Widersinnige, das, was einem das Gefühl gibt, auf dem Kopf zu stehen. – Man KANN gar nicht moralisch, im Dienst irgendeiner Wahrheit handeln: andere retten, den Betrug öffentlich machen, die Wahrheit herausschreien. Das, was du denkst, wofür du mich verachtest. Ich LÜGE nämlich, Coco, ich lüge, und Fleet sagt die Wahrheit.«

Sie versuchte ihn zu unterbrechen. Sie wollte ihm sagen, daß sie sich weder für Moral noch für Wahrheit interessiere, sondern ausschließlich für ihn. Aber er begann zu schreien. An seinen Schläfen ringelten sich geschwollene Adern wie Würmer, der Nerv zuckte und seine Stimme überschlug sich: »Es kommt doch gar nicht darauf an, irgendwas aufzudecken, richtigzustellen, zu revidieren. Dafür gibt es längst Computerprogramme, die historische Ereignisse daraufhin überprüfen, ob sie mit der Gegenwart kompatibel sind und alles richtigstellen, was gemäß ihren Vorgaben falsch ist. Und danach ist es auch richtig, verlaß dich drauf. Es gibt niemanden und nichts, was solche Richtigstellungen seinerseits revidieren könnte. Es sei denn, man kann selbst bestimmen, was richtig und was falsch ist. Oder – der Weg der Machtlosen und Listigen – indem man fälscht. Das habe ich getan...«

»Ich weiß das. Liebster, ich mache dir keinen Vorwurf. Ich habe Angst um dich, du verstehst mich ganz falsch.« Zum erstenmal überhaupt fiel ihr auf, daß sie seinen Vornamen nicht kannte, und sie schämte sich. Beschämt gestand sie sich ein, daß sie nicht nur um ihn Angst hatte, sondern auch um sich selbst. Wenn er verloren war, war sie es auch. »Ich werde mit dir gehen«, sagte sie entschlossen und erstaunt über ihren Mut. »Ich gehe mit dir nach Leda. Ich melde mich freiwillig.«

»Quatsch«, sagte er wild. »Ich gehe nicht nach Leda. Und du auch nicht. Ich habe Fleet in der Hand. Daran hat sich gar nichts geändert. Er wird tun, was ich von ihm verlange.«

Er stand auf, schlüpfte in seine Hosen und streifte sein Hemd über. Der schwarze Hosenboden glänzte speckig, und der Hemdkragen wies rotbraune Flecken auf, Spuren ihres Lippenstifts.

»Die Kommunisten«, sagte sie verzweifelt und richtete sich halb auf, »das ist die einzige Partei, die nicht in die Sache verwickelt ist. Wir können ihnen die Wahrheit sagen.«

»Die Kommunisten!«, beinahe hätte er ausgespuckt, »dieser historisierende Trachtenverein. Hast du schon mal was von Trotzki gehört?« »Nein.« Oder doch? War das einer der Siedlungskommissare in Dobroljubovs Nachfolge? »Wer ist das?«

»Ein Olivetti«, Gühan lächelte bitte. »Einer, den man wegretuschiert hat, als er nicht mehr ins Bild paßte. Außerdem hast du anscheinend immer noch nicht verstanden, daß ich nie erwartet habe, daß mir irgend jemand glaubt. Die Kommunisten – das interessiert mich doch einen Dreck. Die Wahrheit genauso. Ich wollte doch niemanden darauf aufmerksam machen, daß Leda ein KZ-Planet ist. Wozu? Ist sie das überhaupt? Wer will, kann und soll das überprüfen? Fleet?« Er zog sein Jackett über und schien gar nicht zu bemerken, daß er offene Türen einrannte, eine nach der andern. »Warum sollte ihn das interessieren?«

»Eben. Es interessiert ihn nicht. Er übernimmt eine gutgeölte Maschine, wenn er an die Regierung kommt, weiter nichts.« Sie sprach heftig, wütend über seine Borniertheit. »Alles, was du sagst, spricht dafür, sich nicht auf Fleet zu verlassen. Kapierst du das denn nicht? Fleet wird dich zerquetschen, wenn ihm danach ist. Du hast dich viel zu weit gewagt. Du mußt in die Offensive gehen.« Sie schüttelte hilflos den Kopf, als er sich brüsk von ihr abwandte. Er wollte einfach nicht begreifen. Er klammerte sich an seine lächerlichen Beweise, die nichts anderes als aus der Luft gegriffene Vermutungen waren und verließ sich völlig darauf, daß Fleet wie eine hypnotisierte Maus bei seinem ersten Schock stehenbleiben würde. Dabei war Fleet die Schlange.

Gühan ging verärgert. Kriegbaum weinte, weil sie glaubte, ihn bereits wieder verloren zu haben in diesem Meer von Vermutungen, düsteren Ahnungen, Fälschungen, Täuschungsmanövern und trügerischer Hoffnung. Aber er kam bald zurück und sie vertrugen sich. Das Thema Leda mieden beide. Es war kein gutes Thema für Liebende. Fleet konzentrierte sich in der letzten Phase des Wahlkampfes ganz auf die umfangreiche Liste seltsamer Begegnungen mit außerirdischen Mächten, die sein Daten& Fakten-Stab unter Kriegbaums Anleitung zusammengestellt hatte und machte den Eindruck, als habe er nicht die leisesten Zweifel an seinem Sieg und bereite sich bereits auf interstellare Gipfelkonferenzen mit den Ausgeburten der Phantasie von Verrückten, Ufoisten und Spinnern vor.

Den Jubiläumstag verbrachten Kriegbaum und Gühan im Bett, versäumten Castros Rede, Fleets Erwiderung und die Enthüllung des Denkmals für Denner. Sie warteten. Die Zeit verging und brachte, viel zu schnell, den Wahltag aus der Zukunft in die Gegenwart. Kriegbaum wählte Castro, Gühan Fleet.

Fleets Planet

Das Schicksal meinte es gut mit dem neuen Weltpräsidenten

Alexander Fleet und bescherte ihm bereits in den ersten Wochen seiner Amtsperiode eine Entdeckung: die Erde wurde entdeckt.

Die fremden Entdecker machten sich nicht die Mühe zu landen, sondern beschossen mit Lenkwaffen die Wüste Gobi und radierten Shanghai aus, bevor zwei Zerstörer der irdischen Raumflotte sie verjagen konnten. Die Angreifer flohen in ihrem weißen Schiff, die Zerstörer folgten und wurden ihrerseits von einer starken Streitmacht verjagt, als sie den Heimatplaneten des Aggressors anflogen. Aber man kannte nun die Koordinaten des feindlichen Planeten und, aus Funksprüchen, seinen Namen: Xurx, ein unheilverheißendes Wort, das für Coco Kriegbaum wie Murks klang.

Das Leda-Jubiläum und die Wahl waren augenblicklich vergessen. Kriegsanleihen wurden gezeichnet, die Erde stand auf wie ein Mann gegen den schnabelköpfigen Erbfeind, von dessen Existenz bis vor ein paar Wochen niemand etwas geahnt hatte, und alle Welt machte glänzende Geschäfte. Niemand merkte, daß gewisse Herren in höchsten Regierungsämtern den Atem angehalten hatten, um erleichtert Luft zu schöpfen, als in den Tivis unentwegt die Rede von Xurx war, vom Krieg, von Kampfrobotern, Vektorschiffen und Raumschlachten, die so sicher kommen würden wie der Donner nach dem Blitz. Neben Xurx gab es natürlich weiterhin Leda und die Neuen Welten, über deren Schicksal während eines Krieges heftig spekuliert wurde, aber Leda gab es immer; sie würde noch da sein, wenn die Kriegsmarine Xurx längst aus dem Raum gebombt hätte, was ohnehin nur eine Frage der Zeit war. Besonders rührend war die Solidaritätsadresse des Präfekten von Leda und der sanften Sphinx, die den Menschen ihre gesamte Streitmacht von Comicgestalten anbot. Die entsprechenden Regierungsstellen lehnten dankend ab, aber die Erklärung der Sphinx und ihres Hofstaats löste einen solchen Taumel von Brüderlichkeit in einigen Metropolen aus, daß die Internationale Garde ausrücken mußte. Die ohnehin kleinlaute Anfrage der Kommunistischen Partei nach dem Verbleib eines gewissen Giancarlo Olivetti verlief ergebnislos – weil von den Medien völlig ignoriert – im Sande.

Fleet bezog das Palais Valdeprès in Genève, verabschiedete unter Tränen seinen Vorgänger Castro, der ihm viel Glück für seinen schweren Kampf gegen den Erbfeind der Menschheit wünschte, und nahm sich genau zehn Minuten Zeit, um seiner

Sekretärin Coco Kriegbaum für ihre Dienste zu danken. Er ernannte sie zur Duchesse der Weltlegion, ein Titel, der eigens für sie kreiert worden war und anschließend in der Versenkung verschwand, und bereitete sie in knappen, aber bewegten Worten auf ihre künftige Aufgabe als Botschafterin vor. Fleet war keineswegs undankbar. Aber seine Zeit war begrenzt. Schließlich herrschte Krieg. Eine Million hauptsächlich chinesischer Soldaten wartete darauf, von ihrem obersten Kriegsherrn mit einer flammenden Rede ins Feld geschickt zu werden; in ein Feld, das weit war wie der Himmel. Ein weites Feld.

»Vielleicht erinnern Sie sich an diesen Inspektor«, sagte Fleet. Sein neuer Schreibtisch war kleiner als der alte, viel zierlicher, wertvoller und entschieden antik. Hinter den rundbogigen Fenstern gab es Bäume zu sehen, den Genfer See und ferne, verwischte Berge.

»Gühan.« Sie war es gewohnt, Fleet mit diesem Namen auszuhelfen.

»Ja, Gühan.« Mehr denn je glich er seinem Wahlplakat. Er sah gut aus, mager und ernst, mit Augen, die in die Ferne schweiften. Die Ferne war ein großer Kandinsky hinter Kriegbaums Rücken. »Dieser Gühan war schon unter der Regierung Castro für den vakant werdenden Posten des Präfekten vorgesehen, und ich habe mich entschlossen, seine Beförderung zu befürworten. Allerdings«, Fleet gestattete sich ein feines Lächeln, »schien es mir nach eingehender Prüfung der Sachlage nicht opportun, ihm dieses schwere Amt – wie Sie wissen liegt Leda inzwischen vor der Haustür des Feindes – allein aufzubürden. Deshalb entschloß ich mich, die Präfektur zu teilen. Es wird künftig einen militärischen Präfekten geben und einen zivilen, einen Mann und eine Frau. Schließlich ist die ledaische Sphinx in gewissem Sinne auch eine Frau, und da hielt ich es für einen guten Einfall, Sie, meine Liebe, dem Inspektor zur Seite zu stellen.«

»Danke«, sagte Kriegbaum.

»Oh, das entspricht durchaus Ihren Qualifikationen. Ich habe wirklich keinen Hang zum Nepotismus.« Fleet neigte anmutig und würdevoll das Haupt.

»Danke«, wiederholte Kriegbaum. »Darf ich Ihnen eine Frage stellen, Herr Präsident?«

»Bitte, natürlich.« Fleet sah auf die Uhr.

»Bekommen Sie noch Post von Ihrem Bruder Julian?«

»Häufig«, in Fleets Augen war kein Arg, »fast zu häufig. Ich habe kaum die Zeit, alle zu beantworten.«

»Und haben Sie wirklich vor, Dobroljubov zum Oberbefehlshaber der Streitkräfte zu machen?«

Kaum merklich hob Fleet die Brauen. »Sie dürfen sich jetzt zurückziehen«, sagte er und entließ sie mit einem festen, trockenen Händedruck.

Sie verabschiedeten sich traurig, fast kühl. Keiner von beiden erwartete, die Kälteschlafkammer lebend zu verlassen. Ihre Küsse waren trocken und kalt, ohne Sehnsucht und Leidenschaft. Ein Abschied für immer.

Kriegbaum hielt Gühans Hand. Unter dem Einfluß der Medikamente, die ihren Körper auf den langen Schlaf vorbereiteten, fühlte sie sich erloschen, klamm und gleichgültig. Furchtlos sah sie hinaus ins All, auf die Plattform der Raumstation, hinüber zu den Sternen, die ohne Interesse auf sie warteten. Das Schiff vibrierte.

»Countdown, showdown«, sagte Gühan, »es wird Zeit. Legen wir uns in den Sarg.« Er war mager und bleich, gezeichnet vom wochenlangen Warten auf das Unvermeidliche. Nachdem Fleets Entscheidung gefallen war, hatte er lange überlegt, ob er untertauchen, sich umbringen oder mit seinen Vermutungen an die Öffentlichkeit gehen sollte; und schließlich nichts von allem getan. Der designierte Präfekt von Leda äußert Zweifel an der Existenz seiner Präfektur, lächerlich. Daß die Kommunisten sich Olivettis überhaupt annahmen, lag nur daran, daß er, bevor er in den Untergrund ging, eingeschriebenes Mitglied ihrer Partei gewesen war. Gühan hatte ihnen gegenüber lediglich angedeutet, daß Olivetti unter seltsamen Umständen verschwunden war. Als sich herausstellte, wer zuletzt unmittelbar mit dem Verschwundenen zu tun gehabt hatte, nämlich Gühan selbst, verwandelte sich das Interesse der Kommunisten in Mißtrauen und Ablehnung. Der Versuch war fehlgeschlagen. Gühan unternahm keinen zweiten.

»Vielleicht hast du dich getäuscht«, sagte Kriegbaum und folgte ihm durch den schmalen Gang aus der Steuerzentrale zum Schlaftrakt des kleinen Schiffs. »Vielleicht bringt man uns wirklich nach Leda.« Verwaschen kamen die Worte aus ihrem

Mund, schon abgeschliffen, bevor sie sie aussprechen konnte; bedeutungslos und ohne Raum für Emotionen.

»Ich glaube«, sagte sie und legte sich auf die mit weißem Material bezogene Liege, »ein bißchen glaube ich, daß alle sich täuschen. Du und ich, Fleet und jeder andere auch. Jeder hat seine Lesart und keiner den Text.«

Gühan lachte. Vielleicht riß er auch den Mund auf und schnappte nach Luft, als der bucklige, gesichtslose Medizinalroboter ihm eine dünne Nadel in den Arm stach. Er bleckte die Zähne, verdrehte die Augen, bis nur noch das Weiße zu sehen war, zitterte und streckte sich. Dann wurde er von einer Sekunde zur andern schlaff. Der Roboter schloß ihm sanft die Augen, aber hinter den gespannten Lidern zuckten weiter bewegliche Bälle.

Das Bild zersplitterte. Wie ein wütender Bienenschwarm füllten spiegelnde Scherben den Raum, zerfielen zu weißem Staub, der weich auf Kriegbaum niederging. Die Nadel fuhr in ihre Vene, löschte jeden Text, den sie je gewußt hatte, und das Schiff nahm die Veränderung ihrer Hirnströme als Signal zum Start.

Epilog am Himmelszelt

Langgestreckte weiße Rümpfe rotierten langsam um die eigene Achse, entfalteten trapezförmige Flossen, Fächer, Segel, enthüllten fremdartige Piktogramme auf hellblauem und rosa Grund und verbargen sie wieder, wenn Kriegbaum gequält die Augen schloß. Sie glaubte nicht an das, was sie sah. Sie hatte sich diese Raumflotte ausgedacht, also konnte sie auch wieder wegdenken, was nicht existierte. Neben ihr stöhnte Gühan.

Um Leda kreiste eine mächtige Flotte xurxischer Schiffe. Den irdischen Explorer beachteten sie nicht. Flink war er unter ihnen aufgetaucht wie ein Spatz in einer Rinderherde, beschrieb einige elliptische Bahnen um den Planeten, bremste ab und setzte zielsicher zur Landung an. Exosphäre, Ionosphäre, Stratosphäre, mit aufglühendem Schutzschild durch die Troposphäre und im Gleitflug hinab.

Wenn die Raumschiffe der Xurx Einbildung waren, handelte es sich bei den Städten von Leda vielleicht um Schlieren auf Kriegbaums Netzhaut. Kompakte, ausgedehnte Schlieren, weiß wie die Schiffe im All, zu komplizierten Mosaiken angeordnet, die den rasch näher kommenden Boden unter ihr strukturierten und mit filigranen Mustern überzogen.

»Siehst du es auch?« fragte sie Gühan und nahm sein Stöhnen als Bejahung. »Wie im Himmel. Alles weiß. Pastelltöne, weiche Formen. Wir sind im Himmel.«

Das Schiff setzte mit einem sanften Ruck auf. Durch die Panoramascheibe war das ausgeschlachtete Skelett der HERNAN CORTES zu sehen, umgeben von flachen Gebäuden. Erhitzte Luft flirrte über einer weiten Betonpiste und verzerrte die Konturen der fernen, in den Horizont geduckten Hangars. Engel, Hunderte von Engeln in weißen Overalls, die sich im Wind bauschten wie Flügel, kamen in breiter Front über das Landefeld auf den Explorer zu.

»Wenn man einmal angefangen hat, seinen Augen nicht zu trauen, nehmen die Visionen überhand«, sagte Gühan. »Oder siehst du, was ich zu sehen glaube?«

»Siehst du lauter Coolridges?«

»Ja. Obwohl sie auch was von Samuelson haben. Aber im Prinzip sehe ich lauter Coolridges.«

»Dann sind wir im gleichen Himmel.« Kriegbaum lachte.

Die Engel machten plötzlich halt, etwa fünfzig Meter vom Schiff entfernt. Sie glichen einander nicht nur wie ein Ei dem anderen, auch die Mimik ihres gemeinschaftlichen Gesichts wechselte schlagartig von starrer Maskenhaftigkeit zu stirnrunzelnder Beunruhigung, als ein ferner, heller Trompetenton erschallte, begleitet von schabenden Geräuschen, die rasch näherkamen. Die Engel sahen sich um. Kriegbaum griff nach Gühans Hand, die nicht weniger zitterte als ihre eigene.

Drei riesige Käfer kamen zwischen den flachen Gebäuden am Rande des Flugfelds hervor. Ihre stachelbewehrten Beine scharrten über den Boden. Schwarzschimmernde meterlange Hörner, wie starre Kiefer übereinander angeordnet, ragten aus ihren Halsschilden. Auf dem mittleren Käfer ritt ein kleiner Mann, glatzköpfig bis auf einen schmalen grauen Haarkranz. Zusammengesunken, eher gedankenverloren als kriegerisch aussehend, hielt er mit seinen zehn Meter langen Monstren auf die Coolridge-Front zu, die wogend zurückwich und sich wie auf Kommando teilte. Obwohl die weißgekleideten Männer flink zur Seite sprangen, wurden einige von ihnen von spitzen Hörnern und jagenden Beinen mit ihren rasiermesserscharfen Auswüchsen erfaßt, aufgeschlitzt, weggeschleudert oder zertrampelt. »Wir sind in der gleichen Hölle«, sagte Gühan.

»Der Reiter ist Denner, nicht? Er ähnelt ihm, obwohl er nicht so imposant ist wie der, den ich in Erinnerung habe.«

Die Käfer stürmten auf das Schiff zu, als wollten sie es rammen, aber zwei Meter vor der Schleuse hielten sie an. Ihre Hörner senkten sich und Denner stieg ab. Er lächelte kühl und hob grüßend die Hand.

»Willkommen«, sagte er. Aus den Lautsprechern klang seine Stimme dünn und zittrig. »Sie können Ihr Schiff verlassen. Ich habe diesen Mob unter Kontrolle.«

Kriegbaum und Gühan sahen sich hilflos an. Beide zuckten die Achseln und traten zögernd in die Schleusenkammer. Als das schwere Schott zur Seite geglitten war, sahen sie sich einem gedrungenen alten Mann gegenüber. Der ledaische Denner schien eine Vorform des irdischen zu sein. Er war weniger charismatisch als sein Pendant auf der Erde, das trotz seiner Kleinwüchsigkeit in den historischen Filmen von einer Aureole umgeben war, weniger strahlend, älter, gebeugter und mit einem nervösen Tick, der in regelmäßigen Abständen seine rechte Gesichtshälfte, sein Lid flattern ließ und den rechten Mundwinkel zu einem wackligen Halblächeln zwang.

Denner reichte ihnen die Hand. »Dynastes hercules aus der Familie der Scarabaeidae«, sagte er und wies auf die Käfer, »auf der Erde werden sie fünfzehn Zentimeter lang. Schöne, kraftvolle Tiere, finden Sie nicht?« Er schlug einen höflichen Plauderton an. »Die Coolsons fürchten sie wie die Pest. Wie alles, was mehr als vier Beine hat und nicht nach Teddybär aussieht. Sie sind einfältig, kindlich und harmlos, wenn man sie richtig zu nehmen weiß.«

Kriegbaum nickte lächelnd, obwohl sie nicht genau wußte, wen Denner gemeint hatte, die Käfer oder die weißgekleideten Männer, die in gebührendem Abstand der Begrüßung zusahen. Ein seltsamer Geruch lag in der Luft, abgestanden, fäkalisch und drückend. Trauer überfiel sie und ein so intensives Gefühl von Vergeblichkeit, daß sie sich taumelnd an Gühan festhalten mußte.

»Sie sind also die Forschungsgruppe«, sagte Denner freundlich. Auf dem Rücken seiner Käfer waren sie durch eine weitläufige, ausschließlich von Coolsons – so nannte Denner sie eigenartigerweise – bewohnte Stadt geritten, hatten einen trägen Strom überquert und befanden sich inzwischen in einem Dschungel, den Denner »seinen Garten« nannte.

»Ja, richtig«, sagte Gühan, als Kriegbaum verblüfft schwieg.

»Ich habe Sie seit langem erwartet. Seit Jahrzehnten, glaube ich.« Denner ritt zwischen ihnen und litt offensichtlich unter der schwülen Hitze, die wie eine Glocke über dem Wald lag. »Allerdings ist Ihre Expedition sehr klein. Ich meine«, er lächelte trübe, »Sie sind nicht sehr zahlreich, wenn man bedenkt, was für einen gewaltigen, vielfältigen Planeten Sie zu erforschen haben.«

»Das stimmt«, improvisierte Kriegbaum, »aber die Mittel der Erde sind derzeit sehr beschränkt. Es herrscht Krieg mit einer außerirdischen, äußerst aggressiven Spezies.« Sie tastete in der Brusttasche ihres Overalls nach ihrer Brille und setzte sie auf, um mehr nach einer Gelehrten auszusehen.

»Ich weiß, ich weiß.« Denner wich einem tief hängenden Zweig aus. »Das ist eine bedauerliche Geschichte.«

Kriegbaum wartete höflich, aber er ließ sich nicht weiter zu der bedauerlichen Geschichte aus. »Wieviele Bewohner hat Leda inzwischen?« fragte sie schließlich.

»Zwei«, sagte Denner nach längerem Nachdenken, »oder drei, falls Samuelson noch lebt. Keskin ist tot, das wußten Sie doch?«

»Nein«, sagte sie vorsichtig.

»Er ist in eine seiner blödsinnigen Fallen gestürzt und ist verhungert«, sagte Denner mit einem Anflug von Boshaftigkeit.

»Aber auf dem Weg durch die Stadt sind wir mindestens tausend Leuten begegnet.« Gühan grinste, das hörte sie an seiner Stimme, obwohl sie weiterhin Denner im Auge behielt.

»Ja, das war der eine. Der andere bin ich. Zwei Bewohner, sagte ich doch«, Denners dünne Stimme klang gereizt, »Keskin ist tot, Coolridge ist tot, Samuelson ist wahrscheinlich tot. Bleiben Coolson und ich.« Er schniefte. »Schade. Und jetzt wo Coolson die Erde erobern will, bleibe vielleicht nur noch ich übrig.«

»Wir sind ja auch noch da«, sagte Kriegbaum, um ihn zu trösten. Er tat ihr leid, einsam, alt und zänkisch, wie er war.

»Sie sind nur auf Inspektion hier.« Denner zischte und die Käfer hielten an. Sie hatten den Waldrand erreicht. Vor ihnen lag eine öde, blaugraue Steppe, fast quadratisch wie eine Rodung und von allen vier Seiten von Wald umgeben. Mitten in der Steppe ragten Türme, Kuppeln, Minarette und ein gewaltiger ausgebrannter

Burgfried in den Himmel. »Keskins letzte Burg«, sagte Denner. »Hier trennen sich unsere Wege. Mein eigenes Haus liegt nördlich von hier«, er machte eine unbestimmte Bewegung mit seiner plumpen Hand, »da können Sie mich erreichen, wenn Sie irgendwelche Fragen haben.« Seinem Gesichtsausdruck war zu entnehmen, daß er nicht erpicht darauf war, Fragen zu beantworten oder sie auch nur in der Nähe seines Hauses zu sehen.

»Auf Wiedersehen«, sagte Denner, »seien Sie vorsichtig. Einige von Keskins alten Fallen funktionieren vielleicht noch. Und nehmen Sie sich vor Coolson in acht, sonst steckt er Sie vielleicht als frisches Zellmaterial in seine Klonungsmaschinen.« Er ritt davon, aber nach zehn Metern fiel ihm noch etwas ein und er drehte sich mühsam auf dem Rücken des Käfers um. »Ich möchte Sie ganz dringend bitten«, sagte er beschwörend, »mit Revisionen SEHR vorsichtig zu sein. Es steckt sehr viel Arbeit in Leda, das werden Sie sehen. Nehmen Sie bitte keinerlei Änderungen vor, ohne mich vorher zu konsultieren. Am besten«, er war schon fast außer Hörweite und sah auch nicht mehr zu ihnen zurück, »lassen Sie überhaupt die Finger von allem.«

»Keine Bange«, rief Gühan fröhlich hinter ihm her, »wir werden nichts revidieren! Von Revisionsversuchen haben wir die Nase voll. Wir glauben und genießen.« Dann wäre er vor Lachen beinahe von seinem Käfer gefallen. »Wir fassen nichts an!«

Kriegbaum beugte sich zu ihm hinüber, nahm ihn in die Arme, küßte ihn und lachte auch. Sie sahen Denner unter den Bäumen verschwinden, lachten, bis ihnen der Bauch wehtat und machten sich glücklich auf den Weg. Nach Osten? Nach Süden? Alles eins und einerlei, nur tief hinein nach Leda und ins Glück.

Murilo Rubião
Das Gebäude

> Zu der Zeit werden deine Mauern
> gebaut werden, und Gottes Wort wird
> weit auskommen.
> *Micha VII, II*

Es waren mehr als hundert Jahre nötig, um die Fundamente des Gebäudes zu beenden, das, der vertraglichen Vereinbarung zufolge, eine unbegrenzte Zahl von Stockwerken haben würde. Die technischen Angaben, Berechnungen und Grundrisse waren perfekt, trotz der Skepsis, mit der der Lehrstuhlinhaber der Fakultät für Ingenieurwesen den Fall betrachtete. Da er sich wegen einiger Studenten, die mit dem skeptischen Ton des Meisters unzufrieden waren, zu dem Thema äußern mußte, ließ er einige maliziöse Bemerkungen fallen und versicherte, es handle sich um »eine andere Schule und deren undefinierbare Experimente im Zementgießen«.

Nachdem der letzte Pfosten eingeschlagen und die Grundmauern fertiggestellt waren, entließ der Oberste Rat der Stiftung, der mit der allgemeinen Leitung des Unternehmens beauftragt war, die Techniker und Arbeiter, um kurz darauf eine neue Gruppe von Ingenieuren und Handwerkern in Dienst zu nehmen.

1. *Die Legende*

Dem soeben eingestellten, verantwortlichen Ingenieur sagte man nichts über die Bestimmung des Gebäudes. Außerdem interessierte João Gaspar sich wenig für die Bestimmung, stolz wie er war, zu Beginn seiner Laufbahn den Bau des größten Wolkenkratzers zu leiten, von dem man je gehört hatte.

Er hörte sich aufmerksam die Anweisungen der Räte an, deren weiße Bärte mit den gezwirbelten Spitzen ihnen den Anschein strenger Unnachgiebigkeit verliehen.

Sie räumten ihm große Freiheit ein und verlangten nur, er solle sich an zwei oder drei Vorschriften halten, die er genauestens beachten möge. Er würde nicht nur technische Aufgaben wahrnehmen, sondern sich um die Gesamtheit eines einzigartigen Organismus kümmern. Bis in kleinste Einzelheiten würde die

Abwicklung des Bauvorhabens in seinen Händen liegen. Er würde die Löhne auszahlen und die Arbeiterschaft ständig betreuen. Außerdem sei es seine Aufgabe, jegliche Unzufriedenheit unter den Angestellten zu vermeiden. Diese Anweisung war, wie man ihm auseinandersetzte, darauf angelegt, eine wichtige Bestimmung der verstorbenen geistigen Urheber des Projektes zu befolgen und damit gegen den herrschenden Mythos anzugehen, daß bei Erreichen des achthundertsten Stockwerkes unter den Arbeitern ein unbezwingbares Chaos ausbrechen und folglich das gesamte Projekt scheitern werde.

Während die Leiter der Stiftung ihre ausführlichen Erklärungen abgaben, behielt der junge Ingenieur die Ruhe, zeigte größtes Selbstvertrauen und keinerlei Befürchtungen, was den Ausgang des Unternehmens anging. Einmal allerdings war er leicht verwirrt und stotterte eine zweideutige Bemerkung. Er hatte schon das Einstellungsgespräch hinter sich und sammelte die auf dem Tisch ausgebreiteten Papiere ein, als einer der Alten ihn warnte:

»In diesem Bau ist kein Platz für die Ehrgeizigen. Denke nicht, daß du das Werk vollenden wirst, João Gaspar. Du wirst lange vorher sterben. Wir, die wir hier versammelt sind, sind der dritte Rat der Gesellschaft und wie unsere Vorgänger haben wir uns niemals der eitlen Illusion hingegeben, wir seien die letzten.«

2. *Die Warnung*

Der Ingenieur gab die Richtlinien, die er von seinen Vorgesetzten erhalten hatte, an seine nächsten Untergebenen weiter. Er verschwieg auch die Warnung nicht, die ihn verwirrt hatte. Als er sah, daß seine Worte die Zuhörer mehr beeindruckt hatten als ihn selbst vorher die Bemerkung des alten Rates, war er sehr zufrieden damit.

3. *Die Kommission*

João Gaspar nahm alles sehr genau und verachtete Improvisiertes. Bevor die erste Form mit Zement ausgegossen wurde, ernannte er eine Kontroll-Kommission, die die Arbeiter überwachen, Gehaltstabellen einrichten und ein Bulletin führen sollte, das die täglichen Vorkommnisse enthalten würde.

Mit dieser Maßnahme wurde eine größere Produktivität erzielt und zudem einige Male verhindert, daß es zu Unstimmigkeiten unter den Angestellten kam.

Um die Kameradschaft unter den leitenden Angestellten des Baus zu fördern, wurden sonntags fröhliche Zusammenkünfte organisiert. Dank dieser und anderer Dinge lief alles ruhig, und der Bau entwickelte sich in den vorgegebenen Etappen.

Alle fünfzig Stockwerke gab João Gaspar ein Fest für die Angestellten. Er hielt eine Rede. Er wurde älter.

4. *Der Ball*

Unruhig und gespannt sah man dem achthundertsten Stockwerk entgegen. Man verdoppelte die Vorsichtsmaßnahmen und verdreifachte die Zahl der Mitglieder der Kontroll-Kommission, die mittlerweile pausenlos tätig war, um Schwierigkeiten zu überwinden und Meinungsverschiedenheiten zu schlichten. Nach reiflicher Überlegung wurde der Ball, den man nach Beendigung jedes weiteren Stockwerkes feierte, verschoben.

Schließlich verflogen alle Befürchtungen. Ohne größere Hindernisse war man beim achthundertsten Stockwerk angelangt. Das Ereignis wurde mit einem Fest begangen, das größer als alle vorangegangenen war.

Bei Tagesanbruch kam es jedoch zu unglaublicher Gewalttätigkeit, die durch übermäßigen Alkoholgenuß und einen unwichtigen kleineren Vorfall ausgelöst wurde. Männer und Frauen gerieten in ein wüstes Handgemenge und verwandelten den Saal in einen Trümmerhaufen. Während Stühle und Flaschen durch die Luft flogen, versuchte der Ingenieur besorgt, die aufgebrachten Gemüter zu beruhigen. Es gelang ihm nicht. Ein schwerer Gegenstand traf ihn am Kopf, und damit waren seine Versöhnungsversuche beendet.

Als er wieder zu sich kam, schmerzte sein blutverschmierter Körper von den Stößen und Schlägen, die er nach seinem Fall erhalten hatte. Er sah sich als Opfer eines heimtückischen Hinterhaltes. Auf unerwartete Weise war die alte Vorhersage in Erfüllung gegangen.

5. Der Irrtum

Nach diesem Unfall schloß João Gaspar sich in seinem Haus ein und weigerte sich, auch nur seine engsten Mitarbeiter zu empfangen, denn er wollte kein Wort des Trostes von ihnen hören.

Wenn es schon unmöglich war, den Bau fortzuführen, dann wollte er doch wenigstens den Fehler aufdecken, den er begangen hatte. Er war überzeugt, daß er sich getreu an die Anweisungen des Obersten Rates gehalten hatte. Wenn er gescheitert war, dann mußte es daran liegen, daß er ein Detail in der Prophezeiung nicht beachtet hatte.

Da seine Mitarbeiter darauf bestanden, ihn zu sehen, gab er nach und erklärte sich bereit, sie zu empfangen. Sie wollten wissen, warum er aufgegeben hatte, warum er nicht mehr auf der Baustelle erschienen war. Hatte er den Streit übelgenommen?

»Was würde meine Anwesenheit nützen? War euch meine Erniedrigung nicht genug?«

»Wie?« fragten sie. »Das kam doch nur, weil alle betrunken waren.« Sie schämten sich wegen des Vorgefallenen und baten ihn um Entschuldigung.

»Und niemand ist der Arbeit ferngeblieben?«

Da sie verneinten, umarmte er seine Mitarbeiter:

»Von jetzt ab wird kein Hindernis mehr die Verwirklichung unserer Pläne beeinträchtigen!« (Seine Augen waren feucht, aber seine Lippen zeigten den Anflug eines hochfahrenden Lächelns.)

6. Der Bericht

Ohne neuerliche Aufregung gingen alle gewissenhaft ihren Aufgaben nach, und weitere sechsundneunzig Stockwerke wurden dem Gebäude hinzugefügt. Alles verlief zur größten Zufriedenheit, die durchschnittliche Arbeitsleistung der Lohnempfänger war hervorragend.

In einem Taumel selbstgefälliger Zufriedenheit verteilte der Ingenieur Gratifikationen, erging sich in Freundlichkeiten gegenüber dem Personal, spazierte auf den Treppen einher, lehnte sich aus den Fenstern, sprang herum und zwirbelte an seinem weiß gewordenen Bart.

Eine gewisse Ermüdung drohte ihn um den Genuß seines Triumphes zu bringen, den er noch weiter auskosten wollte.

Daher kam er auf den Gedanken, für die Direktoren der Stiftung einen detaillierten Bericht zu verfassen, in dem die Einzelheiten des Sieges dargelegt werden würden. Er würde außerdem zeigen, daß in Zukunft neue Prophezeiungen gegen den Fortgang des Werkes unmöglich aufkommen könnten. Nachdem dieser Bericht fertiggestellt war, begab er sich zum Sitz des Obersten Rates, wo er nur selten und nun schon seit langem nicht mehr gewesen war. Dort aber erwartete ihn statt der Glückwünsche, die er zu verdienen glaubte, eine Überraschung: die letzten Räte waren gestorben und in Übereinstimmung mit den Anweisungen, die nach dem Niedergang der Legende aufgestellt worden waren, wurden die freigewordenen Sitze nicht mehr besetzt.

Der Ingenieur zweifelte noch an dem soeben Gehörten und fragte den Archivar, der als einziger Hilfsangestellter noch von dem großen Kreis der Angestellten übriggeblieben war, ob man, die Weiterführung des Gebäudes betreffend, besondere Empfehlungen für ihn hinterlassen habe.

Dieser Archivar wußte von nichts und nicht einmal, warum er selbst dort ohne Vorgesetzte und ohne irgendeine Arbeit seine Zeit verbrachte.

Begierig machten sich beide daran, Dokumente zu suchen, die irgendwelche Anweisungen enthalten könnten. Sie durchstöberten sämtliche Schränke und Archive, fanden aber nichts außer technischen Beschreibungen und einen Satz, der am Rand von Büchern, Berichten und Bauplänen immer wieder auftauchte: das Chaos muß vermieden werden. Es wird bei Beendigung des achthundertsten Stockwerkes eintreten.

7. Der Zweifel

João Gaspars Euphorie war verflogen. Unsicher und nachdenklich geworden kehrte er zur Baustelle zurück. Als er oben auf der obersten Betondecke stand, die Hände auf die Hüften gestützt, erlebte er einen Augenblick schäbiger Größe: er hielt sich für den unbestreitbaren Herrn des Monuments zu seinen Füßen. Wer sonst hätte es sein können, da der Oberste Rat nicht mehr bestand.

Sein maßloser Stolz währte nicht lange. Als er nach Hause kam, wo schon immer eine sorgende weibliche Hand gefehlt hatte, ließen ihn die Zweifel nicht mehr los. Warum hatte man einem einfachen Techniker ein Unternehmen solchen Ausmaßes anvertraut? Welche Ziele hatten wohl denen vorgeschwebt, die sich solch einen absurden Wolkenkratzer ausgedacht hatten?

Die Fragen kamen und gingen, während das Gebäude weiter wuchs und es immer unwahrscheinlicher wurde, daß sich je aufklären würde, was unter so geheimnisvollen Umständen begonnen hatte.

Die anfängliche Begeisterung für den Bau machte untergründig einer gewissen Mutlosigkeit Platz. Vor Freunden klagte er über die Langeweile, die ihn überkam, wenn er dem ewigen Kreislauf von Zement, Kies, Verschalungsformen zusah. Dazu befiel ihn Angst, wenn er das monotone Auf und Ab der Fahrstühle beobachtete.

Als er unter der ständigen Angst zusammenzubrechen drohte, rief er die Arbeiter zu einer Versammlung zu sich. Er erklärte ihnen unter besonderer Beachtung vieler Einzelheiten, daß die Auflösung des Obersten Rates ihn zwänge, den Fortgang des Baus zu unterbinden.

»Es fehlt uns ein Leitplan. Ohne diesen sehe ich keinen Grund, ein endloses Gebäude zu errichten«, schloß er. Die Arbeiter hörten ihm in ehrerbietigem Schweigen zu. In ihrem Namen antwortete ein Spezialist im Zementgießen:

»Wir sind dir als Chef gefolgt, aber die Befehle, die wir erhalten haben, gingen von übergeordneten Stellen aus und sind nicht zurückgezogen worden.«

8. *Die Verzweiflung*

Vergebens appellierte er an das Verständnis der Angestellten. Er sprach versöhnlich, er versuchte zu überzeugen, denn seine Absichten waren friedlich. Die Angestellten waren gleichermaßen höflich, wiesen jedoch die Vorstellung zurück, sie sollten die Baustelle verlassen. »Hört mich doch«, flehte er, voller Ungeduld über die Starrköpfigkeit der Untergebenen. »Ein Monstrum unbegrenzten Ausmaßes ist einfach undurchführbar! Die Fundamente müßten mit zunehmender Anzahl der Stockwerke verstärkt werden. Auch das ist nicht machbar.«

Obwohl man ihm immer aufmerksam zugehört hatte, überzeugte er niemanden. Er mußte sich daraufhin unnachgiebig zeigen und entließ das gesamte Personal. Die Arbeiter weigerten sich, die Entlassung anzunehmen. Sie verwiesen auf die unumstößlichen Bestimmungen der verstorbenen Räte. Schließlich sagten sie, sie würden nachts und sonntags arbeiten, unabhängig von jeglicher zusätzlicher Lohnfortzahlung.

9. Die Täuschung

Die Entscheidung der Lohnempfänger, die Zahl der Arbeitsstunden zu erhöhen, gab dem Ingenieur neuen Auftrieb. Er hoffte, sie würden bald aufgeben vor Erschöpfung, denn sie konnten unmöglich auf längere Zeit ein solches gemeinsames Unterfangen durchhalten. Bald aber sollte er seinen Irrtum erkennen. Abgesehen davon, daß man ihnen keinerlei Erschöpfung anmerkte, kamen aus den benachbarten Städten noch Hunderte von Arbeitern, die sich bereit erklärten, den Kollegen unentgeltlich zu helfen. Sie kamen singend an, die Werkzeuge geschultert, als seien sie bereit, an einem langen, freudigen Unterfangen mitzuwirken.
 Es half wenig, ihnen den Zugang zu verweigern. Sie selbst suchten sich die entsprechenden Aufgaben heraus und nahmen sie begeistert in Angriff, ohne die heftigen Vorwürfe von João Gaspar zu beachten.

10. Die Ansprachen

Als er sah, daß immer größere Gruppen von Freiwilligen hinzustießen, hatte der Ingenieur nicht mehr den Mut, sie zu verjagen. Er ging dazu über, nacheinander die Stockwerke abzulaufen und mahnte sie, die Arbeit niederzulegen. Er hielt lange Reden und fiel oft vor Erschöpfung bewußtlos zu Boden.
 Zu Beginn entschuldigten die Angestellten sich, da es ihnen peinlich war, daß sie ihm nicht aufmerksam zugehört hatten. Im Laufe der Jahre gewöhnten sie sich daran und hielten seine Worte für ein wichtiges Element der Empfehlungen, die der Chef-Ingenieur vor Auflösung des Obersten Rates erteilt hatte.
 Nicht selten baten sie ihn, begeistert von der Schönheit seiner bildhaften Sprache, das Gesagte zu wiederholen. João Gaspar wurde böse und brach in heftige Beschimpfungen aus. Er kleidete sie aber in einen so guten Stil, daß niemand sich betroffen fühlte. Und lächelnd kehrten die Arbeiter zu ihrer Arbeit zurück, während das Gebäude weiter in die Höhe wuchs.

Peter Schattschneider
Verschwörung der Zwiedenker

I

Widerstrebend erwachte die Stadt zu einem grauen Tag. Nebel kroch über die Fenster. Eine trübe Skyline begrenzte den Himmel. Es war kälter als sonst. Öder als sonst. Ko fröstelte. Mißmutig aktivierte er den Terminal. »Guten Morgen«, wünschte die sanfte Frauenstimme des Vocoders. »Wie fühlst du dich?«

»Ganz gut«, log er.

»Können WIR etwas für dich tun? Psychohygiene vielleicht?«

»Nein, wirklich, ich bin in Ordnung«, beharrte er.

»Dann ist es gut. Du weißt, WIR wollen dir bloß helfen. Wenn du Sorgen hast, komm einfach. Mit UNS kannst du über alles sprechen.«

Ko hatte Mühe, das geflüsterte Angebot zu ignorieren.

SIE ahnten es stets, wenn man Probleme hatte. Bedrängten einen, bis man sich fallen ließ.

Er brachte es zuwege, unbeteiligt zu klingen, als er sagte: »Leg mir die Aktivierungsmelodie auf. Und zum Frühstück bitte Soja-Plätzchen-Geschmack H und Koffein. Ja, und ein Grippe-Prophylaktikum.« Er loggte aus, ohne die höfliche Antwort abzuwarten, nahm ein Glas Frobi aus der Kühlbox, setzte sich und wartete auf das Frühstück. Die beschwingte Melodienfolge, nach Psychotests für ihn zusammengestellt, zeitigte keine Wirkung. Lag wohl daran, daß SIE ihm die Arbeit im Pharma-Lab genommen hatten, wo er bis gestern Katalyse-Bakterien in die Tanks geschaufelt hatte. Eine gute Arbeit. Mutlos betrachtete er die Schwielen an seinen Händen.

Wer weiß, was jetzt auf ihn zukam.

Das Frühstück paßte zu seiner Laune. Er würgte es mißmutig herunter, versuchte dabei, seine Stimmung zu analysieren. Es lag nicht an der Arbeit, gestand er sich ein. Es war viel schlimmer. Er hatte Angst.

Sehnsüchtig schielte er nach dem Terminal. Der Wunsch nach Psychohygiene wurde heftiger, nur mit Anstrengung hielt er sich davor zurück, wieder einzuloggen. Hastig verzehrte er das letzte

Soja-Plätzchen, schlüpfte in den Overall und verließ seine Wohnzelle. In wenigen Sekunden brachte ihn der Lift aus dem neunzigsten Obergeschoß zur Einschienenbahn. Ko achtete auf das hohle Gefühl im Magen, wenn der Lift abwärts beschleunigte, das ihn jedesmal nötigte, die Zähne zusammenzubeißen. Beruhigt stellt er fest, daß es immer noch ekelerregend und stark war. Er fürchtete den Tag, da er sich daran gewöhnt haben würde, als wäre dann etwas Wichtiges in ihm abgestorben. Der Aufzug war sozusagen ein geheimer Test, von dem niemand wußte. Nicht einmal in der Psychohygiene hatte er je davon gesprochen.

Über die Rollstraße erreichte er die Einschienenbahn.

Während der Zug auf dem Linearmotor dahinpfeilte, hing Ko düsteren Gedanken nach. Was sollte er dem Wirklichen erzählen? Was auch immer er sagte, es würde gegen ihn ausgelegt werden, dessen war er sicher. Die Wirklichen waren gefährlicher noch als SIE.

Er war unvorsichtig gewesen. Hatte einen Fehler gemacht, als er sich offen für die Zwiedenker interessierte. Das hatte SIE alarmiert und den Wirklichen auf den Plan gerufen. Sein Freund Ulf hatte sogar vermutet, daß auch der Arbeitswechsel damit zusammenhing. Aber auch Ulf wußte keinen Rat. Man mußte zuwarten. Wenn er Glück hatte, passierte gar nichts.

Beim Stadtpark stieg er aus. Aya wartete bereits.

»Ich hoffe, du hast einen guten Grund, mich tagsüber zu treffen. Mußte meinen Dienst verschieben«, begrüßte sie ihn verärgert.

»Ich wollte dich noch einmal sehen«, antwortete er. Sie erschrak.

»Was heißt das?«

Er schwieg, während sie gemeinsam die schnelle Rollstraße zum Park nahmen. Menschen hasteten in beiden Richtungen vorbei. An jeder Ecke ein Terminal mit dem grün flammenden WIR-Symbol. SIE waren überall. Ko wurde nervös, und zugleich spürte er das Bedürfnis, eine der Terminalzellen aufzusuchen und seine Unruhe in der Psychohygiene abzubauen.

An der Kreuzung querte ein Wirklicher die Straße. Alle machten der schwarzen Robe ehrerbietig Platz. Manche verbeugten sich. Wieder kam Angst hoch.

»Komm, laß uns in den Park gehen«, sagte er rasch. Sie traten von der Rollstraße beim nächsten Parkeingang auf das Trottoir.

Zwischen den Bäumen und Blumenbeeten fühlte er sich wohler. Hier waren SIE nicht so nah.

»Wie geht's dir?« fragte er, um etwas zu sagen.

»Gut«, antwortete sie pflichtgemäß, es klang wie stets echt. Nach kurzem Schweigen verlangte sie: »Also sag schon, Ko: was meintest du vorhin mit ›ich wollte dich noch einmal sehen‹?«

»Ich – ich darf es dir nicht sagen«, wich er aus. Es war verboten, Bezugspersonen von persönlichen Problemen zu erzählen. Dazu gab es die Psychohygiene.

»Nun stell dich nicht so an. Ich weiß selbst genau, was SIE alles verbieten und vorschreiben. Aber hier sind wir unter uns. Ich werde doch IHNEN nicht auf die Nase binden, was du mir erzählst. Wir müssen zusammenhalten.« Sie neigte sich vertraulich zu ihm. Sie kamen zum Teich. Robo-Enten pflügten surrend das Wasser auf der Suche nach Unrat und Brotkrümeln, die Kinder ihnen zuwarfen.

»Ich bekomme heute abend Besuch«, sagte er. »Ein Wirklicher.«

»Was??«

»Ein Wirklicher Berater erster Klasse«, wiederholte er in einem Tonfall, als wäre dies selbstverständlich. Aya blickte nervös über die Schulter. »Was – was hast du angestellt?«

»Ich war leichtsinnig«, gestand er. »Habe mich für die Zwiedenker-Epoche interessiert und obendrein in der Psychohygiene darüber gesprochen. SIE haben mich als potentiell gefährlich eingestuft. Reaktionäres Gedankengut, psychisch labil und so weiter.«

Offenbar waren SIE nicht mehr zurechtgekommen mit seinem Problem. Die Überwachungs- und Hygieneprogramme waren überfordert, deshalb wohl schickten SIE einen Wirklichen, der Ko überprüfen sollte. Und wenn dessen Urteil schlecht ausfiel ... Die Angst schwoll Ko wie ein Klumpen im Hals. Seine Furcht griff auf Aya über. Sie knetete nervös ihre Finger. »Aber warum, warum hast du SIE herausgefordert?«

»Ich interessierte mich für die Zwiedenker. Hatte ein Buch über diese obskure Epoche gelesen. Der Autor stellte diese Gesellschaft als den Irrsinn schlechthin dar. Aber zwischen den Zeilen fand ich Schönes. Es gab Freiheit damals. SIE existierten noch nicht. Es muß eine wilde, abenteuerliche Zeit gewesen sein. Je mehr ich erfuhr, desto faszinierter war ich.«

»Aber sie hießen nicht von ungefähr Zwiedenker. Sie waren geisteskrank, keines klaren Gedankens fähig. Sie zerstörten sich selbst durch ihre Dummheit.«

»Das ist die offizielle Version. Siehst du, ich glaube kein Wort davon. Das reden SIE uns ein, damit wir nicht merken, wie schlecht es uns heute geht.«

»Geht es uns schlecht?«

»Aya, du sagst es doch selbst. SIE sind zu mächtig geworden. Überwachen jeden Schritt der Bürger. In dieser Robo-Ente, an jedem Baum, an jedem Haus kann ein Video-Chip angebracht sein, der IHNEN alles meldet. Wir haben die Freiheit verloren.«

Die letzten Worte hatte er heftig ausgestoßen.

Trotzig schaute er um sich, ob ihn jemand gehört hatte. Aber die Parkbesucher reagierten nicht. Geziemend schauten sie zu Boden, um seinen suchenden Blick nicht zu kreuzen. Nur Bezugspersonen hatten Blick-Kontakt.

»Aber jeder hat die optimale Beschäftigung, niemand leidet Not oder Krankheit. Wir sind sorgenfrei. SIE kümmern sich um alles!«

Ko nickte. Genau das war es, was ihn störte. Und das störte wiederum die Überwacher. Darum hatte er jetzt den Wirklichen zu fürchten.

Sie schwiegen beide, schlenderten, in Ahnungen und Gedanken verstrickt, gemeinsam durch den Park, als absolvierten sie einen erfrischenden Morgenspaziergang.

»Wenn SIE mich umwandeln« – Ko stockte, unvermittelt stehenbleibend – »nur für den Fall, daß wir einander nicht mehr sehen – du sollst wissen, ich hatte nie eine bessere Bezugsperson als dich.« Er brauchte lange, bis er das Wort fand. Schwer kam es ihm über die Lippen.

»Ich – mag dich.«

Sie errötete. »Du bringst mich ganz durcheinander. Ich weiß gar nicht, was ich sagen soll.« Spontan griff sie nach seiner Hand, preßte sie heftig. Das war eine gewagte Intimität. Einige Spaziergänger schielten herüber. »Wie soll ich mich verhalten? Aya, was soll ich tun, wenn er kommt?« Es kam gepreßt aus seiner Kehle.

Sie schüttelte ratlos den Kopf. »Ich weiß nicht. Ich würde versuchen, ganz normal zu sein, keine Taktik verfolgen. Würde bloß versuchen, auf ihn einzugehen. Wenn du seine Sympathie gewinnst, bist du gerettet. Versuche, seine Menschlichkeit zu erkennen. Finde etwas über ihn heraus.«

Ko dachte darüber nach, während sie gemeinsam den Park verließen und der Einschienenbahn zustrebten. Sie hatte recht, fand er. Der Wirkliche war ein Mensch, und einen Menschen mußte man nicht fürchten, wenn er auch IHR Berater war.

An der Station deutete Aya auf ein nahes öffentliches Terminal.

»Willst du nicht noch eine Stunde Psychohygiene machen, bevor er kommt?«

Er wehrte entschieden ab. Er würde beweisen, daß er ohne Psychohygiene auskam. Aya hatte ihm Zuversicht gegeben.

Trotz seiner positiven Motivation wurde Ko umso nervöser, je näher der Abend kam. Das Bedürfnis, einzuloggen und psychologischen Beistand anzufordern, wuchs. Die Negation dieser Absicht verursachte ihm schließlich nahezu körperlichen Schmerz. In der Hoffnung, davon loszukommen und sich zu entspannen, nahm er Zuflucht zum Sexisens, an dem er ein langes, ausschweifendes Programm wählte. Die Auslösung brachte für eine Weile Erleichterung, aber die Unruhe war bloß begraben, nicht beseitigt. Er suchte Zerstreuung in einfachen Bildschirmspielen, vermied aber, mit IHNEN zu kommunizieren. So verging der Nachmittag zwischen Furcht, Zuversicht und Resignation, zwischen Wunsch und Alpträumen, zwischen Bildschirmspielen, Lesen und Grübeln. Pünktlich um 19 Uhr erschien der Wirkliche Berater erster Klasse. Ko empfing ihn an der Türe.

»Guten Abend, Ko«, grüßte er. »Ich bin Igor.« Ohne zu fragen, legte er die schwarze Robe ab. Darunter trug er normale Straßenkleidung.

Auch nur ein Mensch, dachte Ko. Ohne Robe war es einfach. »Wollen Sie – Platz –?« Der Wirkliche nickte lächelnd und sank in den bequemen Fauteuil, von wo er die Wohnzelle musterte. Er nickte anerkennend. »Hübsch haben Sie's da. Sehr hübsch.« Ko sagte nichts.

Er saß kerzengerade auf der Bank, so weit vorne, daß er fast über die Kante rutschte.

»Wir wollen die Sache heute rasch hinter uns bringen, ich habe noch etwas vor – um es kurz zu machen: Aus gewissen Tatsachen wurde geschlossen, daß Sie psychisch gefährdet sind. Sie wollen sicher gesund bleiben, und aus diesem Grund werde ich Ihnen einige Routinefragen stellen. Ich möchte dadurch die Ursachen

Ihrer Gefährdung aufdecken, so daß Sie entsprechend geschützt werden können.«

Ich will mich nicht schützen lassen, dachte Ko. Was er sagte, war: »Aber sicher, Igor. Fragen Sie nur.«

»Wieviele Bezugspersonen haben Sie?«

»Fünf natürlich.«

»Würden Sie gerne mehr haben?«

»Aber nein, mehr als fünf sind gesundheitsschädlich, weiß man doch.«

Außerdem war es verboten, mehr als fünf Bezugspersonen zu haben. Und gerade deshalb sollte man mehr wollen, fand Ko. Er malte sich ein abenteuerliches, schillerndes Leben mit hundert Freunden aus, es war ein ständiges Kommen und Gehen, ein Kennenlernen, Staunen und Diskutieren.

»Ganz recht, mein Lieber. Ich frage auch gar nicht weiter, denn wie ich gehört habe, wechseln Sie Ihre Bezugspersonen sehr selten. Das deutet auf einen stabilen Charakter.«

Alles schien in Ordnung zu sein. Kos Angst schrumpfte bereits.

»Sagen Sie mir nur eines«, fuhr Igor fort. »Hatten Sie in letzter Zeit Schwierigkeiten mit Ihrer ersten Bezugsperson?«

»Mit Aya? Nie.«

»Sie entschuldigen die folgende Frage, aber ich muß jeder Möglichkeit nachgehen.«

Kos Nackenhaare sträubten sich. Was kam jetzt?

»Pflegten Sie jemals sexuelle Beziehungen zu Aya?«

»Was sagen Sie da? Ich bin doch nicht pervers! Mit einer Bezugsperson noch dazu!« Das war wirklich eine Zumutung. Das war gerade so undenkbar wie Inzest. Und schließlich gab es Sexisens.

»Mein Sexualleben ist erfüllt und ausgeglichen, wenn Sie das wissen wollen«, entrüstete er sich. Unter der Empörung war er aber erleichtert, zeigte ihm die Frage doch, daß der Wirkliche einer falschen Fährte folgte. »Na, schon gut«, beruhigte ihn Igor. »Da ist sicher alles in Ordnung, das sehe ich Ihnen an. Aber sagen Sie mir doch, was Sie so an den Zwiedenkern interessiert.« Jetzt war die Katze aus dem Sack.

»Nichts«, antwortete Ko, und er merkte, daß seine Stimme dabei vibrierte. »Ich bin einfach neugierig«, fügte er eilig hinzu. »Wollte wissen, wie diese Verrückten zugrundegegangen sind. Und welche Freiheiten sie hatten.« Freiheiten, die dein Leben unwirklich erscheinen lassen, Wirklicher! Sogar du mit deinen Sondervollmachten und Bevorzugungen bist ein Sklave gegen die Vorfahren.

»Klingt plausibel. Ja, durchaus.« Igor nickte nachdenklich. »Eine gesunde Einstellung. Müssen Sie oft zur Psychohygiene, Ko?«

»Ganz selten«, antwortete Ko erleichtert. Zu spät merkte er, daß er einen Fehler gemacht hatte. Gerade seine seltenen Sitzungen waren ja erklärungsbedürftig.

Zum Glück schien der Wirkliche nichts bemerkt zu haben.

»Alles normal, ganz normal«, befand er. »Auch die Einstellung zu den Zwiedenkern. Sie hätten diese Epoche erlebt haben sollen, dann wären Sie nicht nur befremdet, sondern entsetzt.«

Hast du eine Ahnung, dachte Ko. Wenn du wüßtest, wie gerne ich sie erlebt hätte.

Igor blickte auf die Uhr. »Also, das war's für heute. Vielleicht besuche ich Sie noch einmal. Jetzt muß ich mich aber beeilen, habe noch etwas vor.« Er grinste vertraulich. Ko horchte auf. Zum zweitenmal betonte er schon dieses Vorhaben.

An der Wohnungstür, als der Wirkliche schon am Gang stand, setzte Ko einigemal zur entscheidenden Frage an.

»Werde ich – werden Sie mich ...«

»Was meinen Sie, mein Lieber?«

»Nun man hört einiges von Veränderungen –.«

»Sie meinen eine tiefenstrukturelle Persönlichkeitsumwandlung? Gehirnwäsche und so?« Igor lachte. »Wo denken Sie hin – das sind Schauermärchen.«

Er drehte sich um, ging zum Aufzug. »Wir haben feinere Methoden, lieber Ko. Viel feinere«, rief er über die Schulter zurück.

Als der Aufzug abwärts surrte, blieb Ko noch in der offenen Tür stehen. Das Schlimmste schien überstanden. Aber er kam wieder. Man mußte sich auf ihn einstellen, etwas über ihn in Erfahrung bringen. Aya hatte recht. Einer Eingebung folgend, schlüpfte er rasch in seinen Straßenkittel und verließ die Wohnung. Der Wirkliche hatte ja noch etwas vor. Vielleicht half es, wenn er wußte, was.

2

Ko versuchte geradeaus zu blicken, ohne Igor aus den Augen zu verlieren. Solange der Verfolgte zwanzig Meter voran die Rollstraße benutzt hatte, war das gut gegangen. Vor einigen Minuten aber war er in das Action-Center eingetreten, wo er nun unschlüssig zwischen den Kojen umher schlenderte. Ko passierte bereits zum fünften Mal die Glasfassade des Lokals, die den Blick ins Innere freigab. Flammende Reklamen aus den Kojen, flackernde Lichter, Hinweistafeln auch über den Rollsteigen. Auf den gegenläufigen Bahnen glitten Menschen aneinander vorbei, deren Aufmerksamkeit – wenn überhaupt – auf die Schilder und flackernden Reklamen voran gerichtet war. Aus den Lokalen beidseits der Trasse drangen erregende, harte Rhythmen.

Ko wurde unruhig. Lange konnt er nicht mehr vor der Front des Vergnügungsladens auf und ab fahren. Jetzt schon hatte er das Gefühl, daß sein merkwürdiges Verhalten auffiel. Er spürte bohrende Blicke im Rücken, als hätten SIE ihn bei seiner Nacht- und Nebelaktion ertappt. Jeden Augenblick erwartete er die sanft tadelnde Stimme des Medcom zu hören, der ihn beobachtete. Der Schweiß brach ihm aus. Zum Glück hatte sich der Wirkliche soeben für eine Koje entschieden. Ko, dessen Herzschlag unangenehm beschleunigt war, sprang vom Rollsteig und betrat, während er den Anschein von Ruhe und Gleichgültigkeit wahrte, das Lokal. Bald war er, scheinbar zufällig, in Igors Nähe, und da die Nachbarkoje gerade frei war, konnte er, ohne durch allzulanges Stehenbleiben und Zusehen Aufsehen zu erregen, seinen Mann weiter beschatten.

Ko warf eine Münze in den Spielleiter und stülpte den Kopfhörer auf. Aus den Augenwinkeln schielte er zum Nachbarspiel.

»Guten Abend«, wünschte der Spielleiter. »Dieses Spiel schärft ihre kritische Beobachtungsgabe. Es wurde aus der Qualitätskontrolle in der Rechnerproduktion weiterentwickelt und von UNS als didaktisch und emotionell förderlich eingestuft.«

»Ja, ja, fang schon an«, forderte Ko zerstreut.

Auf der Wand erschien das holografische Bild eines fabrikneuen Rechners. Er war wunderschön. Chromleisten blitzten an den Seiten des Displays, unter dem Videoauge blinkte rot das Bereitschaftssignal. Der Vocoder rechts vom Bildschirm war mit eleganten Prallrippen versehen, wie es bei den teuren Modellen üblich war. Die Tastatur im Metallic-Design war superflach.

»Sie haben jeweils dreißig Sekunden Zeit, einen aus der Fertigung kommenden Rechner auf Funktion zu prüfen. Dazu wählen Sie bitte ein Wissensgebiet, mit dem die Rechner geladen werden. Sie dürfen beliebige diesen Anwendungsbereich betreffende Fragen stellen. Mangelhafte Produkte werden vernichtet.«

Eine Laserkanone an Kos Pult spie einen roten Strahl gegen die Bildwand, und der Rechner begann zu glühen und zu wabern, bis er schließlich mit schrillen Berstgeräuschen explodierte. Der Film zeigte sekundenlang die rauschenden, verkohlten Überreste, bevor der nächste Prüfling eingeblendet wurde.

»Jede richtige Entscheidung zählt einen Punkt«, fuhr der Spielleiter fort. »Sollten Sie fehlerhafte Ware durchlassen oder intakte Rechner fälschlich vernichten, erhalten Sie Strafpunkte. Bei einem Totalscore von zehn Punkten haben Sie ein Freispiel.«

Ko war nur mit halber Aufmerksamkeit bei der Erklärung, weil ihn Igor in der Nachbarkoje beanspruchte. »Na, dann los«, meinte er abwesend.

»Bitte, wählen Sie ein Wissensgebiet«, forderte der Spielleiter.

»Ist doch egal. Sagen wir – die Zwiedenker«, entschloß er sich spontan. Es dauerte, bevor der erste Kandidat präsentiert wurde.

»Definiere das Zeitalter der Zwiedenker.«

»Periode von 1900 bis 1984, gekennzeichnet durch einzigartigen wissenschaftlichen Aufschwung«, schnarrte der Rechner. »In der Endphase Entwicklung leistungsfähiger Datenverarbeitungs- und Übertragungssysteme, die zur Gründung des weltweiten Verbundes führte, der Basis der überparteilichen Weltregierung.«

Die dreißig Sekunden waren zwar noch nicht um, aber Ko war bereits zufrieden. Er drückte auf die mit FORWARD beschriftete Sensorfläche, und der Kandidat bedankte sich, als er die Kontrolle passierte.

Das nächste Modell war frontseitig signalgrün, der Rest des Gehäuses prangte rot.

»Wirtschaftslage«, verlangte er aufs Geratewohl.

»Die Wirtschaft der Industrienationen war aufgrund des mangelnden Verständnisses der Marktmechanismen einem Zyklus unterworfen. Rezession und Konjunktur lösten einander ab. Der Arbeitsprozeß war monetär dominiert und führte in Verbindung mit der freien Marktwirtschaft notwendig zur Arbeitslosigkeit. Dieses Problem wurde erst mit der Einführung wirksamer Kontrollfunktionen durch die Weltregierung gelöst.«

Wieder verlangten die Sensortasten eine Entscheidung. Ko hatte keine Ahnung, was Rezession, Konjunktur oder Arbeitslosigkeit bedeuteten. Zudem war er durch Igor in der Nebenkoje abgelenkt. Er fand, daß die Antwort richtig geklungen hatte, und ließ den Prüfling passieren. Schon wartete der nächste, ein Portable mit sportlichem Tragegriff. Ko fand Gefallen an dem Spiel. Er hatte ohne Anstrengung zwei Punkte. »Definiere Arbeitslosigkeit«, befahl er dem Portable.

»Okay, Freund«, kam es schnittig zurück. »Rezessive Phasen werden durch schlechten Wirkungsgrad im Arbeitsprozeß verursacht. Die Leute brachten wenig zustande, weil sie ungern arbeiteten. Sie taten es eben nur für Geld, ohne sich wirklich dafür zu interessieren. Heute haben wir dank der weltumspannenden Datenbanken ein wirksames Zuteilungssystem, das jedem die passende Beschäftigung sichert.

Damals war man diesbezüglich auf den Zufall angewiesen. In wirtschaftlich schlechten rezessiven Perioden, wenn gar nichts mehr klappte, veranstaltete man eine Lotterie, in der verlockende Posten zu gewinnen waren. Die Unzufriedenen kauften Arbeitslose, und nach der Verlosung kam es zu einer Umverteilung auf dem Arbeitsmarkt. Die Phase der Verlosung und Ziehung nannte man sinnfällig Arbeitslosigkeit.«

Eigenartige Sitten. Aber er konnte daran nichts Inkonsequentes entdecken. Daß die Zwiedenker merkwürdig waren, wußte man ja. Also drückte er wieder FORWARD.

»Schmeck's!« sagte der Portable. »Du sitzt am falschen Posten. Hast wohl eine Niete gezogen bei der Verlosung.« Kos Score verringerte sich auf 1.

So ging es offenbar nicht. Er mußte bessere Fragen stellen, sonst führten sie ihn an der Nase herum. Und er hatte auch schon eine: »Woher kommt die Bezeichnung ›Zwiedenker‹?« fragte er den nächsten Prüfling.

»Der Begriff stammt aus einem zeitgenössischen Roman von George Orwell, 1903 bis 1950, der die damalige Gesellschaft beschrieb.«

»Jetzt hab' ich dich«, murmelte Ko. Das wußte er besser als die Blechkiste. Sein Finger schwebte über dem DESTROY-Signal.

»Was ist los?« fragte der Kandidat.

»Alles stimmt bis auf die Tatsache, daß keineswegs die damalige Gesellschaft gemeint war, sondern eine fiktive, zukünftige«, erklärte er grimmig und berührte den Sensor.

»Bitte, gib mir noch eine Chance«, versuchte sich der Prüfling zu retten, während ihm der Laserstrahl einheizte. »Der Speicher« – die Stimme wurde schrill in der Glut der Strahlung – »falsches Bitmuster – ahhhh!« und mit einem grauenhaften Schrei zerbarst das Gehäuse. Rauschende Drähte quollen wie Gekröse aus der Wunde, und Ko hatte wieder zwei Punkte. Zufrieden lehnte er sich zurück. Na also. Man mußte diesen Blechkästen zeigen, wer der Herr war.

Der nächste Kandidat war pastellblau gehalten. Weiche, geschwungene Linien rahmten ein zierliches Display.

Was sollte er fragen? Es gab so viele unklare Dinge aus dieser Epoche, er brauchte nur an die Bücher zu denken, die er gelesen hatte.

»Sag mir«, entschied er sich, »was bedeutete damals ›Treue‹?«

Dieses Wort hatte er oft in den Büchern gefunden, aber es schien stets in einem ihm unverständlichen Zusammenhang von Sex und/oder Freundschaft zu stehen.

»Treue wurde in mehrfacher Bedeutung verwendet«, antwortete der blaßblaue Computer mit sanfter Frauenstimme. »Im weitesten Sinne bedeutete es wie auch heute Loyalität, Offenheit, Ehrlichkeit. Während wir es aber heute nur auf den Arbeitgeber beziehen, wurde es damals mehr noch auf Bezugspersonen angewandt. In unseren persönlichen Beziehungen von einem treuen Freund zu sprechen, wäre überflüssig, wie einen Computer intelligent zu nennen. Damals waren die Beziehungen aber vielschichtig und verwirrend, man hatte bis zu hundert Bezugspersonen« – Ko schüttelte mißtrauisch den Kopf, denn man wußte, daß fünf die oberste, nicht gesundheitsschädliche Grenze für die Zahl der Beziehungen war. Eine Erhöhung erhielten nur Wirkliche Berater erster Klasse zugebilligt – »und Treue war keineswegs selbstverständlich. Auch gegenüber Parteien und Staaten traf der Begriff zu. Im landläufigen neuhochdeutschen Sprachgebrauch war mit Treue im engeren Sinn aber die sexuelle Loyalität, speziell von Personen weiblichen Geschlechts, gemeint.« Ko lächelte. Was war sexuelle Loyalität? Das klang wie rotgrünes Magendrücken oder körperliche Gedanken. Das Biest führte ihn an der Nase herum.

»Diese Besetzung«, fuhr die Stimme fort, »rührt von dem hierarchischen Verhältnis her, welches Loyalität bedingt. So ist der Hund zwar ein treuer Freund des Menschen, aber nicht umgekehrt. Solch extreme Asymmetrie bestand im Zeitalter der Zwiedenker immer noch bezüglich der Sexualität. Der weibliche Sexualapparat wurde als Besitz des Mannes betrachtet; unter Treue verstand man folgerichtig ein Bekenntnis zu dieser These.«

»Jetzt ist es genug«, unterbrach Ko verärgert. »Solchen Quatsch glaubt doch nicht einmal ein Computer! Du bist durchgefallen!« Er drückte DESTROY und wartete ungeduldig auf die Vernichtung des Rechners. Aber nichts geschah.

Als er sich aufrichtete, fiel sein Blick auf die leere Nachbarkoje. Verärgert darüber, daß er Igor verloren hatte, überblickte er die Halle. Sie lag ungewöhnlich ruhig und verlassen. Wenige Lampen brannten.

Es war ein tristes Leben, eingeklemmt zwischen Arbeit und Freudenersatz. Keine Freiheit, keine Sorgen, keine Gedanken. Alles war kanalisiert, alles lief wie ein Uhrwerk. Wie gern hätte er früher gelebt.

3

Ko fühlte sich müde von dem anstrengenden Spiel. Es war eine am Gehirn saugende, vergessenmachende Müdigkeit. Als hätte er lange, zu lange geschlafen. Er wünschte das Spiel rasch zu beenden. Brachte ja nichts, war bloß einer der vielen Tricks, die Bürger zu beruhigen. In eine bessere Welt konnte ihn niemand versetzen, schon gar nicht SIE, die ein elementares Bedürfnis nach dieser Gesellschaft hatten. Er drücke CONTINUE, wartete gelangweilt auf den nächsten Kandidaten. Aber der Bildschirm blieb leer.

Erst jetzt fiel ihm auf, daß alle Kontrollampen erloschen waren. Bloß das Bereitschaftssignal leuchtete.

»Na, also«, murmelte er.

Da hatte er es ja bereits hinter sich gebracht. Er drücke auf SCORE, aber die Anzeige blieb tot. Wiederholtes Hämmern war ebenso vergeblich wie sein Versuch, im Rechnerverbund einzu loggen, um die Störung zu melden.

Ko ärgerte sich. Auch wenn er nicht gewonnen hatte, war er berechtigt, seinen Spielstand zu erfahren. Und jetzt konnte er nicht einmal die Störung melden. Angewidert stand er auf, gab der Maschine einen Tritt und wandte sich zur Tür.

Sie reagierte nicht.

»Mach auf, du Rostkiste, oder ich melde dich«, herrschte er sie an, bevor ihm einfiel, daß er gar nichts melden konnte. Alles war ausgefallen. Wieder eine größere Störung eben.

Durch seinen Ärger kam Freude, als er sich den totalen Zusammenbruch vorstellte. Irgendwann würde das System so komplex werden, daß die kleinste Störung letal für SIE ausgehen mußte. Oh, wie er diesen Tag herbeisehnte!

Ko öffnete die Tür manuell, trat ins Freie und warf sie in einer Aufwallung unkontrollierten Hasses zu. Kunststoff splitterte, eine Angel löste sich aus der Zellwand, und der Flügel blieb blöde pendelnd hängen.

Im Inneren der Zelle waren Lichter ausgefallen, ein konturloses Grau drohte hervorzuquellen.

Ko querte die menschenleere Spielhalle, die nun, da die Störung alle Lichter gelöscht hatte, wie eine Tempelruine lagen. Vom Eingang kam trübes Licht. Draußen war es hell.

Die Sonne, noch hinter den Häusern, war schon aufgegangen. Das Spiel hatte länger gedauert als vermutet. Seltsam, die Zeit war so rasch vergangen. Etwas Fremdes war in diesem ersten Tageslicht. Verhaltene Hoffnung, auch ein flüchtiges Wispern von Gefahr. Wo war der Wirkliche? Hatte sein Verschwinden mit dem Ausfall der Spielhallen zu tun? Feinere Methoden ... viel feinere ... gab es da einen Zusammenhang? Unentschlossen verweilte Ko vor der Halle. Erst die Morgensonne weckte ihn aus einer Beklemmung, die wie Traumwatte vor seiner Stirne hing. Er überlegte, ob er heimgehen und diesen Tag verschlafen sollte, da er aber, je weiter er sich von der Spielhalle entfernte, um so munterer wurde, beschloß er, sogleich die Arbeitsvermittlung zu befragen.

Das öffentliche Terminal, von dem aus er es versuchte, war gestört, und bei den nächsten dreien verhielt es sich ebenso. Auch nicht schlecht, dachte er und eilte auf den Markt zu. Vielleicht ergab sich an Ort und Stelle eine Gelegenheit. Die Umgebung wechselte allmählich, während er durch die Straßen marschierte.

Häuser und Menschen schienen vertraut, und doch war manchmal in den Alufassaden ein Schimmer ungewohnter Farbe wie von einem gebrochenen Sonnenstrahl, und auch die Kleidung der entgegenkommenden Passanten enthielt mehr Farbe als sein eigener brauner Kittel. Nun, jenen Stadtteil kannte er nicht sehr gut, hier wohnten und arbeiteten viele Ausländer.

Bald erreichte er den Markt. Eine kräftige Morgensonne wärmte die Läden. Schwaden von schweren, fernebeladenen Gerüchen, schmutziger Asphalt, schweißglänzende, sonnenverbrannte Gesichter. Kehlig-grobe Stimmen schnitten die Luft, der Lärm war unerträglich. Ko trat zögernd unter dem Baldachin hervor, wo er kurz gerastet hatte, und schlenderte zwischen den Ständen herum. Er hatte sich den Markt ausgesucht, jenen Knotenpunkt fremder Lebensweisen, der am ehesten der vergangenen Epoche ähnelte, so erkannte er überrascht.

Die Verkäufer priesen lautstark ihre Waren an, die in farbenfrohem Durcheinander, in Kisten und Steigen geordnet aus den Ständen quollen. Ein übervolles Bukett von Obst, Gemüse, Gewürzen, rohem Fleisch und ihm unbekannten Nahrungsmitteln wucherte in dem schmalen Gang zwischen den beiden Ladenzeilen, der den Strom von Kaufwilligen und Schaulustigen aufnahm. Zwischen sonderlich gekleideten Touristen und Einheimischen fiel Ko in seinem braunen Kittel nicht auf. Anfangs dachte er, die unverhüllten Blicke, die ihn trafen, galten seiner Kleidung, aber bald merkte er, daß hier niemand Anlaß hatte, seinen Blick zu hüten.

Stets traf es ihn geradlinig, und wenn er, Ko, versuchte, den Blicken empört standzuhalten, verursachte dies nur belustigtes Weiterstarren, das ihn schnell zwang, beschämt nachzugeben. Auf seinem Rundgang, den er mit Vorbehalten begann, sah er sich bald in dieses unmittelbare Leben einbezogen, als gehörte er hierher. Und doch war er bloß ein Unbeteiligter.

Zwar konnte er in diese Welt eingreifen, sie verändern, war ein Teil davon, aber an den Fakten würde er nichts ändern. Zu stark waren SIE, zu sehr das Leben ein Surrogat geworden. (Als träumtest du und wüßtest davon, ohne daß es dich aufwachen ließe.)

Nach geraumer Zeit wurde er unruhig. Er konnte hier nicht ständig auf und ab gehen, das würde ihn nicht weiterbringen auf der Suche nach Arbeit. Er mußte etwas tun. Als er an den

Fischständen vorbeikam, stieg ihm ein fauliger Geruch in die Nase. Auf einem dürftigen Bett dahinschmelzenden Eises lagen Fischleichen, zerhackt, tranchiert, aus weiten Augen starrend. Dazwischen surrten Fliegen.

Ko äugte in das Ladeninnere. Er sah einen Mann mit einem Fangnetz am Trog hantieren. Es sah kühl aus dort drinnen. Ko betrat den Laden. Im Inneren herrschte Chaos.

Zwischen Kisten, Abfällen und großen, ausgenommenen Fischen stand der Leiter, ein hochgewachsener, kräftiger Mensch in weißem Mantel und Stiefeln. Auch er war, nach der Kleidung zu schließen, ein Ausländer.

»Entschuldigen Sie mein Eindringen«, sagte Ko förmlich. »Ich suche Arbeit, und da alle Terminals gestört sind, habe ich beschlossen, mich persönlich umzusehen.«

Der Mann legte den Kopf schief. »Du suchen Arbeit?« radebrechte er. Offenkundig war er noch nicht lange hier. Ko nickte. Der Fremde musterte den Vorstelligen, schätzte Kos Muskelkraft, während er nahezu sichtbar überlegte.

Auch Ko betrachtete den Ausländer. Gedrungener Körper, breite, grobe Hände, dichtes Haar. Er mußte von weither kommen. Vielleicht aus den Vereinigten Australischen Republiken?

»Du Chinese?« fragte der Mann, indem er das Kinn gegen Ko reckte. Ko mußte ob dieser Unkenntnis schmunzeln.

»Ich nix Chinese«, bediente er sich des gleichen Pidgin, um sich dem armen Kerl leichter verständlich zu machen.

»Ich da wohnen. Schon lange.«

Der Weißbemäntelte schien zufrieden. »Du Glück«, versicherte er. »Ich haben Arbeit für dich. Inländer alle nix parabern wollen, sagen: zu viel Schmutz. Aber du kräftig. Das guter Job für Hassan oder Kung Fu.«

Ko nickte. Der Mann wirkte leutselig, gefiel ihm.

Er würde beweisen, daß auch ein Inländer dieser Arbeit gewachsen war. Der Weißkittel sollte nicht glauben, daß nur die ausländischen Arbeitskräfte gut waren.

Nach kurzer Unterweisung schleppte Ko bereits Kisten mit gefrorenen oder eingesalzenen Fischen. Die Arbeit ging ihm leicht von der Hand. Sogar an den Gestank und Unrat in dem Laden gewöhnte er sich.

Einmal vermeinte er Aya draußen zu sehen, aber als er eilig

seine Kiste abstellte und nachschaute, war niemand da. Er mußte sich wohl getäuscht haben.

Gegen Mittag wurde es unerträglich heiß, und der Gestank verdichtete sich. Als es kaum noch auszuhalten war, kam der Aufseher herein, sah sich wohlgefällig um und schien's zufrieden. Dann ordnete er eine Pause an. Ko fragte nach dem nächsten öffentlichen Terminal. Die Störung war sicher schon behoben. Er wollte sich gründlich bei IHNEN beschweren.

»Ter-minel?« brachte der Aufseher mühsam hervor. »Nix verstehen. Da nix Ter-minel. Da nur normale Sachen, normale, ja? Du nach Hause fahren, wenn du nicht wollen unser Zeug. Verstehen?« Ein wenig Aggression schwang mit. Ko beschloß, nicht näher auf das Kauderwelch einzugehen, sondern auf eigene Faust eine Terminalzelle zu suchen.

»Du braver Robotnik. Kommen Nachmittag wieder, aber nix blöd reden. Ich selber Probleme. Kein Interesse an chinesischem Schnickschnack.« Dabei drückte er Ko einige Geldscheine in die Hand. Merkwürdige Sitten. Diese Ausländer bezahlten tatsächlich noch bar.

Während der Pause wurde Ko erstmals mißtrauisch. Nicht nur, daß er nirgends in diesem Stadtteil ein öffentliches Terminal fand, auch die Rollstraßen waren außer Funktion. Einigemal trat er vom Gehweg auf den Straßenrand, den Körper leicht vorgeneigt, um beim Geschwindigkeitswechsel nicht zu stürzen, und wäre jedesmal fast gestolpert, weil die Straße stand. Als Passanten ihn merkwürdig anstarrten, unterließ er solche Aktionen. Auch fand er keine Speiseautomaten, sondern mußte sich in einem kleinen, schmutzstarrenden Geschäft von einer Verkäuferin mit bloßen Fingern bedienen lassen. Seinen Ekel unterdrückend, aß er die zwischen Brotscheiben gelegte Wurst. Irgend etwas stimmte nicht. Er begegnete nur Ausländern, deren Kleidung immer fremdartiger und abstoßend bunter wurde, je länger er durch den Distrikt irrte. Kaputte Rollstraßen, fehlende Terminals, keine Speiseautomaten, profilierte, teils bunte Hausfassaden – er beschloß zum Markt zurückzukehren, bis abends weiterzuarbeiten und dann schleunigst diesen Bezirk zu verlassen. Nachmittags hatte er Gesellschaft. Zwei Fremdarbeiter unterstützten ihn beim Kistentransport. Allerdings waren sie nur aktiv, solange der Aufseher in der Nähe war. Kaum verließ er das Lokal, erstarrten sie maschinengleich, fläzten sich hin, quatschten und tranken. Sie forderten ihn wiederholt halb scherzend auf, sich ihrer Subversion anzuschließen. Selbstverständlich reagierte er nicht auf solche Ansinnen, es fiel ihm schon schwer genug, diesem wirtschaftsschädigenden Verhalten zuzusehen. Schließlich fand er aber, daß Einmischung im Fremdarbeiterviertel nicht gut tat, und schwieg. Die beiden verfielen in eine schleppende Unterhaltung, wobei sie merkwürdigerweise das zuvor benutzte Idiom aufgaben und durchaus verständlich, wenn auch mit Akzent sprachen. Er verstand, daß es um die schlechte Situation am Arbeitsmarkt ging (was sich zweifellos auf ihre Heimat bezog), daß die Menschen kaum Arbeit bekamen und Not litten, weil irgendeine Regierung ein bodenlos dummes Programm verfolgte. Auch meinte er, in diesem Zusammenhang jenes zuvor vermerkte Wort »Arbeitslosigkeit« zu hören, mit dem ihn der Automat während des Spieles genarrt hatte.

Während sie tranken und schmatzten, hievte Ko eine Kiste um die andere ins Kühlhaus. Allmählich fiel es ihm schwerer, den beiden zuzusehen, weil er das krasse Nichtstun nicht nur moralisch verwarf, sondern fast schon als persönliche Benachteiligung empfand. Wenn er auch so handelte –!

Als der Weißkittel einmal hereinkam, waren die beiden sofort bei der Sache, ächzten und stöhnten mit ernsten Gesichtern. »Brav, ihr drei«, lobte der Aufseher, obwohl erst ein Drittel der Arbeit getan war, und verschwand wieder. Sofort ließen die Kollegen ihre Kiste fallen, setzten sich drauf und tranken.

»Der alte Schinder hat keine Ahnung«, sagte der eine.

»Hier mußte klug sein, um nicht zu verrecken. Wennste einmal anfängst mit'n Schuften, woll'n sie immer mehr von dir – schinden dich wie'n Hund.«

Der andere nickte zustimmend in Kos Richtung. »Oder wie'n Tschuschn.«

»He, Meister«, dies zu Ko. »Pomale! Nix schnell arbeiten, alles pomale!« Ko stellte empört seine Kiste ab. »Kein Wunder, daß es euch schlecht geht. Ihr wollt ja gar nicht arbeiten. Das ist Wirtschaftsschädigung. Bei uns werdet ihr dafür eingelocht.«

Die beiden waren sprachlos. »Der kann ja reden«, brachte einer schließlich hervor.

»Aber er redet Scheiße«, setzte der andere langsam nach. »Hat keine Ahnung, aber quatscht.«

»'S immer das gleiche mit'n Fremdarbeitern. Kommen her,

nehmen uns die Arbeit weg, und dann noch frech werden.«

Dabei hatten sie vorher einhellig erklärt, das wäre eine prima Arbeit für Ausländer.

Er wies sie auf den Widerspruch hin.

»Er will uns was erklären«, sagte der eine.

»Der Klugscheißer.«

»Wir sollten ihm eine reinhau'n.«

»Mindestens.«

Zugleich standen sie auf und trieben Ko in die Enge. Er wartete ruhig. An Masse waren sie ihm überlegen, aber nicht an Kraft und Kondition. Als der Anführer versuchte, einen Magenhieb anzubringen, packte Ko ihn am Arm, trat zur Seite und wirbelte den Verblüfften in einem Halbkreis, an dessen Ende eine Kiste wartete. Folgerichtig landete der Angreifer zwischen gepökelten Heringen.

Der zweite bekam Ko von hinten am Hals zu fassen. Ko ließ sich fallen, begrub den Mann unter sich, und als sich der Griff um seinen Hals lockerte, schlüpfte er nach unten weg und war schon wieder auf den Beinen, bevor der Lädierte sich aufraffte.

Die Front formierte sich. Plötzlich hatte einer der beiden ein Messer in der Hand. Das ging zu weit, fand Ko. Er griff nach dem Brecheisen, mit dem die Kisten geöffnet wurden, und wartete gar nicht erst. Mit drei Schritten war er bei dem Bewaffneten, und bevor dieser seinen Bierbauch noch zur Seite retten konnte, traf ihn das Eisen. Das Messer klirrte zu Boden. Mehr erstaunt als vor Schmerz hielt sich Kos Gegner die verletzte Hand. Ängstlich wich er zurück, während der andere aus dem Laden stürzte, wohl um Hilfe zu holen. Kurz darauf kam er mit dem Aufseher zurück, heftig gestikulierend und auf ihn einredend.

»Was du machen?« Dies zu Ko, der das Brecheisen zur Seite gelegt hatte und wieder Kisten schleppte. Ko versuchte zu erklären, aber die drei hielten zusammen und schoben alles auf ihn. Als er drohte, die beiden Taugenichtse wegen Arbeitsverweigerung beim Inspektorat anzuzeigen, bekam der Aufseher einen Anfall.

»Immer das gleiche mit den Tschuschen«, tobte er, diesmal merkwürdigerweise mit verständlicher Grammatik. Zum zweitenmal hörte Ko heute dieses Wort, mit dem er nichts anfing. Es war wohl ein Schimpfwort.

»Du schlechter Chinese. Kommst hier schmarotzen, Kinderbeihilfe, Urlaub, Krankenkasse. Nix arbeiten, aber andere anschwärzen!«

»Zu gut geht's denen«, fiel der Verletzte ein. »G'sindel! auf'ghängt g'hörns!«

Ko war verwirrt. Der konfusen Rede entnahm er endlich, daß sie *ihn* für den Ausländer hielten. Ein derartiger Nationalstolz einer Minderheit war ihm noch nicht untergekommen. Er beschloß, diese Enklave schleunigst zu verlassen, in der nicht nur *eine* Tatsache verdreht erschien. Auch das Gerede von der Arbeitslosigkeit, der bare Geldverkehr, die fehlenden Terminals – eine gespenstische Subkultur hatte sich da erhoben. Nichts wie weg hier. Trotzdem konnte er nicht umhin, diese Paranoiker aufzuklären. An der Türe wandte er sich noch einmal an den Weißbekleideten, der am vernünftigsten von den dreien wirkte.

»Ich dachte, die Fremdarbeiter sind euch ganz willkommen für gewisse Arbeiten. Warum seid ihr dann so feindselig zu ihnen? Das ist schizophren.«

Als der Aufseher mißtrauisch den Kopf zur Seite neigte, entschloß sich Ko, es noch einmal zu versuchen. Er wollte nicht im Streit scheiden. »Ich möchte Ihnen empfehlen, bei ihrer nächsten Psychohygiene auf dieses Problem zu achten«, lenkte er ein.

Er duckte sich gerade noch rechtzeitig, um einer Fischkonserve auszuweichen. Als sich die drei brüllend auf ihn stürzten, ergriff er die Flucht.

Zu Hause angekommen, setzte er sich sofort ans Terminal, um IHNEN von dem haarsträubenden Erlebnis im Ghetto zu berichten. Als er aber nah am Bildschirm war und die Finger über die vertraute Tastatur glitten, schwand sein geradezu hysterischer Mitteilungsdrang.

Warum denn IHNEN davon erzählen? Warum? Die vertraute Umgebung beruhigte ihn. Nach Minuten der inneren Sammlung beschloß er nicht ohne Stolz, dieses Erlebnis ohne Psychohygiene zu verarbeiten. Statt dessen rief er Aya an. »Hallo, Ko«, lächelte sie vom Bildschirm. »Du siehst erschöpft aus.«

Er überlegte, ob er von seinen Problemen im Ghetto erzählen sollte. Zwar war es verboten, andere, geschweige denn Bezugspersonen, mit eigenen Problemen zu belasten – dazu gab es ja die Psychohygiene. Aber in seinem aufgekratzten Zustand war er nahe daran, das Verbot zu mißachten.

Schließlich siegte doch seine Vernunft. Er vereinbarte ein Treffen am nächsten Morgen. Unter vier Augen wollte er ihr berichten. Er deutete dies nur vage an, um die Überwachung nicht aufmerksam zu machen.

»Bis morgen dann«, verabschiedete sie sich mit einem selten gesehenen Feuer in den Augen, das er für Neugier nahm. Bevor er zu Bett ging, gebrauchte er noch ausgiebig das Sexisens, um sich zu entspannen. Dabei mußte er wider Willen fortwährend an Aya denken. Beunruhigt schlief er ein.

4

»Ich bin froh, daß du mir davon erzählt hast«, sagte Aya und drückte seine Hand. Ko nickte. Tatsächlich hatte es ihm eine ungekannte Befriedigung verschafft, zu einem Menschen, ja einer Bezugsperson, von persönlichen Schwierigkeiten zu sprechen. Welche Erregung, die gesellschaftliche Konvention zu brechen, ein Erschauern, als er sich offenbarte, eine Atemlosigkeit, als ihr Blick ihn traf.

Es war richtig gewesen, IHNEN gestern nichts zu berichten. Aya war wichtiger. Ayas Wissen um seine Probleme. Er forschte in ihrem Gesicht, das ausgeglichen und ruhig war, und plötzlich überrollte ihn wellengleich das Bedürfnis, sich mitzuteilen, zu offenbaren, in seinem pulsierenden Inneren lesen zu lassen – ohne Rückhalt. Aufzugehen im Aufgeben des Selbst. Rasch wandte er den Blick ab, bevor das neue Gefühl übermächtig wurde, verlegen ob der Schamröte, die im Gesicht prickelte.

Unkontrollierte Emotionen, denen er sich längst entwöhnt glaubte, beunruhigten ihn. Vielleicht sollte er doch die Psychohygiene besuchen. Aber das hatte Zeit. SIE sollten warten.

»Du darfst diese Sache nicht zu ernst nehmen«, beschwichtigte Aya. »Jeder hat einmal Mißerfolge, das ist ganz natürlich.«

»Aber es war kein Mißerfolg«, stellte er richtig. »Die anderen waren im Irrtum. Ich sage dir doch, sie hielten mich für den Ausländer. Verrückt, diese Leute. Und dann der Unsinn, den sie ständig redeten. Sie taten nichts und beschwerten sich über Arbeitsmangel. Sie waren froh, die Fremdarbeiter für schwere Tätigkeiten zu haben, und beschimpften sie zugleich in der übelsten Weise. Wenn diese Ansichten Platz greifen, ist unsere Wirtschaft in Gefahr.«

Er schwieg besorgt, versuchte noch einmal alle Fakten zu sichten.

Sie hatten ihn als Ausländer bezeichnet. Hatten sich zuerst mühsam verständigt und dann fließend Deutsch gesprochen. Subversive Ansichten vertreten. Illoyalität, fehlende Arbeitsmoral.

»Vielleicht ist es eine Verschwörung«, vermutete er düster.

»Ach, du darfst dich nicht so verrennen«, tadelte Aya. »Nicht gleich das Schlimmste annehmen. Sei lieber nett zu mir.«

Und ihr Gesicht kam dem seinen ganz nahe. Ihre Finger waren an seinem Nacken, kühl und schlank über dem Haaransatz.

Sexuelle Erregung beschlich ihn in beschämender Weise. Er wollte sich mit einigen lösenden Worten auf die gebührende freundschaftliche Ebene zurückziehen, aber kein Laut kam über seine Lippen. Vielmehr wartete er atemlos und interessiert – unfähig, in das Geschehen einzugreifen, als stünde er neben sich. Ayas Augen hielten ihn fest, es war etwas Fremdes, Gefährliches darin, und je tiefer er in diesen Blick sank, desto heißer wurde ihm.

Was war nur mit Aya los? So hatte sie ihn noch nie angesehen, so noch nicht. Niemand hatte ihn je so angesehen, nicht einmal seine Lieblingsschauspielerin im Sexisens. Sein unbeteiligtes zweites Ich erkannte schließlich, daß es die übergroßen Pupillen waren, die ihn so erregten, während Ayas Lippen seinen Mund suchten. Eine heiße Welle überschwemmte ihn, und er schloß taumelig die Augen.

Die nächste halbe Stunde war wie ein Traum.

Es war Sexisens in höchster Vollendung, zugleich aber Freundschaft und Verstehen, und dadurch, daß es beides war, wieder keines von beiden. Eine neue Qualität hatte er da erfahren, die ihn stolz und lebenshungrig machte. Im Hinterkopf saß ihm eine leise Unruhe, ob dies alles seine Richtigkeit hatte. Freilich konnte er nicht finden, daß Sex und Freundschaft unverträglich waren. Aber warum war dann diese Kombination tabu? War es nur eine teuflische Bestimmung von IHNEN, um den Menschen Freude vorzuenthalten?

Er jedenfalls wollte diese Erfahrung nie mehr missen. Eine Lebensverbundenheit jenseits aller Genüsse hatte ihn gerührt, stets würde er versuchen, dies eine, dies einzige zu halten, indem er es neu gewann.

Als sie sich schließlich voneinander lösten, blieb er noch lange in Gedanken versunken.
»Was ist?« fragte Aya und küßte die Innenseite seiner Hand.
»Ich frage mich, ob wir recht gehandelt haben«, erklärte er.
»Du sollst nicht immer grübeln«, entgegnete sie.
»Vielleicht haben wir jetzt alles zerstört«, zweifelte er, ohne es wirklich zu glauben, da sie so nahe war.
»Ich denke, du hast es endlich geschafft. Spürst du's denn nicht?«
Er nickte lächelnd. Oh ja, er hatte es geschafft. Hatte sich selbst überwunden. War IHNEN entkommen.
»Ich glaube, ich schaff's ohne Psychohygiene«, machte er sich Mut. »Aber den Vorfall auf dem Markt sollte ich vielleicht doch melden – wenn mein Terminal funktioniert.«
Aya strich ihm zärtlich über die Wange. »Denk nicht wieder an diese bösen Dinge. Sie können dir nichts mehr anhaben. Du hast SIE besiegt.«
Besorgnis glomm in ihren Augen, und so küßte er sie beruhigend, bevor er aufbrach.
Die Straßen waren ungewohnt leer. Unter violetter Dämmerung eilten einige Passanten nach Hause. Die wenigen Leute, denen er begegnete, trugen uneinheitliche, bunte Gewänder, wie er sie am Vortag bei den Fremdarbeitern gesehen hatte. Über Nacht mußte die Mode gewechselt haben.
Die Hausfassaden hatten sich verändert, ebenso war die Straßenbeleuchtung gedrosselt worden. Die Dämmerung war heller noch als das Straßenlicht. Keine einzige Rollstraße funktionierte. Ko war bereits gewarnt – er vermied mit Mühe leichtfertiges Aufspringen, das ihn zum Straucheln gebracht hätte. Vielmehr ging er gemessenen Schrittes, die anderen kopierend, am Trottoir. Alle Terminalzellen, die vorgestern noch entlang seines Heimweges gestanden, waren entfernt worden. Nirgends die grüne Flamme des WIR-Symbols. Die Straßen lagen finster. Als er schließlich zu Hause ankam, bestätigte sich seine schreckliche Vermutung: Auch in seiner Wohnung fehlte das Terminal. Ebenso war das Sexisens abtransportiert worden. Ko setzte sich, um zu überlegen. So verharrte er wohl eine Stunde bewegungslos, vergegenwärtigte sich alle Fakten, die mit der merkwürdigen Verwandlung zusammenhingen, wog ab, überlegte, begann von neuem, ohne auf eine wesentlichere Erkenntnis zu kommen, als

daß hier ein Komplott lief. Kein Zweifel, daß es gegen ihn gerichtet war. Zu offensichtlich war die Beziehung zwischen seiner negativen Einstellung zum System und dessen Veränderung.

Wer aber steckte dahinter?

Waren SIE es oder die Fremdarbeiter oder gar die Bürger der Stadt, die ihn fertigmachen wollten, weil er gegen ihre Lebensweise opponierte?

Er mußte vorsichtig sein. Jeder einzelne war gefährlich – ein potentieller Feind. Aber so leicht sollten sie ihn nicht kleinkriegen. Er würde auf ihr übles Spiel eingehen, oh ja, darauf eingehen, sich ahnungslos stellen, so tun, als hätte alles seine Richtigkeit. Katz und Maus. Das war die Lösung. Und er mußte die Katze sein.

In erzwungener Ruhe verließ er die Wohnung, um Ulf, seine zweite Bezugsperson, aufzusuchen. Er würde ihm ganz einfach berichten, vielleicht ergaben sich Hinweise.

Auf dem Weg wurde ihm bewußt, wie einsam die Stadt ohne die öffentlichen Terminals wirkte. Die grünen Embleme fehlten. Als hätte man den Straßen die Augen ausgestochen, so blind lagen sie in der Nacht. Und blind sollte wohl auch er werden, aller Kommunikation beraubt, allein zwischen Fremden in fremder Umgebung. Das war das Ziel, das wollten sie erreichen – wer auch immer diesen grausamen Plan ersonnen hatte.

Er schritt schneller aus. Ulf war ja noch da, Ulf würde helfen. Auf dem Weg durch unzureichend beleuchtete Gassen sah er dunkle Geschäftsportale, Nacht hinter spiegelnden Scheiben, und in den Schatten alle Dinge dieser Welt. Lebensmittel, Schuhe, starre Kleiderpuppen, Schmuck, Maschinen – Tand und Nützliches, Wertloses und Kostbares, Billiges und Unerschwingliches – eine große Kulisse für ein Schauspiel, in dem er, Ko, die Hauptrolle spielte.

Plötzlich ein beleuchtetes Portal. Warmes, gelbes Licht flutete auf die Straße. Ko blieb staunend stehen. In dem Schaufenster prangte ein Terminal. Bildschirm, Konsole, eine kleine Plattenstation. »Personal Computer« stand darunter, daneben der Name einer Firma.

Es gab sie also doch noch, bloß verborgen. Aber hier hatten die Verschwörer einen Fehler begangen: Er wußte jetzt, daß es noch Terminals gab!

Ein wenig erleichtert setzte er seinen Weg fort. Bald darauf läutete er an Ulfs Wohnung. Nichts rührte sich, und erst nach abermaligem heftigem Geläut erklangen müde Schritte. Ulf öffnete, drehte sich um, ohne Ko richtig erkannt zu haben, schlurfte er zurück und setzte sich mitten im Wohnzimmer auf den Boden. Ko zog die Türe hinter sich zu und folgte zögernd. Das Vorzimmer war leer. An den Wänden Schmutzränder von Spiegeln und Bildern. Nur die Haken waren geblieben. Auch das Wohnzimmer war leer. Vorhänge von den Wänden genommen, Lampen abmontiert. Sämtliche Küchengeräte fehlten. Die Anschlüsse ragten wie amputierte Gliedmaßen aus der Wand. Sämtliche Sanitäreinrichtung war entfernt worden. Die Wohnung bestand lediglich aus geometrisch angeordneten Ebenen. Und: Ulfs Terminal fehlte!

»Alles ausgeräumt«, murmelte Ko. Ulf nickte betrübt.

»Nimm Platz.« Er kicherte hysterisch. »Du kannst dir den schönsten aussuchen.«

Ko hockte sich neben den Freund. »Bei mir ist nur das Terminal fort«, gab er bekannt.

»So? Hattest du eins?«

Ko ging nicht auf den Sarkasmus ein, die Lage war zu ernst.

»Ulf, wir müssen etwas unternehmen«, drängte er. »Hast du eine Ahnung, was da los ist?« Er deutete vage in die leere Wohnung.

»Natürlich weiß ich, was da los ist. Ich hätte Leila arbeiten lassen sollen.« »Hör auf mit dem Unsinn, mir ist nicht nach Späßen. Du mußt wissen, sie sind alle verschwunden, alle!« beschwor Ko den Freund.

»Hä?«

»Die Terminals«, flüsterte Ko. Seine Stimme hallte von den leeren Wänden, und er blickte erschrocken rundum.

»Ach, hör auf mit dem Quatsch«, entgegnete Ulf angewidert. »Wenn du willst, erzähl ich dir die ganze Geschichte, aber komm mir bloß nicht *damit!*«

Ko gab nach, da er sah, in welchem psychischen Zustand der Freund sich befand. Er brauchte unbedingt Psychohygiene, aber wie ohne Terminal?

»Also paß auf«, erklärte Ulf, zog eine Flasche unter seinem Kittel hervor und nahm einen Schluck. »Leila, das Biest, hat mich verlassen.« Leila war Ulfs erste Bezugsperson, soviel wußte er.

»Was meinst du mit ›verlassen‹?«

»Na, verlassen eben. Abgehauen, verduftet, durchgebrannt.«

Ulf bot Ko die Flasche an. Der ekelte sich zwar, wenn er an die vielen Bakterien am Flaschenhals dachte, die Ulf dort hinterlassen hatte, aber zugleich erinnerte er sich an Aya, an die heißen Küsse und Liebkosungen, die auch nicht hygienisch gewesen waren, und eine lebensfrohe Hochstimmung durchfuhr seine Sorge. Rasch entschlossen griff er nach der Flasche und trank.

»Du meinst, sie hat sich eine andere erste Bezugsperson gesucht.«

Ulf kicherte irre. »So kann man's auch nennen, ja, Bezugsperson, und was für eine – ich dreh' ihm den Hals um!«

Es stand schlimm um den Freund. Ein schwerer Aggressionsstau war das. »Und warum?«

»Tja, das kommt vom Herumsitzen zu Hause. Sie wollte ja immer arbeiten, woll'n sie heute alle, Gleichberechtigung und so. Aber ich hab' ihr gesagt – ich selbst, verstehst du! – also ich hab' immer gesagt, kommt nicht in Frage, du bleibst zu Hause, dir soll's gut gehen.«

Ko verstand überhaupt nichts. Er hörte zum erstenmal, daß man sich der allgemeinen Arbeitspflicht durch Zuhausebleiben entziehen konnte. »Wenn sie aber arbeiten wollte, ging's ihr doch nicht gut daheim«, warf er ein.

»Verdammt noch mal, unterbrich mich nicht dauernd – eine Frau gehört ins Haus. Verstehst du? Ins Haus!« Er nahm einen langen Schluck aus der Flasche.

»Na, jedenfalls hab' ich geschuftet wie ein Blöder, um mir diese Wohnung zu leisten, aber das war ihr immer noch zu wenig. ›Wenn ich zu Hause sitzen muß‹, hat sie gesagt, ›dann möchte ich auch was davon haben!‹ Ein Auto mußte her, Pelzmäntel, Schmuck, Videorecorder, italienische Möbel, Perserteppiche ... es nahm kein Ende.«

Ko nahm einen Schluck aus der Flasche, als der Freund pausierte. Lag es am Alkohol, daß er nichts mehr verstand? Oder war Ulf schon völlig verwirrt?

»Ich hab' Kredite genommen, jede Menge, du weißt ja. Ist auch in Ordnung, das kurbelt die Wirtschaft an. Kredite und Großprojekte, das haut uns vorwärts.

Na ja, als dann das Geld knapp wurde wegen der Raten, wollte ich mal wissen, was sie von Arbeit hielt. Ganz ruhig und in aller

Freundschaft fragte ich sie. Aber das Biest wollte nichts davon wissen. Hatte sich schon ans Nichtstun gewöhnt. Und als sie von der Pfändung hörte, hat sie ihre Mäntel und den Schmuck geschnappt und ist durchgegangen mit diesem miesen Papagallo.« Ulf schwieg betrübt. Während der Freund sinnierte, trank Ko alleine weiter. Er vertrug den vielen Alkohol nicht gut. Ein lustiger, grauer Nebel tanzte durch die ausgeräumte Wohnung.

»Hättest sparen sollen«, sagte er mit schwerer Zunge.

»Hab' ich, Mann, wo's nur ging. In so schweren Zeiten muß man an allen Ecken und Enden sparen, tut der Staat auch, alle sparen.«

Ko nickte, und das Zimmer nickte mit. In dem Unsinn, den ihm Ulf auftischte, stimmte etwas nicht. Er konnte nicht mehr erkennen, was es war, dazu war er zu müde, aber mit Krediten und gleichzeitigem Sparen hatte es zu tun, oder auch mit Frauen, Haushalt und Arbeit. Du hast dich verraten, Freund, dachte Ko, bevor er einschlief. Du gehörst also auch zu den anderen. Ich hab' dich durchschaut.

5

Die Leute beobachteten ihn. Sie wußten, daß er anders war, obwohl er jetzt statt seines Kittels diese abscheulich bunte Kleidung trug. Sie waren schlau. Ließen sich nichts anmerken, wenn sie scheinbar ahnungslos in seine Richtung äugten, wenn sie scheinbar planlos aus Haustoren traten oder scheinbar zufällig den gleichen Weg nahmen. In ihren Gesichtern war nichts zu lesen, aber wenn er unvermittelt den Blick hob, senkten sie den ihren ein wenig zu spät, und wenn er sich rasch umsah, beschäftigten sie sich etwas zu auffällig mit anderen Dingen.

Sie waren überall. Noch wußte er nicht, ob alle dabei waren. Bei vielen vermutete er es, bei einigen war er sicher. Hatte sie im Gespräch getestet, wenn er beiläufig das Verschwinden der Terminals erwähnte. Entweder reagierten sie überhaupt nicht, oder sie gaben vor, nicht zu wissen, was er meinte. Verstrickten sich auch in Widersprüche wie Ulf vor wenigen Tagen.

Seither war Ko vorsichtiger geworden. Hatte zum Beispiel gelernt, kleinere Beträge bar zu bezahlen oder nur solche Lebensmittel zu verwenden, die steril verpackt waren, statt, wie anfangs, Unverpacktes zu essen. Da waren ja die Fliegen am

Fleisch, Staub und Auswurf, vielleicht sogar bewußte Vergiftungsaktionen. Und: er vermied es, wenn er nicht gerade jemanden testen wollte, die Terminals zu erwähnen. Während er aus dem Schatten trat und Aya in sicherem Abstand folgte, sinnierte er über das Geschehene.

Es war ein Fehler gewesen, sie nach der Geschichte mit Ulf aufzusuchen. Aber sie war der einzige Mensch, dem er vertraute. Also hatte er ihr von den Lügen erzählt, die Ulf ihm aufgetischt hatte. Auch von den verschwundenen Terminals und von der Verschwörung.

Es war ein Fehler gewesen. Besser hätte er gewartet und es ihr schonend beigebracht. So hatte er sie erschreckt. Sie war blaß geworden, hatte stumm und verzweifelt dagesessen und seinen fordernden Blick gemieden. Dann hatte sie ihn fortgeschickt mit dem Ersuchen, er möge ihr einige Tage Zeit geben, sie müsse die Sache bedenken. Sie wolle alles tun, ihm zu helfen, wenn er nur bereit dazu wäre.

Was hatte sie damit gemeint? Natürlich wollte er sich helfen lassen. Es hatte den Anschein, als hätte sie damit eine unausgesprochene Forderung verbunden. Auf welcher Seite stand sie?

Seit Tagen schwebte er nun in dieser Seelenleere, mit den Gedanken bei Aya, ihrem zarten Mund, den großen Augen, dem geschmeidigen Körper, den atemberaubenden Dingen, die er erlebt hatte. Der Wunsch nach Wiederholung überdeckte seine intellektuellen Fähigkeiten, er empfand geradezu körperlichen Schmerz, wenn er daran dachte, daß sie ihn zurückgewiesen hatte, und er sehnte das nächste Treffen herbei, ohne daß seine Ungeduld mit Mißmut Aya gegenüber verbunden gewesen wäre. Nein, es war wie Schweben auf einer Wolke der Zuversicht, eine verhaltene Freude, ein vergnügtes Akzeptieren seiner Qualen.

Aber da war etwas zweites, ein dunkles Ahnen, eine bedrohlich wiederkehrende Furcht, die er gar nicht in Gedanken kleiden mochte. Und deshalb blieb er, in die schwarzen Schatten von Mauervorsprüngen und Toren gedrückt, stets in sicherem Abstand hinter Aya. Einmal verlor er sie im Gedränge. Den Hut tief in die Stirn gedrückt, zwängte er sich zwischen den Leuten durch, tat, als sei er einer der ihren, so daß sie glauben mußten, er gehöre mit zur Verschwörung. In der anonymen Menge fand er sie auch bald wieder, war dicht hinter ihr, bis sie die Hauptstraße verließ und zum Park strebte. Er vergrößerte den Abstand behutsam, blieb vor Auslagen stehen, fiel absichtlich zurück. Was wollte er eigentlich? Warum die Verfolgung? Natürlich hatte sie ihn vor Tagen weggeschickt, weil er sie belastet hatte. Sein Fehler. Sein eigener dummer Fehler. Wie hatte er sie nur mit seinen Problemen ängstigen können? Nie zuvor war ihm das passiert, stets hatte er seine Probleme in der Psychohygiene verarbeitet.

Wieder spürte er den dringenden Wunsch nach einem Terminal. Aya! Er verhielt, hob zögernd die Hand in ihre Richtung. Verzeih, dachte er, und es geriet zu einem Flüstern. Hab Geduld mit mir. Alles kommt wieder in Ordnung, nie wieder sollst du von bösen Dingen hören.

Sie betrat den Park, und seine Sehnsucht wuchs. Lange würde er die Fiktion nicht aufrechterhalten können, daß alles in Ordnung war. Noch kam er zurecht, klammerte sich an die Hoffnung, die Aya verkörperte, aber er wußte, daß er nicht mehr lange ohne Psychohygiene durchhalten konnte. Aber gerade diese Möglichkeit war ihm genommen. Damit wollten sie ihn wohl fertigmachen. –

Im Park war es kühl. Überall Spione, die demonstrativ geruhsam vorbeischlenderten. Es war lachhaft. Sogar mit falschem Bart wären sie weniger aufgefallen als durch die betonte Gleichgültigkeit. Da spazierte einer mit einer Zeitung unter dem Arm, der Dicke bei den Rosen trug eine Brille aus Fensterglas, und in der Wiese spielte einer zum Schein mit einem Hund. Wen Ko scharf musterte, dessen Miene verriet, daß er sich durchschaut wußte. Spitzel, Kollaborateure, Spione. Grimmig entschlossen, sich nicht stören zu lassen, versteckte sich Ko hinter einigen Büschen, von wo er Aya beobachten konnte. Sie stand am Teich, an die Brüstung gelehnt, und fütterte die Enten. Von Zeit zu Zeit blickte sie um sich. Offensichtlich erwartete sie jemanden.

Dieser Jemand erschien nach einigen Minuten des Wartens. Als Ko in dem Spitzel Ulf erkannte, krampfte sich seine Brust angstvoll zusammen. Er würde Aya über ihn aushorchen wollen. Die beiden traten aufeinander zu, Aya lächelte, hob sich auf die Zehenspitzen und küßte den Spion. In inniger Umarmung verharrten sie, Mund auf Mund, während Ko, aus dem Gebüsch starrend, eine siedendheiße Welle über sich zusammenschlagen fühlte. Seine motorische Kontrolle versagte. Er war nicht imstande, einen Finger zu rühren, immer aufs neue lief die Szene vor ihm ab wie in einem Endlosfilm, während die beiden schon lange zwischen Rosenbeeten verschwunden waren.

Angst war das dominante Gefühl. Einsamkeit drohte, und Aya war in Gefahr. Der Spitzel hatte Aya in seiner Gewalt. Sie hatte Ko getäuscht. Alle, alle hatten ihn verraten, wollten seine Vernichtung. Und Aya war in Gefahr. In Gefahr.

Einsamkeit drohte. Endgültig, höhnende Einsamkeit, die ihm die Eingeweide zerbiß. Das Gefühl des Verlassenseins, der Existenzangst und der Verzweiflung bauschte sich wie ein Ballon, in dessen Zentrum der Spion Ulf stand. Ich werde ihn umbringen, dachte Ko so deutlich, daß er es hören konnte.

Es war wichtig und selbstverständlich, ein elementares Bedürfnis, das ohne weitere Begründung erfüllt werden mußte. Daran merkte Ko, daß er am Ende war. Er stand am Rande des Wahnsinns, wenn seine Aggression bereits die Form einer Tötungsabsicht annahm. Ihm war von Ulf nichts anderes zugefügt worden als von den übrigen Verschwörern, und doch fühlte er leidenschaftlichen Haß, der Aya mit einschloß. Er hatte keine Erklärung dafür.

Eindrücke blitzten auf, in einem Kaleidoskop aus Erinnerungen wirbelten Fragmente vorbei: Der Haß auf SIE, der Kampf am Fischmarkt, eine glänzende Messerklinge, eine pendelnde Tür an den Spielkojen, sexueller Besitz, Arbeitslosigkeit, die leere Wohnung, Leila war durchgebrannt, ein beleuchtetes Portal, Personal Computer, ein Terminal ... Er hielt nicht länger stand. Das Bedürfnis wurde übermächtig, und mit einemmal wußte er, was er tun mußte.

Er sprang auf, hetzte den Weg zurück, den er gekommen war, Leute starrten ihm verwundert nach, wie er in Panik durch die Straßen floh. Als er am Ziel war, machte er sich nicht einmal die Mühe, den Laden zu betreten. Er schlug die Scheibe ein, kletterte durch einen Splitterregen in die Auslage, setzte sich ans Terminal und begann hemmungslos zu tippen. Als die vertrauten Zeichen über den Bildschirm tanzten, fiel eine Last von ihm. All der Schrecken, die Qual der letzten Tage, waren vergessen. Er brauchte SIE. Hier war er zu Hause.

Aya hatte Äpfel mitgebracht. Er mochte keine Äpfel, aber er bedankte sich. Nichts anmerken lassen, war hier oberstes Gebot. Sie schätzten es gar nicht, wenn man sie auf ihre Krankheit hinwies. Und da er bloß Beobachter war, ließ er es bleiben. Sagte wenig, tat so als ob, schaute und benutzte sein Terminal.

Früher oder später, irgendwann, würde das Experiment beendet sein, dann mußten alle zur Therapie. Dumme Gesichter würden sie machen, dumme Gesichter, ja.

Ko blätterte in einer Zeitung, tat, als lese er, während er heimlich Aya betrachtete, die an seiner Seite saß, von wo sie den Garten bewunderte. Aya, die Untreue. Die ihn sitzenlassen hatte. Allmählich beherrschte er die Diktion der Zwiedenker.

Ulf stand vermutlich draußen und wartete, während sie ihre halbe Stunde absolvierte. Er nahm sich vor, das nachher gleich am Terminal zu überprüfen.

Sie blieb stets eine halbe Stunde. Brachte eine Kleinigkeit, fragte nach seinem Befinden, plauderte, erzählte von scheinbaren Neuigkeiten, die in Wahrheit nur Testsituationen für die Zwiedenker waren – was er ihr natürlich nicht sagte, denn jeder mußte das für sich einsehen – fragte abermals, wie er sich fühlte, und ging. Es wiederholte sich jede Woche. Anfangs war es schlimm gewesen. Die Kombination von Sex und Freundschaft, die sie ihm, bereits infiziert, aufgezwungen hatte, war ihm nicht bekommen. Schaudernd erinnerte er sich des Tötungsdranges und des Hasses, nachdem er Zeuge ihres Treffens mit Ulf geworden war. Heute wußte er, daß man jene eigentümliche, vergiftende Emotion Eifersucht nannte, und daß alle Zwiedenker damit lebten – dies sogar für normal hielten.

Er hatte lange gebraucht, um die Eifersucht loszuwerden.

Zwar hatten sie ihn mit Psychopharmaka vollgepumpt, wie es in jener Zeit üblich war, da man kaum andere Therapien kannte, aber letztendlich hatte er sich doch selbst befreit. Erst die Erkenntnis, daß er an einem großen, bevölkerungsweiten Experiment teilhatte, brachte ihm seelisches Gleichgewicht. Er allein unter Hunderttausenden hatte durch Glück oder durch besondere Konstitution einen von IHNEN organisierten psychischen Test ungeahnten Ausmaßes bestanden, der noch andauerte. Die Verschwörung, die er lange schon vermutete, war in vollem Gange, aber nicht er war das Opfer, sondern die anderen!

Voll Mitgefühl betrachtete er Aya von der Seite. Gerne hätte er es ihr gesagt, aber er mußte schweigen. SIE hatten ihm aufgetragen, nichts zu verraten, um das Experiment nicht zu stören. Trotzdem – Aya hatte es nicht verdient, so genarrt zu werden. Einen Hinweis durfte er ihr wohl geben. Etwas Harmloses,

Unverfängliches, was ihr zu denken gab. Früher oder später kam jeder drauf. Dann war das Experiment beendet. »Ich glaube, sie wollen mich behalten«, sagte er beiläufig.

»Aber nicht doch«, beschwichtigte sie. »Sie wollen, daß du gesund wirst.«

Er schüttelte den Kopf, suchte ein geeignetes Gleichnis.

»Angenommen, du lebst von der Reparatur der Terminals«, antwortete er, »keiner deiner Kunden kennt sich im Innenleben eines Terminals aus. Was würdest du machen?«

»Nun, was sollte ich schon machen. Reparieren würde ich sie.«

»Ich würde sie so reparieren, daß sie bald wieder kaputtgehen.«

Sie schwieg betroffen, und er dachte schon, sie hätte verstanden.

»Unsinn. Niemand würde mehr zu dir kommen, wenn die Geräte ständig zusammenbrechen.«

»Alle Reparaturunternehmen handeln so. Es ist schließlich in ihrem Interesse. Sie verstehen einander.«

Diesmal schwieg sie länger. Er blätterte interessiert in seinem Journal, um ihr Zeit zu geben.

Schließlich: »Was hat das mit mir zu tun?«

Er zuckte mit den Schultern, ohne aufzublicken. Das war genug an Hinweisen. Wenn sie wollte, würde sie verstehen, und wenn sie nicht verstand, war sie noch nicht bereit.

»Du meinst doch nicht, sie wollen dich – deshalb behalten! Ach, Ko, was redest du dir da ein. Sieh doch, die medizinische Betreuung ist optimal, jeder wird bestens versorgt, es wird alles getan, um den Kranken zu helfen.«

Und das war genau der Punkt. Er schaute von der Zeitung auf, suchte ihren Blick. »Einerseits«, sagte er. Da lag der Widerspruch. Einerseits Hilfe für die Kranken. Andererseits umso mehr Lohn für die Ärzte, je mehr Kranke es gab. Einer der vielen Widersprüche dieser Testgesellschaft. Daran war die Fiktion zu erkennen. In einer funktionierenden Sozietät konnte es so etwas niemals geben.

Fälschlich hatte er anfangs die Paradoxien der Zwiedenker für Lügen irgendwelcher Verschwörer gehalten, während es doch in Wahrheit ein von IHNEN geplanter Großversuch war, der die intellektuellen Fähigkeiten als auch die Belastbarkeit der Bevölkerung erweisen würde. SIE hatten in der Psychohygiene jedem Bürger hypnotisch die Zivilisation der Zwiedenker suggeriert, jene Welt der paradoxen Denkweisen, Klischees, Werte, Tabus,

Präferenzen, Standards und Ideale.

Ja, sogar der Habitus, die Kleidung, die soziale Struktur, die technischen Möglichkeiten bis zur Architektur waren betroffen. Und nun warteten SIE. Wie würde der geschulte Intellekt und die gesunde Psyche eines mündigen Bürgers auf diesen Reiz antworten? Der Ausgang dieses Experiments mußte die Schulungs- und Entwicklungsprogramme entscheidend beeinflussen.

All das hatten SIE ihm offenbart, nachdem er Kontakt gefunden hatte. Natürlich durfte er niemandem, nicht einmal Aya, davon erzählen, um das Experiment nicht zu stören. Aber vielleicht genügte ihr der kleine Hinweis. Wie sehr wünschte er es!

Sie überlegte, und Ko merkte, daß sie Unbehagen dabei empfand. Aber die Erkenntnis brach nicht durch. Minuten später hatte sie alles verdrängt, dem Augenschein dieser angeblich funktionierenden Gesellschaft vertrauend. Sie schaute nach der Zeit, wollte die Versicherung, daß es ihm wirklich gut gehe, und verabschiedete sich. Mit den Gedanken war sie bereits fort, bei Ulf vermutlich, der draußen wartete.

Ko fühlte ein flüchtiges Brennen in der Brust, Nachbild jener törichten Verbindung von Sympathie und Sex. Wie froh war er, daß solche Dinge vergangen waren. Schade um Aya. Schade, daß sie nicht wußte. So würde sie stets aufs neue enttäuscht werden, leiden, betrügen und betrogen werden.

Nachdem Aya gegangen war, suchte Ko sein Zimmer auf. Einige Weißmäntel begegneten ihm, und er grüßte freundlich, mit einer Andeutung von Unterwürfigkeit. Sie mochten das, waren entgegenkommender, wenn man sich entsprechend verhielt. Seiner Beharrlichkeit und nicht zuletzt dieser Tatsache war es zu verdanken, daß das Terminal nun in seinem Zimmer stand. So hatte er es für sich alleine.

Er setzte sich an die Konsole, loggte ein, gab das geheime Password und erkundigte sich sogleich, wo Aya war.

»Aya spricht mit dem Primar der Anstalt«, erschien die Antwort auf dem Schirm. Das überraschte ihn. Sollte sie ernsthaft an seinem Befinden interessiert sein? Oder heckte sie etwas aus?

»Übertragung des Gespräches«, tippte er rasch. SIE brauchten einige Sekunden, um das Gespräch mitzuschneiden und auf sein Terminal zu legen. Zeile für Zeile hüpfte der Dialog über den Schirm. Er mußte vorsichtig sein. Zwar hatte er den Weißmänteln schon einiges offenbart, aber sie durften noch nicht wissen, daß er beliebige Gespräche überspielt bekam. Sie waren noch nicht bereit. Da er jederzeit unerwünschten Besuch gewärtigen mußte, las Ko rasch vom Bildschirm, einen Finger ständig auf der Löschtaste.

Aya: Er verdächtigt auch die Ärzte – heute hat er davon gesprochen.

Primar: Das ist für einen Paranoiker sogar Pflicht! Trotz allem bin ich in seinem Fall zuversichtlich.

Aya: Meinen Sie wirklich?

Primar: Ich kann Ihnen natürlich nichts versprechen, aber er hat in den letzten Monaten große Fortschritte gemacht. Die paranoiden Schübe sind merklich reduziert. Er ist, wie ich den Akten entnehme, sehr kooperativ, seit wir ihm den Tischcomputer gegeben haben. Das hat irgendeine Blockade beseitigt – ich plädiere ja immer für die Beschäftigungstherapie, das sättigt freie Valenzen, die ansonsten paranoid belegt werden. – Nun, jedenfalls gebe ich ihm gute Chancen, in absehbarer Zeit geheilt zu werden.

Aya: Kann ich dazu beitragen, daß es schneller geht, Herr Professor?

Primar: Nun ja, ich sagte bereits, seien Sie offen zu ihm, akzeptieren Sie ihn. Das hat er wohl dringend nötig, nachdem seine Krankheit durch Ihre Abwendung akut geworden ist.

Aya: Ich weiß, es ist meine Schuld. Aber ich konnte seine Befürchtungen nicht mehr ertragen. Ständig – ständig lebte er in Angst vor irgendwelchen Verschwörungen, ja er begann auch mir zu mißtrauen. Als er dann allen Ernstes behauptete, irgendwelche Terminals seien von den Straßen verschwunden, konnte ich einfach nicht mehr. Er war mir so fremd geworden – und ich dachte damals, ich sollte mich lieber um einen Bekannten kümmern, dem die Frau weggelaufen war. – Aber das ist vorbei. Es war ein Fehler; ich möchte das wieder gutmachen.

Primar: Sie dürfen sich keine Vorwürfe machen. Schizophrenie kann jeden von uns treffen, es kommt völlig unerwartet. Natürlich war Ko konstitutionell prädestiniert, wie aus seiner Anamnese hervorgeht. Es hat eben nur einer besonderen psychischen Belastung bedurft, um die Krankheit ausbrechen zu lassen.

Aya: Aber sein Verfolgungswahn, die verschwundenen Terminals – das hatte er schon früher.

Primar: Allerdings, diese Terminal-Geschichte ist etwas, das wir noch nicht verstehen. Seit dem Tage seiner Einlieferung wollte er um alles in der Welt ein »Terminal«, was auch immer er darunter verstand. Die Wahnidee, Tausende davon seien früher in den Straßen gestanden, kehrte beharrlich wieder. Als ich ihm dann im Sinn meiner Beschäftigungstherapie einen Tischcomputer bereitstellen ließ, begann er ambitioniert zu arbeiten. Sie wissen ja.

Aya: Ich weiß bloß, daß er an einem Rechnerverbund hängt, wo er programmiert. Worum geht es denn dabei?

Primar: Oh, es ist ganz erstaunlich: Er schreibt Dialogprogramme, er spricht sozusagen mit dem Computer. Wir haben Informatiker konsultiert, die uns seine außergewöhnlichen Fähigkeiten bestätigten. Auf ihre Initiative ist es zurückzuführen, daß er jetzt im time-sharing an den neuen Weltweit-Interaktiven-Rechnerverbund angeschlossen ist, der ihm wesentlich komplexere Programme ermöglicht. Das ist wirklich eine großartige Sache. Ein Zusammenschluß aller großen Computer der Erde. Ich konnte mich selbst von der Leistungsfähigkeit des Rechnerverbundes überzeugen. – Na, jedenfalls verfolgen die Experten interessiert Kos Arbeiten, ja es gibt schon Veröffentlichungen über seine Programme. Es ist tatsächlich erstaunlich, wie lebensecht diese doch nur auf seinen Anweisungen beruhenden Antworten des Computers sind. Geradezu als hätte er ein Wesen geschaffen – –. Die Experten vermuten, daß eine völlig neue Entwicklung auf dem Gebiet der artifical intelligence dadurch eingeleitet wird. Wirklich erstaunlich. Aber ich schweife ab. Also –

Aya: Die Terminal-Geschichte.

Primar: Ah ja, wie gesagt, wir wissen noch nicht, wieso er so darauf fixiert ist. Alles deutet auf eine extreme Zersplitterung seiner Lebensbereiche hin, wie man sie bei gestörten Persönlichkeiten findet. Jede seiner Bezugspersonen stellt einen streng von den anderen getrennten Aspekt dar. Die Mutter ist nur Mutter, der Freund nur Freund. Bei Ko, so glauben wir, hat der Computer die Rolle des Helfers oder Beraters; er hat sich da seinen eigenen Psychiater gebastelt – na, Scherz beiseite. Ich denke, wir werden ihm erst dann helfen können, wenn wir wissen, warum das so ist. Erst dann wird er die Angst vor IHNEN verlieren.

Aya: Vor mir?

Primar: Nein, er spricht – sprach vielmehr, jetzt erwähnt er SIE kaum noch – von etwas Unbekanntem, Gefährlichem, aber auch Verehrungswürdigem, das totale Kontrolle ausübt und zugleich hilft. Ein Übermensch, ein Gott vielleicht, den er nie mit Namen nannte. Er sprach immer nur von IHNEN. Sehr mystisch und rätselhaft.
Aya: Hat das mit seinem Terminal-Zwang zu tun?
Primar: Möglich wäre es. Wir wissen noch nicht, wer SIE sind, aber haben Sie Geduld. Wir werden das Rätsel lösen. Sobald wir SIE benennen können, haben wir die Ursache für Kos Krankheit.
Ko schmunzelte. Er unterbrach die Verbindung und loggte aus, nicht ohne SIE anzuweisen, alle Spuren seiner Anfrage zu löschen. Nicht auszudenken, wenn der bedauernswerte Primar dahinterkäme, daß sein Gespräch mit Aya belauscht worden war. Er würde durchdrehen. In seinem Weltbild hatte Kos Wahnidee keinen Platz. Der Professor war jedenfalls auf der richtigen Spur. Auch Aya vermutete bereits Zusammenhänge. Es konnte nicht mehr lange dauern, dessen war er gewiß. Bald würden alle die Wahrheit erkennen. Und SIE würden ihn belobigen für seine Klugheit und Standhaftigkeit während des Experiments. Oh ja, eine große Feier würde veranstaltet, alle würden beiwohnen und ihm Ovationen bringen. Aya und der Primar in der ersten Reihe. Und SIE würden verkünden:
»WIR, der Weltweit-*I*nteraktive-*R*echnerverbund, ernennen den Bürger Ko zum Wirklichen Berater erster Klasse mit allen damit verbundenen Sonderrechten ...«
Eigentlich hatte er bereits jetzt diesen Status. Nur wußten es die anderen nicht. Ko lächelte wehmütig. Er trug schwere Verantwortung. Alle in dieser computerstolzen Gesellschaft bedurften seiner Hilfe. Auch er hatte gelitten und würde weiterleiden unter Zwängen, zentraler Überwachung, Entmündigung in dieser traurigen Welt.
Jedenfalls aber war er von den Zwiedenkern geheilt.

Paul Scheerbart
Das kosmische Theater

»Bringen Sie jetzt den Edamer Käse!« rief der Herr vom Treckenbrock dem davoneilenden Diener nach.

Da sagte Frau Justina, die Gemahlin des Herrn vom Treckenbrock, sanft:

»Mir ist der Edamer Käse heute sehr unangenehm; ich kann ihn nicht vertragen. Lieber Just, könntest Du nicht den Käse in der Küche lassen?«

»Aber, liebe Justina«, versetzte nun der Just sehr heftig, »Du hast doch noch niemals eine Abneigung gegen Edamer Käse gehabt; ich verstehe Dich nicht. Friedrich, bringen Sie den Edamer Käse!«

Und der Friedrich brachte auf einem großen dunkelblauen Teller den großen runden karminroten Käse.

Und der Herr Just vom Treckenbrock nahm das lange breite Bratenmesser und wollte den Edamer Käse mitten durchschneiden.

Da rief aber die Frau Justina ängstlich: »Just! Lieber Just! Tus nicht! Schneide ihn nicht durch! Ich kanns heute nicht vertragen; ich fürchte, daß uns ein Unglück bevorsteht, wenn Du es heute tust.«

Verblüfft hielt Just inne und sah seine Frau lange an und sagte danach langsam:

»Dann muß ich Dich doch bitten, mir eine Erklärung zu geben; es ist mir vollkommen unbegreiflich, weswegen ich meinen kugelrunden Edamer nicht aufschneiden soll.«

Frau Justina erwiderte darauf:

»Die runde rote Kugel, die da vor Dir auf dem dunkelblauen Teller liegt, erinnert mich an so viele Dinge, dich mich peinlich berühren. Die Kugel kommt mir auch wie ein großer Blutstropfen vor. Du sagtest immer, daß in unserem Weltwinkel auch die kleinsten Dinge zu den größten Beziehungen haben und umgekehrt. Du glaubst wie die Astrologen daran, daß die Planeten unsrer Sonne auf das Leben der Menschen einen Einfluß haben. Die Sonne selbst und unser Mond haben zweifellos einen sehr großen Einfluß auf unser Leben. Und so glaube ich, daß auch die kleinsten Dinge – wie dieser Edamer Käse – verhängnisvoll in unser Leben eingreifen könnten. Es ist ja nicht der Edamer allein, ich weiß doch, daß der Edamer zu dem Schauspiel, das Du uns jetzt vorführen willst, Beziehungen hat.«

»Gut!« sagte Just, »wenn Du glaubst, daß auch die kleinsten Dinge und auch die kleinsten Lebewesen dem Menschen schädlich sein können, so kann man dem nur zustimmen – denn es stimmt zweifelsohne. Ich glaube andrerseits auch daran, daß ein Mensch einem riesengroßen Weltsterne gefährlich werden könnte. Demnach bin ich gern bereit, den schönen Edamer in die Küche zu senden und unser kosmisches Schauspiel ohne Edamer vorzuführen.«

»Aber nein!« rief da die Frau Justina, »ich möchte Dich bitten, heute auch das Schauspiel zu lassen.«

Der Herr vom Treckenbrock hatte sechs Gäste geladen, die nur des kosmischen Schauspieles wegen gekommen waren; er sagte nun nun mit etwas rauher Stimme, während er ganz rot im Gesicht wurde:

»Meine liebe Justina, das kannst Du wohl nicht von mir verlangen. Wenn es Dir unmöglich ist, dem Schauspiele beizuwohnen, so kannst Du ja so lange das Zimmer verlassen. Ich bin doch nicht dazu auf die Welt gekommen, Deinen unmotivierten Ahnungsempfinden die zartesten Rücksichten entgegenzubringen.«

»Du kennst überhaupt«, erwiderte Frau Justina heftig, »gegen keine Menschen Rücksichten. Gerade Deine heftige Rücksichtslosigkeit gegen alles und jeden macht mich so unruhig, daß ich immer denken muß, sie wird auch eine Rücksichtslosigkeit gegen uns zur Folge haben.«

Jetzt sprachen die Gäste beschwichtigende Worte.

Doch das half nichts.

Frau Justina wurde nur noch erregter.

Sie sprach schließlich mit ganz lauter Stimme: »Sie kennen meinen Mann nicht. Sie wissen nicht, wie heftig und zornig er ist – wie er immerzu in den rohesten Ausdrücken vom ungebildeten Volk spricht – wie er das ungebildete Volk haßt – wie er ihm immer wieder den qualvollsten Tod wünscht – wie er die alten Mithra-Mysterien preist, in denen der Ungebildete und der Dumme in grausamster Weise gemartert wurde. Glauben Sie, daß alle diese rücksichtslosen und rohen Worte meines Mannes nicht mal einen Widerhall finden werden? Wir wissen nie, was kommen kann. Aber wir sollen Furcht haben vor dem, was kommen kann; prahlerischen Gewaltmenschen droht zu allen Zeiten ein unheimliches Ende. Wir müssen mehr Scheu haben vor dem, was wir nicht leiten können; wir müssen einsehen, daß wir nicht die Herrschenden in unseren Lebensschicksalen sind.«

Der Herr Just wollte seine Frau unterbrechen, aber sie fuhr mit erhobener rechter Hand noch lebhafter fort:

»Warum betont mein Mann immer die unzähligen Beziehungen, die zwischen den Sternen untereinander und die zwischen den Menschen untereinander da sind? Warum sagt er, daß alles untereinander zusammenhängt, wenn er gleichzeitig alle Fäden, die ihn mit den anderen Menschen verbinden, zerreißen will? Hier ist doch etwas Unlogisches. Wie oft haben wir von den innigen Beziehungen aller Dinge und Wesen untereinander gesprochen – besonders davon, wie ein einziges Wort eine ganze lange Reihe von Bildern und Gedankenverbindungen in unserem Auge entfesseln kann – und wie dementsprechend auch eine einzige an sich unbedeutende Handlung – wie eben das Durchschneiden eines Edamer Käses – eine ganze Reihe von entsetzlichen Katastrophen entfesseln kann.«

»Meine geliebte Frau Gemahlin«, rief nun der Herr Just lachend, »was kann nicht täglich alles passieren! Jawohl! Gewiß doch! Indessen – das ist ja grade das Großartige, daß uns immer wieder etwas Unerwartetes passieren könnte. Wenn wir alles vorher wüßten, hätte ja die Zukunft gar keinen Reiz für uns. Wenn wir wüßten, wie es uns nach dem Tode ergehen wird, so würde doch der Tod gar keinen größeren Eindruck auf uns machen. Und auf den größeren Eindruck kommt es doch überall in erster Linie sehr an.«

Er schwieg, aber seine Frau Gemahlin schwieg nicht; sie sagte bitter:

»Du übersiehst das Wichtigste: ich empfinde die Kunst, die nur für wenige und nicht für alle da sein soll, als etwas Rohes. Versteh mich: als etwas Rohes! Grade diejenigen, die als außerordentlich feine Menschen gelten wollen, so daß sie eine Berührung mit den einfachen Menschen nach ihrer Meinung vermeiden müssen, sind nach meiner Meinung ganz rohe Klötze. Jeder Wutausbruch, lieber Just, findet sein Echo. Und Du wütest gegen die Ungebildeten, die nach Deiner festen Überzeugung Deine kosmischen Schauspiele nicht verstehen. Und für diese Wut wirst Du bestraft werden. Und deshalb fürchte ich, daß heute etwas passiert, wenn Du nur vor sieben oder acht Menschen Deine Weltschauspiele aufführst. Warum hast Du nicht mehr Gäste geladen?«

»Ich«, sprach da kalt der Herr vom Treckenbrock, »werfe meine Perlen nicht vor die Tiere aus denen man Schweinefleisch macht.«

Seine Gemahlin erhob sich und erwiderte lächelnd:

»Ich bat Dich niemals, solche Tiere einzuladen. Doch ich sehe ja, daß hier alles Reden fruchtlos ist. Du wirst Deinen Eigensinn in allzeit rücksichtsloser Weise auch fürderhin geltend machen. Und ich versuche nicht mehr, Dich umzustimmen. Mag doch passieren, was da will! Wenn jedoch das Messer den Edamer durchschneidet – oder wenn so etwas Ähnliches im Andromeda-Nebel passiert –, so denken Sie an mich. Wir sehen uns vielleicht später wieder – in einem anderen Zustande.«

Sie verbeugte sich und verließ rasch mit rauschender Schleppe das Zimmer.

Herr vom Treckenbrock sah seine Gäste lächelnd an und sagte leise:

»Meine Frau ist sehr nervös. Verzeihen Sie gütigst.«

Und nach diesen Worten durchschnitt er mit einem Schnitt den ganzen roten Edamer Käse in zwei Hälften, so daß die beiden Schnittflächen auf dem blauen Teller neben der roten Kruste hell aufleuchteten.

Es war im Dezember des Jahres 1885. Im August dieses Jahres war im Andromeda-Nebel urplötzlich ein Stern sechster Größe aufgeflammt; im Dezember sah er allerdings schon bedeutend kleiner aus.

Die Astronomen hatten diese plötzliche Entstehung eines neuen Sterns als einen großen Weltuntergang gedeutet.

Der Herr vom Treckenbrock aber, der sich auf seinem Schloß in Tirol ein astronomisches Theater gebaut hatte, hielt diesen neuen Stern nicht so ohne weiteres für einen Weltuntergang, und er lud daher sechs Bekannte zu einem Schauspiel ein, das er »Ein Weltuntergang mit Überraschungen« betitelt hatte.

Nach der Durchschneidung des Edamer Käses taten sich die schwarzseidenen Gardinen, die die eine Wand des Speisesaals bedeckten, auseinander, und die sieben Herren blickten in den Weltenraum hinein. Die Diener des Herrn vom Treckenbrock überreichten den Gästen Operngucker. Und alle sahen sich nun die unzähligen Sterne an.

»Sie sehen hier, meine Herren«, sagte der Herr vom Treckenbrock, »den Andromeda-Nebel. Ich habe Ihnen diesen interessanten Nebel ein paar Billionen Meilen näher gerückt. Der Nebel ist natürlich gar kein Nebel; er besteht aus unzähligen Sternen wie unsre Milchstraße und hat wie diese im ganzen gesehen Linsenform. Sie sind aber jetzt diesem Sternsystem so nahe, daß Sie seine Linsenform nicht mehr bemerken. Die Sterne, die Sie sehen, bilden nur eine kleine Partie des Systems – eben die, in der wir im August dieses Jahres den neuen Stern sechster Größe plötzlich entdecken konnten. Die Gelehrten waren sämtlich der Ansicht, daß dieses plötzliche Entstehen eines neuen Sterns durch den Zusammensturz zweier Sterne hervorgebracht sei; wir hätten nach der Meinung der Gelehrten einen Weltuntergang größten Stils im Andromeda-Nebel erlebt. Die Gelehrten denken sich die Sache so: die großen Sterne des Weltenraumes sind plumpe Ungeheuer, die sich nicht zu nahe kommen dürfen; kommen sie sich zu nahe, so ziehen sie sich gleich gegenseitig so an, daß sie aufeinander fallen und dabei gleich in Rauch, Dampf und Gas verwandelt werden, wobei natürlich eine große Leuchtmasse erzeugt wird. Nach meiner Überzeugung sind nun die großen Sterne des Weltenraumes keineswegs so plumpe dumme Ungeheuer, wie unsre Gelehrten der Erdhaut glauben; die Sterne sind Lebewesen, die selbstverständlich anders denken als die Menschen – aber nicht etwa dümmer, sondern ein wenig klüger –, wahrscheinlich so klug, daß wir sie mit unsern schwerfälligen Gedankenkombinationen wohl niemals begreifen werden. Eins ist mir nur begreiflich geworden: so dumm, daß sie aus Versehen aufeinanderfallen und dadurch gleich in Atome aufgelöst werden könnten – so dumm sind die Sterne keineswegs. Es gehört nur eine fast unbegreifliche Menschendummheit dazu, den Sternen so was Plumpes zuzutrauen. Unsre irdischen Vorstellungen von der Anziehungskraft bedürfen, wenn sie ins Kosmische übertragen werden, einer erheblichen Korrektur. Selbst die Sterne, die in unserm Sonnensystem leben, stellen sich immer so, daß sie einen gewissen Abstand beibehalten, der eine allzugroße Annäherung gar nicht möglich werden läßt. Und so ist es überall im großen Kosmos. Sehen Sie sich, meine Herren, zunächst einmal in Ruhe die vor Ihnen liegende Partie des Andromeda-Nebels an.«

Das taten denn auch die sechs Herren.

Sie sahen zunächst, daß sehr wenige Sterne Kugelgestalt hatten; die meisten Sterne hatten lange, sehr bewegliche Rüssel, die nach allen Seiten herumzuschnüffeln schienen.

Und dann gab's da Sterne, die wie lange Fernrohre aussahen und sich auch wie diese verlängern und verkürzen konnten.

Andre Sterne wieder zeigten Kristallformen, und wieder andre sahen aus wie schlaffgewordene Luftballons.

Kleine Lebewesen, die auf den Oberflächen der Sterne lebten, konnten nicht entdeckt werden.

Herr von Treckenbrock meinte, als man dieses allgemein konstatierte, daß das Nichtentdecktwerden solcher kleinen Lebewesen sehr natürlich sei, da man immerhin noch ein paar hundert Meilen von der Andromeda-Nebel-Partie entfernt sei.

Besondere Aufmerksamkeit erregten sodann die vielen Farben der Sterne.

Da gab es Sterne, die glühten wie Diamanten immer wieder in neuen Farben auf. In anderen Sternen glitzerte es so bunt wie in Geißlerschen Röhren. Dann entstanden viele Lichtkegel, die plötzlich wie Scheinwerfer ganz lang wurden und dann auch ihre Umgebung taghell erleuchteten, so daß dabei unzählige kleinere Sterne, die sich wie riesige Mückenschwärme ausnahmen, sichtbar wurden.

Solche Scheinwerfer ließen auch größere birnenförmige und auch kugelrunde Sterne sichtbar werden. Und diese größeren Sterne waren fast ganz dunkel.

»Behalten Sie«, rief da lebhaft der Herr vom Treckenbrock, »den dunkeln kugelrunden Stern im Auge, der da rechts oben neben den drei Röhrensternen sichtbar wird. Sie sehen, daß der Kugelrunde eine ganz dunkelrote Farbe hat, die entfernt an den Edamer Käse erinnert. Der Kugelrunde kommt langsam näher. Sie werden bemerken, wie er allmählich immer größer wird.«

Danach wurde links ein Komet sichtbar, der in ein paar Sekunden sechs graziös geformte Schweifbildungen bekam; der Komet bewegte sich mit außerordentlicher Schnelligkeit von links nach rechts.

»Sagen Sie nur, Herr vom Treckenbrock«, rief nun einer der Gäste, »werden diese Sterne von Fäden dirigiert? Wie haben Sie denn die Geschichte gemacht? Das ist ja technisch außerordentlich interessant.«

»Bei einem solchen Theater«, erwiderte nun der Herr des

Hauses lachend, »kommt natürlich alles darauf an, daß die Illusion nicht gestört wird. Würde ich Ihnen daher sagen, wie raffiniert diese Sterne von meinen Maschinisten gelenkt werden, so würden Sie ja die Illusion verlieren. Nehmen Sie nur ruhig an, daß all die Sterne genau so auf meiner Bühne schweben wie die rechten Sterne im Kosmos.«

Jetzt kamen aber immer wieder neue Kometen auf der linken Seite zum Vorschein.

Und diese neuen Kometen hatten immer wieder neue Formen, mancher dieser Kometen zeigte an Stelle der Schweife große blasenförmige, sehr hell leuchtende Gebilde.

Die Kometen verschwanden stets so schnell, als sie gekommen waren.

»Sie müssen aber denken«, sagte der Erbauer dieses Welttheaters, »daß jede Sekunde Ihres momentanen Lebens so lang wie tausend Jahre ist – denn in den großen Lebensverhältnissen eines Sternsystems geht natürlich nicht alles so schnell vor sich wie hier auf meinem Theater. Vielleicht haben die Herren die Güte, jetzt näher an die Rampe zu rücken, damit Sie auch einmal in die Tiefe sehen können, denn mein Theater besitzt natürlich keinen sogenannten Bühnenboden wie die Theater der primitiven Erdrindenbewohner.«

Alle taten, was sie sollten; sie rückten mit ihren Stühlen an die Brüstung und schauten hinunter in die Tiefe und waren ganz begeistert von den unzähligen Farben und Formen, die da die Sterne zeigten.

Und nun kam aus der Tiefe ein scheibenartiger Komet zur Höhe langsam empor, und die Scheibe drehte sich und war ganz schneeweiß, und aus dem Rande zuckten feine Scheinwerfer heraus, die wie feinste Lichtfäden radial ins All hinaus spritzten, aber immer wieder gleich zurückgingen.

Währenddem kam der kugelrunde rote Stern von rechts oben langsam zur Mitte und wurde immer größer, so daß man seine dunkelrote Oberfläche ganz deutlich sehen konnte; sie hatte viele seltsame Linien, die wie Gebirge den ganzen sich langsam drehenden Weltkörper umzogen. Und die Linien wurden immer deutlicher und hatten eine hellere Rotfarbe.

»Nun denken Sie sich«, sagte der Herr Just vom Treckenbrock, »nur das eine: dieses kosmische Wundertheater soll ich nach der Meinung meiner Frau auch gleich einem größeren Publikum zugänglich machen. Es ist wahr: ich vergehe oft vor Wut, wenn ich an all die menschliche Dummheit und Unbildung denke. Eigentlich ist es gar nicht so schwer, auch an einem solchen Schauspiel Freude und Wohlgefallen zu finden. Aber ich bitte Sie bloß, meine Herren, vergessen Sie nicht, daß selbst die Astronomen unsrer Zeit solchen Schauspielen unwillig folgen würden. Glauben Sie denn, daß der einfache Landmann so etwas eher begreift? Oder meinen Sie vielleicht, der Großstadttheaterbesucher wird voll Wonne diesem Schauspiel mit Weltuntergang und darauffolgenden Überraschungen folgen? Der gewöhnliche Theaterbesucher würde mir wahrscheinlich erklären: mein Herr wo bleibt der Konflikt? Wo bleibt der Held? Und wenn ich dem sagen würde: warten Sie, gleich wird der Scheibenkomet mit dem großen kugelrunden Edamer in Konflikt geraten – so würde man ...«

Nach diesen Worten kam der Scheibenkomet ganz nahe an den dunkelroten Kugelstern heran und schnitt ihn mit furchtbarer Fixigkeit – so wie das Bratenmesser den Edamer schnitt – in zwei Hälften.

Die Herren sprangen erschrocken auf, aber aus dem Inneren des Kugelrunden kamen die Überraschungen heraus: unzählige kleine diamantartig leuchtende Sterne, die eine ungeheure Helligkeit verbreiteten und sich langsam nach allen Seiten zerstreuten.

Der Scheibenkomet stieg währenddem hastig sich drehend in die Höhe, während die beiden Hälften des Kugelrunden dunkelrot glüchend als zwei leere Schalen zur Tiefe sanken.

Da gabs im Nebenzimmer einen furchtbaren Krach, und gleich darauf hörte man einen gellenden Angstschrei.

Und dann stürzte ein Diener in den Speisesaal und schrie:
»Die gnädige Frau! Die gnädige Frau!«
»Was ist denn schon wieder los?« brüllte der Herr des Hauses und ergriff dabei einen Stuhl, so daß man glauben konnte, er wolle den dem Diener an den Kopf werfen.

Aber der Diener rannte davon und schrie immer wie besessen:
»Ein Unglück! Ein Unglück!«
Jetzt erinnerten sich die Gäste des Herrn vom Treckenbrock, daß die Frau Justina beim Fortgehen gesagt hatte:
»Denken Sie an mich, wenn das Messer den Edamer Käse durchschneidet oder wenn so etwas Ähnliches im Andromeda-

Nebel passiert.«

Und da alle sechs zugleich daran dachten, sprangen sie auch alle zugleich auf und rannten dem heulenden Diener nach.

Der Herr vom Treckenbrock aber sah sich das Funkenfarbspiel, das aus dem kugelrunden Stern herausgekommen war, an und sagte mit lauter herrischer Stimme:

»Sehen Sie, meine Herren, das ist ein Weltenuntergang – aber einer, der Überraschungen zur Folge hat. Es geht nichts zugrunde. Es geht eben gar nichts zugrunde. Dieser Aufschnitt ist nur eine Befreiung für den kugelrunden Stern, der in seinem Innern Billionen von neuen Welten barg und hütete, die jetzt, da sie genug behütet sind, in die freien Weltallüfte hinein können. Wir haben in diesem Weltuntergange einen Befreiungsmoment zu erblicken. So haben wir den neuen Stern, der im August des Jahres 1885 sichtbar wurde, zu erklären; Billionen neuer Welten sind damals geboren worden – aber zugrunde gegangen ist damals nichts. Gar nichts ist zugrunde gegangen. Im kosmischen Weltenleben kennt man eben das Zugrundegehen nicht – das ist . . .«

Er drehte sich stolz um . . . und sah . . . daß er allein war.

Er zog die Augenbrauen zusammen und erinnerte sich plötzlich wieder an den Krach und an den Schrei und an den unverschämten Diener, der das erhabene Schauspiel eines scheinbaren Weltunterganges zu stören wagte.

Der Herr Just vom Treckenbrock ließ den Kopf sinken und stand ganz still.

Und dann kam wieder der unverschämte Diener und sagte in strammer Haltung:

»Sollte fragen, ob der gnädige Herr nicht zur gnädigen Frau kommen möchte.«

Der Herr des Hauses folgte dem Diener.

Und sie gingen ins Boudoir der gnädigen Frau. Und da lag die Frau Justina auf dem Diwan und wimmerte; ihr war die schwere Waschschüssel aus der Hand geglitten und auf den linken Fuß gefallen.

Einer der sechs Gäste, der Arzt war, legte einen Verband um den Fuß.

Als der Herr Just diesen Tatbestand erfuhr, lachte er wie ein Besessener und konnte sich gar nicht beruhigen.

Und die Gäste wußten nicht recht, was sie zu der ganzen Sache sagen sollten.

Frau Justina wimmerte und sagte dann plötzlich seufzend:

»Ich habe keine Welten in mir.«

Herr Just lachte da nicht mehr; er sagte heftig:

»Meine liebe Justina, mit Deinem armen Fuß wird's ja schon wieder besser werden. Und tröste Dich: Du bist es nicht allein, die keine Welten in sich hat. Deine dicke Waschschüssel hat auch keine Welten in sich gehabt – nur Wasser – schmutziges Wasser! Die ganze Stube ist voll Wasser. Ich aber bin ganz voll Wut. Daß ich so gestört werden würde, hatte ich nicht für möglich gehalten. Dein Ahnungsvermögen hat sich in der richtigen Richtung bewegt: mir ist ein kolossaler Ärger beschert worden.«

Nach diesen Worten schrien draußen mehrere Stimmen in Entsetzen erregender Weise:

»Feuer! Feuer! Feuer!«

Im Maschinensaal des Kosmischen Theaters war Feuer ausgebrochen.

Zwei Stunden später war das ganze Kosmische Theater mitsamt dem Speisesaal abgebrannt.

Herr vom Treckenbrock versprach zwei Monate später seiner Gemahlin, das neue Kosmische Theater für ein großes Publikum in München zu erbauen.

Man zog nach München, und das Theater sollte gebaut werden.

Da wurde dem Herrn vom Treckenbrock aber die Geschichte leid, und er erklärte seiner Frau an einem Abend, daß sein neues Theater auch nur für zehn Personen gebaut werden würde.

Als er dieses grade gesagt hatte, kam wieder der Diener mit einem Edamer Käse ins Speisezimmer; die Frau Justina sah den Diener so entsetzt an, daß er den Teller mit dem Käse fallen ließ.

Im selben Moment fiel aber auch die Frau Justina vornüber mit dem Kopf auf den Tisch.

Ein Arzt wurde sofort gerufen, und der sah, daß ein Herzschlag dem Leben der Frau vom Treckenbrock ein Ende gemacht hatte.

Herr Just vom Treckenbrock verließ bald darauf München und begab sich ins Ausland. Aber er kehrte in Jahresfrist zurück und ließ sich nördlich von München an der Isar nicht weit vom Schloß Grünwald ein Laboratorium bauen, in dem er die großartigsten Weltkörper herstellte – für sein kosmisches Zukunftstheater.

Er stellte aber die Weltkörper in sehr verschiedenen Größen her, und diese Tätigkeit füllte bald so ganz und gar seine Zeit aus, daß er an eine Herstellung seines Theaters gar nicht mehr dachte; die Vorarbeiten nahmen den Herrn vom Treckenbrock so vollkommen in Anspruch, daß er das Ziel allmählich aus den Augen verlor.

Der alte Herr lebt heute noch bei Schloß Grünwald an der Isar, zu sprechen ist er für keinen Menschen; nur wenn er einmal verreist ist, um neue Chemikalien zu kaufen, kann man nach Bestechung seines Portiers in seine großen Atelierräume kommen und dort die merkwürdigsten Weltkörper sehen. Leider liegen und hängen sie alle in größter Unordnung und vielfach mit dicker Staubschicht bedeckt überall so planlos umher, daß es schwerfällt, sich eine Vorstellung zu bilden, wie diese phantastischen Weltkörper in einem Kosmischen Theater wirken könnten.

Der Portier, der gar nicht schlechte Geschäfte macht, versichert jedem Besucher, daß der Herr vom Treckenbrock das kosmische Theater bald bauen wird. Aber das versichert dieser Portier jetzt schon zehn Jahre hindurch mit derselben ernsten Portiersmiene; der Ernst bringt dem Manne sehr viel Geld ein.

Peter Daniel Wolfkind
Solokadenz

Tiberias, den 4. Oktober 2006

Sehr geehrter Herr Chefredakteur, staunend bestätige ich den Erhalt Ihres Schreibens vom 18. Juli dieses Jahres. Die Schuld für meine verspätete Antwort liegt bei nicht bei mir, sondern an den zahllosen Zensurstellen, die jedes Poststück, seit Israel von Amerikanern, Russen, Ägyptern und Palästinensern gemeinsam kontrolliert wird, zu passieren hat. So habe ich Ihren Brief erst vor drei Tagen erhalten, und die vorwurfsvollen Fragen, die Sie mir darin stellen, haben die Zensurbeamten offenbar in Verwirrung versetzt. Jedenfalls bin ich seit Eintreffen Ihres Schreibens zur verdächtigen Person geworden. Ich werde bespitzelt. Die Geheimpolizisten hier bewegen sich linkisch. Ich erkenne sie sofort. Die Armen streunen jetzt einander ablösend um mein Wohnhaus. Sitze ich in meinem Stammlokal, direkt am Ufer des Sees Genezareth, lungert einer von ihnen am Nebentisch. Der Russe ist der netteste. Er bemerkte als erster, daß ich ihn als Spitzel erkannt hatte, und reagierte darauf nicht wie die anderen mit feindseligen Blicken. Wenn ich ihm zuprostete, prostete er voll weltmännischer Nonchalance zurück. Gestern kam ich ins Gespräch mit ihm. Das war sehr wichtig für mich. Denn mit meinen vier Spitzeln geht es mir eigentlich nicht anders als mit Ihnen, sehr verehrter Herr Chefredakteur. So wie Sie wollen auch die vier Aufklärung über den »ungeheuerlichen Vorfall«, wie Sie diese Begebenheit während eines Konzertes der Salzburger Festspiele bezeichnen. Und auch meine etwaige Kenntnis anderer solcher Ereignisse, die Sie, lieber Herr Chefredakteur, vermuten, zu einer Serie für Ihr Blatt zusammenzufassen, wozu Sie mich, da ich im Ruhestand bin und Zeit hätte, animieren wollen, beunruhigt meine vier Bewacher. Deshalb versuchte ich gestern meinem Leibrussen ungefähr dasselbe zu erklären, was ich nun Ihnen vergeblich, wie ich befürchte, darzulegen mich anschicke. Nicht etwa, weil ich Sie für weniger einsichtig hielte als meinen Russen, sondern weil sich über gewisse Dinge einfach besser sprechen als schreiben läßt. Säßen Sie nun mir gegenüber, neben uns nichts als der tiefblaue See und im herbstlichen Dunst weit drüben die Golanhöhen, auf denen ja einst auch ein paar österreichische UNO-Soldaten stationiert waren, – ich bin sicher, es bedürfte keiner sechs Gläser von dem siebzigprozentigen jüdischen Osterschnaps, wie ich sie dem Russen eingießen mußte, bis Sie mich begreifen würden.

Ich schreibe das alles nur hin, damit Sie, falls Sie mit meinen Erklärungen nicht allzu viel anfangen können, nicht allzu enttäuscht sind. Früher, während meiner aktiven Zeit als Mitglied Ihrer Redaktion, da hätte ich meine Antwort auf Ihre Anfrage höchstwahrscheinlich ganz anders begonnen. Ich hätte es mir nicht verkneifen können, meiner Genugtuung darüber Ausdruck zu geben, daß sich ein Chefredakteur endlich einmal für die Weise, auf die über kulturelle Ereignisse berichtet wird, zu interessieren beginnt. Und diesen Gedanken fortführend hätte ich weiters festgestellt, daß ich mit meiner Entscheidung über besagten »ungeheuerlichen Vorfall« nicht zu berichten, recht getan habe. Denn nur auf diese Weise wäre es mir nun gelungen, Sie für die Belange der Kulturredaktion zu interessieren. Wo war ich stehengeblieben? Verzeihen Sie, ich habe den Faden verloren. Die Wespen sind heuer so lästig. Ich mußte das Fenster schließen. Man merkt, daß es Herbst wird in Tiberias. Gibt es heuer auch bei Ihnen soviel Wespen? Wenn ja, sollte man unbedingt darüber berichten. Sowas interessiert die Leser immer. Sie wollen eigentlich nur das lesen, was sie ohnedies schon wissen. Also, gibt es in diesem Herbst – apropos, gibt's auch noch den »Steirischen Herbst«? – viele Wespen, so schreiben Sie einfach, »es gibt viele Wespen«. Das ist eigentlich das ganze Geheimnis des journalistischen Erfolges.

Es ist auch durchaus von Vorteil, wenn man derlei Alltäglichkeiten in der Zeitung ein bißchen heroisiert. In dem Sinne etwa wie, »wir Österreicher, wir Steirer, unser vielgeprüftes Land, wir werden auch die Wespen überstehen«. So machen Sie einen jeden Ihrer Leser, der eine Wespe zerquetscht und erst einen jeden, der von einer Wespe gestochen wird, zum Nationalhelden. Doch das wissen Sie ja alles viel besser als ich. Ich erinnere Sie nur daran. Erstens, weil ich jetzt viel Zeit zum Nachdenken habe, zweitens, weil ich mir vorstellen kann, daß Sie nun, da unser Bundeskanzler bald seinen 95. Geburtstag begeht, alle Hände voll zu schreiben haben, und drittens, weil das, was ich eben über die

Wespen gemeint habe, unmittelbar mit jenem »ungeheuerlichen Vorfall« in Salzburg zusammenhängt, über den ich – wann war das? – vor sechsundzwanzig Jahren ganz bewußt nicht geschrieben habe. Und, um auf das erste Wort meines Briefes zurückzukommen, staunend, ja mit außerordentlicher Verblüffung nehme ich Ihren Ärger, den mein Verhalten nun über ein Vierteljahrhundert später in Ihnen weckte, zur Kenntnis. Da ich, wie Sie sich vielleicht denken können, hier in Tiberias wenig Gelegenheit habe, Ihre – meine einstige Zeitung zu lesen, und das, was in den europäischen Zeitungen steht, auf solche Entfernung für mich von immer schwächerem Interesse ist, weiß ich auch nicht, was von diesem damaligen Ereignis in Salzburg überhaupt bekannt wurde. Merkwürdigerweise wurde ich gerade an diese bewußte Begebenheit erst vor wenigen Monaten erinnert. Obwohl ich üblicherweise seit meiner Pensionierung den Besuch von Konzerten tunlichst meide und dazu hier in Tiberias auch reichlich wenig Gelegenheit hätte, zog es mich heuer im Juni in das Amphitheater nach Caesarea. Warum, kann ich nicht sagen. Ich besuchte eine Probe zu Beethovens Neunter Sinfonie.

Das war ein Anblick. Schade, daß Sie keinen Berichterstatter entsandt hatten. Allen Respekt vor unseren Wiener Philharmonikern. Angesichts der großen Hitze hatten es die wackeren Herren Virtuosen durchgesetzt, daß mit einem jeden von ihnen ein persönlicher Solarassistent mitreisen durfte, der ihm den Sonnenschirm zurecht rückte und ihn mit erquickenden Getränken labte. So glich das ovale Rund des großen Freilufttheaters einer bunten Pilzkolonie, aus der, als ich vor Beginn der Probe die Stufen zum Dirigentenpult hinunterging, das eingestrichene A laut vernehmlich emporschnarrte, -quäkte und -dröhnte.

Auf dem behäbigen Fauteuil, das hinter dem Notentischchen stand, justierte man gerade Karl Böhm, der es sich nicht hatte nehmen lassen, alle acht Konzerte der Philharmoniker, die während dieses Festivals geplant waren, selbst zu dirigieren. Ich begrüßte ihn ehrerbietig. Ich schmeichle mir sagen zu dürfen, daß der hundertzwölfjährige Meister mich sofort erkannte und mich auf eben jenen Vorfall hin ansprach, über den Sie, sehr verehrter Herr Chefredakteur, nun von mir Aufklärung wünschen. »Morgen haben wir wieder das Violinkonzert von Beethoven«, sagte Böhm zu mir, »hoffentlich passiert uns net dasselbe wie damals in Salzburg. Wissen'S eh, Herr Doktor. Na, Servus, das wär'a schöne Bescherung. Die vielen Leut'. Und a Geiger, der sich in nix auflöst.« Böhm wollte noch weitersprechen. Doch der Orchesterinspektor drückte ihm das Dirigentenstäbchen in die Hand. Das eingestrichene A verstummte. Und schon stürzte der Generalmusikdirektor sich und seine schirmgeschützten Musiker in das D-Moll-Getöse des ersten Satzes. Ja, mein Lieber, wenn ich Sie angesichts der Entfernung, die uns trennt, und der Sympathie, die uns stets verbunden hat, so respektlos anreden darf, es war so, wie Karl Böhm es auf seine klassisch vereinfachende Weise gesagt hat. Man könnte es gar nicht zutreffender schildern. Ein Geiger hat sich, während er die Solokadenz im ersten Satz von Ludwig van Beethovens Violinkonzert spielte, in nichts aufgelöst. Wie hieß er nur? Wie konnte mir nur sein Name entfallen! Vielleicht Ten Steudeman. Das könnte ich jetzt aber nicht beschwören. Sonst aber erinnere ich mich an diesen, wie Sie sagen, »ungeheuerlichen Vorfall« noch ziemlich genau. Karl Böhm, damals erst 86 Jahre jung, hat dirigiert. Zuerst die »Geschöpfe des Prometheus«, danach, wie gesagt, das Violinkonzert. Wie schön, daß Sie wissen, wer Beethoven war. Mein russischer Geheimagent hielt Ludwig van Beethoven für den Leibarzt Maria Theresias, die er ihrerseits wieder mit Zarin Katharina verwechselte. Aber das, worauf es ankommt, daß sich ein Mensch in einer ihm wichtig scheinenden Sache selbst und natürlich auch allen übrigen abhanden kommen kann, das hat er beim sechsten Glas Schnaps begriffen. Und Sie? Anders kann ich's Ihnen nicht explizieren. Auf einmal, inmitten der Solokadenz war er weg. Man hörte ihn nur spielen. Karl Böhm hätten Sie sehen sollen. Er erhob sich von seinem Sitz, schaute mit der rechten Hand mechanisch den Takt schlagend betroffen um sich, verließ sein Podest und machte sich zwischen den ersten Geigenpulten auf die Suche nach seinem verlorenen Solisten, dem er bedächtig einen jeden Einsatz gab und der unsichtbar, doch ganz präzise und mit hinreißendem Elan seinen Part geigte. Im Publikum, aber auch unter den exakt vor sich hin musizierenden Wiener Philharmonikern entstand Unruhe. Nach dem Ende des ersten Satzes sprangen einige ängstliche Damen auf und wollten das Große Festspielhaus verlassen. Andere lachten. Karl Böhm rief mit näselnder Stimme, »ja wo is' er denn? Sehn'S mi überhaupt«. Der Solist blieb auch während der beiden folgenden Sätze unsichtbar. Es gab Beifall. Es gab Entsetzensschreie. Böhm verneigte sich kurz und ließ sich dann auch nicht mehr blicken. Nach der Pause folgte ohne Zwischenfall die »Pastorale«. Doch nach Ende des Konzertes kam aufgeregt der Pressereferent der Salzburger Festspiele zu mir, Sie wissen ja, ein Freund von Ihnen, dessen Name mir auch schon entfallen ist, und bat mich und meine Kollegen ins Pressezentrum, wo uns vor dem versammelten Direktorium der Salzburger Festspiele erklärt wurde, man habe einen neuen technischen Illusionseffekt der Großen Festspielbühne, den sich Herbert von Karajan mit seinen Ingenieuren ausgedacht hat, erproben wollen. Was Sie, sehr verehrter Herr Chefredakteur, nun durch irgendwelche Informationen als sicher annehmen, war mir auch damals schon klar: der Mann, den man uns während dieser eilig einberufenen Pressekonferenz als den Solisten dieses Konzertes, den man angeblich nur durch irgendwelche optische Effekte vorübergehend unsichtbar gemacht hatte, vorführte, war selbstverständlich ein anderer. Ein Double, das man in aller Eile in einen Frack gezwängt hatte. Angesichts der Unruhe, die dieser Vorfall im Publikum ausgelöst hatte, ersuchte man uns, diesen in unserer Berichterstattung unerwähnt zu lassen, zumal die musikalische Seite der Interpretation ja, wie auch die Bandaufnahme dieses Konzertes bewies, keinerlei Einbußen erfahren hatte. Jetzt frage ich Sie, lieber Ex-Chef, was hätten Sie, was hätten unsere lieben Kollegen in der Redaktion, was hätten die Leser gesagt, hätte ich als einziger Berichterstatter behauptet, während der Solokadenz im ersten Satz des Beethoven-Violinkonzertes habe sich der Solist in nichts aufgelöst, sei er eben aufgegangen in seiner Aufgabe, habe er sich in Bezirke aufgemacht, aus denen er nie mehr zurückgekehrt ist. Eine Flut von Entgegnungen hätte mir dieser Bericht eingetragen. Briefe empörter Leser hätten wir erhalten, und ich wette, bei aller Hochachtung und bei aller Sympathie, Sie wären unsicher geworden, hätten sich gedacht, meine Phantasie wäre mit mir davongelaufen und hätten mir fürderhin mißtraut. So habe ich, Sie verstehen mich, über die Wespen geschrieben und habe Ihnen, den Kollegen und den Lesern das Unglaubliche, das Unfaßbare erspart. Mein Beileid, mein Lieber, ich kann Ihnen nicht raten und nicht helfen. Werden Sie mit dem Unglaublichen fertig, wie Sie können. Ladislaus Boros schreibt einmal, nur in der Todesstunde sei der Mensch in der Lage, der gesamten Wahrheit seiner Existenz die Stirn zu bieten. Wahrheit aber schmiegt sich nicht in unsere Fassungskraft. Stündlich, minütlich das Unfaßbare fassend zu sterben und durch dieses gestärkt neu zu erstehen. Das wäre es. Sagen Sie es Ihren Lesern. Und meinen einstigen Kollegen in der Redaktion und den vielen neuen, die ich nicht mehr kenne. Dann würde auch keiner von Euch, Ihr Lieben, die ich hiermit herzlich grüße, staunen, würde ich schreiben, ich bin eines stürmischen Abends in meinem Stammlokal am Ufer des Sees Genezareth gesessen und habe zwei Männer sicheren Schrittes über die Wellen gehen sehen.

Mein Russe hat mich begriffen. Ich hoffe auch Sie.

Herzlich Ihr
Peter Daniel Wolfkind

Quellen- und Übersetzungshinweise

Mihály Babits: »Der Schatten des Turmes«, in: M. Babits: *Der Schatten des Turmes*. Novellen, Philipp Reclam jun. (Leipzig) 1983. Erstveröffentlichung 1920. Übersetzung aus dem Ungarischen von Vera Thies. Copyright Rechtsnachfolger von Mihály Babits 1983, vertreten durch die Ungarische Autorenagentur Artisjus, Budapest. © der Übersetzung Verlag Philipp Reclam jun. Leipzig 1983.

J. G. Ballard: »Das Angriffsziel« (The Object of the Attack). Copyright © 1984 by J. G. Ballard. Aus dem Englischen von Joachim Körber.

Elfriede Maria Bonet: »Die Abschaffung des Menschen zugunsten der Einführung der Person«. Copyright © 1985 by Elfriede Maria Bonet.

Johanna Braun, Günter Braun: »Doktor EU«. Copyright © 1984 by Johanna Braun und Günter Braun. Zuerst veröffentlicht in: Horst Heidtmann, Hg.: *Auf der Suche nach dem Garten Eden*, Signal-Verlag 1984.

Julio Cortázar: »Südliche Autobahn« (in: Julio Cortázar, *Der Verfolger*, Suhrkamp Verlag 1978). Copyright © Editorial Sudamericana, Buenos Aires 1966. Aus dem Spanischen von Fritz Rudolf Fries.

H. W. Franke: »In den Höhlen von Glenn«. Copyright © 1985 by Herbert W. Franke.

Marianne Gruber: »Fangt das Tier«. Copyright © 1985 by Marianne Gruber.

Stanisław Lem: »Schwarz und Weiß« (Czarne i Białe, in: Horst Heidtmann, Hg.: *Willkommen im Affenhaus*, Beltz & Gelberg 1984). Copyright © 1983 by Stanisław Lem. Aus dem Polnischen von Edda Werfel.

H. P. Lovecraft: »Der Außenseiter« (The Outsider, in: H. P. Lovecraft: *Das Ding auf der Schwelle*, Insel Verlag 1969). Copyright © 1926 Popular Fiction Publishing Company for *Weird Tales*. Aus dem Amerikanischen von Rudolf Hermstein.

Gerd Maximovič: »Das gestrandete Schiff«. Copyright © 1985 by Gerd Maximovič.

Barbara Neuwirth: »Columbina« (in: *Querflöte*. Märchen & fantastische Erzählungen mit Zeichnungen von Claudia Schwanda, Wiener

Frauenverlag 1984, S. 8-16). Copyright © 1984 by Barbara Neuwirth.

Bernard Richter: »Wieviel Sterne stehen«, Copyright © 1985 by Bernard Richter.

Murilo Rubião: »Das Gebäude« (in: Murilo Rubião: *Der Feuerwerker Zacharias*, Suhrkamp Verlag 1981). Copyright © Murilo Rubião 1965. Aus dem brasilianischen Portugiesisch von Ray-Güde Mertin.

Peter Schattschneider: »Verschwörung der Zwiedenker« (in: Horst Heidtmann, Hg.: *Auf der Suche nach dem Garten Eden*, Signal-Verlag 1984). Copyright © 1984 by Peter Schattschneider.

Paul Scheerbart: »Das kosmische Theater« (in: Paul Scheerbart, *Astrale Novelletten*, Georg Müller 1912).

Peter Daniel Wolfkind: »Solokadenz« (in: *Sterz* 16, Frühling 1981, S. 22). Copyright © 1981 by Peter Daniel Wolfkind.

Über die Autoren

Mihály Babits (1883-1941), Lyriker, Romancier, Essayist und Übersetzer, hatte maßgeblichen Anteil an der Erneuerung der ungarischen Dichtkunst zu Jahrhundertbeginn. Er studierte klassische und ungarische Philologie, war Professor für Weltliteratur und freier Übersetzer, 1933 Chefredakteur der Zeitschrift *Nyugat*. Sein phantastischer Roman *Der Storchkalif* (1913) erschien in der »Phantastischen Bibliothek«.

J. G. Ballard (geb. 1930) ist ein symbolischer Schriftsteller und der führende SF-Autor Englands. Sein Werk wird fast vollständig von Suhrkamp betreut. Es liegen bereits vor: *Der ewige Tag. Die tausend Träume von Stellavista*, *Billenium*, *Der tote Astronaut*, *Das Katastrophengebiet*, *Kristallwelt*, *Hallo Amerika!*, *Die Dürre* und *Der vierdimensionale Alptraum*.

Elfriede Maria Bonet (geb. 1943 in Wien), Besuch des humanistischen Gymnasiums, Studium der Musik am Konservatorium (Geige, Gesang), Studien in Betriebswirtschaft; derzeit freie Mitarbeiterin des Biologen Prof. Rupert Riedl.

Johanna Braun (geb. 1929) *und Günter Braun* (geb. 1928) schreiben ihre satirisch-ironischen Erzählungen und Romane stets gemeinsam. Sie sind die führenden SF-Autoren in der DDR, bei Suhrkamp erschienen bisher: *Der Irrtum des Großen Zauberers*, *Unheimliche Erscheinungsformen auf Omega XI*, *Der Fehlfaktor*, *Conviva ludibundus*, *Der Utofant*, *Das kugeltranszendentale Vorhaben*, *Die unhörbaren Töne* und *Der x-mal vervielfachte Held*.

Julio Cortázar (1914-1984), argentinischer Erzähler. Von ihm liegen bei Suhrkamp u. a. die Erzählungssammlungen *Der Verfolger*, *Ende des Spiels*, *Bestiarium* und *Das Feuer aller Feuer* vor.

Herbert W. Franke (geb. 1927) studierte Physik, Mathematik, Chemie, Psychologie und Philosophie. Er ist Autor zahlreicher Fach-, Sach- und Science-fiction-Bücher. Sein neues Werk wird laufend von Suhrkamp betreut. Der SF-Almanach *Polaris 6* ist ganz seinem Schaffen gewidmet.

Marianne Gruber (geb. 1944), Schriftstellerin in Wien, schrieb den utopischen Roman *Die gläserne Kugel* (1981, Nachdruck in der »Phantastischen Bibliothek«) und die Erzählungssammlung *Protokolle der Angst* (1983).

Stanisław Lem (geb. 1921) ist der erfolgreichste Vertreter der modernen polnischen Literatur und der wichtigste lebende SF-Autor. Die meisten seiner Bücher erschienen in der »Phantastischen Bibliothek« oder in anderen Insel- oder Suhrkamp-Ausgaben.

H. P. Lovecraft (1890-1937) ist der bedeutendste amerikanische Autor unheimlicher Erzählungen im 20. Jahrhundert. Sein Werk hat begeisterte Anhänger gefunden, doch wurden ihm Erfolg und literarische Anerkennung erst nach dem Tode zuteil. Sein erzählerisches Werk liegt fast vollständig in der »Phantastischen Bibliothek« vor.

Gerd Maximovič (geb. 1944) ist als Lehrer in Bremen tätig. Seine Sciencefiction-Erzählungen erschienen in vielen Anthologien und Zeitschriften. Zwei Erzählungssammlungen liegen in der »Phantastischen Bibliothek« vor: *Die Erforschung des Omega-Planeten* und *Das Spinnenloch*.

Barbara Neuwirth ist Studentin der Anthropologie und hat bislang mehrere Erzählungen in Zeitschriften und Anthologien veröffentlicht, u. a. im Wiener Frauenverlag.

Bernard Richter (geb. 1952) hat Slawistik studiert und in einer Buchhandlung gearbeitet. Nebenher macht er Popmusik und schreibt SF-Erzählungen. Eine weitere Kurzgeschichte, »Pac Man Kazu«, erschien in *Polaris 8*.

Murilo Rubião (geb. 1916 im Bundesstaat Minas Gerais in Brasilien). Nach jahrzehntelanger Nichtbeachtung wurde er 1947 mit einem Band Erzählungen zumindest den Kritikern bekannt, doch fand er aufgrund der Tatsache, daß er »phantastische Erzählungen« schrieb, nur wenige Leser. 1978 erschien ein Erzählungsband in den USA, 1981 der Band *Der Feuerwerker Zacharias* bei Suhrkamp.

Peter Schattschneider (geb. 1950) ist Physiker von Beruf, derzeit arbeitet er als Assistent an der Technischen Universität Wien an seiner Habilitation. Zwei SF-Bücher erschienen in der »Phantastischen Bibliothek«: *Zeitstopp* und *Singularitäten*, »ein Episodenroman im Umfeld schwarzer Löcher«.

Paul Scheerbart (1863-1915) war ein deutscher Phantast von ganz eigenartiger Schreibweise. Er fand zwar kritische Anerkennung, war bei den Lesern aber nie sehr populär. Eines seiner Bücher, *Die große Revolution* (1902) und *Lesabéndio* (1913) wurde in der »Phantastischen Bibliothek« neu herausgegeben.

Peter Daniel Wolfkind (Peter Vujica, geb. 1937 in Graz). Studium der Germanistik und Anglistik, Dr. phil., Musikstudien am Landeskonservatorium in Graz 1962-1966, Dramaturg, Kulturredakteur, Komponist, 1968-1974 Mitbegründung, Programmierung und Organisation des Steirischen Herbstes, am 1. 1. 1982 Intendant des Steirischen Herbstes. Die zwei Erzählbände *Mondnacht* (1972) und *Die Boten des Frühlings* (1975) wurden in der »Phantastischen Bibliothek« neu aufgelegt, *Mondnacht* unter dem Titel *Das Fest der Kröten*.

Phantastische Bibliothek
in den Suhrkamp Taschenbüchern

Abe, Kōbō: Die vierte Zwischeneiszeit. Aus dem Japanischen von S. Schaarschmidt. st 756

Aldiss, Brian W.: Der unmögliche Stern. Science-fiction-Geschichten. Aus dem Englischen von Rudolf Hermstein. st 834

Babits, Mihály: Der Storchkalif. Phantastischer Roman. Aus dem Ungarischen von Stefan J. Klein. st 976

Ballard, J. G.: Das Katastrophengebiet. Science-fiction-Erzählungen. Aus dem Englischen von Alfred Scholz und Rudolf Hermstein. st 924

– Der tote Astronaut. Science-fiction-Erzählungen. Aus dem Englischen von Michael Walter. st 940

– Billennium. Science-fiction-Erzählungen. Aus dem Englischen von Alfred Scholz und Michael Walter. st 896

– Hallo Amerika! Science-fiction-Roman. Aus dem Englischen von Rudolf Hermstein. st 895

– Kristallwelt. Science-fiction-Roman. Deutsch von Margarete Bormann. st 818

– Die Tausend Träume von Stellavista und andere Vermilion-Sands-Stories. Aus dem Englischen von Alfred Scholz. st 833

– Der ewige Tag und andere Science-fiction-Erzählungen. st 727

– Die Dürre. Science-fiction-Roman. Aus dem Englischen von Maria Gridling. st 975

– Der vierdimensionale Alptraum. Science-fiction-Erzählungen. Aus dem Englischen von W. Eisermann. st 1014

Becher, Martin Roda: An den Grenzen des Staunens. Aufsätze zur phantastischen Literatur. st 915

– Hinter dem Rücken. Phantastische Erzählungen. st 1041

Bierce, Ambrose: Das Spukhaus. Gespenstergeschichten. Deutsch von G. Günther, A. Strauß und K. B. Leder. st 365

Bioy Casares, Adolfo: Morels Erfindung. Phantastischer Roman. Aus dem Spanischen von Karl August Horst. Mit einem Nachwort von Jorge Louis Borges. st 939

– Die fremde Dienerin. Phantastische Erzählungen. Aus dem Spanischen von Joachim A. Frank. st 962

Blackwood, Algernon: Besuch von Drüben. Gruselgeschichten. Deutsch von F. Polakovics. st 411

– Der Griff aus dem Dunkel. Gespenstergeschichten. Deutsch von F. Polakovics. st 518

– Das leere Haus. Phantastische Geschichten. Deutsch von F. Polakovics. st 30

Phantastische Bibliothek
in den Suhrkamp Taschenbüchern

Blackwood, Algernon: Tanz in den Tod. Unheimliche Geschichten. Herausgegeben von Kalju Kirde. Aus dem Englischen von Friedrich Polakovics. st 848

Blick vom anderen Ufer. Europäische Science-fiction. Hg. F. Rottensteiner. st 359

Braun, Johanna u. Günter: Conviva Ludibundus. Utopischer Roman. st 748
- Der Fehlfaktor. Utopisch-phantastische Erzählungen. st 687
- Der Irrtum des Großen Zauberers. Phantastischer Roman. st 807
- Unheimliche Erscheinungsformen auf Omega XI. st 646
- Der Utofant. In der Zukunft aufgefundenes Journal aus dem Jahrtausend III. st 881
- Die unhörbaren Töne. Utopisch-phantastische Erzählungen. st 983
- Das kugeltranszendentale Vorhaben. Phantastischer Roman. st 948

Die Büßerinnen aus dem Gnadenkloster. Phantastische Erzählungen aus Phaïcon 2. Hrsg. und mit einem Vorwort von R. A. Zondergeld. st 632

Bulwer-Lytton, Edward: Das kommende Geschlecht. Roman. st 609

Dick, Philip K.: Mozart für Marsianer. Science-fiction-Roman. Aus dem Amerikanischen von Renate Laux. st 773
- LSD-Astronauten. Deutsch von Anneliese Strauß. st 732
- UBIK. Science-fiction-Roman. Deutsch von Renate Laux. st 440

Erckmann-Chatrian. Das Eulenohr und andere phantastische Erzählungen. Herausgegeben von Kalju Kirde. Aus dem Französischen von Hilde Linnert. st 989

Faguendes Telles, Lygia: Die Struktur der Seifenblase. Unheimliche Erzählungen. Aus dem brasilianischen Portugiesisch von Alfred Opitz. st 932

Franke, Herbert W.: Keine Spur von Leben... Hörspiele. st 741
- Tod eines Unsterblichen. Science-fiction-Roman. st 772
- Transpluto. Science-fiction-Roman. st 841
- Einsteins Erben. Erzählungen. st 603
- Paradies 3000. Science-fiction-Erzählungen. st 664
- Schule für Übermenschen. st 730
- Sirius Transit. Roman. st 535
- Ypsilon minus. st 358
- Zarathustra kehrt zurück. st 410
- Zone Null. Science-fiction-Roman. st 585

Phantastische Bibliothek
in den Suhrkamp Taschenbüchern

Franke, Herbert W.: Die Kälte des Weltraums. Science-fiction-Roman. st 990

Grabiński, Stefan: Das Abstellgleis und andere Erzählungen. Nachwort S. Lem. st 478

Gruber, Marianne: Die gläserne Kugel. st 997

Hodgson, William Hope: Stimme in der Nacht. Unheimliche Seegeschichten. Deutsch von Wulf Teichmann. st 749

James, M. R.: Der Schatz des Abtes Thomas. Zehn Geistergeschichten. Deutsch von F. Polakovics. st 540

Kirde, Kalju: Das unsichtbare Auge. st 542

Le Fanu, Sheridan: Der besessene Baronet und andere Geistergeschichten. Deutsch von Friedrich Polakovics. Mit einem Nachwort von Jörg Krichbaum. st 731

– Maler Schalken und andere Geistergeschichten. Deutsch von Friedrich Polakovics. Mit einem Nachwort von Rein A. Zondergeld. st 923

Lem, Stanisław: Eine Minute der Menschheit. Eine Momentaufnahme der Phantastik des Alltags. Aus dem Polnischen von Edda Werfel. st 955

– Waffensysteme des 21. Jahrhunderts. Aus dem Polnischen von Edda Werfel. st 998

– Das Katastrophenprinzip. Die kreative Vernichtung in der Natur. Aus dem Polnischen von Friedrich Griese. st 999

– Terminus und andere Geschichten des Piloten Pirx. Aus dem Polnischen von Caesar Rymarowicz. st 740

– Die Astronauten. Utopischer Roman. Deutsch von R. Pabel. st 441

– Der futurologische Kongreß. Deutsch von I. Zimmermann-Göllheim. st 534

– Imaginäre Größe. Aus dem Polnischen von C. Rymarowicz und J. Reuter. st 658

– Die Stimme des Herrn. Aus dem Polnischen von Roswitha Buschmann. st 907

– Die Jagd. Neue Geschichten des Piloten Pirx. Deutsch von R. Buschmann, K. Kelm, B. Sparing. st 302

– Memoiren, gefunden in der Badewanne. Deutsch von W. Tiel. Mit einer Einleitung des Autors. st 508

– Mondnacht. Hör- und Fernsehspiele. Aus dem Polnischen übersetzt von Klaus Staemmler, Charlotte Eckert, Jutta Janke und I. Zimmermann-Göllheim. st 729

– Nacht und Schimmel. Erzählungen. Deutsch von I. Zimmermann-Göllheim. st 356

Phantastische Bibliothek
in den Suhrkamp Taschenbüchern

Lem, Stanisław: Phantastik und Futurologie II. Aus dem Polnischen v. E. Werfel. st 1013

Lem, Stanisław: Die Ratte im Labyrinth. Ausgewählt von Franz Rottensteiner. Aus dem Polnischen von Roswitha Buschmann, Caesar Rymarowicz, Jens Reuter und Klaus Staemmler. st 806

– Robotermärchen. st 856
– Der Schnupfen. Kriminalroman. Deutsch von K. Staemmler. st 570
– Solaris. Roman. Deutsch von I. Zimmermann-Göllheim. st 226
– Sterntagebücher. Deutsch von C. Rymarowicz. Mit Zeichnungen des Autors. st 459
– Die Untersuchung. Kriminalroman. Deutsch von J. Reuter und H. J. Mayer. st 453

Über Stanisław Lem. Hg. W. Berthel. st 586

Lexikon der phantastischen Literatur. Hrsg. Rein A. Zondergeld. st 880

Lovecraft, H. P.: In der Gruft und andere makabre Geschichten. Deutsch von Michael Walter. st 779

– Stadt ohne Namen. Deutsch von Charlotte Gräfin von Klinckowstroem. Mit einem Nachwort von Dirk Mosig. st 694
– Die Katzen von Ulthar. st 625
– Berge des Wahnsinns. st 220
– Cthulhu. Geistergeschichten. Deutsch von H. C. Artmann. Vorwort G. Manganelli. st 29
– Das Ding auf der Schwelle. Unheimliche Geschichten. Deutsch von R. Hermstein. st 357
– Der Fall Charles Dexter Ward. Zwei Horrorgeschichten. Deutsch von R. Hermstein. st 391

Über H. P. Lovecraft. Hg. F. Rottensteiner. st 1027

Madsen, Svend Åge: Dem Tag entgegen. Utopischer Roman. Aus dem Dänischen v. H. Schröder. st 1020

Das Mädchen am Abhang. Science-fiction-Erzählungen aus Polaris 2. st 630

de la Mare, Walter: Aus der Tiefe. Seltsame Geschichten. Aus dem Englischen von Traude Dienel und Elizabeth Gilbert. st 982

Maupassant, Guy de: Die Totenhand und andere phantastische Erzählungen. Aus dem Französischen v. W. Widmer u. a. st 1040

Maximovič, Gerd: Die Erforschung des Omega-Planeten. st 509

– Das Spinnenloch und andere Science-fiction-Erzählungen. st 1035

Phantastische Bibliothek
in den Suhrkamp Taschenbüchern

Mercier, Louis-Sébastien: Das Jahr 2440. Ein Traum aller Träume. Deutsch von Christian Felix Weiße (1772). Herausgegeben, mit Erläuterungen und einem Nachwort versehen von Herbert Jaumann. st 676

Nesvadba, Josef: Die absolute Maschine. Science-fiction-Erzählungen. Aus dem Tschechischen von Erich Bertleff. st 961

Owen, Thomas: Wohin am Abend? und andere seltsame Geschichten. Deutsch von Rein A. Zondergeld. Mit einem Nachwort des Übersetzers. st 908

Phaïcon 3. Almanach der phantastischen Literatur. Hg. Rein A. Zondergeld. st 443

Phaïcon 4. st 636

Phaïcon 5. st 857

Phantasma. Polnische Geschichten aus dieser und jener Welt. st 826

Phantastische Träume. Herausgegeben von Franz Rottensteiner. st 954

Plank, Robert: Orwells »1984«. Eine psychologische Studie. st 969

Poe, Edgar Allan: Der Fall des Hauses Ascher. Deutsch von A. Schmidt und H. Wollschläger. st 517

Polaris 4. Ein Science-fiction-Almanach von Franz Rottensteiner. st 460

Polaris 5. Ein Science-fiction-Almanach. Herausgegeben von Franz Rottensteiner. st 713

Polaris 6. Ein Science-fiction-Almanach. Herbert W. Franke gewidmet. Herausgegeben von Franz Rottensteiner. st 842

Polaris 7. Ein Science-fiction-Almanach. Herausgegeben von Franz Rottensteiner. st 931

Ray, Jean: Die Gasse der Finsternis. Phantastische Erzählungen. Aus dem Französischen v. W. Thaler. st 1034

Rottensteiner, Franz (Hg.): »Quarber Merkur«. Aufsätze zur Science-fiction- und Phantastischen Literatur. st 571

Schattschneider, Peter: Zeitstopp. Science-fiction-Geschichten. st 819

– Singularitäten. Ein Episodenroman im Umfeld Schwarzer Löcher. st 1021

Slonimski, Antoni: Der Zeittorpedo. Phantastischer Roman. Aus dem Polnischen v. K. Staemmler. st 1028

Smith, C. A., Der Planet der Toten. Phantastische Erzählungen. Aus dem Amerikanischen von Friedrich Polakovics. st 864

– Saat aus dem Grabe. Phantastische Geschichten. Aus dem Amerikanischen von Friedrich Polakovics. st 765

Phantastische Bibliothek
in den Suhrkamp Taschenbüchern

Smith, Cordwainer: Herren im All. st 888
Strugatzki, Arkadi und Boris: Die gierigen Dinge des Jahrhunderts. Phantastischer Roman. Aus dem Russischen von Heinz Kübart. st 827
Strugatzki, Arkadi und Boris: Der ferne Regenbogen. st 956
– Fluchtversuch. Science-fiction-Roman. Aus dem Russischen von Dieter Pommerenke. st 872
– Montag beginnt am Samstag. Aus dem Russischen von Hermann Buchner. st 780
– Picknick am Wegesrand. Aus dem Russischen von A. Möckel. st 670
– Die Schnecke am Hang. Deutsch von H. Földeak. Nachwort D. Suvin. st 434
Suvin, Darko: Poetik der Science fiction. Zur Theorie und Geschichte einer literarischen Gattung. Deutsch von F. Rottensteiner. st 539
Szilard, Leo: Die Stimme der Delphine. Utopische Science-fiction-Erzählungen. Mit einem Vorwort von Carl Friedrich von Weizsäcker. st 703
Tod per Zeitungsannonce und andere phantastische Erzählungen aus Rußland. Herausgegeben von Elisabeth Cheauré. Aus dem Russischen von Edda Werfel und anderen. st 889
Ulbrich, Bernd: Der unsichtbare Kreis. Utopische Erzählungen. st 652
Das unsichtbare Auge. Erzählungen. Hg. K. Kride. st 477
Vidal, Gore: Messias. Roman. Deutsch von H. und P. von Tramin. st 390
Weisser, Michael: DIGIT. Science-fiction-Roman. st 873
– SYN-CODE-7. Science-fiction-Roman. st 764
Der Weltraumfriseur. Science-fiction-Erzählungen aus Polaris 3. st 631
Wie der Teufel den Professor holte. Science-fiction-Erzählungen aus Polaris 1. st 629
Die andere Zukunft. Phantastische Erzählungen aus der DDR. Herausgegeben von Franz Rottensteiner. st 757
Zulawski, Jerzy: Auf dem Silbermond. Science-fiction-Roman. Aus dem Polnischen von Edda Werfel. Mit einem Vorwort von Stanisław Lem. st 865
– Der Sieger. Ein klassischer Science-fiction-Roman. Aus dem Polnischen von Edda Werfel. st 916
– Die alte Erde. Science-fiction-Roman. Aus dem Polnischen von Edda Werfel. st 968